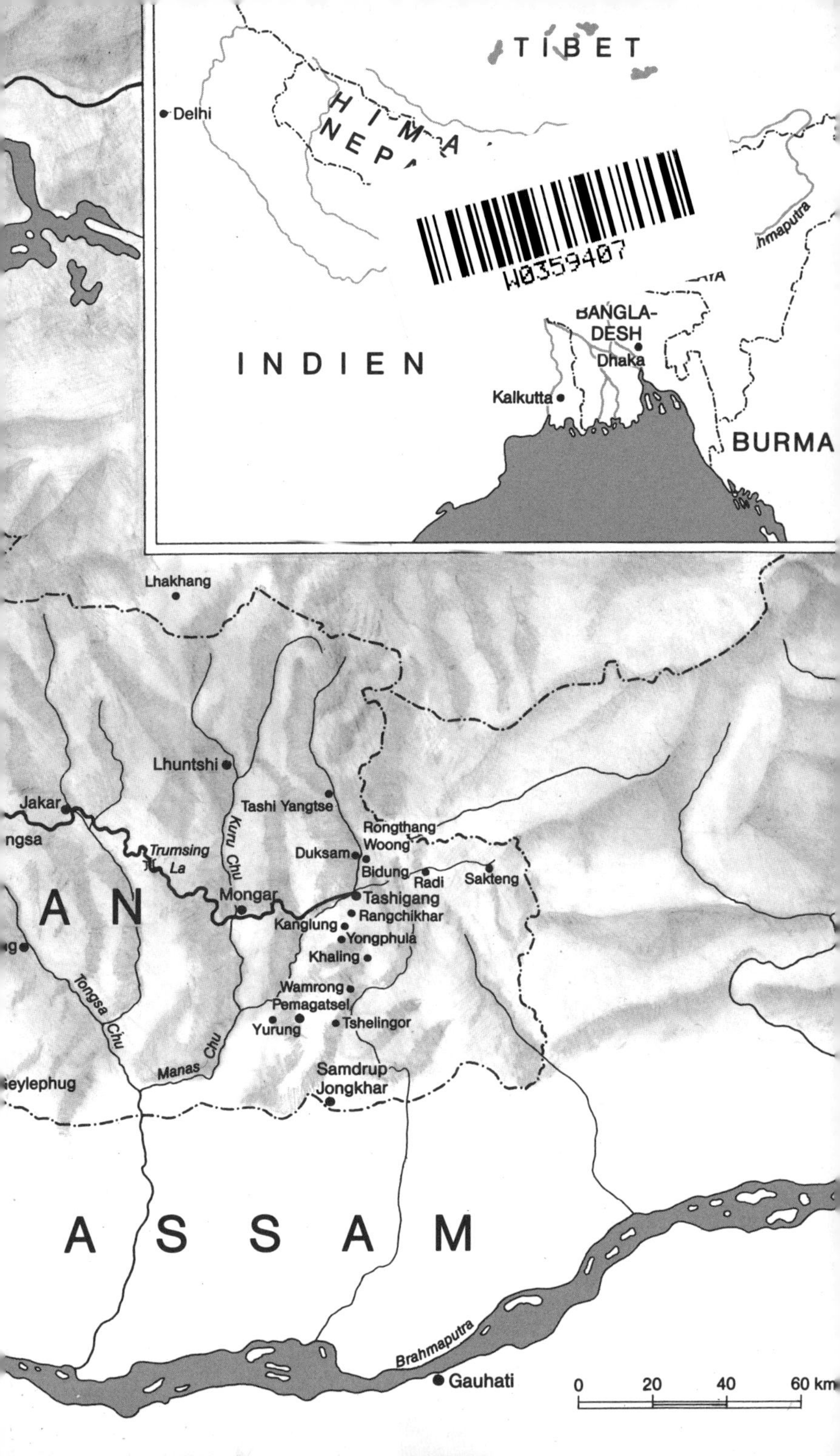
TIBET
HIMALAYA
NEPAL
Delhi
INDIEN
BANGLA-DESH
Dhaka
Kalkutta
BURMA
Brahmaputra
Lhakhang
Lhuntshi
Jakar
Tashi Yangtse
Kuru Chu
Trumsing La
Rongthang
Woong
Duksam
Bidung
Radi
Sakteng
Mongar
Tashigang
Rangchikhar
Kanglung
Yongphula
Khaling
Wamrong
Pemagatsel
Yurung
Tshelingor
Tongsa Chu
Manas Chu
Samdrup Jongkhar
ASSAM
Brahmaputra
Gauhati
0 20 40 60 km

Jamie Zeppa
Mein Leben in Bhutan

Jamie Zeppa

Mein Leben in Bhutan

Als Frau im Land der Götter

Aus dem Englischen
von Karina Of

MALIK

Die kanadische Originalausgabe erschien 1999
unter dem Titel»Beyond the Sky and the Earth. A Journey into Bhutan«
bei Doubleday Canada.

*Für meinen Großvater, Patrick Raymond Zeppa,
und meine Großmutter, Florence Alice Zeppa*

ISBN 3-89029-213-5
Erweiterte Neuausgabe des 1999 im Kabel Verlag, Hamburg,
erschienenen Buches »Bhutan«

Satz: EDV-Fotosatz Huber/Verlagsservice G. Pfeifer, Germering
Karte im Vorsatz: Jutta Winter
Druck und Bindung: Ebner Ulm
Printed in Germany

Ziehe hinaus aus deinem Haus in die Heimatlosigkeit,
wie alle Kinder des Buddha es tun.

Die siebenunddreißig Bodhisattva-Übungen

Ankunft

Die Gastlehrer werden in abgeschiedenen Siedlungen
eines abgeschiedenen Landes leben.
Sie müssen sich auf einfache bis spartanische Lebensbedingungen
einstellen. Die Tätigkeit stellt hohe Anforderungen an
persönliche Reserven und berufliches Können.

Leitfaden des World University Service of Canada (WUSC)
für Gastlehrer in Bhutan

Ein Posten am anderen Ende der Welt

Der Wind rüttelt an den Türen des Flughafens von Paro. Das kleine Gebäude mit seiner einzigen Rollbahn liegt inmitten graubrauner, mit Dunghaufen gesprenkelter Felder. Sie sind in wellige Terrassen gegliedert und von versengtem Gras gesäumt; gewundene Fußpfade führen zu stattlichen, weißgetünchten Häusern mit dunklem Holzschnitzwerk. Ein junges Mädchen in einem knöchellangen, gelb und orangefarben gemusterten Kleid, zwei Pferde, drei Kühe, eine Krähe in einem kahlen Weidenbaum. Ein eisblauer Fluß, der über glatte weiße Steine sprudelt. Eine hölzerne Auslegerbrücke. Oberhalb der Brücke, auf einem Felsvorsprung, eine wuchtige Festung, deren dicke weiße Mauern sich nach oben verjüngen, mit einem dunkelroten Dach, auf dem eine goldene Turmspitze funkelt.

Ringsum ragen hohe Berge auf, blaßgold und braun im Februarlicht. Am einen Ende des Tals, hinter einer Wand aus schwarzen, schroffen Bergspitzen, schimmert ein schneebedeckter Gipfel; am anderen Ende erheben sich anmutigere Berge, sanft gerundet und in der Ferne rauchblau. An den Hängen kann ich ganze Scharen von Gebetsfahnen erkennen, lange schmale Streifen aus weißem Stoff, die an hochragenden Masten im Wind flattern.

Hier herein bin ich geflogen, über Indiens in dunstigen Ebenen liegende Städte hinweg. Zuerst lagen die Berge weit unten, von üppigen Wäldern bedeckt, dicht an dicht, undurchdringlich, steil in enge Täler abfallend. Meine Damen und Herren, sagte der Pilot, wir befinden uns jetzt im Landeanflug auf Paro, und das kleine Flugzeug sank plötzlich herab, und mir verschlug es den Atem, als wir über Bergkämme hinwegglitten und nochmals tiefer sanken, in eines der wenigen Täler Bhutans hinein, das breit und eben genug ist, um dort mit einem Flugzeug landen zu können.

Die Sonne gleitet in den Spalt zwischen zwei Hügeln, und der Nachmittag ist vorbei. Die Schlange an der Visakontrolle bewegt sich langsam vorwärts. Ich bin die letzte am Schalter. Der Visabeamte kontrolliert eingehend meinen Paß und drückt dann einen Stempel hinein. Meine Taschen liegen verlassen draußen auf dem Rollfeld, unter wild flatternden Fahnen. Ich schleppe sie herein. Ich bin angekommen.

Auf dem Regal über dem Schreibtisch meines Einzimmerapartments – mit Blick auf ein kleines Einkaufszentrum am nördlichen Stadtrand von Toronto, wo ich damals gerade meinen Magister in Englischer Literatur machte – standen zwei Ablagekörbe aus blauem Plastik, der eine voll Anmeldeformularen für Graduiertenkurse, der andere mit der schlichten Aufschrift »Anderes«. In dem »anderen« Stoß befanden sich ein Artikel mit der Überschrift »Jobben in Europa«, ein vergilbtes Antragsformular für einen Paß und eine Zeitungsannonce: »Gastlehrer für Übersee gesucht«. Das war 1988, ich war dreiundzwanzig Jahre alt. Vor meinem einzigen Fenster zerschmolz der Winter zu Matsch. In dem Inserat wurden Stellen im südlichen Afrika und in Mittelamerika ausgeschrieben, aber das, was meine Aufmerksamkeit erregte, war die Stelle eines Englischdozenten an einem College im Himalaja-Königreich Bhutan. Voraussetzungen waren zwei Jahre Schulpraxis und Übersee-Erfahrung. Obwohl ich keine von beiden erfüllte, zeigte ich das Inserat meinem Freund Robert, der in Südamerika einmal an einem internationalen Entwicklungshilfeseminar teilgenommen hatte. »Meinst du nicht, das wäre eine tolle Erfahrung?« fragte ich.

»So was macht sich immer gut in einem schriftlichen Lebenslauf«, antwortete er. Aber diese Art von Erfahrung hatte ich nicht gemeint. Ich dachte an etwas, das nichts mit beruflichen Erwägungen und karrierefördernden Verbindungen zu tun hatte, etwas, das *nicht* in einen schriftlichen Lebenslauf hineinpassen würde. Robert und ich hatten beschlossen zu heiraten, aber erst in ein paar Jahren, wenn wir beide unser Studium beendet hätten. Eigentlich mußte ich mich jetzt entscheiden, ob ich in Anglistik promovieren oder etwas ganz anderes machen wollte.

Ich möchte etwas in der wirklichen Welt tun, sagte ich wiederholt zu Robert und fügte jedesmal »was immer das heißen mag« hinzu. Nicht, daß mir mein Leben unwirklich erschienen wäre, ich fand es einfach sehr ... *beschränkt.* Ich war es leid, mich mit grauer Theorie vollzustopfen und Aufsätze zu schreiben, und außer einer Woche Badeurlaub in Kuba war ich noch nie fort gewesen.

Ein paar Tage später, in der Bibliothek, fiel mir die Annonce wieder ein, und ich suchte mir Material über Bhutan heraus. Es gab vier oder fünf Bücher, mit dickem Papier und verblichenen Schwarzweißfotos, allesamt aus den sechziger und frühen siebziger Jahren. Ich machte mir hinten in meinem Tagebuch Notizen: Bhutan, kleines buddhistisches Königreich tantrischer Prägung im östlichen Himalaja. Im Norden an Tibet angrenzend, im Süden und Osten an Indien, im Westen an Sikkim. Durchweg gebirgig (Höhenlage zwischen 150 und 7000 Meter ü.d.M.). Hauptstadt: Thimphu. Landessprache: Dzongkha, mit dem klassischen Tibetisch verwandt, sowie zahlreiche andere Dialekte. Bevölkerung: im Norden und Westen tibetischer Herkunft, im Osten Indo-Mongolen, im Süden Nepalesen. Nationalsport: Bogenschießen. Regierung: Erbmonarchie, die 1907 die Doppelherrschaft von religiösen und weltlichen Führern ablöste. Jahrhundertelang von der Außenwelt abgeschnitten. Wurde nie kolonisiert.

Die moderne wirtschaftliche Entwicklung in Bhutan hatte in den sechziger Jahren mit dem Bau einer Straße ihren Anfang genommen, die Thimphu mit der indischen Grenze verband. Bis dahin hatte die Wirtschaft auf Tauschhandel basiert; Geld war praktisch unbekannt; Steuern wurden in Naturalien gezahlt. Dreißig Jahre später schien sich an der feudalistischen Struktur der bhutanischen Landbevölkerung nicht viel geändert zu haben. Praktisch jedermann besaß Land, aber bis auf das Tiefland längs der südlichen Landesgrenze war das Gelände so unzugänglich, daß die Menschen kaum mehr als für den Eigenbedarf erwirtschaften konnten. Das Alltagsleben war vom Buddhismus durchdrungen, und viele Familien schickten noch immer einen ihrer Söhne ins Kloster. Relativ wenige Ausländer besuchten das Land; Entwicklungshilfe gab es nur in beschränktem Maße; der Tourismus wurde nicht gefördert.

Ich überflog einige Passagen über die Bhutanreise eines britischen Abgesandten im Jahre 1774 und betrachtete dann Fotografien aus den siebziger Jahren. Im Verlauf von zweihundert Jahren waren keine großen Veränderungen vonstatten gegangen. Auf den Fotos waren vor allem mit dunklen Wäldern bestandene Berge und ein paar Stein- und Holzhäuser am Rande kultivierter Felder zu sehen. Es sah aus wie bei den Gebrüdern Grimm. Dornenhecken als Zäune, Steinmauern, ein Holzfäller, ein Heuhaufen. Festungen an Berghängen, die sich über schmale Flußtäler erhoben. Ein alter Mann in einem dunklen, knielangen Gewand, der in einem mit flachen Steinen gepflasterten Hof stand. Eine Frau, die ein kleines, stämmiges Pferd führte, dahinter zwei kleine Kinder, unter der Last von Reisigbündeln auf ihrem Rücken gebeugt. Ein Junge mit einem Stock, der eine Kuhherde antrieb. Ein barfüßiger, barhäuptiger König.

Die letzten Anmeldetermine für Graduiertenkurse an verschiedenen Universitäten rückten näher, und der Wirrwarr von Bewerbungsformularen nahm zu. Mir gingen diese Bilder nicht aus dem Kopf. Sie waren wie manche Gedichte, die sich irgendwo tief in deinem Inneren einprägen. Ich rief den World University Service of Canada an, die Organisation, die das Inserat aufgegeben hatte, und forderte Bewerbungsunterlagen für die Stelle in Bhutan an.

»Wo zum Teufel ist denn das?« fragte mein Großvater, als ich ihm bei meinem nächsten Besuch in Sault Sainte Marie, der Stahlstadt im Norden Ontarios, in der ich aufgewachsen war, davon erzählte. Als ich zwei Jahre alt war, trennten sich meine Eltern voneinander, und das sich daran anschließende Hin und Her hatte damit geendet, daß den Eltern meines Vaters das Sorgerecht für meinen Bruder und mich zugesprochen wurde. Sie waren liebevolle, aber überfürsorgliche Vormunde gewesen, besonders mein Großvater. Meine Großmutter war vor einem Jahr an Krebs gestorben, und mein Großvater, der seine zweiundsiebzig Jahre spürte, wartete voller Ungeduld darauf, meinen Bruder und mich in geregelten Verhältnissen zu sehen.

»Was willst du denn *da drüben?*« fragte er.

Die übrige Welt war für ihn alles eins. Wenn man nicht hier war, dann war man *da drüben.*

»*Da drüben* ist es nicht anders als hier«, sagte er, worauf er sich prompt selbst widersprach, indem er mich fragte, ob ich nicht ganz bei Trost sei, ob ich mein Leben riskieren wolle, oder was?

Ich erklärte ihm, daß ich mit einer amtlichen, staatlich finanzierten Organisation nach *da drüben* gehen würde, die seit langem Gastlehrer in alle Welt vermittelte, und es folglich keinen Grund zur Besorgnis gebe.

Er zählte mehrere Gründe zur Besorgnis auf. Was, wenn ich krank würde? Was, wenn ich einen schweren Unfall erlitt? Was, wenn es ein Erdbeben gab, Hochwasser, eine Epidemie, einen Krieg? Was, wenn dieses – was, wenn jenes. Er hatte hundert Geschichten über Leute auf Lager, die fortgegangen und nie zurückgekehrt waren, an namenlosen Krankheiten verreckt, in Urwäldern verschollen, von Flüssen weggespült, von Bergen ab- oder aus Liebe in jemandes Arme gestürzt waren und von denen man nie wieder etwas gehört hatte. Ich hätte es mir denken können; ich war mit Jammergeschichten und »was, wenn« großgezogen worden. »Geh kein Risiko ein. Das Leben ist zu kurz, um herumzuexperimentieren«, hatte unser Großvater uns unzählige Male gesagt. »Lernt aus den Fehlern anderer.«

»Was ist mit deinem Studium?« fragte er. »Was ist mit deinem Doktorabschluß?« Er selbst hatte wegen der Weltwirtschaftskrise seine Schulausbildung nach der achten Klasse abbrechen müssen, und eins seiner Lieblingsthemen war der Wert einer guten Ausbildung – wobei er unter Ausbildung die Vermittlung von praktischem Wissen verstand, das einem die lebenslange Schufterei in den Koksöfen ersparte. Mir war klar, wie er sich mein Leben vorstellte: daß sich die Zukunft vor mir auftat und der Weg über eine sanfte Erhebung schnurstracks in eine gesicherte Existenz führte, in einen sicheren Beruf, eine gute Ehe. Er würde es nicht verstehen, wenn ich ihm erklärte, daß ich das Gefühl hatte, meine Zukunft enge sich mit jedem eingereichten

Aufsatz immer mehr ein, werde kleiner, beschränkter und immer starrer festgelegt.

Er hatte sein ganzes Leben damit zugebracht, seine Welt gefahrloser und kleiner zu machen, sie immer stärker gegen Risiken abzusichern. Die Vorratskammer im Kellergeschoß war vollgestellt mit Lebensmittelkonserven, die wir niemals essen würden; er hob Flaschen, Nägel, Briefumschläge, gebrauchtes Geschenkpapier, defekte Toaster, Drahtstücke, Stoff- und Teppichbodenreste auf. »Man weiß nie, wann man das noch einmal brauchen kann«, sagte er. Vorsicht war seine Religion: Man weiß nie, man kann nicht vorsichtig genug sein, Vorsicht ist besser als Nachsicht. Nach seiner Erfahrung bedeutete jede Veränderung einen Verlust. Seine eigenen Eltern waren aus Polen ausgewandert, hatten die finstere, kalte Reise über den Atlantik gemacht und waren über New York, Pennsylvania und Michigan bis hinauf nach Ontario gezogen. In Sault Sainte Marie, im Schatten der Algoma-Stahlwerke, ließen sie sich nieder, doch auch als es nach der Weltwirtschaftskrise bergauf ging, fühlten sie sich in dieser rauhen, neuen, unfertigen Welt, in diesem Kanada nicht zu Hause. Bis zu ihrem Tod hörten sie nicht auf, sehnsüchtig und auf polnisch von ihrer Heimat zu reden. Das habe man davon, wenn man seine Wurzeln kappe, meinte mein Großvater: Man könne weder zurück, noch sei man irgendwo daheim. Er war dafür zu bleiben, wo man war.

Ich saß in meinem alten Zimmer und blickte aus dem kleinen Fenster auf das Stahlwerk mit seinen Drahtzäunen, den monströsen Türmen und Gittern und den Schornsteinen hinaus, die den Himmel das ganze Jahr hindurch verfärbten. Wir waren mit den Namen der geheimnisvollen Örtlichkeiten da drinnen aufgewachsen – Koksbrennöfen, Kohledocks, Hochofen, Schlackenhalde. Wir wußten, daß man dort Arbeit finden konnte, wenn man groß war, daß man dort gutes Geld verdienen konnte, indem man von drei bis elf oder von elf bis sieben seine Schicht runterriß. So gehörte es sich: Man wurde erwachsen, man suchte sich eine Arbeitsstelle, man heiratete, man blieb, wo man war. »Dein Vater könnte jetzt dort ordentlich Geld verdienen«, sagte mein Großvater kopfschüttelnd. »Er hätte es inzwischen zu was gebracht.« Mein Vater war nach der Scheidung nach Toronto gezogen. Wir waren von Ehrfurcht ergriffen. Für einen, der in Sault Sainte Marie aufwuchs, war Toronto das absolute Nonplusultra. Wenn man es bis dort hinauf schaffte, brauchte man nie wieder zurückzukommen. Meine Mutter war der Beweis dafür; sie war nach der Scheidung nur bis nach Europa gereist, und dann war sie wieder zurückgekehrt. Wir kamen nicht auf den Gedanken, daß sie in der Nähe ihrer Kinder sein wollte, wir glaubten, sie sei eben nicht weit genug fortgegangen. Mein Vater kehrte nur zu kurzen Besuchen zurück – mit einer langen Mähne, die ihm über die Schultern seines schwarzen Seidenhemdes fiel, und Hundert-Dollar-Scheinen, in der Mitte zusammengefaltet in die Hosentasche geklemmt. »Euer Vater scheint in Toronto ja sein Glück gemacht zu haben«, sagten die Leute bewundernd, aber mit einem Fragezeichen am Ende. »Er ist in der Musikbranche«, lernten mein Bruder und ich zu sagen. »Er ist Promoter.« Meinen Großvater beeindruckte das nicht im geringsten. »Statt in diesen gottverdammten Bars herumzutingeln, könnte er jetzt Werkmeister sein.« Toronto ließ meinen Großvater völlig kalt, und er erlaubte uns Kindern nicht, dorthin zu fahren. In seinen Augen verreiste man nur dann, wenn man mußte – wenn man in einer anderen Stadt Arbeit fand, richtige Arbeit, nicht in der Musikbranche, sondern zum Beispiel als Zahnarzt, dem Traumberuf meines Großvaters. »Sieh dir den Jungen von den Millers an«, pflegte er zu sagen, »der macht Geld wie Heu.« Reisen war nichts, das man zum Spaß, der Erfahrung wegen oder aus Liebe machte. »Reine Geldverschwendung, nichts weiter«, sagte mein Großvater. Es war nicht leicht gewesen, ihm die Erlaubnis abzuringen, auswärts studieren zu dürfen, zunächst in Ottawa, dann in Toronto. Und jetzt wollte ich in die Dritte Welt. Die Dritte Welt! Das ist doch absurd! Das ist für die Katz!

»Und was ist mit Robert?« fragte mein Großvater barsch. »Ich dachte, ihr wolltet heiraten. Was sagt denn Robert dazu?« Mein Großvater mochte Robert: Er war intelligent und zuverlässig, und ich hatte ihn an der Universität kennengelernt. Mein Großvater fand, Robert sei eine sichere Bank.

»Ich komme doch wieder *zurück*, Opa. Und Robert meint, das wird eine tolle Erfahrung sein.« Ich verschwieg, daß Roberts anfängliche Begeisterung abebbte, seit ich mich tatsächlich beworben hatte. »Ich bin noch nie fort gewesen«, sagte ich. »Vielleicht werde ich nie wieder die Chance bekommen, so etwas zu tun.«

»Ich bin auch nie fort gewesen, und es hat mir mitnichten geschadet«, entgegnete er. »Das ist pure Dummheit. Geh keine Risiken ein. Bereite dich auf deine Zukunft vor und schlag dir das Nach-*da-drüben*-Gehen aus dem Kopf.«

»Ich habe mich doch nur beworben. Vielleicht werde ich gar nicht angenommen«, sagte ich in der Hoffnung, die Kummerfalten zwischen seinen Augen zumindest vorübergehend zu glätten. Ihn zu beunruhigen oder zu enttäuschen tat mir weh, aber ich konnte ihn auch nicht glattweg anlügen, indem ich ihm versprach, nicht fortzugehen.

Der World University Service of Canada (WUSC) lud mich zu einem Vorstellungsgespräch ein. Die beiden Gesprächsleiter, die selbst noch nie in Bhutan gewesen waren, gaben mir einen kurzen Überblick über das dortige Programm. Als vor dreißig Jahren mit Hilfe eines kanadischen Jesuiten namens Pater Mackey in Bhutan die weltliche Schulbildung eingeführt wurde, wählte die bhutanische Regierung Englisch als Unterrichtssprache. Das an Bhutans Nordgrenze gelegene Tibet war von China annektiert worden, ohne daß die übrige Welt auch nur mit der Wimper gezuckt hätte. Bhutan wollte kein ähnliches Schicksal erleiden; es war an der Zeit, die offizielle Politik der Isolation zu beenden und sich der modernen Welt anzuschließen. Die Königliche Regierung ging jedoch behutsam vor, und das Tempo, in dem die Entwicklungen voranschritten, wurde bewußt langsam gehalten. Da das Erziehungssystem noch in den Kinderschuhen steckte, herrschte in Bhutan ein großer Lehrermangel, weshalb man Gastlehrer aus dem Ausland rekrutieren mußte. Die meisten von ihnen kamen aus dem benachbarten Indien, aber Freiwilligenorganisationen wie der WUSC und die britische VSO hatten rund siebzig Lehrer an die Schulen und Institute des Landes geschickt. Im Auftrag des WUSC arbeiteten dort fünfzehn kanadische Lehrer, und sie alle waren in Ostbhutan eingesetzt, wo Pater Mackey in den sechziger Jahren am Aufbau der ersten englischsprachigen Schulen beteiligt gewesen war. Den Gastlehrern wurde ein Quartier zur Verfügung gestellt und das landesübliche Gehalt gezahlt. Die Lehrer mußten sich für zwei Jahre verpflichten, konnten ihre Verträge jedoch verlängern, was sie auch häufig taten.

Man müsse sich auf äußerst primitive, manchmal auch extrem schwierige Lebensbedingungen einstellen, sagten die Gesprächsleiter. Das Leben am College, an dem ich mich um eine Dozentenstelle beworben hatte, sei etwas komfortabler, aber keineswegs luxuriös. Von den wenigen Straßen, die es in Bhutan gebe, würden während der heftigen Regenfälle im Sommer und der Schneefälle im Winter fast alle gesperrt. Es seien zwar noch weitere Kanadier da, aber die meisten von ihnen würden mehrere Wegstunden von mir entfernt sein. Im Prinzip würde ich abgeschnitten, ganz auf mich allein gestellt sein. Wie dachte ich darüber? Wie würde ich meine Zeit ausfüllen? Hatte ich einen Freund? Was hielt er von meinem Entschluß, ihn für zwei Jahre zu verlassen? Sei ich mir darüber im klaren, daß es im östlichen Teil Bhutans kein Telefon gebe? Daß die meisten Bhutaner in Dörfern und Weilern lebten, die über eine der unzugänglichsten Regionen der Erde verstreut lagen? Die Gesprächsleiter entwarfen verschiedene Szenarien: eine ernsthafte Meinungsverschiedenheit mit dem Rektor, Disziplinschwierigkeiten in der Klasse, Krankheit, kulturell bedingte Mißverständnisse, ein Unfall: Was würde ich tun? Ich versuchte bestmögliche Antworten zu geben und dabei vernünftig und gelassen zu klingen und die Stimme in meinem Inneren zu ignorieren, die fortwährend fragte: »Und was würdest du *wirklich* tun?«

Danach ging ich noch einmal in die Bibliothek und blätterte erneut in den Büchern, betrachtete die Bilder und versuchte dabei, mich in sie hineinzuversetzen. Ich spürte ein komisches Gefühl in der Magengegend, so, als stünde ich am Rand eines Abgrunds.

Im September 1988 kam die schriftliche Zusage, dazu ein Leitfaden, ein spiralgebundenes Heft mit Informationen zu den Themen Anreise, Gesundheitsvorsorge, Kulturschock sowie eine Liste mit den Dingen, die ich mitnehmen sollte. Ich heftete meine unvollständig ausgefüllten Anmeldeformulare für Graduiertenkurse in einem Aktenordner ab, brachte mehrere sekundärliterarische Wälzer in die Unibibliothek zurück und wandte meine Aufmerksamkeit der Liste zu. Die Liste! Ich konnte sie im Schlaf aufsagen. Jeden Tag kehrte ich von Ausflügen in Haushaltswarengeschäfte, Sportgeschäfte, Elektrogeschäfte, Drogeriemärkte, Lebensmittelläden, Fachgeschäfte für Bergsteigerausrüstung oder in das Tropeninstitut in meine Wohnung zurück, wo ich die Utensilien auf dem Schlafzimmerboden sortierte und abhakte. Da waren Stöße von warmer Kleidung (kälteisolierende Unterwäsche, dunkelfarbige Flanellblusen – die Winter könnten sehr kalt werden, hieß es in dem Leitfaden, und die Häuser seien ohne Heizung); Medikamente (Gravol, Antibiotika, Entlausungsshampoo); Geräte (Wasserfilter, Schweizer Armeemesser, ein kleines Werkzeugset, eine High-Tech-Taschenlampe mit fünfjähriger Garantie); andere nützliche Gegenstände (vegetarisches Kochbuch, Plastikbehälter mit Deckeln, Plastiktüten mit Reißverschlüssen, Feuerzeuge, abgepackte Lebensmittel).

Robert, der mittendrin stand, starrte auf die Stöße. »Das mußt du doch wohl nicht alles mitnehmen«, sagte er.

»Doch«, erwiderte ich, während ich Wollsocken, Tampons und die »Norton Anthology of English Literature« in eine Eishockeytasche stopfte. »Das ist, als bereite man sich auf eine zweijährige Campingreise vor.«

»Das sieht eher so aus, als würdest du dich auf eine bevorstehende Naturkatastrophe vorbereiten. In was für eine Gegend schicken die dich da bloß?« fragte er, während er die Gebrauchsanweisung auf dem Entlausungsshampoo studierte.

»Das ist ein sehr weit abgelegener Posten, Robert.«

»Vielleicht ist er ja zu weit abgelegen«, entgegnete er. »Schließlich bist du noch nie richtig fort gewesen. Könnten sie dir nicht einen unkomplizierteren Posten anbieten? Wie wär's mit ...«

Ich hielt mir die Ohren zu. »Hör auf, Robert«, rief ich. »Ich werde nach Bhutan gehen, und damit basta.« Auf einmal verspürte ich den heftigen Wunsch dazubleiben.

Robert sprach meine Ängste laut aus. »Es ist einfach so weit weg und für eine so lange Zeit. Zwei Jahre – ich werde dich nicht mal anrufen können.«

»Du könntest dich doch auch bewerben«, schlug ich vor. »Wir könnten zusammen dorthin gehen.« Wir hatten diese Möglichkeit bereits angesprochen, aber ich wußte, daß Robert derzeit andere Lebenspläne hatte. Bevor wir uns kennengelernt hatten, war er Musiker gewesen. Nachdem das nicht wie gedacht gelaufen war, hatte er den Beruf an den Nagel gehängt, um weiterzustudieren. Die Musik in seinem Kopf, das was er am meisten liebte, aufzugeben, um etwas Handfesteres in der Hand zu haben – einen akademischen Titel, eine sichere Position in Schule oder Verwaltung –, war eine schwere, schmerzliche Entscheidung gewesen. Während mein Großvater sie von ganzem Herzen begrüßte, empfand ich insgeheim Mitleid mit dem Teil von Robert, der seine Musik vermißte. Er sei gerade mitten im Umbau, meinte er, sei dabei, Dinge zu ordnen, und er wolle am Ende etwas Fertiges in Händen halten. Es sei jetzt für ihn nicht die Zeit, irgendwo anders hinzugehen.

Ich könnte das Büro in Ottawa anrufen, dachte ich, und sagen, daß etwas dazwischengekommen sei. Ich könnte persönliche Gründe anführen. Es war noch immer nicht zu spät, um mich für das Aufbaustudium zu bewerben. Ich könnte mir ein Jahr Zeit lassen, um darüber nachzudenken. Zwei Jahre waren eine lange Trennungszeit – ich sollte mir das *wirklich* gut überlegen. Aber wenn ich jetzt nicht ginge, würde ich mit Sicherheit niemals gehen. Es gab doch viele Leute, die über weite Entfernungen hinweg Beziehungen zueinander hatten, sagte ich mir. Wir kannten mehrere Paare, die eine langjährige Trennung überstanden hatten.

Ich wandte mich wieder meiner Liste zu. Ich würde mein tragbares Keyboard und einen Haufen Batterien mitnehmen, außerdem Bücher, die ich schon immer hatte lesen wollen: eine Sammlung mit ausgewählten Texten über den Buddhismus,

»Der verlorene Horizont«, das »Totenbuch der Tibeter«. Ich suchte Fotos von Robert, meiner Familie und Freunden heraus, ein paar Postkarten, die ich in meinem neuen Zuhause an die Wand pinnen könnte, und eine winzige blaue Teetasse, die ich seit meiner Kindheit besaß. Mein Gepäck wurde schwerer und schwerer; ich legte mir eine zweite Eishockeytasche zu. Ich empfand das als tröstlich. Ich ging nicht ohne alles dorthin. Zwischen Einkäufen und Packerei führte ich am Telefon endlose Streitgespräche mit meinem Großvater. Wir diskutierten über Reisen und akademische Abschlüsse, über die Erste und die Dritte Welt, über Herausforderungen und verdammte Dummheit, über die Möglichkeit, sich auf der anderen Seite des Planeten Denguefieber zuzuziehen, und über die Möglichkeit, vor dem Haus seiner Kindheit von einem Milchlaster überrollt zu werden, über das Sammeln von Erfahrungen und daß das doch alles für die Katz sei. Dann traf ein weiterer Brief ein, in dem das Abreisedatum auf den 16. Februar 1989 festgesetzt wurde, also schon in ein paar Wochen. Ich rief meine Freunde an, um ihnen zu sagen, jetzt wird's ernst, ja, ich gehe, macht's gut.

Ein paar Tage später rief mich die Zentrale in Ottawa an. Der College-Rektor in Bhutan, ein kanadischer Jesuit, habe meine Bewerbung abgelehnt. Er stelle sich jemand älteren vor, jemanden mit mehr Erfahrung. Es sei ihm scheinbar nicht recht, daß ich im gleichen Alter sei wie einige seiner Studenten. Dem Mann am Telefon tat es sehr leid, aber ...

Nichts aber! dachte ich. Ich habe gepackt, ich bin bereit, ich *werde* gehen. »Ich bin reisefertig«, erwiderte ich. Die Stimme sagte, ja aber, und ich sagte, ja aber, und so ging das ein paar Minuten hin und her, bis er fragte, ob ich auch bereit sei, eine Mittelstufenklasse zu unterrichten. Wobei unter Mittelstufe die Klassen eins bis acht zu verstehen seien. An einer noch abgelegeneren Schule. Es sei da noch eine Stelle frei, aber die sei, äh, vollkommen anders als die, für die ich mich beworben hätte. Es gebe an dem Ort beispielsweise keinen Strom.

»Ja, in Ordnung, achte Klasse an einer noch abgelegeneren Schule«, sagte ich.

»Es kann aber auch sein, daß Ihnen eine zweite Klasse zugewiesen wird.«

»In Ordnung«, sagte ich. Zweite Klasse an einer noch abgelegeneren Schule. Kindergarten an der tibetischen Grenze. Es war mir egal. Ich würde auf jeden Fall gehen.

»Herrgott noch mal, Jamie Lynne! Ich hoffe, du weißt, auf was zum Teufel du dich da einläßt«, sagte mein Großvater ein ums anderemal.

Ich sagte, ich wisse es. Ich sei in der Bibliothek gewesen, ich hätte mich kundig gemacht. Ich hätte die Landkarten studiert. Ich wisse, wie weit das Land entfernt sei, in das ich gehen würde.

In Wirklichkeit hatte ich keine Ahnung.

Immer wieder wurde ich von anderen gefragt, *warum* ich fortgehen wolle, worauf ich alle erdenklichen Antworten parat hatte. Ich will Erfahrungen sammeln, sagte ich. Ich bin noch nie fort gewesen. Ich bin die Studiererei leid. Ich möchte etwas über Entwicklungsarbeit, den Himalaja, den Buddhismus erfahren. Ich möchte einmal etwas ganz anderes tun. Ich möchte reisen. Ich möchte keine Touristin sein. Es klingt einfach faszinierend. Ich weiß es nicht. Mir war klar, daß ich in ihren Augen so ziemlich die ungeeignetste Kandidatin für einen Vorstoß ins Unbekannte war. Und insgeheim bezweifelte ich selbst, daß ich das Zeug – was für ein Zeug es auch sein mochte – dazu hatte, um allein in ein Land zu fliegen, von dem die meisten Leute noch nie gehört hatten. So gesehen, wunderte ich mich über meine Entschlossenheit. Es war mehr, als unter den Schornsteinen aufzuwachsen und den kleinstädtischen Traum vom Ausbruch zu träumen, wie meine Eltern es vor mir getan hatten. Und es war mehr als nur die Befürchtung, eines baldigen Morgens zu erwachen und sich in seiner Zukunft gefangen zu sehen. Trotz meines langen Studiums war ich mir nicht sicher, ob ich tatsächlich etwas gelernt hatte. Ich hatte geistige Fähigkeiten, geistiges Rüstzeug erworben, ja, aber was wußte ich schon? Ich wollte mich in eine Erfahrung stürzen, die eine Nummer zu groß für mich war, und wollte auf eine Weise lernen, die mir etwas abverlangte.

Ich verbrachte meine letzte Nacht in Kanada mit Robert und versuchte dabei zu verdrängen, daß ich tags darauf abreisen würde. Während ich seine Hand festhielt und er schon längst eingeschlafen war, gingen mir unaufhörlich Namen im Kopf herum: Paro, Thimphu, Pemagatsel, Bhutan, Bhutan, Bhutan.

Am nächsten Morgen brachte Robert mich zum Flugplatz. Wir hielten uns bei der Hand, gaben uns einen Abschiedskuß. Es sind ja nur zwei Jahre, versicherten wir uns noch einmal, und Weihnachten sind wir wieder beisammen. Wir werden uns schreiben. Es wird nicht leicht sein, aber wir werden miteinander verbunden bleiben, weil wir uns lieben, weil wir heiraten wollen, weil ich zurückkommen werde. Doch auf der anderen Seite der Sicherheitskontrolle setzte ich mich hin und heulte. Ich liebte Robert. Ich wußte nicht, warum um alles in der Welt ich ihn verließ.

Einführung

Ringsum Berge, zu hohen Gipfeln aufsteigend, in Täler abfallend, ohne Ende. Bhutan besteht aus nichts als Bergen. Die fachsprachliche Erklärung für die Entstehung dieser Landschaft – daß hier Landmassen aufeinanderprallten, der indische Subkontinent vor dreißig oder vierzig Millionen Jahren mit Asien zusammenstieß – ist mir zwar bekannt, doch ich kann sie nicht nachvollziehen. Es ist leichter, sich ein riesenhaftes Kind vorzustellen, das große Erdklumpen zusammenträgt, Felsen übereinanderstapelt, Matsch zu Bergkämmen und spitzen Gipfeln knetet, mit den Knöcheln kleine Täler und Schluchten hineindrückt, Löcher hineinbohrt, durch die das Wasser durchfließen kann.

Dies ist meine erste Nacht in Thimphu, Bhutans Hauptstadt, eineinhalb Autostunden vom Flughafen Paro entfernt. Ich brauchte vier Tage und fünf verschiedene Flüge, um hierherzukommen – von Toronto über Montreal über Amsterdam über

Neu-Delhi über Kalkutta nach Paro. Ich bin hundemüde, kann aber nicht schlafen. Vom Fenster meines einfachen, mit Kiefernholz getäfelten Zimmers im Druk-Sherig-Hotel aus beobachte ich, wie die Berge zum Mond emporklettern. Ich hatte mich gefragt, was wohl auf der anderen Seite der Berge sei, wie die Landschaft hinter der vor uns liegenden Mauer weiterginge. Als wir heute morgen von Indiens braungebrannten Ebenen kommend hier hineinflogen, fand ich es heraus: Jenseits der Berge sind Berge, noch mehr Berge und wieder Berge. Die gesamte Erde unter uns war eine Verschachtelung von Bergkämmen, Schluchten und vom Wind abgeschliffenen Felsspitzen. Kurz hinter dem Mount Everest sah ich die tibetische Hochebene aufblitzen, den Rand einer viertausendfünfhundert Meter hoch liegenden gefrorenen Wüste. Thimphu liegt etwa halb so hoch, aber selbst hier ist die Winterluft dünn und trocken und bitterkalt.

Am darauffolgenden Morgen nehme ich mit Lorna und Sasha, zwei weiteren Kanadierinnen, die sich ebenfalls für zwei Jahre als Gastlehrerinnen in Bhutan verpflichtet haben, im Hotel ein Frühstück aus Pulverkaffee, Milchpulver, gummiartigem Weißbrot und roter, nach nichts schmeckender Marmelade ein. Lorna hat goldbraunes Haar, Sommersprossen und ein bodenständiges Gebaren, das häufig von schallendem Gelächter und Geschichten über die wilden Typen aus ihrem Leben in Saskatchewan abgelöst wird. Sasha aus British Columbia ist dunkelhaarig und zierlich, mit einem verschmitzten Lächeln. Nach dem Frühstück haben wir eine kurze Besprechung mit Gordon, dem Leiter des bhutanischen Außenbüros des WUSC, und schlendern dann die Hauptstraße von Thimphu entlang. Sowohl Lorna als auch Sasha sind viel herumgekommen; Lorna ist durch ganz Europa und Nordafrika gezogen, und Sasha hat ein Jahr lang in einem Waisenhaus in Bombay gearbeitet. Weil beide bis jetzt von Bhutan ganz hingerissen sind, halte ich mich dicht in ihrer Nähe – in der Hoffnung, von ihrer Begeisterung ein wenig angesteckt zu werden.

Obwohl Thimphu offiziell zwanzigtausend Einwohner zählt, wirkt die Stadt noch kleiner, und mir persönlich kommt sie wie die kleinste Hauptstadt der Welt vor. Nicht einmal Ampeln gibt es hier. Polizisten in blauen Uniformen, die an zwei Kreuzungen längs der Hauptstraße postiert sind, dirigieren mit unverständlichen, aber eleganten Handbewegungen die wenigen vorbeifahrenden Laster und Geländewagen. Alle Häuser haben die gleichen flachgeneigten Dächer, Dreipaßbogenfenster und mit Lotosblumen, Juwelen und Wolken bemalte Tragebalken. Die Straße ist von einstöckigen Geschäften mit hölzernen Schiebeläden gesäumt. Alle scheinen das gleiche zu verkaufen: Zwiebeln, Reis, Tee, Milchpulver, Trockenfisch, Plastikeimer und Blechteller, Schlafdecken und Päckchen mit altbackenen, weichgewordenen Keksen aus Indien: Bourbon Biscuits, Coconut Crunchies und die scheußlich gefärbten Orange Cream Biscuits. Es sind mehr Einflüsse der Außenwelt zu bemerken, als ich erwartet hatte: Teenager in gebleichten Jeans, Willie Nelsons »Greatest Hits« nach den Nachrichten in englischer Sprache im bhutanischen Rundfunk, ein Rambo-Poster in einer Bar. Insgesamt sind nur wenige Zeichen dieser kulturellen Unterwanderung zu sehen, aber inmitten des typisch Bhutanischen fallen sie um so mehr auf.

Die Stadt selbst sieht mit den rissigen Gehsteigen und den verblichenen Fassaden sehr alt aus, aber Gordon erzählte uns, daß sie vor etwas mehr als dreißig Jahren noch gar nicht existierte. Bevor der dritte König sie 1960 zur Hauptstadt zu machen beschloß, bestand sie nur aus Reisfeldern, ein paar Bauernhäusern und einem Dzong – eine der über das ganze Land verstreuten, festungsartigen Klosterburgen. Thimphu ist folglich ganz neu. »Wenn Sie in einem Jahr aus Ostbhutan zurückkommen, wird Ihnen Thimphu wie New York erscheinen«, meinte Gordon.

Am Ende der Hauptstraße liegt der Tashichho-Dzong, der Sitz der Königlichen Regierung Bhutans, eine prachtvolle, in traditioneller Bauweise ohne Pläne oder Nägel gebaute weißgetünchte Festung mit rotem Dach und einer Goldspitze. Dahinter liegen durch Fußpfade miteinander verbundene Weiler und terrassierte, jetzt kahle Felder, die vom Flußufer aus immer weiter ansteigen und schließlich in Wald übergehen.

Thimphu wird mir niemals wie New York erscheinen, denke ich.

Die Bhutaner sind ein sehr schöner Menschenschlag, »die bestgebaute Rasse, die ich je gesehen habe«, schrieb im Jahre 1774 der Abgesandte George Bogle auf seinem Weg nach Tibet, und ich stelle fest, daß ich ihm zustimme. Die Menschen sind von mittelgroßer, kräftiger Statur und haben schöne aristokratische Gesichter mit dunklen, mandelförmigen Augen, hohen Wangenknochen und einem sanftmütigen Lächeln. Männer wie Frauen haben kurzgeschnittenes schwarzes Haar. Die Frauen tragen eine Kira, ein buntgestreiftes, knöchellanges Wickelkleid, und die Männer einen Kho, einen knielangen Mantel, der fast wie ein Kimono geschnitten ist, nur daß das Oberteil blusenartig gerafft ist. Die Bhutaner nepalesischer Abstammung sind im allgemeinen größer, haben schärfere Gesichtszüge und eine dunklere Haut. Auch sie tragen den Kho oder die Kira. Die Leute beäugen uns zwar neugierig, scheinen über unsere Anwesenheit aber keineswegs überrascht zu sein. Es sind in der Stadt nur wenige Fremde zu sehen, doch wir wissen, daß es hier welche gibt. Gordon sagte am Morgen etwas von Thimphus kleiner, aber freundlicher Ausländergemeinde.

Als wir uns in einem Hotel nach der Richtung erkundigen, in der wir weitergehen müssen, kommt der junge Mann von der Rezeption mit hinaus auf die Straße und weist uns höflich und in makellosem Englisch den Weg. Ich suche nach einem treffenden Wort, um diese Menschen, die Eigenschaft, die mich am meisten beeindruckt, zu beschreiben – Würde, Unbefangenheit, Gelassenheit, Anmut – kann aber keines finden, das alle meine Eindrücke einschließt.

In Thimphu nehmen wir an einem einwöchigen Einführungskurs teil, zusammen mit zwölf anderen – irischen, britischen, australischen und neuseeländischen – Gastlehrern, die neu in Bhutan sind. Unsere ersten Unterrichtsstunden, in denen es um die bhutanische Geschichte geht, sind die interessantesten. Historischen Aufzeichungen zufolge wanderten Tibeter vor dem zehnten Jahrhundert in mehreren Einwanderungswellen nach Bhutan aus, aber man nimmt an, daß das Gebiet schon lange vor dieser Zeit besiedelt war. Im achten Jahrhundert brachte der indische Heilige Padmasambhava die buddhistische Lehre in diese Region, wo sich viele Elemente des Bon-Glaubens, der im Lande verbreiteten schamanischen Religion, darunter mischten. Die neue Lehre breitete sich zwar aus, hatte aber keine einigende Kraft. Die Region blieb eine Ansammlung isolierter Täler, die jeweils von einem eigenen Fürsten regiert wurden. Als im Jahre 1616 der tibetische Lama Ngawang Namgyal nach Bhutan kam, schickte er sich an, die Täler unter eine Zentralmacht zu bringen, und gab dem Land den Namen Druk Yul, Land des Donnerdrachens. Frühere Bezeichnungen für Bhutan sind genauso schön: Bei den Tibetern war es unter den Namen »Die südlichen Täler der Heilpflanzen« und »Die südlichen Täler, in denen Sandelholz wächst« bekannt. Einzelne bhutanische Landstriche erhielten noch bildhaftere Namen: »Regenbogendistrikt der Sehnsüchte«, »Lotoshain der Götter«, »Blühendes Tal üppiger Früchte«, »Land der Sehnsucht und der Silberkiefern«. Man vermutet, daß Bhutan, der Name, unter dem das Land in der übrigen Welt bekannt wurde, entweder von dem Begriff »Bhotanta« – »das Ende von Tibet« abgeleitet wurde oder von dem sanskritischen Wort »Bhu-uttan«, was »Hochland« bedeutet.

Während das übrige Asien von Europäern unterschiedlicher Couleur, aber mit ein und demselben Geschrei überrannt wurde, fanden nur eine Handvoll Abendländer nach Bhutan. Zwei portugiesische Jesuitenpatres machten im Jahre 1627 einen kurzen Abstecher dorthin, und zwischen dem Ende des 18. Jahrhunderts bis zur Mitte des darauffolgenden Jahrhunderts statteten sechs britische Missionare dem Land kurze, aber herzliche Besuche ab. Nach dem verhängnisvollen Besuch von Ashley Eden im Jahre 1864 kam es zu einer Verschlechterung der Beziehungen zu den Briten. Eden, der nach Bhutan gekommen war, um territoriale Streitigkeiten – bhutanische Überfälle auf britisches Territorium – zu schlichten, wurde verdroschen, an den Haaren gezogen, sein Gesicht wurde mit rohem Teig eingerieben, und anschließend zwang man ihn, einen demütigenden Vertrag zu unterzeichnen, was einen Kurzkrieg zwischen

Bhutan und Großbritannien zur Folge hatte. Angesichts der britischen Vormachtstellung im Süden und dem »Großen Spiel«, das nördlich von Bhutan zwischen den Kolonialmächten ausgetragen wurde, war es erstaunlich, daß Bhutan seine Unabhängigkeit bewahren konnte. Ich bin voll Bewunderung für dieses kleine Land, dem es gelungen ist, seine Geschicke so gut allein zu lenken.

Es folgen Einführungen in den Buddhismus, bhutanische Sitten, traditionelle Etikette, das Bildungswesen, das Dorfleben, Gesundheitsfragen und was in Notfällen zu tun ist. Fieberhaft mache ich mir Notizen, schreibe eine Seite nach der anderen voll: Wenn du jemanden zum erstenmal besuchst, bring immer ein kleines Geschenk mit, Kekse oder Saft, lehne alles, was dir angeboten wird, erst ein paarmal ab, bevor du das Angebot akzeptierst. Gäste in deinem Haus werden sich genauso verhalten, also bedränge sie so lange, bis sie das Angebotene annehmen. Eine Tasse wird dreimal nachgefüllt. *Arra* = aus Reis gebranntes alkoholisches Getränk. *Puja* = religiöse Zeremonie. *Lhakhang/Gompa* = Tempel. Schlage niemals die Beine übereinander, wenn du vor einem hohen Beamten sitzt (die Fußsohle gilt als unrein). *La/Lasso La* = zum Zeichen des Respekts an das Satzende angehängte Silbe. Iß nur gut durchgebratenes Fleisch (Schweinefleisch = Bandwurm, Trichinose). Im Buddhismus gelten alle Lebewesen als heilig, also töte in deiner Wohnung vor den Augen von Einheimischen keine Insekten oder Nagetiere. Gebetsfahnen sind gewöhnlich auf Anhöhen oder oberhalb von Wasserläufen zu finden, der Wind trägt die Gebete gen Himmel. Bakterielle Dysenterie = Durchfall mit Blut und Fieber. Amöbenruhr und Giardia = Durchfall mit Schleimabsonderung, kein Fieber. Landessprachen Bhutans: Dzongkha, Sharchhop (Osten), Nepalesisch. Englisch = Unterrichtssprache an den Schulen. Viele weitere Dialekte im ganzen Land. Streng hierarchische Gesellschaft. Wende dich immer zuerst an den Schulleiter, entscheide nichts über seinen Kopf hinweg, halte stets den Dienstweg ein.

Jemand spricht das Thema Beziehungen an. Die Gruppenleiterin sagt, die Bhutaner hätten ein sehr entspanntes Verhältnis zur Sexualität, besonders im östlichen Landesteil. Normalerweise heirateten die Leute, indem sie einfach zusammenzögen. Als geschieden gelte man dann, wenn man wieder auseinanderziehe. Scheidungen oder uneheliche Kinder seien nicht mit einem Stigma behaftet. »Es kann sein«, fährt sie fort, »daß Ihnen in Ostbhutan der Begriff ›Nachtjagd‹ begegnet. Damit ist die Praxis gemeint, sich nachts in das Haus eines Mädchens einzuschleichen, was sehr viel schwieriger ist, als man es sich vorstellt, da in den meisten Häusern die ganze Familie in einem Zimmer nächtigt. Wenn der Mann am nächsten Morgen noch da ist, gilt das Paar gemeinhin als verheiratet.« Alles lacht. Sie fährt fort: »Wenn Sie ein Verhältnis mit einem Bhutaner oder einer Bhutanerin haben, werden Sie feststellen, daß das Dorf die Sache anstandslos hinnimmt. Man sagt jedoch, es gebe in Bhutan, vor allem in Ostbhutan, keine Geheimnisse. Sie müssen also damit rechnen, daß am nächsten Tag jeder Bescheid weiß.«

Sie räuspert sich. »Aber hüten Sie sich davor, mit einem Ihrer Studenten ein Verhältnis einzugehen«, sagt sie und schaut dabei mich an. Ich blicke mich um – nein, sie hat eindeutig mich im Visier. Ich sehe sie fragend an. »Sind Sie nicht die junge Dame, die an das College geht?« fragt sie.

»Nein, ich gehe nach Pemagatsel. *Zweite* Klasse«, antworte ich empört und denke, na ja, jetzt ist mir alles klar. Zu jung, soso! Der Jesuitenrektor befürchtete wohl, ich würde mit einem seiner Studenten anbändeln.

Wir wenden uns anderen Fragen zu. Suche, wenn du ernstlich krank wirst, das nächstgelegene Krankenhaus auf. Wenn es keins gibt, geh zur örtlichen Gesundheitsstation. Schicke dem Außenbüroleiter eine telegraphische Nachricht. Wir hören Geschichten von Lehrern, die von ihren Schülern auf behelfsmäßigen Tragbahren von Bergen heruntergeschleppt werden mußten. Der Leiter unseres Außenbüros sagt, unsere Organisation hätte bis jetzt ziemliches Glück gehabt; es habe nur sehr wenige Notfälle gegeben, bei denen eine Evakuierung vonnöten gewesen sei. Er schildert uns, was unter einer Notevakuierung zu verstehen ist: von seinem Dorf zu einer Fahrstraße hinunterzugelangen, ein Fahrzeug aufzutreiben und die zwei- oder dreitägige Fahrt nach Thimphu zu machen. »Das heißt also im Prinzip, wenn mir da draußen in Tashi Yangtse der Blinddarm durchbricht, habe ich die längste Zeit gelebt?« fragt einer der Teilnehmer.

»Sozusagen«, sagt der Außenbüroleiter mit einem entschuldigenden Lächeln. »Tut mir leid, aber einen Hubschrauber zu rufen, das ist nun mal nicht drin.« Alle nicken. Natürlich nicht.

Ich verkneife mir die Frage nach diesen gelben Im-Notfall-wähle-Nummer-soundso-Kärtchen, die uns der WUSC in Kanada ausgehändigt hat. Mir scheint, ich bin die einzige, die geglaubt hat, *1-800-holt-mich-hier-raus* wählen zu können, um im Ernstfall evakuiert zu werden.

Die übrigen Lehrer, von denen viele bereits in anderen Entwicklungsländern gearbeitet haben, wirken kein bißchen beunruhigt. Ganz im Gegenteil, sie amüsieren sich köstlich, finden alles urkomisch. Die Stromausfälle, die eiskalten Hotelzimmer, den Hahnenkamm in einem Hühner-Curry. Die Einführung nennen sie Durcheinanderführung, den Gesundheitskurs taufen sie »Von der Krätze zur Tollwut«. Der stinkende Überlandbus ist der Kotz-Expreß, die nicht ganz koscher aussehenden Fleischtaschen, die wir zum Mittagessen vorgesetzt bekommen, sind Ruhr-Plunderteilchen. Statt einem Exemplar der Broschüre »Wenn kein Doktor in der Nähe ist« verlangen sie Exemplare von »Wenn kein Bodyshop in der Nähe ist«. Sie erzählen uns mit diebischem Vergnügen Horrorgeschichten. Von dem Mann, dem sämtliche Zähne im Unterkiefer ausfielen, nachdem ihm eine simple Füllung gelegt wurde. Von einer Frau mit Bandwurmlarven im Hirn. Von Blutegeln in diversen Körperöffnungen. Von einem Kanadier, der in Tashigang durchdrehte und nackt um die Gebetsmühle im Stadtzentrum herumrannte; er wurde in Handschellen abgeführt. Typhus, Paratyphus, Hepatitis A, B und C, TB, Meningitis, Japanische Enzephalitis. Sie denken sich ein Liedchen aus. Ich versuche mitzugrölen, doch mein Gelächter klingt in meinen Ohren laut und hohl; ich bin kurz davor, einen hysterischen Anfall zu kriegen.

Abends kommt es häufig zu Stromausfällen. Wir gehen früh zu Bett, weil es zu kalt ist, um etwas anderes zu tun, und weil es ohnehin nichts anderes zu tun gibt. Meine Sammlung buddhistischer Schriften lese ich bei Kerzenlicht. Über Robert, der während seiner Zeit als Musiker Zen-Meditationen praktizierte, kam ich zum erstenmal mit dem Buddhismus in Berührung. Der katholische Glaube, in dem ich erzogen wurde, hat mir nie zugesagt; er hinterließ in meinem Kopf zu viele falsche Töne und Sackgassen. Der buddhistische Grundkanon fordert und beunruhigt mich, aber seine Lehren klingen klar und aufrichtig. Laut meinem Buch ist dies die erste von vier Glaubensstufen: das Gefühl geistiger Klarheit beim Vernehmen des Dharma – der buddhistischen Lehre.

Der historische Buddha wurde im sechsten Jahrhundert v. Chr. in Nordindien als Prinz Siddhartha Gautama geboren. Ein Weiser sagte voraus, daß er einmal ein großer Monarch werden würde oder aber der weltlichen Macht entsagen und nach Erleuchtung suchen werde. Von dieser Weissagung beunruhigt, sorgte Siddharthas Vater, der König, dafür, daß der Junge in dem Palast im Überfluß lebte, damit er nicht auf den Gedanken käme, sich geistigen Fragen zuzuwenden. Im Alter von neunundzwanzig stahl sich der junge Prinz jedoch heimlich aus dem Palast und war schockiert über das Leid, dem er dort draußen vor den Mauern begegnete. Was ihn am meisten verstörte, waren der Anblick eines Alten, eines Kranken, eines Toten und eines Bettelmönchs. Er erkannte, daß sein eigenes Leben ebenfalls der Vergänglichkeit und dem Tod unterworfen war, und beschloß, dem Palast für immer den Rücken zu kehren und nach dem wahren Sinn des Lebens zu suchen. Sieben Jahre lang lebte er in strenger Askese, bis sein Körper fast zusammenbrach. Doch trotz dieser Selbstkasteiung hatte er noch immer keine Erleuchtung erlangt. Da ging ihm die Wahrheit des mittleren Weges auf: daß weder die extreme Hingabe an die Sinnesfreuden noch übertriebene Selbstpeinigung zu der von ihm gesuchten Erkenntnis führt. Nachdem er in einem Fluß ein Bad genommen und eine Schale Milch getrunken hatte, die ihm eine Dorfjungfrau reichte, ließ er sich zur Meditation unter einem Feigenbaum nieder, und als es Vollmond wurde, begriff er die Wahrheit über das Leiden in der Welt und wie dieses Leiden zu überwinden sei.

Die erste der Vier Edlen Wahrheiten, die der Buddha predigte, besagt, daß das Leben Leiden ist. Die zweite Wahrheit erklärt, wie das Leiden entsteht. Wir leiden, weil das Selbst Begierden hat, sich an Dinge klammert, nie zufrieden oder glücklich und nie frei von seinen vielen Illusionen ist; wir begehren, was wir nicht haben, wenn wir es bekommen, wollen wir es festhalten, und sobald wir sicher sind, daß wir es besitzen, verlieren wir das Interesse daran und begehren etwas Neues. In unserem unaufhörlichen blinden Streben nach mehr, nach etwas Besserem, etwas Neuem, etwas Sicherem und Dauerhaftem, fügen wir uns und anderen Verletzungen zu und sammeln negatives Karma an, das zur Wiedergeburt und folglich zu weiterem Leiden führt. Selbst wenn wir zufrieden sind mit dem, was wir haben, sind wir doch wie unsere Lieben dem Alter, Krankheit und Tod unterworfen. Die dritte Wahrheit besagt, daß wir alle Begierden und alle Wünsche abwerfen müssen, um zur Aufhebung des Leidens zu gelangen. Die letzte Wahrheit erklärt den zur Aufhebung des Leidens führenden Edlen Achtteiligen Pfad: rechte Anschauung, rechte Gesinnung, rechte Rede, rechtes Handeln, rechte Lebensführung, rechte Anstrengung, rechtes Überdenken, rechtes Sichversenken.

Der Buddha behauptete nicht, eine Gottheit zu sein. Als man ihn nach der Erschaffung der Welt und der Existenz eines Gottes befragte, lehnte er jegliches Spekulieren strikt ab. Was er den Menschen bot, war nicht etwa eine neue Religion, sondern ein Weg, die Welt zu sehen und darin zu leben. Einer der interessantesten Aspekte am Buddhismus ist für mich persönlich nicht das Fehlen eines allmächtigen Gottes, vor dem wir niederknien und den wir anbeten müssen, sondern die Ansicht, daß es kein dauerhaftes Selbst gibt, keinen Inbegriff des Selbst. Es ist nicht einmal klar, ob es eine Seele gibt, einen unzerstörbaren, individuellen Geist. Die Unterscheidung zwischen Körper und Seele ist eine Illusion. Nichts existiert für sich allein und unabhängig von allem anderen, und ein eigenständiges, dauerhaft existierendes Selbst ist die größte Illusion von allem. Da ist nichts, auf das wir deuten, von dem wir sagen können, das sei das Selbst. Da ist nicht ein Körper und eine Seele, sondern eine Kombination von

Daseinsfaktoren – verschiedenen Substanzen, Qualitäten und Vorgängen. Im Augenblick des Todes zerfallen diese Kombinationen wieder, und nur das Karma, das in diesem Dasein erzeugt wurde, bleibt bestehen und bestimmt die Umstände der nächsten Wiedergeburt.

Dies ist einer der wichtigsten Grundsätze der buddhistischen Lehre, aber der Buddha trägt seinen Anhängern auf, ihn nicht beim Wort zu nehmen. Sie sollen selbst analysieren, erkunden und testen, was er sagt. »Alle Daseinsformen sind dem Vergehen unterworfen«, ermahnt er sie auf seinem Sterbebett. »Bemüht euch selbst nach Kräften um eure Erlösung.« Ich bin beeindruckt von dieser Einstellung, daß man selbst nach der Wahrheit suchen soll, daß ein jeder Erleuchtung erlangen kann, ohne Priester, Kirche oder göttliche Intervention, sondern allein durch innere Versenkung. Im Buddhismus ist man für seine Leiden und seine Erlösung selbst verantwortlich. Es gibt keinen Teufel, keine äußere dunkle Macht – es gibt nur den eigenen Geist, und man muß die Verantwortung übernehmen für das, was man will und auf welche Weise man es zu erlangen trachtet.

Ich lese, bis mir die Augen brennen und mir der Schädel brummt, bis ich einschlafe.

Hundegebell und häufige Alpträume beeinträchtigen meinen Schlaf. Jede Nacht wache ich mehrmals auf, treibe manchmal zwischen flüchtigem Schlaf und Unruhe hin und her und frage mich, ob es den anderen neuen Lehrern genauso geht, frage mich, weshalb diese verdammten Hunde jetzt noch bellen, wünsche mir, ich hätte Ohropax, wünsche, Robert wäre da, wünsche, ich wäre daheim. Ich wache gerädert auf. Sogar Lorna und Sasha, die bislang durch nichts aus der Ruhe zu bringen waren, klagen über unruhigen Schlaf und seltsame Träume. Jemand sagt, das sei die Höhenlage.

Ich schicke meinem Großvater und Robert ein Telegramm, um ihnen zu sagen, daß ich wohlbehalten angekommen bin. Was ich nicht sage, ist, daß mein Körper angekommen ist, der Rest von mir jedoch verlorengegangen, vielleicht noch unterwegs ist. In meinen nächtlichen Träumen habe ich mein Gepäck verloren, meine Brieftasche, meinen Paß. Ich finde kein Taxi, ich verpasse den Bus, ich fahre immer wieder am Flughafen vorbei. Ich habe nicht das richtige Ticket, ich muß einen Telefonanruf machen, kann aber keine Vierteldollarmünze finden. Mein Koffer ist voll von Klopapier, Ameisen oder Orangencremekeksen. In meinen Träumen weiß ich nicht, wohin ich gehe: Bin ich auf dem Weg hierher oder auf dem Weg nach Hause? Es ist mehr als nur die Höhenlage.

Am Samstag vormittag gehe ich mit Lorna und Sasha auf den Markt. Unter überdachten Ständen thronen Bauersleute über Kartoffelbergen, schmalen grünen Chilischoten, Trockenfisch, nicht identifizierbaren Wurzeln und Knollen. Diverse Reissorten, darunter Bhutans eigener »roter« Reis, der sich beim Kochen bräunlich-lila verfärbt, Reischips, Buchweizen, Gerste. Kordeln mit getrockneten Käsewürfeln, kleine Kugeln Rohkäse mit einem penetranten Geruch, getrocknete Pilze, Äpfel und grellrotes Chilipulver, das in schwarz angelaufenen Blechschalen abgemessen wird. Der Käsegeruch vermischt sich mit dem beißenden Geruch von Betelnüssen und der Kalkpaste, mit der sie gekaut werden, und jagt uns in die Flucht. Im Kunsthandwerkbereich finden wir religiöse Schriften und rituelle Gegenstände – Messingschälchen, Kelche, Langhörner, Weihrauch. Bambuskörbe und Bambusmatten, Reisigbesen, eine schwarze Yakhaardecke. Als ich mit der Hand darüberstreiche, schüttelt es mich, weil sich das Gewebe so rauh anfühlt.

An einem Ende des Marktes ist der Fleischbereich. Männer mit Äxten hacken Rümpfe in Stücke und hängen schmale Streifen roten Fleisches auf. Beine und Hufe auf einem Haufen, Innereien auf einem anderen. »Ich bin auf einer Farm aufgewachsen«, erzählt uns Lorna. »So was läßt mich völlig kalt.« Mich nicht, doch ich nehme mich zusammen und halte den Mund. Ich versuche, mich so gelassen zu geben wie die anderen. Drei Schweine von der Farbe alten Wachses liegen mit offenen, erstarrten Augen in einer Reihe. Wir werden von einem Mann, der das blutige Bein von irgendeinem Tier über der Schulter hängen hat, gestreift. »Ja, Madam?« ruft ein Junge mit einer Axt in der Hand. »Brauchen Sie was?« Wir schütteln den Kopf und gehen weiter.

Im Weggehen kommen wir an frommen Männern mit Gebetsperlen vorbei, die Gebete rezitieren und mit handgemalten Karten und Würfeln wahrsagen. Einer von ihnen hat ein Miniaturmodell eines *Tashi-go-mang*, eines dreistöckigen Tempels, hinter dessen unzähligen winzigen Türchen Statuen und detaillierte Gemälde von Gottheiten zu sehen sind. Münzen und Geldscheine werden an die Stirn gedrückt und dann in die Türschwellen gesteckt, damit sie Glück und Segen bringen. »Willst du dir wahrsagen lassen?« fragt Lorna. Ich schüttle energisch den Kopf. Das hätte mir gerade noch gefehlt – daß mir jemand die Prophezeiungen meines Großvaters bestätigt.

Auf dem Markt sehen wir zum erstenmal ein paar Touristen, die sich von den hier wohnhaften Ausländern dadurch unterscheiden, daß sie Kameras um den Hals hängen haben, statt Jutetaschen voll Tomaten und Zwiebeln zu schleppen. Der Tourismus werde behutsam reguliert, hieß es in der Einführungsveranstaltung, damit Bhutan seine eigene Kultur bewahren könne. Durch einen Tagessatz von zweihundert US-Dollar, den jeder Tourist zu entrichten hat, wird die Zahl der jährlichen Besucher niedrig gehalten.

Nach dem Marktbesuch gehen wir zu einer Bank, um Reiseschecks gegen *Ngultrum*, die bhutanische Landeswährung, einzutauschen. Ich komme mir vor, als sei ich in eine Szene von Charles Dickens hineinspaziert. In dem düsteren Raum beugen sich Dutzende von Bankangestellten hinter Drahtgittern über monströse, verstaubte Hauptbücher und schreiben mit klecksenden Federhaltern Zahlen hinein, zählen Geldstapel ab, verschnüren Bündel vergilbten Papiers und schenken den Kunden, die sich zettelwedelnd vor dem Schalter drängen, keinerlei Beachtung. Wieder und wieder muß ich meine Unterschrift leisten, bevor man mir eine Messingmarke reicht und mich auffordert, »da drüben« zu warten. Ich schlängle mich in Richtung »da drüben«, wo ich dann eine geschlagene Stunde warte, eingezwängt in die Menschenmenge, die sich vor dem Schalter drängt, mich auf die Zehenspitzen stelle, um zu sehen, was der Bankangestellte in dem Käfig gerade tut, die Ohren spitze, um zu hören, ob meine Nummer ausgerufen wird, irritiert von dieser wirren, undurchschaubaren Prozedur. Nirgendwo ein Zeichen, das mir gesagt hätte, wo ich mich anstellen soll. Die Leute stellen sich nicht hintereinander an, sondern drücken, quetschen und drängeln sich vor mich, während der Bankangestellte gar keine Notiz von uns nimmt, sondern seelenruhig mit einem blauuniformierten Sicherheitsbeamten mit einem vorsintflutlichen, verrosteten Gewehr plaudert. Haben diese Leute unendlich viel Zeit, *oder was*? Diese Frage habe ich mir schon etliche Male gestellt: während ich im Hotel auf das Frühstück wartete, in Geschäften vor dem Ladentisch oder in Ämtern vor dem Schalter stand, wenn mir ein Lastwagen den Weg versperrte oder ich mich wunderte, warum die Bäckerei geschlossen war, wo doch auf dem Schild klar und deutlich »ab acht Uhr geöffnet« zu lesen stand und die Uhr bereits acht Uhr zwanzig zeigte. Alles scheint länger zu brauchen, und je mehr Zeit etwas braucht, um so mehr Zeit scheinen die Leute zu haben. »Geht dir das nicht auf den Wecker?« frage ich Lorna.

Sie zuckt die Achseln. »Wir *müssen* ja nicht zu einem bestimmten Zeitpunkt irgendwo sein«, sagt sie. Das ist wahr. Wir müssen nirgendwohin. Was ist mein Problem? Ich habe endlos viel Zeit, bin aber ungeduldiger als sonst.

Nach dem Einführungskurs beginnt eine Woche mit Sprachunterricht. Für ein so kleines Land wie Bhutan ist die Anzahl der verschiedenen Sprachen und Dialekte ungeheuer groß; mindestens achtzehn Dialekte sind bekannt, von denen manche in einem einzigen Dorf gesprochen werden. Lorna, Sasha und ich sollen Sharchhog-pa-kha lernen, die »Sprache der Menschen aus dem Osten«, die Hauptsprache Ostbhutans. Chuni, die hübsche junge Frau mit der sanften Stimme, die uns unterrichtet, sagt, wir könnten sowohl die Bewohner als auch die Sprache kurz »Sharchhop« nennen.

Sharchhop ist eine Sprache ohne Schrift. Wir hören zwischen b und bh, d und dh keinen Unterschied heraus. Ich kann weder tshe noch nga aussprechen. Die Grammatik ist unbegreiflich, das Verb muß seine Beine vom Satzende herabbaumeln lassen, und wir machen nur langsam Fortschritte. Nach zwei Wochen kann ich bis acht zählen, »Wohin gehst du?« fragen und weiß zwei mögliche Antworten auf »Bist du ein Kuhhirte?« – »Nein, ich bin Lehrerin.« – »Nein, ich bin eine Nonne.«

Ich lerne noch eine weitere, eine inoffizielle Sprache: Transversale/Querverbindung, Hilux, Landcruiser; auf Tour, abseits der Verkehrswege, in weglosem Gelände, in der Pampa; ausländische Arbeitskräfte, Berater, Gastlehrer; United Nations Development Program (UNDP), Food and Agricultural Organization (FAO), Welternährungsprogramm. Sind Sie ein Berater? Nein, ich bin eine Gastlehrerin. Wohin fahren Sie? Ich fahre in die Pampa. Fahren Sie mit dem Kotz-Expreß? Nein, der FAO-Hilux nimmt mich mit.

Ich esse inzwischen kein Fleisch mehr. Das muß entweder auf den Marktbesuch zurückzuführen sein oder auf die Geschichte von den Bandwurmlarven. Ich bekomme auch sonst nicht viel herunter. Zum Zähneputzen benutze ich abgefülltes Mineralwasser, und wenn ich in einem Glas ein paar Tröpfchen nicht abgekochten, ungefilterten Wassers entdecke, wische ich es vor dem Eingießen trocken. Sasha runzelt die Stirn. »Ich glaube nicht, daß wir *so* vorsichtig sein müssen«, sagt sie.

»Man kann nie wissen«, entgegne ich achselzuckend. Man kann nicht vorsichtig genug sein. Vorsicht ist besser als Nachsicht. Vorbeugen ist besser als Auskurieren. Ich habe mich in meinen Großvater verwandelt. Herrgott noch mal, Jamie Lynne!

Wenn wir von der Sharchhop-Grammatik die Nase voll haben, erzählt uns Chuni Geschichten. »Dies ist eine wahre Geschichte«, beginnt sie. »Sie hat sich wirklich zugetragen.« Und dann erzählt sie uns von Wolkenfeen, von bösen Stiefmüttern, von Lamas, die sich in Vögel verwandeln, von prophetischen Träumen und einem sprechenden Raben. Ein heiliger Mann schubst seine sieben Söhne in den Fluß, um herauszufinden, welche von ihnen Dämonen sind, worauf sich drei von ihnen in schwarze Hunde verwandeln. »Hüten Sie sich vor vergifteten Dörfern«, ermahnt sie uns. »Es gibt Dörfer, die sind vergiftet, vor allem im Osten, um Tashigang rum. Sie sollten dort niemals etwas essen oder trinken.« Ich möchte das gern genauer wissen, vor allem, weil wir alle »um Tashigang rum« sein werden, aber sie ist bereits bei der nächsten Geschichte.

Hexen, ein Yeti, Kämpfe, die gewonnen wurden, indem man den Gegner mit Hagelkörnern bewarf. Alle ihre Geschichten haben Bezüge zur realen Welt. Das ist da und da geschehen, an dem Felsen bei dem und dem Fluß. So ist der Ort zu seinem Namen gekommen. Man kann noch immer den Körperabdruck, die Burgruine, den verkohlten Baum sehen, auf dem Weg nach Paro, in der Nähe eines Felsvorsprungs in Lhuntshi, nicht einmal Vögel wagen sich noch dorthin.

An einem Nachmittag fährt Gordon mit uns ins Tal von Paro zurück – zu einem Picknick aus Brot, Gurken und fade schmeckendem Dosenkäse. Die Fahrt führt am Flughafen vorbei zu einer sonnigen Lichtung an einem Fluß, wo wir uns an einem Tschörten, einem Monument aus weißgetünchtem Mauerwerk, mit quadratischem Steinsockel, glockenförmigem Mittelteil und spitz zulaufendem Dach niederlassen. Tschörten sind komplexe buddhistische Symbole, die das Bewußtsein Buddhas symbolisieren, erklärt uns Gordon. Im Inneren werden Statuen, religiöse Bücher und andere heilige Gegenstände aufbewahrt. In Nepal sind die meisten Tschörten geschändet und geplündert worden, aber in Bhutan kommt das nur sehr selten vor. Die Bhutaner glauben noch immer an die Heiligkeit dieser Monumente und würden mit einer Strafe der Götter rechnen, wenn sie eins davon entweihten.

Auf der anderen Flußseite, auf einem senkrecht abfallenden Felsvorsprung, erhebt sich das Kloster Taktshang, das sogenannte »Tigernest«. Padmasabhava soll dort auf dem Rücken einer fliegenden Tigerin gelandet sein. Die fliegende Tigerin ist nicht halb so unglaubwürdig wie dieser Tempel, der aussieht, als sei er an die Felswand geklebt. »Stellt euch vor«, sagt Sasha, »wie all die Steine und das Holz da hinaufgeschleppt und die Gebäude dort oben errichtet wurden. Dabei ist bestimmt so mancher in den Tod gestürzt.« Der einzige Unfall mit tödlichem Ausgang, von dem Gordon weiß, hat sich in jüngster Zeit zugetragen: Angeblich ist ein Tourist bei dem Versuch, ein gutes Foto zu schießen, von dem Felsen herabgestürzt.

Anschließend fahren wir zum Drugyel Dzong weiter, der 1647 zur Erinnerung an den Sieg bhutanischer Truppen über einfallende Tibeter erbaut wurde. Der größte Teil der Festung fiel 1951 einer Feuersbrunst zum Opfer, die durch eine Butterlampe ausgelöst worden war, und heute steht von dem Dzong nur noch eine Ruine. Die Straße macht eine Schleife um eine Steinmarkierung herum und führt dann zurück nach Thimphu. Lorna trällert einen Country-Song über »das Ende der Straße«. Aber das Ende der Straße ist der Anfang eines breiten, um eine grüne, ausladende Bergflanke verlaufenden Fußpfades. Dahinter ragt ein verschneiter Gipfel empor, der heilige, über siebentausend Meter hohe Jhomolhari, die Wohnstatt der Göttin Jhomo. Vor etlichen Jahren erteilte die Königliche Regierung einem internationalen Bergsteigerteam die Erlaubnis zur Besteigung dieses Berges, mit der Auflage, daß die Göttin nicht gestört werden dürfe. Das Team hielt sich offenbar an das Versprechen und ließ den eigentlichen Gipfel unberührt.

Ein Mann kommt uns entgegen, drei mit Säcken und Bambuskörben beladene Ponies führend, deren Glocken leise bimmeln, als sie vorsichtig von der asphaltierten Straße auf den anderen, älteren Weg wechseln. Während ich den Ponies nachsehe, habe ich einen Moment lang das Gefühl, so wie ich da mit über der Schulter baumelnder Kamera in Jeans und T-Shirt vor einem Landcruiser stehe, eine Erscheinung in einer fremden Welt zu sein. Was hast du hier zu suchen, fragt mich die Landschaft. Ich weiß es noch nicht.

Immer öfter frage ich mich, was jenseits dieser Berge geschieht. Ich möchte die Elf-Uhr-Nachrichten sehen, die »Globe and Mail«, ich möchte, daß dieses Programm von einer Sondermeldung unterbrochen wird. In Bhutan scheinen sämtliche Nachrichten mündlich überliefert zu werden, Dinge, die jemand vor zwei Tagen oder zwei Wochen von jemand anderem gehört hat, Gerüchte und Tratsch und Hirngespinste. Die Aussagen über den Zustand der Straßen beispielsweise sind äußerst widersprüchlich. Einmal heißt es, die Pässe seien zugeschneit und es werde noch eine Weile dauern, bis wir an unsere Einsatzorte gelangen können. Jemand anders hat gehört, daß sämtliche Pässe frei seien. Nein, nur zwei Pässe seien geräumt worden, wir könnten also bis nach Bumthang fahren. Die Pässe seien teilweise frei, die Straße sei für leichte Fahrzeuge passierbar, es sei gestern abend jemand aus östlicher Richtung durchgekommen. Die Pässe seien frei, aber es gebe kein Benzin. Es gebe Benzin, aber keinen Dieseltreibstoff. Nein, es gebe Benzin *und* Diesel, aber sämtliche Pässe seien unpassierbar, sämtliche Straßen für den Verkehr gesperrt. Morgen fahren wir ab, in einem Monat fahren wir ab.

Lorna, Sasha und ich sitzen mit Rita, einer englischen Lehrerin, die schon seit einem Jahr in Bhutan ist, und Wayne, einem australischen Ingenieur, im Benez – einem kleinen Restaurant, in dem sich eine bunte Schar von ausländischen Lehrern und jungen Bhutanern in westlicher Kleidung trifft –, und trinken Golden-Eagle-Bier. Aus einem Lautsprecher dröhnt Countrymusic. Rita und Wayne sprechen diverse Routen für einen Fußmarsch von Tashi Yangtse in Ostbhutan nach Paro durch, eine Strecke, für die man mehr als dreißig Tage braucht. Lorna, Sasha und ich haben den Tag damit zugebracht, die nötigen Utensilien für die Nationaltracht einzukaufen und zu lernen, wie man sie anzieht. Die Kira besteht aus einem rechteckigen Stück Stoff, das um den Körper drapiert und mit einem breiten Stoffgürtel zusammengehalten wird. Darunter trägt man eine Bluse, darüber eine Jacke. Der Gürtel muß fest gebunden sein, damit sich das ganze Ensemble nicht aufzuwickeln beginnt. Lorna hat uns den ganzen Tag mit ihren für Saskatchewan typischen Ausdrücken zum Lachen gebracht. Für jede Gelegenheit hat sie einen anderen parat. Koyotenhäßlich. In dieser Stadt ist es so heiß wie im Sommer. »Stinkt euch das nicht, euch so kostümieren zu müssen?« fragte sie, als wir endlich angekleidet waren und steif in unseren Kiras dastanden und zu atmen versuchten. Jetzt füllt sie ihr Glas zu voll, und das Bier schäumt hoch und läuft vom Tisch auf den Boden. »Wo immer du hingehst, da bist du«, sagt sie und schüttelt den Kopf.

Wir sind es leid, über Straßenzustände zu reden, den Schnee, die Pässe, unser mögliches Abfahrtsdatum, unsere Einsatzorte, was dort erhältlich ist und wie weit es von dort bis zu unserem nächsten kanadischen Kollegen ist. Ich werde die anderen besuchen können, wenn einer der Lastwagen, die Gips von einer Grube unten im Pemagatsel-Tal transportieren, mich mitfahren läßt, und ich dann an dem Abzweig hinter Pemagatsel ein weiteres Fahrzeug finde, mit dem ich die fünfstündige Fahrt nordwärts nach Tashigang machen kann. Sasha wird elektrischen Strom haben, im Gegensatz zu Lorna und mir. Sashas Einsatzort liegt an der Hauptverbindungsstraße, meiner an einer Zubringerstraße. Lorna hingegen wird fernab aller Verkehrswege wohnen und eine dreistündige Bergwanderung machen müssen, um ihr neues Zuhause zu erreichen. Rita, deren Einsatzort sich abseits der Verkehrswege im Mongar-Distrikt befindet, wird sechs Stunden zu Fuß laufen müssen. Nächstes Jahr, sagt sie, möchte sie sich an einen noch abgelegeneren Ort versetzen lassen, tief im Innern Zentralbhutans, drei Tagesmärsche von der nächsten Straße entfernt. Ich habe den Eindruck, daß Rita bedenkliche Symptome von Wahnsinn an den Tag legt.

Wir bestellen uns etwas zum Abendessen – Sasha und ich nehmen *Thukpa*, eine Nudelsuppe, Lorna wählt Chicken-Curry mit Reis und Rita *Emadatsi*, einen feuerscharfen Eintopf aus Chilischoten und Käse, Bhutans Nationalgericht. Wayne zeichnet auf die Rückseite eines Briefumschlags eine Landkarte. Die Eagles singen »Hotel California«. Wir bestellen noch eine Runde Bier. Und ich denke, manchmal ergibt das alles einen Sinn: Du sitzt mit deinen Kumpeln in einem Restaurant. Es könnte ein Restaurant an jedem beliebigen Ort sein. Es könnte in Sault Sainte Marie sein. Dann wieder ergibt überhaupt nichts einen Sinn. Ich sehe keinerlei Verbindung zu meinem anderen Leben, kann zwischen meinem Leben auf der anderen Seite des Planeten, all diese dunklen Meilen und sternenübersäten Ozeane entfernt, und mir, die ich hier an diesem Tisch sitze, das Bieretikett von meiner Flasche in Streifen reiße, keinerlei Beziehung erkennen, nicht den geringsten Zusammenhang. Bis auf mich selbst: Ich selbst muß die Kluft überbrücken, ich bin die Brücke – obwohl ich mich eher wie die Kluft fühle. Sämtliche Erfahrungen und alle Leistungen, die zu Hause meine Persönlichkeit ausmachten, sind hier unwesentlich und bedeutungslos. Hier gibt es jetzt nur mich. Wo immer du hingehst, da bist du.

Man gibt uns den Rat, uns in Thimphu mit Vorräten einzudecken, weil »Dinge« außerhalb der Hauptstadt nicht erhältlich seien. Ich suche die winzigen Läden auf. Aber auch in der Hauptstadt sind Dinge nicht sonderlich erhältlich. Wir kaufen uns Kerosinkocher, Kanister, Dampfkochtöpfe und Thermoskannen, Nudeln, Kakao, Erdnußbutter. Die Ladenbesitzer wickeln unsere Einkäufe fein säuberlich in Zeitungspapier ein, und wir tragen sie in unseren neuerworbenen *Jholas*, handgewobenen Schultertaschen, davon. Sasha, die Künstlerin und Vegetarierin ist, macht sich auf die Suche nach Skizzenpapier und getrockneten Bohnen. Wir legen uns beide eine große viereckige Dose mit Deckeln zum Schutz gegen Ratten zu. Den letzten Tag in Thimphu verbringe ich damit, mein Gepäck zu packen und wieder zu entpacken, wobei ich die wertvollsten Vorräte von zu Hause – Schokoladenriegel, Rosinen und eine Probierflasche Cointreau – in der viereckigen Dose verstaue. Am nächsten Morgen heißt es jedoch, daß die Pässe wieder (oder noch immer) zugeschneit seien und wir noch »ein Weilchen« dableiben müssen. Wir werden in Thimphu weitere Einführungskurse erhalten, die Tempel und die Nationalbibliothek besichtigen.

Ich will keine Einführungskurse mehr. Ich will nach Hause. Ich sage Sasha, daß ich was ausbrüte, und dann lege ich mich ins Bett und wünsche mir Dinge herbei: eine Cosmopolitan, einen Bagel mit Frischkäse, ein Lebensmittelgeschäft, das Eaton-Centre zwei Tage vor Weihnachten.

Die Transversale – Fahren Sie bedenkenlos weiter

Die Pässe sind offen, und wir fahren mit einem Hilux auf der Transversale, der Querverbindung, landeinwärts: Lorna, Sasha, Rita und ich, und außerdem Dorji, ein Fahrer des Erziehungsministeriums. Nach dreiwöchiger Verzögerung wegen zugeschneiter Pässe sind wir endlich zu unseren Einsatzorten unterwegs. »Na, wie findet ihr das bis jetzt?« fragt Rita, als wir am Dochhu La haltmachen, einem Paß, den man nach dreiviertelstündiger Fahrt von Thimphu aus erreicht und von dem aus wir einen ungehinderten Blick auf die nördliche Landesgrenze haben: auf eine Reihe grandioser schneebedeckter Gipfel, die hinter blauen Bergketten emporragen. »Schaut, der winzige weiße Fleck da drüben ist der Ghasa-Dzong«, sagt sie. »Zu Fuß braucht man von hier zwei bis drei Tage dorthin.« Sie kennt die Namen der Gipfel – Tsheringma, Tafelberg, Kula Kangri. »Das hier dürfte eins der großartigsten Panoramen der Erde sein«, meint sie. »Ich bin immer ganz aus dem Häuschen, wenn ich einen so phantastischen Ausblick habe.« Hinter uns flattern Dutzende von zerfledderten Gebetsfahnen im kalten Wind. Ich sehe zu Rita hinüber: Wie sie sich so freut, kommt sie mir richtig kindisch vor. Sämtlichen Lehrern aus dem Westen, die wir bis jetzt getroffen haben, scheint es gleich zu gehen. Alle lieben sie ihre Dörfer, ihre Schulen, ihre Kinder, ihre jeweiligen Unannehmlichkeiten – Ratten, spinnerte Schulleiter oder die Erdrutsche, die im Sommer, während der Monsunzeit, die Straßen blockieren. Sämtliche aus ihren Ferien in Thailand oder Nepal zurückgekehrten Gastlehrer, denen wir in Thimphu begegneten, erklärten uns seufzend, wie froh sie seien, wieder zurück, wieder zu Hause zu sein.

Vom Dochhu La geht es zwischen bemoosten Tannen hindurch bergab durch einen Wald mit feuchtglänzenden Eichen und blühenden Rhododendrenbäumen, von denen manche mit solchen Kaskaden von scharlachroten Blüten überzogen sind, daß ich beinahe lachen muß. Comicbäume! Wahnsinnsbäume! Die Magnolien gefallen mir besser; ihre schlichten weißen Blüten heben sich leuchtend von den schwarzen Zweigen ab. »Ich habe irgendwo gelesen, daß die Magnolie eine der ältesten Blütenpflanzen der Welt sei«, sagt Sasha, als wir anhalten, um ein Foto zu machen. Das würde ich gern irgendwo nachschlagen. In einem Lexikon, in einer Bibliothek. »Gibt es in den Schulbüchereien Enzyklopädien?« frage ich Rita.

»Nur im College von Kanglung«, sagt sie.

»Aber in unseren Schulen nicht?«

»Ihr könnt froh sein, wenn es an euren Schulen überhaupt eine Bücherei gibt, Kinder.«

In dem Einführungskurs wurden Tausende neue Dinge angesprochen, über die ich mich gern näher informieren will: wie reinkarnierte Lamas aufgefunden werden, welche die charakteristischen Merkmale der tibetobirmanischen Sprachgruppe sind, wer Francis Younghusband war. Und all die Sachen, die ich in den letzten paar Jahren nachschlagen wollte, fallen mir mit neuer Eindringlichkeit wieder ein: die Bedeutung des Wortes »phylogenetisch«, die Entstehung der Mafia, tanzende Derwische. Und dann sind da all die Dinge, von denen ich wünschte, man könnte sie nachschlagen: warum ich mich an einen so abgelegenen Ort verfrachten lasse, ob in den Tälern Ostbhutans mein ganzes Wissen verschüttgehen wird und wer ich sein werde, wenn ich dort wieder herauskomme.

Die Straße schlängelt, windet und gräbt sich durch die Wälder. Rita sagt, Bhutans Straßen hätten auf einer Strecke von einem Kilometer durchschnittlich siebzehn Kurven. Jemand habe das einmal gezählt. Bei einer Durchschnittsgeschwindigkeit von dreißig Stundenkilometern werden wir für die rund fünfhundertfünfzig Kilometer bis zum Tashigang-Distrikt drei Tage brauchen. Ich esse Kekse und schlucke Gravol, um meinen Magen zu beruhigen. Mühsam schnauft der Hilux die Pässe hinauf, die mit dem Schnee, den weißen, lautlos über den verkrüppelten Bäumen schwebenden Nebelfetzen und dem Getröpfel von Wasser auf schwarze Felsen unheimlich anmuten. Dazwischen geht es in warme, mit unzähligen Grünschattierungen überzogene Täler hinab. Affen stieben auseinander, als wir um eine Kurve biegen. Goldene Languren, sagt jemand. Wir fahren durch winzige Dörfer, Weiler, die aus drei oder vier Häusern bestehen. Das Land kommt mir vor, als sei es fast leer. So viel unberührte, unversehrte Wildnis.

Die zwei- oder dreistöckigen Häuser haben Erdgeschoßwände aus weißgetünchtem Stampflehm, während die oberen Stockwerke aus Lehm mit eingepaßtem Holzfachwerk bestehen. Die schmalen Fenster mit den Dreipaßbögen sind mit hölzernen Schiebeläden versehen, die Licht hindurchlassen, aber

Regen und Kälte aussperren. Die Außenwände sind mit kunstvollen Motiven in verblaßten Blau- und Rottönen verziert: Lotosblumen, Hirsche, Vögel und riesige stilisierte Phalli (zur Abwehr böser Geister, sagt Rita). Hölzerne Stiegen führen hinauf zu wuchtigen Holztüren mit originellen Riegeln und Schlössern. Die Dächer sind mit Schiefertafeln oder Holzschindeln gedeckt, die von großflächigen Steinen beschwert werden. Neuere Häuser haben Wellblechdächer. Unter den Vordächern lagern Holzfässer und Kisten, lederne Gegenstände, die ich nicht identifizieren kann, irdene Gefäße und aufgerollte, ausgefranste Seile. An Webstühlen, die draußen in der fahlen Wintersonne stehen, sitzen webende Frauen, und Kinder, deren Wangen von der Kälte dunkelrot angelaufen sind, winken uns beim Vorbeifahren mit ernsten Mienen zu.

Fast nach jeder Kurve sieht die Landschaft anders aus. Düstere Kiefernwälder, lichte Eichen- und Buchenwälder, trockene, heiße Haine mit subtropischen Kiefern, die laut Rita Roxburgkiefern heißen, undurchdringliche, feuchte, dschungelartige Wälder. Manchmal steigen die Berge abrupt in die Höhe, steil, schwarz, unnahbar. Dann wieder sind sie sanfter, ausladend, massig, in Dunst gehüllt. Ich kann darin Gesichter erkennen, eine glatte Stirn, eine Adlernase, ein trotziges Kinn. Jedesmal, wenn wir anhalten und aus dem Fahrzeug klettern, fällt mir die Stille auf. Je höher wir kommen, um so tiefer und intensiver ist sie. Wenn der Wind sich an den Pässen unvermittelt legt, summt die Stille beinahe, und ich spüre unter mir das Gewicht der Erde, das durch die Leere zwischen diesem festen Stück Boden und dem nächsten, einen Katzensprung entfernten Bergkamm noch verstärkt wird. Es verwandelt sich in eine seltsame geistige Schwere. Wenn ich zu lange stehenbleibe, habe ich das Gefühl, als würden mir Wurzeln wachsen.

In Tongsa machen wir Zwischenstation. Die Stadt wird von ihrem Dzong, einer wuchtigen, majestätischen Klosterfestung, beherrscht. Rita führt uns in ein ihr bekanntes Restaurant, wo wir von der Besitzerin, einer ernsten und wunderschönen Tibeterin, in eine warme Küche geleitet werden, von der man einen Blick auf den Dzong hat. Während wir heißen Tee schlürfen, mustern wir die Tempeldächer und die Türme des Dzongs, die hölzernen Stiegen, die erkerartigen Anbauten und die goldenen Spitzen. Sasha fertigt rasch eine Skizze davon an. Angesichts dieser ehrwürdigen Erhabenheit habe ich erneut das Gefühl, ein Phantom zu sein. »Das Land, das von der Zeit vergessen wurde«, sage ich, worauf Lorna das Gesicht verzieht. »Das letzte Shangri-La, jaja. Ich kann das langsam nicht mehr hören«, sagt sie.

»Aber so kommt es einem doch wirklich vor«, entgegne ich. »Wie all diese Geschichten über das Rückwärtsgehen in der Zeit.«

Sie nagt an der Innenseite ihrer Unterlippe. »Wenn ich hier lebte und mir ein Rudel Ausländer erzählte, dies sei das geheimnisvolle Shangri-La, würde mir das wahrscheinlich schwer auf den Wecker gehen. Vor allem, wenn es sich um Leute handelte, die sonst ein nettes, angenehmes Leben in einem wohlhabenden Land führen.«

Am Spätnachmittag gelangen wir über einen Paß ins Bumthang-Tal in Zentralbhutan, das breit und lieblich ist, von blaßgoldenem Gras überzogen und von dunklen, mit Fichtenwäldern bestandenen Berghängen gesäumt. Das Schweizer Gästehaus, in dem es, wie Rita uns versprochen hatte, kiefergetäfelte Zimmer gibt, Holzöfen – sogenannte *Bukharis*, eine Dusche mit Warmwasser und außerdem Toast zum Frühstück, ist belegt, und so übernachten wir in einem Touristenhotel, in dessen Zellen es zwar Bukharis gibt, aber kein Holz, um darin ein Feuerchen zu machen, und dessen Wasserhähne im Bad zwar verheißungsvoll gurgeln, zu unserer Enttäuschung aber kein Wasser ausspucken.

Rita korrigiert unsere Aussprache des Namens Bumthang. »Bum – thang!« sagt sie gedehnt und mit einem Lachen. »Was soll das sein, eine Funktionsstörung des Hinterteils?« Bumthang, »Buhm-tahng« ausgesprochen, wird auch Jakar genannt, was sich »Bya-kar« schreibt und soviel heißt wie »der Ort des weißen Vogels«. Der Jakar-Dzong, der streng und unnahbar auf einem Felsvorsprung oberhalb der Stadt steht, wurde im sechzehnten Jahrhundert als Kloster erbaut. Mit dem Bau war schon an einer anderen Stelle begonnen worden, als man einen weißen Vogel gewahrte, der die Anhöhe umkreiste. Dies wurde als ein Omen angesehen, und das Kloster wurde an diese Stelle verlegt. Die Täler von Bumthang, erzählt uns Rita beim Essen, gelten als sehr heilig und wimmeln von Klöstern, Tempeln und Pilgerstätten. Es dürfen in dem Tal keine Tiere geschlachtet werden, und Rauchen ist strikt verboten. Im achten Jahrhundert kam Padmasambhava, auch Guru Rinpoche genannt, hierher, um einem König zu helfen, der schwer erkrankt war, nachdem er eine lokale Gottheit beleidigt hatte. Guru Rinpoche gelang es, die Gottheit durch Meditation zu bezwingen und sie in einen glühenden Verfechter der buddhistischen Lehre zu verwandeln, und der König wurde wieder gesund. In der Höhle, in der Guru Rinpoche meditierte, ist noch immer sein Körperabdruck zu sehen. Guru Rinpoche werde in Tibet und in Bhutan als der zweite Buddha verehrt, sagt Rita. »Der Buddha hat offenbar prophezeit, daß er wiederkehren würde, um eine höher entwickelte Form des Buddhismus zu lehren«, sagt sie. »Guru Rinpoche wird als seine Reinkarnation angesehen, und jeder Ort, an dem er meditierte, gilt als hoch heilig.«

Bumthang ist auch der Geburtsort des *Terton* Pema Lingpa, der mit einer angezündeten Lampe in einen See im angrenzenden Tal hinabtauchte, und als er mit religiösen Schätzen wieder an die Oberfläche kam, brannte die Lampe noch immer. Ich möchte mehr über diese versteckten Schätze erfahren, aber dies ist alles, was Rita weiß: daß Guru Rinpoche *Terma*, religiöse Schätze – sprich heilige Schriften, Schriftrollen, Statuen und Ritualgegenstände – versteckte, damit sie Jahrhunderte später von einem Terton, einem Entdecker von religiösen Schätzen, geborgen würden. Ein weiterer Punkt auf meiner Liste der Dinge, die ich nachschlagen will.

Früh am nächsten Morgen werden wir von lautem Krähengekrächze geweckt. Die Sonne ist noch nicht über den Bergkamm gestiegen, und ein kalter Nebel hängt über dem Tal. Der Dzong des weißen Vogels liegt im Schatten. Es sieht aus wie das Bhutan aus grauer Vorzeit, denke ich, Ritas Geschichtsstunden im Hinterkopf. Ein älteres, kälteres, unwirtliches Bhutan. Als wir uns zitternd in unsere steifen, kalten Kleider zwängen, dampft unser eisiger Atem. Da es noch immer kein Wasser gibt, putzen wir uns die Zähne eben ohne, draußen, unter einer stoppeligen Kiefer. Zum Frühstück fahren wir zum Schweizer Gästehaus hinüber, wo es tatsächlich, wie Rita versprochen hat, Toast und Honig gibt. »So bald werdet ihr keinen Toast mehr zu futtern bekommen«, meint Rita, »es sei denn, ihr könnt Brot backen.« Sie hebt an, uns in allen Einzelheiten zu erklären, wie man mit einer absurden Topf-im-Topf-auf-einem-Kerosinkocher-Methode backen kann. Lorna und Sasha schreiben eifrig mit. »Das ist mir zu kompliziert«, sage ich. »Aber vielleicht gibt es ja in Pemagatsel Brot zu kaufen.« Rita zieht darauf nur schweigend die Augenbrauen hoch. Die Sonne ist inzwischen über den Bergkamm hinaufgestiegen, und der Nebel im Tal schimmert golden, bricht auf und schwebt davon. Doch wir haben keine Lust, den warmen, von Kieferndufterfüllten Raum schon wieder zu verlassen und bestellen Toast und Kaffee nach.

Auf der Fahrt talauswärts machen wir an einem Laden halt, um Käse und Apfelsaft zu kaufen, der in dieser Gegend hergestellt wird, auf einer Farm, die vor zwanzig Jahren von Schweizern errichtet wurde. Die Luft riecht nach Holzrauch. Dorji kommt mit grimmigem Gesicht von der Tanksäule zurück. Es gebe in ganz Bumthang keinen Dieseltreibstoff, berichtet er.

»Haben wir genug, um bis nach Mongar zu kommen?« fragt Rita.

»In Mongar auch kein Diesel«, sagt er. »Vielleicht Tashigang.«

Selbst mir ist klar, daß unser Sprit für die fast zweihundert Kilometer bis nach Tashigang nicht ausreichen kann. Am liebsten würde ich den anderen den Vorschlag machen, im Schweizer Gästehaus nach freien Zimmern zu fragen, statt in den Wagen zurückzuklettern. Warum steigen die alle *wieder* in ein Fahrzeug ein, das nicht genügend Treibstoff hat, um uns bis zur nächsten Zapfsäule zu fahren, die zudem mit Sicherheit *leer* ist; wollen die auf dem Gipfel eines gottverlassenen, verschneiten und nebelverhangenen Berges hockenbleiben, wo wir erfrieren oder verhungern würden, ehe auch nur irgend jemand auf die Idee käme, nach uns zu suchen? Es ist zu spät. Alles sitzt schon wieder im Hilux und wartet auf mich. Ich verstehe das nicht, mir ist nach Heulen zumute. Aber ich steige ein.

An diesem Morgen führt uns der Weg zum Trumsing La, der mit seinen fast viertausend Metern der höchste aller Pässe ist, die wir überqueren müssen. Am Straßenrand tauchen Reste von Schnee auf, der mit zunehmender Höhe frischer und höher wird, bis wir uns schließlich durch den Winter hindurchkämpfen. Dorji verlangsamt das Fahrtempo auf zehn bis fünfzehn Stundenkilometer und betätigt vor jeder Biegung die Hupe. Als wir die Paßhöhe erreichen, halten wir an, klettern hinaus und stehend zitternd unter windzerzausten Bäumen in dem kalten, geisterhaften Nebel, um das von der Staatlichen Straßenbaubehörde errichtete Schild zu entziffern: »Sie haben den Trumsing La, den höchsten Paß Bhutans, erreicht. Überprüfen Sie Ihre Bremsen. Fahren Sie bedenkenlos weiter. Vielen Dank.«

Auf der anderen Seite des Passes werden wir von einem riesigen, dicht an der Bergwand geparkten Laster überrascht. Der Fahrer hat unter dem Benzintank ein Feuer entfacht. »Der Diesel friert ein«, erklärt Rita. Ich will von ihr wissen, wie es möglich ist, daß bei dieser Auftaumethode nicht der gesamte Lastwagen von der Bergwand heruntergesprengt wird, aber das kann sie mir auch nicht erklären.

Kurz hinter dem Trumsing La schaltet Dorji wieder herunter und zeigt nach vorn. Rita informiert uns, daß dort vor einem Jahr der ganze Berghang eingestürzt sei, daß die Felswand plötzlich abbrach und zweihundertsiebenundvierzig Straßenarbeiter, die dort ihr Lager aufgeschlagen hatten, unter sich begrub. Es sieht aus, als hätte jemand mit einem sehr scharfen und riesenhaften Messer den Berghang abgeschnitten und nur einen schmalen Felssims als dekorative Zierleiste an der Felswand zurückgelassen. Da werden wir doch wohl nicht drüber fahren, denke ich. Da ist doch keine *Straße*. Das ganze Ding wird unter dem Gewicht des Wagens abbröseln, und wir werden mausetot am Grund der Schlucht liegen. Das ist pure Dummheit! Das ist für die Katz! Aber nein, wir sollen ja bedenkenlos weiterfahren. Wir fahren ganz, ganz langsam darüber, so daß wir die Einzelheiten der Katastrophe ausgiebig studieren können – die tiefen Risse in dem rauhen, nackten Fels über uns und die Tausende von Metern tief in die Schlucht gestürzten Steine, Erdmassen und Baumwurzeln.

Als wir drüben sind, ist mir irgendwie mulmig zumute. *Das* liegt jetzt zwischen mir und Thimphu. Warum habe ich nicht darum gebeten, in Thimphu arbeiten zu dürfen? In Thimphu kann man wenigsten nicht von der Straße abstürzen. In Thimphu gibt es wenigstens Hotels, fließend Warmwasser und die Bäckerei. Warum kann ich nicht zwei Jahre lang in einem Hotel in Thimphu wohnen? Thimphu ist nur anderthalb Stunden vom Flughafen entfernt. Von Thimphu aus könnte ich Kalkutta erreichen, die Filialen internationaler Fluggesellschaften. Von Thimphu aus käme ich nach Hause. Doch mit jedem Kilometer entferne ich mich weiter von dieser Stadt. Weiter und weiter, singe ich mich selbst in den Schlaf, weiter und weiter mit einem fast leeren Tank.

Ich wache auf, als ich mit dem Kopf gegen die Fensterscheibe pralle und mein Pullover auf den Boden rutscht. Wir haben vor einer Ansammlung fensterloser Bambushütten angehalten. Dorji taucht darin unter. »Er will nach Diesel fragen«, informiert mich Rita. O ja, aber klar doch, denke ich vergrätzt. Das sieht doch ein Blinder, daß da drüben Diesel zu haben ist. Rita fängt an zu klatschen. »Er hat welchen!« Die anderen klatschen mit, und Dorji hält grinsend den Kanister in die Höhe. Ich klatsche ebenfalls, ganz besonders laut.

Bei einer Hütte aus Holzbrettern, Bambusmatten, Blechplatten und Plastik machen wir Rast. »Essen und Schlafen«, steht auf dem Schild. Wir klettern hinaus, gähnend und uns streckend. Drinnen schöpft uns eine Frau aus rußgeschwärzten, auf einem Lehmofen stehenden Töpfen Teller mit dampfenden Reis und winzige Schälchen mit einer Knochenbrühe voll. »Willst du gar nichts essen?« fragen die anderen. Ich schüttle den Kopf und nuckle an meiner Mineralwasserflasche. Die anderen werfen sich vielsagende Blicke zu. Ich weiß, was sie denken. Sie denken, ich werde nicht durchhalten. Keine zwei Monate werde ich durchhalten, geschweige denn zwei Jahre. Später, wenn ich nach Hause geflogen bin, werden sie Geschichten über mich erzählen. Erinnert ihr euch an das Mädchen aus Sault Sainte Marie, wie hieß sie noch, die, die noch nie zuvor im Ausland war? Die hatte vor allem Angst, erinnert ihr euch? War das die, die immer nur Kekse gemümmelt hat? Was hat die sich bloß dabei gedacht, als sie beschloß hierherzukommen?

Die zweite Nacht verbringen wir in Mongar, im Gästehaus des Krankenhauses, das zur norwegischen Lepramission gehört. Im Dunkeln tasten wir uns von dem engen Basar dorthin hinunter, nachdem wir im Karma-Hotel zum Abendessen ein Maggi-Nudelgericht und zum Nachtisch einen zuckersüßen Tee und ein Gläschen Dragon-Rum bekommen haben. »Gebrannt und abgefüllt vom Wohlfahrtsprojekt der Armee in Samdrup Jongkhar« heißt es auf dem Flaschenetikett. Kein sehr glamouröser Name für eine Brennerei, aber der Rum ist gar nicht schlecht. Krähende Hähne reißen mich aus einem warmen und glücklichen Traum, in dem ich aus der Unibibliothek komme, um mich mit Robert zu Kaffee und Croissants zu treffen. Mein tatsächliches Frühstück besteht aus Wasser und Keksen. Nachdem wir uns von Rita verabschiedet haben, die nun ihren sechsstündigen Marsch zu ihrer Schule in Angriff nehmen wird, steigen wir wieder in den Hilux ein, um die dreistündige Fahrt nach Tashigang zu machen.

Sasha wird als erste abgesetzt, in einem zwischen Mongar und Tashigang gelegenen Dorf. Wir helfen ihr beim Ausladen ihres Gepäcks: ein großer und ein kleiner Koffer, ihre Blechdose und ihre Thermoskanne. Ein junger Mann kommt auf uns zu, stellt sich als der Schulleiter vor und geleitet uns in sein Haus. Während wir steif auf harten Bänken hocken, bringt uns ein kleiner Junge ein Holzschälchen mit Reischips und drei Tassen lauwarmen Tee. »Meinst du, das Teewasser ist richtig abgekocht worden?« flüstere ich Sasha zu. Statt einer Antwort leert sie ihre Schale in einem einzigen Zug. Anschließend gehen wir alle zu ihrem Quartier, einer Hütte mit zwei Zimmern, deren Lehmwände außen frisch getüncht worden sind. Drinnen stehen ein hölzernes Bettgestell, ein Schreibtisch und ein Stuhl. Wir bleiben in der Tür stehen und starren hinein. Selbst Sasha sieht verstört aus. Es ist so nackt und kahl und so weit weg von zu Hause. Draußen kräht ein Hahn, und ich kämpfe gegen die Tränen an bei dem Gedanken, Sasha allein hier zurückzulassen, in diesem Schuppen, der ihr Zuhause sein soll. Wie sie das überleben will, wie wir alle das überleben sollen, ist mir vollkommen schleierhaft. »Was für eine tolle Aussicht«, ruft Lorna vom Fenster herüber, und meine Stimme kehrt wieder, gekünstelt heiter und verzerrt. »Wir werden uns alle gegenseitig besuchen«, sage ich. »Wenn man's richtig bedenkt, wohnen wir ja nur ein paar Stunden auseinander.« Wenn ich's richtig bedenke, wird mir bewußt, daß ich unter dem Ausdruck »am Ende der Welt« jetzt etwas ganz anderes verstehe als früher.

Als wir wieder im Hilux sitzen und ich mich noch einmal umdrehe, um Sasha zum Abschied zuzuwinken, ist sie schon hineingegangen und hat die Tür hinter sich geschlossen.

In Tashigang, einer in eine Talmulde eingezwängten Stadt, empfängt uns subtropisches Klima. Sogar jetzt, Anfang März, ist es dort warm. Bougainvilleasträucher wuchern an Hauseingängen empor und breiten sich auf Steinmauern aus, und über dem Fluß, der vom Berg herab mitten durch die Stadt fließt, wiegen sich hohe, elegante Eukalyptusbäume. Mit den engen, gewundenen Straßen und den tudorstilartigen dreistöckigen Häusern mit ihren winzigen Balkonen erinnert mich Tashigang an eine mittelalterliche Stadt, an Bilder aus einem Oberstufengeschichtsbuch. Der »untere Markt« ist die Ladenreihe entlang der Straße zum Dzong; der »obere Markt« besteht aus den kreisförmig um eine riesige Gebetsmühle angeordneten Läden. Gebetsmühlen – es gibt kleine, die man in der Hand halten kann, aber auch zimmergroße – sind mit Mantras, Gebetssprüchen, beschriftete Zylinder. Sie werden von den Gläubigen im Uhrzeigersinn angestoßen und funktionieren nach dem gleichen Prinzip wie die Gebetsfahnen: indem sie in Bewegung gesetzt werden, vervielfachen sich die zum Wohl aller Lebewesen ausgesandten heiligen Sprüche. Wir sitzen auf einer Bank vor einem Laden auf dem oberen Markt und beobachten den Verkehr – mit Reissäcken beladene Pferde, zwei neben der Gebetsmühle schwatzende alte Frauen, Kinder, die einen Hund jagen, dem eine Schnur mit roten Chilischoten um den Hals hängt. Vor einem Laden neben einem blauen UNDP-Jeep parkt ein ramponierter Bus, dessen seitlich aufgemalte Aufschrift »Bhutan Government Transport Service« verräterische Kratzspuren aufweist. »Das ist bestimmt der Kotz-Expreß«, sagt Lorna. »Und schau, da drüben, das müßte die Feuerwehr sein.« Sie deutet auf vier rote, verbeulte Metalleimer, die an einer Stange baumeln.

Eine hellhäutige Frau in einer Kira tritt aus einem der Läden heraus. »Oh, hallo«, sagt sie. »Ihr seid bestimmt die neuen Kanadierinnen. Ich bin Nancy. Ich habe euch schon vor drei Wochen hier erwartet, doch dann wurden die Straßen gesperrt. Na ja, was soll man machen.« Sie geleitet uns ins Phunsum, ein winziges Restaurant in einem Winkel des Marktes, und bestellt für uns alle Tee. An der Wand hängt ein Poster von den kanadischen Rockies, und zwischen den Whiskeyflaschen hinter der Bar steckt eine kleine kanadische Flagge – Zeichen von anderen Kanadiern in Ostbhutan, die sich hier in Tashigang treffen. Nancy hat von einer Abschiedsparty vom Vorabend noch einen Kater. Sie ist im Begriff abzureisen, ihr Vertrag ist abgelaufen, und sie kehrt jetzt nach Kanada zurück. In drei Wochen muß sie in Ottawa sein, zu einem Vorstellungsgespräch für eine Lehrerstelle in der Arktis, erzählt sie uns.

Irgendwas muß hier im Wasser sein, denke ich: Keiner dieser Leute gibt sich mit einem nur mäßig komplizierten Leben zufrieden. Alle wollen sie vier Tagesmärsche abseits aller Verkehrswege leben, und wenn sie ihre Zeit dann abgeleistet haben und heimkehren können in ein nettes warmes Apartment mit einer Bushaltestelle um die Ecke, gehen sie als Lehrerin in die Arktis!

»Gibt es in Tashigang Dieselkraftstoff?« fragt Lorna.

Nancy schaut überrascht auf. »Soll das heißen, ihr wurdet ohne Dieselreserven hierhergeschickt?«

»Der Fahrer hat unterwegs welchen auftreiben können, aber weder in Bumthang noch in Mongar war welcher zu haben.«

»Und hier gibt's auch keinen«, sagt Nancy seufzend. »Dann werden wir heute nachmittag den *Dasho Dzongda* um Hilfe bitten müssen.« Der Dzongda ist der Distriktverwalter, und »Dasho« ist wie »Sir« ein Titel und wird vom König verliehen.

Lorna seufzt ebenfalls. »Dann müssen wir uns wohl vorher kostümieren«, meint sie.

Als wir unseren Tee getrunken haben, gehen Lorna und ich zur Brücke hinter der Stadt hinauf, wo wir uns unter ein paar Gebetsfahnen niederlassen und den Blick über das enge Flußtal schweifen lassen. Die nahe gelegenen Berghänge sind braun und ausgedörrt, die Sträucher, Felsnasen und zickzackförmigen Pfade darauf deutlich zu erkennen, während die Berge in der Ferne im Dunst verschwimmen. Der Tashigang-Dzong ragt auf einem Felsvorsprung zu unserer Rechten hoch über dem türkisblauen Fluß auf. Auf der anderen Flußseite, hinter den Bergkämmen, liegt Bidung, Lornas neues Zuhause. Pemagatsel liegt irgendwo in südlicher Richtung. Thimphu irgendwo im Westen. Und jenseits von Thimphu – ach nein, ich bin zu müde, um im Geist die Rückreise zu machen. Ich möchte einfach nur dreimal die Hacken zusammenschlagen müssen und zu Hause sein.

Nachdem wir im Phunsum noch einen Tee getrunken haben, wickeln wir uns in unsere Kiras ein und gehen mit Nancy über den unteren Markt zum Dzong. Am Tor steht ein Polizist, neben ihm liegt ein Stoß Gummilatschen und Plastiksandalen. »Man darf nur mit Schuhen *und* Socken in einen Dzong hinein«, erklärt Nancy, »oder man muß barfuß gehen.« Wir treten in den kühlen Innenhof ein. Direkt vor uns erhebt sich die massive Wand des dreistöckigen Tempels des Dzongs. Rechts und links des Hofes sind Büros mit dicken Holztüren. Handbeschriebene, an den Türstürzen befestigte Schilder zeigen den Distriktbeamten für das Erziehungswesen, für das Tierhaltungswesen und das Landwirtschaftswesen an. Kleine, frisch geschorene Novizen lugen von den hölzernen Galerien zu uns herab und kichern, wenn wir ihnen zuwinken. Wir werden in das Gemach des Dzongda geführt, wo wir uns auf eine Bank am Fenster setzen und man uns Tee und – einmal mehr – Orangencremekekse anbietet. Ich erinnere mich daran, daß ich meine Beine nicht überkreuzen darf und warten muß, bis der Dzongda seinen Tee trinkt, ehe ich meinen anrühre. »Bitte nehmen Sie«, sagt er und zeigt auf unsere Teetassen. »Danke, Dasho«, sagt Nancy und erklärt dann in einem sehr respektvollen Ton, wer wir seien und wohin wir ohne Diesel zu fahren gedächten und warum. Der Dzongda hört zu, nickt und läutet. Ein Sekretär erscheint, verbeugt sich, und der Dzongda brüllt ihm in Dzongkha einen langen Befehl zu. Der Sekretär murmelt ein ums andere Mal die Höflichkeitsform von »Ja«. »*Lasso la, lass, lass, lass.*« Der Dzonga hat angeordnet, daß aus einem Notvorratslager Diesel an uns abgegeben wird. Er teilt uns mit, daß der Distriktbeamte für das Erziehungswesen Pferde und Träger besorgen wird, um Lornas Sachen nach Bidung transportieren zu lassen. Ich kann morgen mit dem Hilux weiterfahren, der mich in Pemagatsel absetzen und dann nach Tashigang zurückfahren wird, um Nancy nach Thimphu zu bringen. Es ist alles geregelt.

Draußen im Hof kommen wir an einem majestätisch wirkenden Mönch mit einer Klopfpeitsche vorbei. Die kleinen Mönche flitzen davon, als er näher kommt. »Der *Kudung*«, sagt Nancy, »der Meister der Disziplin.«

»Autoritäten werden hier zweifellos ernst genommen«, bemerkt Lorna.

Wir verbringen die Nacht in einem Gästehaus, einer tristen, unwirtlichen Holzhütte oberhalb der Stadt. Ich liege stundenlang wach, lausche den Hunden, die in der Gasse weiter unten hysterisch bellen. Außer den Batterien aus meinem Walkman finde ich nichts, womit ich sie hätte bewerfen können: Ich schleudere sie in die Nacht hinaus, doch das Gebelle geht ohne Unterbrechung weiter.

Am nächsten Morgen sind nur Dorji und ich auf der gewundenen Straße von Tashigang bis zur Abzweigung nach Pemagatsel unterwegs. Dreißig Autominuten hinter Tashigang fahren wir an einer Gruppe strahlend weißer, über eine grüne Hochebene verstreuter Gebäude vorbei. »Kanglung College«, erklärt Dorji. Sehnsüchtig sehe ich zu den gepflegten Rasenflächen und Gärten hinüber, dem Basketballplatz und dem hölzernen Uhrenturm, der in alle vier Himmelsrichtungen die falsche Zeit verkündet. Hier hätte ich arbeiten können, denke ich betrübt, als ich die schmucken Häuschen, die Stromleitungen und, lesend unter einem blühenden Baum, einen hochgewachsenen jungen Mann erblicke, der das hübscheste Gesicht hat, das ich je gesehen habe.

»Wenn du meine Kurven magst, ich habe deren viele«, informiert uns ein neckisches Straßenschild kurz hinter Kanglung. »Geh behutsam mit meinen Kurven um«, mahnt ein anderes. Als wir eine Stunde später bei dichtem Nebel durch eine Stadt fahren, meldet der Fahrer »Khaling«. Noch eine Stunde später machen wir zum Mittagessen in Wamrong halt. Von Leon und Tony, den kanadischen Lehrern, denen ich kurz in Thimphu begegnet bin und die schon länger an diesem Ort und in Khaling arbeiten, sehe ich keine Spur. Kekse knabbernd sitze ich an einer Stützmauer und lasse den Blick über das wolkenverhangene Tal zu meinen Füßen schweifen. Zwei kleine Jungen lassen von einem verkrüppelten Hund ab, den sie mit Steinen beschmissen haben, um mich anzustarren, wobei sie mit dem Finger auf mich deuten und *Phillingpa*, Ausländerin, wispern. »*Kuzu zangpo*«, grüße ich sie. Verlegen kichernd rempeln sie einander an und verdrücken sich.

Als wir die Abzweigung nach Pemagatsel erreichen, steht die Spätnachmittagssonne bereits dicht über den Hügeln. »Wo ist denn Tshelingor?« frage ich Dorji. In Thimphu hatte jemand behauptet, an dieser Kreuzung befinde sich ein Dorf. Dorji deutet auf zwei Bambushütten am Straßenrand. »Laden mit Bar«, lese ich. »Tshelingor.«

Der Hilux biegt in die Nebenstraße ein.

»Können zwei Häuser ein Dorf sein?« frage ich Dorji.

»Auch ein einziges Haus kann Dorf sein«, antwortet er.

Der Wagen holpert über die mit tiefen Schlaglöchern durchsetzte Straße durch einen dichten Wald mit knorrigen Eichen, an Wasserfällen und an Erdrutschen vorbei. Plötzlich lichtet sich der Wald, und Pemagatsel taucht unter uns auf, eine sattgrüne, baumbestandene Salatschüssel von Tal. Dorji weist auf das Dach des Krankenhauses, des Dzongs und auf einen Tempel hoch oben auf einer Hügelkuppe. Wir durchqueren den Basar, eine langgezogene Reihe nicht sehr vielversprechend aussehender Läden. »Mittelschule von Pemagatsel ist da drüben«, sagt Dorji, indem er geradeaus zeigt. Ich sehe ein Blechdach, einen Stacheldrahtzaun und Betonwände.

»Mein neues Zuhause«, denke ich, ohne es glauben zu können.

Was soll man machen?

Es ist der dritte Schultag, und ich stehe vor der Klasse 2c. Es gibt eine Tafel, aber keine Kreide. Es sind weder Bücher da noch Buntstifte, noch ein Lehrplan. Was hingegen da ist, sind fünf Schüler. Die restlichen »tun gleich kommen, Miss«. Seit drei Tagen tun sie gleich kommen, Miss. Der Schulleiter, ein junger Mann mit einem schmalen Schnurrbart und einem strahlenden Lächeln, sagt, es werde eine Woche dauern, bis sämtliche Lehrer und Schüler eingetroffen seien. Das sei bei Schuljahrsbeginn immer so, meint er.

»Und die Bücher?« frage ich.

»Bald«, sagt er lächelnd. »Wir haben sie bestellt, aber ... was soll man machen?«

Das weiß ich natürlich auch nicht. Ich habe fünf Schüler, die jeden Morgen aufspringen und »Guten Morgen, Miss« krähen. Ich weiß nicht, womit ich den Unterricht beginnen soll, ob ich überhaupt damit beginnen oder warten soll, bis die anderen kommen, und wie ich die Anwesenden beschäftigen soll, bis die anderen kommen. Ich weiß bis jetzt nicht einmal, wie sie heißen.

So ist es bisher gelaufen. Erster Tag: Man händigt mir ein Klassenbuch und einen Zettel mit den Namen aus und trägt mir auf, eine Anwesenheitsliste zu führen. »Ich heiße Jamie«, teile ich den Anwesenden von Klasse 2c mit, drei Jungen und zwei Mädchen, die schätzungsweise zwischen vier und elf Jahre alt sind. »Als erstes würde ich gern erfahren, wie ihr heißt, und deshalb möchte ich, daß ihr nacheinander aufsteht und mir eure Namen sagt.« Die Reaktion auf meine fröhliche Einleitungsrede ist ein reger Austausch von verwirrten Blicken. Als die Gesichter sich erneut mir zuwenden, lächeln sie jedoch schon wieder. »Hat das jeder von euch verstanden?« frage ich.

»Ja, Miss«, rufen sie im Chor.

»Also gut, du zuerst«, sage ich , auf einen Jungen mit Igelfrisur deutend, der in der ersten Reihe sitzt. Er scheint der älteste der fünf zu sein.

»Ja, Miss«, sagt er und erhebt sich dabei. Ich warte. Er wartet. Ich lächle. Er lächelt zurück.

»Ja?« sage ich freundlich.

»Ja, Miss?« kommt es höflich zurück.

»Nur zu«, sage ich.

»Ja, Miss.« Er setzt sich wieder hin.

»Deinen Namen möchte ich wissen!« rufe ich schließlich entnervt aus. Worauf er wieder aufspringt und »Mein Name ist Song Sing!« herausschreit.

»Song Sing?« wiederhole ich ungläubig. Er scheint sich nicht ganz sicher zu sein, sagt aber: »Ja, Miss.« Ich überfliege die Namenliste. Es ist kein Song Sing darunter. »Würdest du bitte nach vorn kommen und mir deinen Namen zeigen?« frage ich. »Ja, zeig mir, welcher dein Name ist.«

Er deutet auf einen von ihnen. »Da ist mein Name. Mein Name ist Tshewang Tshering.«

»Tsay-wong Tse-ring«, wiederhole ich langsam. Er sieht erleichtert aus.

Bis wir mit den restlichen Namen durch sind, ist fast der ganze Vormittag rum. Phuntsho Wangmo. Sangay Chhoden. Karma Ngawang Dorji. Ugyen Tshering Dorji.

»Seid ihr Brüder?« frage ich die letzten zwei. »Brüder? Brüder?« Verlegen kichernd schütteln sie den Kopf. Als ich später den Schulleiter frage, blickt er genauso verwirrt drein. »Brüder? Nein, nicht daß ich wüßte.«

»Aber sie haben doch den gleichen Familiennamen«, sage ich.

»Oh! Wir haben hier keine Familiennamen«, erwidert er. »Nur zwei von einem Lama ausgesuchte Namen. Man kann

Dorji Wangchuk oder Wangchuk Dorji heißen. Karma Dorji oder Dorji Wangmo. Nur die Mitglieder der königlichen Familie haben einen Nachnamen. Und die Nepalesen in Südbhutan. Sharma, Bhattarai, Thapa.«

»Woher weiß man dann, wer mit wem verwandt ist, wenn es keine Nachnamen gibt?« frage ich.

»Einfach nur so«, sagt er achselzuckend.

Zweiter Tag mit Klasse 2c: Ich übe die Aussprache ihrer Namen, und sie üben, »Ja, Miss« zu sagen. Was immer ich auch frage, sie lächeln mich stets an und antworten: »Ja, Miss.« Hast du das verstanden? Ja, Miss. Spreche ich deinen Namen richtig aus? Ja, Miss. Wo willst du hin? Ja, Miss.

Vielleicht spreche ich zu schnell. »Habt ihr irgendwelche Bücher?« frage ich ganz langsam und bin entzückt, als sie mit »Nein, Miss« antworten. Wir lächeln uns eine Weile gegenseitig an. Das gibt mir solchen Mut, daß ich es wage, das komplizierte Formular zur Hand zu nehmen, das mir der Schulleiter am Morgen ausgehändigt hat mit der Anweisung, es auszufüllen: Schülername, Name des Vaters, Name der Mutter, des Dorfes, *Gewog*, Geburtsdatum des Schülers/der Schülerin. Wir versuchen es zunächst mündlich, aber ich kapituliere schon beim ersten Buchstaben der Namen ihrer Eltern, und was, bitte schön, ist ein *Gewog*? Ich teile Zettel aus. »Schreibt bitte«, sage ich langsam, »euren Namen darauf. Schreibt ihr auch alle euren Namen?«

»Ja, Miss.«

»Gut. Habt ihr das alle? Schön. Und jetzt schreibt euer Geburtsdatum darunter. Verstanden? Euren Geburtstag. Unter euren Namen.«

Sie starren mich noch immer an. »Euer Geburtstag. Das Datum eurer Geburt. Wann ihr geboren wurdet«, erkläre ich.

Nach einem langen Schweigen fangen sie an, sich untereinander auf Sharchhop zu beraten. Tshewang Tshering, der größte von ihnen, erklärt etwas, und Ugyen Tshering Dorji, der kleinste, widerspricht. »Fang du an«, fordere ich Tshewang auf. »Wann wurdest du geboren?« Er nimmt seinen Bleistift zur Hand und malt angestrengt Buchstaben auf seinen Zettel, während die anderen ihm gespannt zusehen. Über seine Schulter hinweg lese ich: »Das ist Reis und Schweinefleisch.«

»Na ja, lassen wir das«, sage ich matt. »Wir werden ein andermal weitermachen. Ihr könnt jetzt rausgehen und spielen.« Wie von der Tarantel gestochen springen sie auf und stürzen kreischend aus dem Zimmer, geradezu, als wäre heute ihr letzter Schultag.

Das Klassenzimmer ist mit langen, schmalen Tischen und Bänken ausgestattet. Das Lehrerpult steht vorne im Zimmer, die unbehandelte Tischplatte ist mit Tintenklecksen bespritzt, die beiden Schubladen sind leer. Die Tafel ist winzig, was aber nichts ausmacht, da man mit den aufgeweichten Kreidestummeln, die ich gefunden habe, ohnehin nicht darauf schreiben kann.

Im Lehrerzimmer begegne ich an diesem Tag mehreren gerade aus Indien eingetroffenen Lehrern. Alle sind sehr freundlich, schütteln mir die Hand, fragen mich nach meinem »werten Namen«, heißen mich im Namen ihrer Kollegen und in ihrem eigenen Namen willkommen. Alle fragen sie mich, ob ich mich schon eingelebt hätte, wann ich angekommen sei, ob ich über die Querverbindung hergekommen sei und ob ich Sir Dave und Mrs. Barg, meine kanadischen Vorgänger, kenne. Bis auf Mrs. Joy aus Südindien, die mich fragt, ob ich Christin sei. Verwirrt stammle ich, daß ich zwar im christlichen Glauben erzogen worden sei, aber mittlerweile, äh, nicht mehr ..., und so weiter. Worauf sich die Knitterfalten in ihrem Gesicht vertiefen und sie ihren graumelierten Schopf schüttelt; offensichtlich war das nicht die richtige Antwort.

An jeden zweiten Satz hängen sie ein »nicht wahr« an. Mr. Sharma fragt mich, ob ich Mr. Iyya schon kennengelernt hätte. Ich verneine. »Oh, Sie werden mit Mr. Iyya viel gemein haben, nicht wahr«, informiert er mich. »Mr. Iyya liest dauernd englische Romane, und er schreibt Gedichte. Mr. Iyya ist ein prima Dichter.« Er fragt nach meinen akademischen Graden, und ehe ich antworten kann, zählt er seine auf: B.A., M.A., M.Ed., M.Sc. Eigentlich, sagt er mir ganz im Vertrauen, sei er für diese Stelle überqualifiziert, nicht wahr, aber was soll man machen.

Mrs. Joy fragt mich, warum ich »dieses Kleid da« trage. Ich sehe auf meine Kira hinunter. »Sie sind nicht verpflichtet, deren Tracht zu tragen«, sagt sie bissig. Sie selbst hat einen braunen Synthetik-Sari und einen grauen Pullover an.

»Aber ich möchte sie tragen«, entgegne ich.

»Sie sehen darin aber komisch aus«, erklärt sie mir, worauf ich mich frage, wieso eine so griesgrämige Person ausgerechnet »Joy« heißen muß. Doch da ruft die Glocke zum Mittagessen, und ich entschuldige mich.

Die Schule ist ein kalter Betonbau, dessen triste Wände an manchen Stellen abbröckeln und Wasserflecken aufweisen. Dahinter befinden sich Gebäude mit den Mädchen- und Jungenschlafsälen, ein Stück seitlich davon liegt der Speisesaal. Der Schulhof, ein großes, kahles, staubiges Rechteck, ist zugleich der »Sportplatz«, auf den ich die Kinder der Klasse 2c jeden Tag nach dem Abhaken der Anwesenheitsliste hinausschicke, damit sie bis zum Läuten der Mittagsglocke dort spielen. Der gesamte Komplex ist von einem Stacheldrahtzaun umgeben. Auf der Straßenseite gegenüber steht eine lange niedrige Reihe heruntergekommener Personalwohnungen sowie ein etwas besser erhaltener zweistöckiger Wohnblock aus Beton, in dem ich wohne. Ich klettere die steile Holzstiege zu meiner Wohnung im zweiten Stock hinauf und trete ein. Eigentlich zieht es mich in keins der fünf modrigen Zimmer, aber ich weiß nicht, wohin ich sonst gehen sollte. Als ich auf die Betonwände blicke, die schwarz von Rauch und Fett und Fingerabdrücken sind, fällt mir wieder ein, daß ich den Vermieter ausfindig machen wollte. Mit ein paar Schichten Farbe, einem Teppich und ein paar richtigen Stühlen anstelle dieser unbequemen Holzbänke wäre die Wohnung vielleicht gar nicht so schlecht. Es wimmelt darin von allerlei Getier: Mäuse oder Ratten, schwarze Käfer mit Scheren so groß wie aus der Haushaltswarenabteilung eines Eisenwarengeschäfts, Motten, Ameisen, Flöhe, und heute habe ich eine riesige haarige Spinne entdeckt. Gibt es in Bhutan Taranteln? Ich haue mit dem Besen drauf und fege sie zur Tür hinaus; auf der Treppe wird das Vieh wieder munter und krabbelt davon.

Ich drehe sämtliche Wasserhähne auf, doch es kommt noch

immer kein Wasser. Ich sollte wirklich ein ernstes Wörtchen mit dem Vermieter reden. Ich habe noch nichts ausgepackt. Das kann ich erst tun, wenn ich hier saubergemacht habe, aber es ist mir ein Rätsel, wie ich diese dicke Schicht feuchten Staub und Moder, mit der alles überzogen ist, in Angriff nehmen soll. Seit wir von Thimphu abgefahren sind, habe ich nicht mehr gebadet, da aus den Hähnen fast nie Wasser kommt, und wenn welches kommt, dann ist es eiskalt, und den Kerosinofen anzumachen, traue ich mich nicht. Der Ofen, bei dem man vor dem Anzünden eine Pumpe betätigen muß, zischt und stottert so fürchterlich, daß ich bestimmt bei einer gewaltigen Kerosinexplosion mein Leben lassen werde. Ich habe fast keine Kekse mehr. Mr. und Mrs. Sharma, zwei Lehrer aus Orissa in Ostindien, die im Stockwerk unter mir wohnen, haben mich schon zweimal zum Abendessen eingeladen. »Bitte, das ist gar kein Problem für uns«, sagten sie. »Wir müssen doch sowieso für uns kochen, nicht wahr.« Aber ich kann mich nicht dazu überwinden, will nicht krampfhaft lächelnd, nickend und nach Gesprächsthemen suchend bei Fremden sitzen. Ich stehe am Schlafzimmerfenster und lasse meinen Blick über das üppige Grün des Pemagatsel-Tals schweifen. Wenn ich in das steil abfallende Tal hinab oder zu dem leergefegten Himmel hinauf sehe, dreht sich mir der Kopf. Manchmal kann ich mich minutenlang nicht besinnen, wo ich eigentlich bin. Ich komme mir vollkommen fremd vor, fast unwirklich, so, als hätten sich Teile von mir aufgelöst oder als seien sie gerade dabei, es zu tun. Der buddhistische Glaubensgrundsatz, demzufolge der einzelne nur eine Illusion ist, scheint tatsächlich zuzutreffen. Ich habe die Schwelle der Erschöpfung und der Fremdheit übertreten und befinde mich jetzt an einem neuen, inneren Ort.

Abends gegen halb sieben ist es dunkel, eine absolute, von nichts durchbrochene Dunkelheit, der zudem eine beklemmende Stille innewohnt. Ich mache die Kerosinlampen an, fummle an den Dochten herum, damit sie aufhören zu qualmen, puste sie schließlich aus und zünde Kerzen an. Ich blättere mein Kollegheft mit Notizen zur Sharchhop-Sprache bis zur Überschrift »Schule« durch – Setzt euch! Steht auf! Hört auf zu schreien!

Geht hinaus! Der Lehrer ist verärgert! Habt ihr verstanden? –, finde aber nichts, was zur einer besseren Verständigung mit Klasse 2c beitragen könnte. Obwohl der Schulleiter mir gesagt hat, daß die Transversale erneut durch einen Erdrutsch blockiert und in Assam ein *Bandh*, ein Streik im Gange sei, versuche ich, Briefe nach Hause zu schreiben. Bis die Straße wieder frei ist, dürften ein bis drei Wochen vergehen, und wie lange der Streik dauern wird, läßt sich nicht sagen; der letzte dauerte hundert Tage. Aber durch schriftliches Formulieren lassen sich Dinge ordnen oder zumindest in Sätze pressen. Ich fange an, komme jedoch nicht über die ersten Zeilen hinaus. Danach falle ich in ein tiefes Loch, sitze blinzelnd, vor mich hin starrend und mit einer völligen Leere im Kopf da.

Eines Nachmittags zieht dichter weißer Nebel ins Tal und bringt einen kalten, freudlosen Regen mit. Es regnet die ganze Nacht hindurch, und bei Tagesanbruch kommen erste Tropfen durch das undichte Dach, direkt über meinem Bett, genauer gesagt, direkt auf meinen Kopf. Ich stehe auf und schiebe das Bett an die andere Wand. Auf ein Blechdach prasselnder Regen ist das trostloseste Geräusch, das ich je vernommen habe. Draußen ist alles in Nebelschwaden gehüllt. Ringsumher schlafende Berge, mit bis zu den Schultern, bis über die Köpfe hochgezogenen Wolkendecken. Die Lehrer in den unteren Wohnungen haben Eimer unter die Dachvorsprünge gestellt und im Treppenhaus eine Wäscheleine gespannt. Pfeifend holt Mr. Sharma seine Eimer mit Regenwasser herein. Ich beschließe, mich nicht länger selbst zu bemitleiden. Auch ich werde Eimer hinausstellen, um Wasser zu sammeln. Ich werde mich aufrappeln und aus diesem jämmerlichen Zustand herausreißen.

Tiefen Pfützen auf der Straße ausweichend und vorsichtig über Kuhfladen hinwegsteigend, gehe ich zum Basar. Aus den Läden kommen Kinder gerannt und starren mich an. »Englisch, englisch«, tuscheln sie, und wenn ich ihnen zuwinke, schleichen sie sich kichernd davon. Ladenbesitzer treten vor die Tür, um mir hinterherzusehen. Ich komme mir wie ein Schaustück vor und flüchte mich in den nächsten Laden. Drinnen zeige ich auf das, was ich haben möchte: ein Päckchen Milchpulver, zwei Schachteln Kekse – nein, *keine* Orangencremekekse – na gut, dann eben doch Orangencremekekse, ein Glas Pulverkaffee. Jedesmal wenn mich der Kaufmann etwas fragt, lächle ich krampfhaft und nicke. Ich habe keine Ahnung, was er fragt. »*Gila*«, sage ich, was soviel heißt wie »ja, genau«. Er sieht mich fragend an. War wohl die falsche Antwort. Wie war die Frage? Wenn ich die Sprache der Leute nicht sprechen kann, kann ich hier nicht leben.

Als ich wieder draußen bin, überlege ich, ob ich noch ein paar andere Läden aufsuchen soll, nur um zu sehen, was es da zu kaufen gibt. Auf einmal nehme ich aus dem Augenwinkel einen verschwommenen Schatten wahr, höre Hundegeknurr, und dann spüre ich in meinem Knöchel einen brennenden Schmerz. Als ich mir die Stelle ansehe, entdecke ich ein winziges blutendes Loch. *Warum* hat der mich jetzt gebissen, frage ich mich weinerlich, und dann wird es mir auch schon klar. O Gott, o Gott, ein tollwütiger Hund hat mich gebissen. Ich habe den ganzen weiten Weg über den Erdball hierher gemacht, um an Tollwut zu verrecken. Ich muß den Hund identifizieren. Ja, doch, so hieß es in unserem Gesundheitskurs: Sperren Sie den Hund sofort ein und beobachten Sie ihn zehn Tage lang auf Anzeichen von Tollwut. Aber welcher der zwanzig Hunde, die da herumlaufen, ist es gewesen? Ich humple so schnell ich kann in den Laden zurück.

»*Khu*«, stoße ich hervor. Khu heißt Hund. »Khu«, wiederhole ich, wobei ich mit der Hand Beißbewegungen mache und auf meinen Knöchel zeige. Der Ladenbesitzer schnalzt mitfühlend mit der Zunge, bleibt aber völlig gelassen.

Ich muß ihn fragen, ob er den Hund kennt, ob er glaubt, der Hund sei tollwütig. Was heißt tollwütig auf Sharchhop? Fieberhaft krame ich in meinen Gehirnkästen. Verrückt. Ich könnte fragen, ob der Hund verrückt sei. Aber was verrückt heißt, weiß ich auch nicht. Ich nehme das Wort, das dem am nächsten kommt. »*Rotsigpa*?« frage ich. War der Hund wütend? Der Ladenbesitzer starrt mich an. Der denkt bestimmt, *ich* sei verrückt. Ich höre ihn schon zu anderen Leuten sagen: »Was hätte ich da erwidern sollen? Ist doch wohl stark anzunehmen, daß der Hund wütend war. Hätte er sie sonst gebissen?«

Ich fliehe zum Krankenhaus, wo die winzige Bißwunde mit heißem Wasser und antiseptischer Seife ausgewaschen wird. Nachdem der norwegische Doktor dort sich meine Geschichte angehört hat, geht er zum Basar. Er ist mit seiner Familie schon seit mehreren Jahren in Bhutan und spricht fließend Sharchhop. Während er unterwegs ist, bringt mir Liv, die norwegische Krankenschwester, ein Stück Marzipankuchen und eine Tasse schwarzen Kaffee. Wie kommt denn so ein Kuchen hierher, will ich wissen. Und ob ich noch mehr davon bekommen werde, bevor sich mir die Kehle zuschnürt und ich wie der arme Old Yeller an einen Pfahl gebunden werden muß. Als der Doktor zurückkehrt, sagt er, er glaube nicht, daß der Hund tollwütig sei. »Im Basar läuft ein brauner Hund herum, der ständig irgendwelche Leute beißt«, sagt er. »War es ein brauner Hund, der Sie gebissen hat?«

»Ja«, sage ich. »Nein. Keine Ahnung. Vielleicht sollte ich nach Thimphu fahren, um mich gegen Tollwut impfen zu lassen.« Oder nach Kanada.

Der Doktor beruhigt mich. »Nein, nein«, sagt er. »Das ist mit Sicherheit nicht nötig. In Pemagatsel sind in jüngster Zeit keine Fälle von Tollwut gemeldet worden.«

»Wahrscheinlich haben Sie recht.« *Hoffentlich* hat er recht.

»Wohnen Sie in dem Haus gegenüber der Schule?« fragt der Doktor. »Dort, wo auch die anderen Kanadier gewohnt haben?«

»Ja. Und ich muß unbedingt den Vermieter aufsuchen«, erkläre ich. »Das Dach ist undicht, aus den Hähnen kommt so gut wie nie Wasser, und außerdem muß die ganze Wohnung gestrichen werden.«

»Oh, soweit ich weiß, wohnt der Vermieter in Thimphu«, sagt er. »Die Wasserversorgung ist hier ein großes Problem, vor allem während der Monsunzeit: draußen zuviel, drinnen zuwenig. Aber was soll man machen?«

Was soll man machen, was soll man machen. Mir wird allmählich klar, daß das soviel heißt wie »es ist absolut nichts zu machen«. Als ich wieder in meiner Wohnung bin, mache ich mich daran, mein Gepäck auszupacken. Dabei schlucke ich immer wieder kräftig, um festzustellen, ob ich Schmerzen im Rachen verspüre oder andere Zeichen von Tollwut erkennen kann. Weil es in der Wohnung weder Geschirrschränke noch Kleiderschränke gibt, breite ich meine Sachen auf Tischen und Fensterbänken aus, meine ganzen Medikamente, meine Werkzeuge und meine Batterien. Meine Schuhe stelle ich ordentlich in einer Reihe neben die Tür, und ein paar Blusen hänge ich über die von den Vormietern im Schlafzimmer aufgespannte Wäscheleine. Mein tragbares Keyboard lege ich mitsamt seinem Koffer auf eine Bank, und meine Bücher staple ich auf dem kleinen Nachttisch auf. Das scheint schon beinahe alles zu sein. Wieso habe ich so wenig mitgenommen? Ich habe alles zurückgelassen.

Der Weg nach Tsebar

Der Nebel kämpft mit den Bergen und gewinnt. Schleichend wie eine Krankheit breitet er sich aus, läßt grüne Bäume fahl werden, knabbert Gebirgskämme an, läßt ausladende Bergflanken verschwinden und harten Fels wie Schatten erscheinen. Alles sieht gespenstisch aus, wie seit langem verlassen, wie am Ende der Zeit. Nachts schüttet es in Strömen. Noch nie habe ich solche Regenmassen gesehen. Es ist erst März, die Monsunzeit ist noch nicht einmal angebrochen. Ich stelle mir den gewaltigen Erdrutsch auf der Transversale vor, wie der restliche Berg auch noch weggespült wird. Es wird Monate, wenn nicht gar Jahre dauern, bis man dort wieder entlangfahren kann. Ich komme mir vor, als säße ich fest.

Nach dem Unterricht spaziere ich auf dem Schulgelände umher und beobachte die über die Berge ziehenden Wolken. Manchmal fallen sie in riesigen Schwaden vom Himmel ins Tal herab oder werden zu Bändern zerrissen, die hinter der Hauptwolke herziehen, durch Bäume hindurch und über Bergkämme hinweg. Mein heutiger Versuch, die Klasse 2c mündlich buchstabieren zu lassen, war ein großer Reinfall, desgleichen das anschließende Diktat. Einige der Kinder können ganz passabel schreiben, andere hingegen kaum einen Griffel halten. Den restlichen Tag brachten wir mit Bildermalen zu. Als ich mich später im Lehrerzimmer mit Kollegen unterhielt, nahm ich deutlich meine hier nicht hineinpassenden Ecken und Kanten wahr. Ich bin zu salopp, zu direkt, keiner lacht über meine Witze. Ich bemühe mich, langsamer und förmlicher zu sprechen, in ganzen Sätzen zu antworten, und stehe dabei beinahe stramm. Ich habe Angst, einen Fehler zu machen, das Falsche zu sagen, jemanden zu kränken. Ich verstehe nicht, warum das so schwierig ist, und es ist niemand da, mit dem ich mich darüber in meiner eigenen Sprache, in meinem gewohnten Tonfall unterhalten kann.

Ich gehe mit mir scharf ins Gericht: Du wolltest doch der Erfahrung wegen hierherkommen. Also, hier ist sie, die Erfahrung. Das ist der Kulturschock, das wird vergehen. Der Leitfaden enthält eine ganze Seite darüber, sogar mit einem Diagramm. Und überhaupt, du brauchst ja nur ein einziges Jahr zu bleiben, du kannst Weihnachten heimfahren und brauchst nicht wiederzukommen. Du kannst auch jetzt jederzeit zurück, wenn es nicht besser wird, wenn es dir stinkt.

Mir stinkt es.

Doch ich habe nicht den Mut, um meine Rückreise zu bitten. Ich wünsche mir eine göttliche Intervention herbei, will von Schmach und Verantwortung freigesprochen werden. Ich wünschte, es träfe eine dringende Nachricht von zu Hause ein, ein Ultimatum von Robert, komm sofort nach Hause, oder zwischen uns ist es aus, eine ernste, aber nicht allzu schreckliche Krankheit, die im General Hospital von Toronto mit Tabletten und Bettruhe leicht auszukurieren ist.

Ich sitze am Tisch, bis es dunkel ist, und spiele an meinem Kurzwellenradio herum, das einen Direktzugriff auf Radio Peking zu haben scheint. Alles andere ist Lärm: verklingende Orchester, elektronische Piepser, Geknackse, glucksende Laute. Ich schalte es aus. Draußen fangen die Hunde an zu bellen. Faß,

faß, sage ich laut und beiße in einen Keks hinein, einen Orangencremekeks, schon wieder ein Keks. Es gelüstet mich nach Cappuccino, nach gebackenen Kartoffeln und Himbeer-Käsekuchen. Ich wünschte, ich würde einschlafen und in Kanada erwachen. Meine Beine sind mit Flohbissen übersät, und die Zinkpaste ist völlig wirkungslos, und ich kratze und kratze, bis es blutet. Ich kann es nicht fassen, daß ich mich freiwillig hierauf eingelassen habe. Ich habe das Gefühl, gleich loszuheulen. Da fällt mir die Dose ein. Die Dose, die Dose, wie konnte ich die viereckige Dose mit dem runden Deckel vergessen, die rattensichere Dose, das Schatzkästchen, das Weihnachtspaket, den Speicher aller guten Dinge. Ich hebe den Deckel ab, greife hinein und ziehe eine Cellophantüte mit getrockneten Bohnen heraus. Linsen. Getrocknete Erbsenhälften. Ein Päckchen Origamipapier. Es ist Sashas Dose. Ich habe Sashas halbe Erbsen und ihr Origamipapier, und sie hat meine Schokolade. Das Leben ist Leiden! Jetzt werde ich *wirklich* losheulen. Ich setze mich auf den Boden und heule und heule, und als ich fertig bin, habe ich folgenden Entschluß gefaßt: Morgen fahre ich nach Hause. Ich habe einen Fehler gemacht, einen furchtbaren, schrecklichen Fehler, aber ich kann ihn beheben. Ich werde eine telegrafische Nachricht nach Thimphu schicken. Ich werde sagen, ich sei krank. Ich werde lügen, werde flennen und flehen. Ich werde mich auf den Boden schmeißen und brüllen. Sie können mich nicht zum Bleiben zwingen! Nein, das können sie nicht!

Aber am nächsten Tag hat sich der Nebel verzogen, und der Himmel ist blank gefegt, klar und strahlend blau. Ich kann von den Bergen ringsum jede Wölbung und sämtliche Umrisse erkennen, Linien und Kanten zeichnen sich hart und leuchtend im grellen Morgenlicht ab. In der Schule wartet ein Brief auf mich. Er kommt aus Tsebar, einem Dorf quer durch das Tal und den nächsten Berg hinauf, von Jane, einer britischen Lehrerin. Ich habe gehört, daß du da bist, schreibt sie. Wie wär's, wenn du mich am Wochenende besuchen kommst? Ich würde ja selbst rüberkommen, habe mir aber beim Kleiderwaschen im Bach den Knöchel verstaucht. Sie hat eine Skizze gemalt. Es ist nur ein drei- bis vierstündiger Fußmarsch. Nur!

Ich beschließe hinzugehen. Ehe der Erdrutsch nicht beseitigt ist, kann ich ohnehin nicht heimfahren. Ich werde diese Jane auf der anderen Talseite besuchen, und wenn ich zurückkomme, gehe ich nach Hause. Ich werde an diesem Haus, an den Feldern und der Schule vorbeigehen, an dem Tor, den windschiefen Läden und dem kleinen weißen Tempel, ich werde immer weitergehen, direkt bis nach Hause. Zu Hause werde ich in die Bibliothek gehen und mir noch einmal »Die Geschichte der Literaturkritik« zu Gemüte führen. Ich werde mir Notizen machen, eine Leseliste, einen Studienplan. Diesen Fehler werde ich kein zweites Mal begehen.

Ich nehme meinen Schlafsack, meine High-Tech-Taschenlampe, eine Flasche Mineralwasser, eine kleine Notapotheke und die Broschüre »Wenn kein Doktor in der Nähe ist« mit. Ich marschiere den Talweg hinunter, stolpere in der heißen Nachmittagssonne über Felsen und knorrige Baumwurzeln. Manchmal ist der Pfad so steil, daß ich mich an überhängenden Ästen und den Pfad säumenden Sträuchern festklammern muß, um nicht abzurutschen. Schließlich wird der Pfad wieder eben, und vor mir tauchen drei Läden auf. Ein Stück weiter unten kann ich das Gipsbergwerk sehen. Die von der indischen Regierung, Bhutans größtem Hilfspartner, finanzierte Mine reißt eine gewaltige, häßliche weiße Narbe in das üppige Grün ringsum. Am Straßenrand steht ein riesiger, mit Gipsbrocken beladener orangefarbener Laster, vorne und an den Seiten mit grellbunten Augen und Elefanten bemalt und die Windschutzscheibe mit Girlanden und Plastikblumen verziert.

Ich gehe weiter in Richtung Fluß, der sich in vielen Windungen durch die Talsohle schlängelt. Sechsmal muß ich ihn überqueren, über glitschige, auf große flache Felsen gelegte Baumstämme hinweg. Hier unten brennt die Sonne noch heißer, und als ich die Stelle erreiche, wo der Pfad in den Wald führt und wieder anzusteigen beginnt, bin ich schweißgebadet. Zu schade, daß ich nicht hierbleiben will, denke ich: Wenn ich dies hier zwei Jahre lang machte, wäre ich hinterher garantiert in Form.

Keuchend bleibe ich an einem Wasserlauf stehen. Wie weit geht das denn noch hinauf? Müßte ich nicht längst da sein? Ist dies der richtige Weg? Warum ist mein Rucksack so schwer?

Du hättest »Wenn kein Doktor in der Nähe ist« nicht mitnehmen sollen.

Was, wenn mir hier draußen was zustößt? Dann werde ich die Broschüre brauchen.

Das einzige, was dir zustoßen wird, ist, daß du unter ihrem Gewicht zusammenbrechen wirst.

Man kann nicht vorsichtig genug sein.

Doch. Man kann so vorsichtig sein, daß man irgendwann verrückt wird.

Vorsichtig sein ist nicht verrückt. Ein Lied über Bandwurmzysten im Kleinhirn zu singen, das ist verrückt. Eine Medizinbroschüre in den Dschungel mitzuschleppen, ist nicht verrückt. Hierherzukommen, das war verrückt. Sieh dir dieses schmale Weglein an. Dieser Weg ist verrückt. Was ist, wenn ich mich verirre?

Du wirst dich nicht verirren, du hast eine Karte.

Nein, habe ich nicht. Ich habe sie neben Sashas Kidneybohnen auf dem Tisch liegenlassen.

Du brauchst keine Karte. Dies ist der Weg, du brauchst ihm nur zu folgen. Geh weiter.

Ich gehe weiter. Die Sonne ist verschwunden, und von Tsebar keine Spur. Von gar nichts ist eine Spur zu sehen. Ich bin schon total erschossen, und meine Wasserflasche ist leer. Ich übe im Geist Sharchhop. Wohin gehst du? Ich gehe nach Tsebar. Bist du eine Nonne? Nein, ich bin Lehrerin. Vage Gedanken an wilde Tiere verfestigen sich, nehmen die Gestalt von Bären an. In Bhutan gibt es Bären, das habe ich in einem der Bücher in der Bibliothek gelesen. Der Himalaja-Schwarzbär: wilder schwarzer Bär mit charakteristischer weißer, V-förmiger Zeichnung am Hals.

Bist du eine Lehrerin? Nein, ich bin ein Feigling.

Der Weg wird noch steiler, und meine Beine schmerzen und glühen und zittern. Ich bleibe keuchend stehen und reibe mir die brennenden Augen. An einem mächtigen Mangobaum gabelt sich der Pfad, ein Abzweig führt weiter steil nach oben, der andere wird eben und führt in einen dichten Wald hinein. Er wird eben, weil er zu einem Dorf führt, kombiniere ich und folge ihm. Eine Dreiviertelstunde später plumpst er in einen Tümpel mit stehendem Wasser hinein, kommt aber am anderen Ende nicht wieder heraus. Ich lasse mich auf eine oberirdische Baumwurzel sinken, starre in die Schatten und versuche zu entscheiden, welches die vernünftigste Alternative ist. Alles scheint vernünftig zu sein. Ich sollte zu dem Mangobaum zurückgehen. Ich sollte nach Pemagatsel zurückmarschieren. Ich sollte hier übernachten. Ich sollte weiterlaufen und suchen, wo der Pfad weitergeht. Ich sollte um Hilfe rufen.

Alles scheint möglich zu sein: Ich werde den Pfad finden, ich werde ein Dorf finden, ich werde Tsebar finden, irgend jemand wird mich finden, niemand wird mich finden, ich werde mich im Gebüsch verirren und Hungers sterben. Mein Bauch fühlt sich an wie eine riesige, hohle, dröhnende Trommel, und mein Kopf ist leer. Ich habe das Ende von irgend etwas erreicht, weiß aber nicht, von was.

Hinter mir knacken Zweige, und auf einmal ist da eine Kuh. Eine rötlichbraune Masse mit einer Glocke. Noch eine Kuh, schwarz, mit einem gebogenen Horn. Ein Kalb. Ein Junge mit einem Stock. Er scheint überrascht, mich zu sehen. Ein Mann, unter einer Ladung Holz gebeugt, und eine Frau mit einem Korb kommen hinter ihm den Weg herauf. Die Kühe trinken aus dem grünen Tümpel, und der Mann und die Frau starren mich an.

»Wohin tust du gehen, Miss?« fragt mich der Junge.

»Nach Tsebar.«

Der Junge sieht mich verwirrt an. »Aber Miss, hier geht es nicht nach Tsebar.«

»Wo geht es denn nach Tsebar?«

Er deutet zurück und nach oben.

»Vielen Dank«, sage ich. »Ich bin eine Lehrerin aus Pemagatsel. Auf der anderen Seite des Tals. Kennst du Pemagatsel?«

»Miss«, sagt er nachsichtig. »Ich bin in deiner Klasse.«

Karma Dorji ist mit seiner Tante und seinem Onkel ebenfalls

nach Tsebar unterwegs. Ich folge ihnen zurück bis zu der Weggabelung, und wir lassen uns unter dem Mangobaum nieder. Es ist mittlerweile fast dunkel, doch ich verspüre eine seltsame Leichtigkeit. Ich war am Ende von irgend etwas angelangt und habe es überschritten. Ich weiß nicht, was es war. »Tsebar ist nicht weit«, sagt Karma Dorji. »Wir tun immer hier Pause machen.« Er gießt mir aus einem trüben Plastikkanister klares Wasser in meine leere Flasche. Seine Tante und sein Onkel wickeln drei bunte runde Körbe aus. Einen davon reichen sie mir, und Karma Dorji hilft mir, ihn aufzuschnüren. Große Fleischstücke, rote Chilischoten und Zwiebeln auf einem Berg Reis kommen darin zum Vorschein.

Karma Dorji und sein Onkel wollen sich einen Korb teilen. Sie warten darauf, daß ich anfange. Seine Tante sagt etwas.

»Sie tut sagen, unser Essen ist nicht so sehr gut, aber bitte nichts draus machen«, übersetzt Karma Dorji. »Sie tut sagen, bitte essen.«

»Vielen Dank«, sage ich und beiße in das Fleisch. Es ist köstlich.

Eintritt

Wenn ein Fremder hier ankommt ..., verspürt er unwillkürlich ein Gefühl der Heiterkeit und des Wohlbehagens, das bis zu seiner Abreise anhält.

Ibn Khurdadba

Man kann überall leben

Als Tsebar vor uns auftaucht, senkt sich eine lautlose, unermeßliche Dunkelheit über das Dorf, und meine Taschenlampe durchschneidet die Schwärze mit einem breiten hellen Strahl. Karma Dorji weist auf die Silhouette von Janes Haus, nur wenige Meter von uns entfernt. Durch die Schiebeläden vor den Fenstern schimmert warmes, gelbes Licht. Ehe ich angeklopft habe, öffnet Jane die Tür. »Du hast es geschafft«, sagt sie lächelnd. Ich drehe mich um, um mich noch einmal bei Karma Dorjis Tante und Onkel zu bedanken, doch sie winken nur ab und verschwinden.

»Ich habe nicht damit gerechnet, daß du kommst«, sagte Jane. Sie trägt eine dunkelblaue Kira, die weich zum Boden herabfällt, und ihr glattes blondes Haar ist streng zurückgebunden. Alles an ihr strahlt Eleganz und Gelassenheit aus. Wie ist es möglich, frage ich mich, seine Kleider in einem Bach zu waschen und trotzdem so gepflegt auszusehen?

»Ich habe mich verlaufen«, sage ich japsend, während ich mich aus den Riemen meines Rucksacks herauszwänge. Ich wage es nicht, mich hinzusetzen. Meine Knie lassen sich bestimmt nie mehr biegen, und wenn doch, dann werden sie sich mit Sicherheit nicht mehr strecken lassen. Ich bleibe an der Tür stehen und sehe mich um. An einem Ende des Zimmers ist der Küchenbereich; der niedrige Holzofen ist aus Lehm und hat oben zwei Löcher für die Töpfe und unten eine Öffnung für das Holz. Töpfe und Teller sind fein säuberlich auf Regalen über einer Vitrine mit Fliegengittertüren gestapelt; am anderen Raumende ist ein Sitzbereich mit Bänken und einem niedrigen Holztisch. Der Boden ist mit einer Strohmatte ausgelegt, und die rauhen Lehm- und Steinwände sehen frisch geweißelt aus. Überall stehen Kerzen und Marmeladengläser mit Blumen, und auf den Holzbänken liegen mit blauem Stoff überzogene Kissen. In einer schummrigen Ecke hockt ein mageres Huhn. Ich zwinkere ein paarmal mit den Augen, doch es verschwindet nicht. Soll das ein Haustier sein? Oder ein Mittagessen?

Durch die Tür zu dem anderen Zimmer kann ich ein hölzernes Bettgestell mit einer dicken Steppdecke sehen, ein Nachttischchen mit einem Stapel Bücher, eine Kerosinlampe und ein Fenster mit geschlossenen Läden.

»Das ist aber eine hübsche Wohnung«, sage ich. Jane lacht, aber ich meine es ernst. Ich komme mir vor wie in einem richtigen Zuhause, nur das Huhn paßt nicht so ganz hinein. Ich nehme mir vor, meine schaurige Bude in Pemagatsel genauso aufzumöbeln. Wenn ich zurückkomme, werde ich mir blaue Sitzkissen zulegen und Marmeladengläser mit Blumen aufstellen. Doch da fällt mir ein, daß ich ja gar nicht nach Pemagatsel zurückgehen will. Ich will doch nach Hause gehen.

»Wie geht's deinem Fuß?« frage ich. Mir fällt auf, daß sie leicht hinkt.

»So lala«, entgegnet Jane. »Nächste Woche soll ich eigentlich an unserem Gesundheitskurs in Pemagatsel teilnehmen – bis dahin muß es wieder besser sein.«

»*Unser* Gesundheitskurs?«

»Er wird von den norwegischen Ärzten am Krankenhaus von Pemagatsel abgehalten. Für alle Lehrer, die für die Morgensprechstunde eingeteilt worden sind. Hat man dich etwa noch nicht dafür eingeteilt?«

Ich schüttle den Kopf.

»Kommt noch«, versichert sie mir, während sie Blechteller und Löffel aus dem Regal nimmt. Ich will gerade sagen, daß ich bereits gegessen habe, merke aber, daß ich schon wieder hungrig bin. »Mein Vermieter und seine Frau kommen zum Abendessen. Besser gesagt, sie kommen *mit dem* Abendessen. Pema ist eine wunderbare Köchin«, sagt Jane. »Aber jetzt erzähl erst mal, wie's dir in Pemagatsel so ergeht. Wie findet du es?«

Abscheulich, möchte ich sagen. Pemagatsel ist ein furchtbares Kaff, meine Schüler verstehen keine Silbe von dem, was ich sage, ich bin von einem Köter angefallen worden, meine Wohnung ist ein übles Loch, und außerdem kehre ich gleich nach diesem Besuch wieder nach Hause zurück. Doch da geht die Tür auf, und ein Mann und eine Frau kommen herein. Jane stellt sie mir vor: Jangchuk, ihr Vermieter, ein hagerer, drahtiger Mann in einem dunkelroten Kho, und seine Frau Pema, pummelig und mit roten Pausbäckchen. Nachdem wir uns wie verrückt angegrinst haben, schickt Pema sich an, ihre Tasche auszupacken, und zieht etliche Flaschen und Töpfe hervor.

»*Bangchang* und *Arra* vor dem Essen«, sagt Jane. »Bist du trinkfest?«

»Ich habe noch keine Bekanntschaft mit Arra gemacht. Und was ist Bangchang?«

»Eine Art Gerstenbier. Köstlich, sage ich dir.«

Wir setzen uns im Halbkreis um den Lehmofen. Jangchuk hat eine kleines Holzschälchen aus seinem Kho gezaubert und wischt es mit einem Lappen aus. Jane und Pema haben ihre eigenen Holzschälchen; ich bekomme einen riesigen Blechbecher. Pema rührt und quirlt und hantiert mit einer Schöpfkelle herum und gießt schließlich unsere Gefäße voll. Vorsichtig nippe ich daran und bin angenehm überrascht. Das Bangchang ist warm und mild, süß und salzig. »Schmeckt gut«, sage ich. »Was heißt köstlich auf Sharchhop?«

»*Zhim-poo la*«, sagt Jane.

»Zhim-poo la«, wiederhole ich, worauf Jangchuk und Pema lachen. Pema schöpft mir noch mehr Bangchang in meinen Becher.

»Zhé, zhé«, sagt sie.

»Sie sagt, du sollst austrinken«, erklärt Jane. Ich nehme einen etwas größeren Schluck. Wenn Jane es trinkt, denke ich, muß es ungefährlich sein, und außerdem schmeckt es wirklich gut. Pema schenkt uns wieder nach und ermuntert mich zu trinken. Mir wird langsam warm, und außerdem werde ich schläfrig. Als die Schöpfkelle wieder in meine Richtung schwenkt, lege ich meine Hand auf meinen Becher und versuche dabei auf alberne Weise eine Betrunkene zu mimen. Pema nickt und steckt den Schöpflöffel in den Topf zurück, doch kaum habe ich meine Hand weggezogen, kommt ihr Arm mit der Kelle herübergeschossen, und mein Becher ist wieder voll. »Ein alter Trick der Sharchhops«, sagt Jane lachend. Als der Topf leer ist, atme ich erleichtert auf, doch da meint Jane: »Und jetzt kommt der Arra.«

Pema schenkt mir etwas ein, das wie Wasser aussieht. Ich nehme einen winzigen Schluck von dem scharfen, bitteren Gebräu und schüttle mich.

»Zhim-poo la?« fragt sie.

Ich nicke ergeben.

»An den Geschmack muß man sich erst gewöhnen«, sagt Jane und trinkt ihre Schale aus. »Es erinnert mich an Sake.«

Mich erinnert das Zeug an Feuerzeugflüssigkeit, doch nach dem vierten oder fünften Schlückchen schmeckt es gar nicht mehr so übel, und nach dem zweiten Becher bin ich überzeugt, daß es mir zu einem besseren Verständnis von Sharchhop verhilft. Das Essen besteht aus Bergen von Reis und großen, mit Chilischoten gekochten Kartoffelstücken. Zum Abschluß gibt es eine letzte Schale Arra, den sogenannten *Zim-chang*, den Gutenachttrunk. »Wenn du bei Pema übernachten würdest, würdest du einen *Zheng-chang* bekommen«, informiert mich Jane. »Aufwach-Arra, der bei Tagesanbruch serviert wird.« Als Pema mich nötigt, noch mehr zu essen und zu trinken, lasse ich mich zum Zeichen des Protests auf den Boden plumpsen. »Das ist bhutanische Gastfreundschaft«, sagt Jane. »Erst füllen sie dich ab, bis du dich nicht mehr rühren kannst, und dann sagen sie: Tut uns leid, aber wir haben gar nichts da, was wir dir anbieten könnten.«

Ich erkläre mich freiwillig bereit, den Abwasch zu übernehmen, aber Jane hat kein fließendes Wasser im Haus. Wir werden das morgen im Freien machen, meint sie. Als ich, von üblen Gerüchen umwabert, im Dunkeln auf der Latrine hocke, geht mir auf, welch ein Luxus die sanitären Anlagen in meiner Wohnung sind, wenn auch das fließende Wasser nicht sehr häufig fließt. Als ich zurückkomme, verabschieden sich Pema, Jangchuk und ich etliche Male voneinander, und dann sind sie fort. Jane legt mehrere Kissen auf den Fußboden vor dem Fenster, und ich rolle meinen Schlafsack darüber aus und schlüpfe mitsamt meinen Kleidern hinein. Füße und Schultern tun mir weh, mein Gesicht fühlt sich rauh und sandig an, und mein Hirn scheint in meinem Schädel herumzuschwappen. Jane stellt eine Kerze auf den niedrigen Tisch. »Zwei Dinge muß ich dir noch sagen, bevor du einschläfst.«

Ich schlafe bereits. Ich will keine zwei Dinge hören.

»Wenn du in der Nacht irgendwas von den Regalen herunterpurzeln hörst, dann sind das nur die Ratten. Und könntest du morgen früh bitte hinter dich greifen und den Fensterladen aufschieben, damit das Huhn raus kann?«

»Das Huhn?« Das Huhn hatte ich schon ganz vergessen. Ich rappele mich mühsam hoch. Da hockt es ja, in einer Ecke beim Herd, und schlummert. »Kriegst du jeden Morgen frische Eier?« frage ich Jane.

»Na ja, dafür hatte ich's mir eigentlich angeschafft, aber komischerweise legt es keine Eier«, entgegnet sie. »Gute Nacht.«

Ich puste die Kerze aus und krieche tiefer in meinen Schlafsack hinein. Denk nicht an die Ratten, sage ich zu mir. Tu's nicht. Tu's nicht. Ich liege da und hoffe, der Schlaf kommt vor den Ratten, aber er tut's nicht. Und es sind nicht nur einfach Ratten, es ist die reinste Ratten-Olympiade. Ich höre, wie sie über den Fußboden sprinten, sich von Regal zu Regal schwingen und Saltos über Töpfe und Teller machen. Am Spielfeldrand sitzen Zuschauerratten und feuern sie an. Irgend etwas fällt krachend zu Boden, und die Zuschauermenge gerät außer Rand und Band. Japsend setze ich mich auf.

»Sie schmeißen jede Nacht die gleiche Dose runter«, ruft Jane vom anderen Zimmer herüber.

Ich suche meine Taschenlampe und richte den Lichtstrahl auf die Küche. Einen Moment lang tritt Ruhe ein, doch dann geht der Krawall von vorne los. Ich grabe mich noch tiefer in meinen Schlafsack ein und konzentriere mich auf das leise Gebimmel der Glocke eines Pferdes, das ich draußen höre. Irgendwann schlafe ich ein und träume, ich machte einen Fußmarsch. Die ganze Nacht hindurch marschiere ich Berghänge hinauf und hinunter, über Bäche hinweg, durch Wälder hindurch. Ich habe irgendwie den Eindruck, daß ich aus Bhutan herauszulaufen versuche, aber Bhutan hört und hört nicht auf. Als ich abgekämpft erwache, ist das Zimmer in ein kühles kaltes Licht getaucht, und ich höre Gegacker. Das Huhn kommt direkt auf mich zugetrippelt. Ich fummele an dem Schiebeladen über meinem Kopf herum, aber das Huhn ist an dem Fenster nicht interessiert. Es ist an meiner Taschenlampe interessiert, auf der es herumhopst und herumgackert, bis die Taschenlampe zu Boden fällt. Ich vernehme ein verdächtiges leises Klicken! Ich angle die Lampe heran und knipse sie an. Ich hole die Batterien heraus und lege sie wieder ein. Nichts. Mit einem befriedigten Schrei stürzt sich das Huhn aus dem Fenster. Ich lege mich wieder hin und setze im Geist einen Brief an den Hersteller auf: Sehr geehrte Damen und Herren, Ihre Fünfzig-Dollar-High-Tech-Taschenlampe mit fünfjähriger Lebensgarantie ist von einem Huhn, das keine Eier legt, kaputtgemacht worden.

Wir sitzen draußen auf der Treppe und essen Haferschleim mit Milchpulver zum Frühstück. Die Sonne brennt mächtig auf uns herab, und die ganze grüne Landschaft funkelt. Jane erzählt, wie schwer es für sie am Anfang gewesen sei. Sie hätte keine Vorstellung davon gehabt ..., *wie* schwer es sein würde. Aber dann bekam sie Kontakt zu den Menschen, freundete sich mit Jangchuk und Pema an und lernte ein paar Brocken Sharchhop. Und sie fing an zu unterrichten, und das machte alles andere wett. Die Kinder machten die Sache lohnenswert, sagt sie. Sie seien aufgeweckt, natürlich und aufgeschlossen. Sie sei in die Kinder richtig vernarrt.

Ich sage, ich hätte vielleicht einen Fehler gemacht, vielleicht sei Bhutan nichts für mich.

Jane nickt. »Das habe ich anfangs auch gedacht. Aber du weißt ja, was sie über diese Überseeposten sagen: Man kann überall leben. Anfangs denkt man, man könne es nicht, aber dann stellt man fest, daß man es kann.«

Nach dem Frühstück schnappt sich jede von uns einen Plastikeimer zum Wasserholen. Eine Kinderschar läuft uns hinterher und ruft lauthals »Guten Morgen, Miss!«

»Guten Morgen, Kezang, guten Morgen, Nidup, guten Morgen Karma«, ruft Jane zurück. Ein schwarzes Standrohr im Dorfzentrum stellt die Wasserstelle des Dorfes dar. Mehrere

Leute mit einem Sammelsurium von Eimern, Bambusbehältern, Kanistern und Blechtöpfen haben sich dort eingefunden. Jane kennt jeden einzelnen von ihnen. »*Pemagatsel lopen*«, erklärt sie ihnen und deutet dabei auf mich. *Lopen* heißt Lehrer. Wir lassen die Eimer vollaufen und schleppen sie zurück. Der größte Teil aus meinem schwappt auf meine Knöchel und meine Schuhe. Auf ihrer Vordertreppe wäscht Jane Teller und Töpfe ab, schrubbt sie zunächst mit einem sandigen Pulver ab, stapelt sie dann zu grauen, seifigen Stößen auf und spült jedes Geschirrstück vorsichtig ab, so daß kein Wasser vergeudet wird. Als der Kessel auf dem Kerosinofen dampft, gieße ich das Wasser in eine chinesische Thermoskanne. Es gibt in Tsebar keinen Laden: Kerosin und alle anderen abgepackten Waren müssen von Pemagatsel quer durch das Tal hierhertransportiert werden. Abends kocht Jane auf dem Lehmofen, während sie den Kerosinkocher nur morgens zur Frühstückszubereitung und zum Wasserkochen benutzt. Ihr Kocher hat Dochte und ist leichter anzuzünden als meiner vom Typ »Pump und Explodier«. »Oje, eins von diesen Dingern«, sagt Jane. »Die sind mir nicht geheuer. Wie kommst du damit bloß zurecht?« Mir gefällt der Klang dieses Wortes: zurechtkommen. *Wie geht's ihr denn so? Na ja, schwierig ist's schon, aber sie kommt zurecht.* Ich verrate Jane nicht, daß ich zurechtkomme, indem ich das Kochen ganz bleibenlasse.

Jetzt holt sie die Eimer wieder her: Sie will zum Bach gehen, um ihre Kleider zu waschen, und ich gehe mit. Wir durchqueren das Dorf: ein paar locker um einen Tempel gruppierte Stein- und Lehmhäuser. Mit seiner asphaltierten Straße, den Gipslastern und den Läden kommt mir Pemagatsel dagegen auf einmal wie eine Großstadt vor. Ich erkundige mich, wo der Pfad hinter Tsebar hinführt, und erfahre, daß Indien nur ein paar Bergkämme entfernt sei. Ich bleibe stehen, drehe mich um meine eigene Achse und nehme dabei den Ausblick in mich auf. Dreihundertsechzig Grad ineinander verschachtelte Berge, Höhenzüge, die in unsichtbare Täler abfallen und sich wieder emporschwingen, wieder und wieder dieselbe Landschaft, rundum. Es fällt schwer, sich von hier aus das indische Tiefland vorzustellen. Es fällt schwer, sich hinter diesen Bergen überhaupt etwas vorzustellen, und zu meiner Verwunderung habe ich das Gefühl, schon immer hier gewesen zu sein, dieses andere Leben in Kanada nur im Traum erlebt zu haben.

Wir biegen von dem Hauptpfad ab und humpeln hangwärts zum Bach hinunter, wo Jane ihre Kleider in das seichte Wasser taucht und ich mich auf einen Felsen in den Schatten setze. Sie erzählt mir von Jangchuk und Pema, wie die beiden sich anfangs um sie gekümmert und ihr Abend für Abend Essen gebracht haben, bis sie allein zurechtkam. Jangchuk sei ein *Gomchen*, sagt Jane, ein Laienmönch, und der Wärter des Tempels. Gomchen gehören in der Regel der Nyingmapa-Sekte des tibetischen Buddhismus an, nicht zu verwechseln mit der Drukpa-Kagyupa-Sekte, der offiziellen Religion Bhutans. Sie dürfen heiraten; sie tragen andere Roben als die vollordinierten Mönche, das heißt ihre Khos reichen bis zur Wade statt nur bis zum Knie, und viele von ihnen haben lange Haare. Die Menschen suchen sie zu verschiedenen religiösen Zeremonien auf, für Segnungen oder Horoskope, bei Geburten, Sterbe- und Krankheitsfällen.

»Gehen die Leute denn nicht ins Krankenhaus von Pemagatsel?« frage ich.

»Mmmm, meistens wenden sie sich zuerst an einen Lama, weil sie glauben, daß Krankheiten eine seelische Ursache haben. Wenn der Lama nichts tun kann, kann es sein, daß sie das Krankenhaus aufsuchen, doch dann ist es meist zu spät, und wenn die erkrankte Person im Krankenhaus stirbt, macht man dafür die ausländische Medizin verantwortlich.«

»Arbeitet man in der traditionellen bhutanischen Medizin mit Heilkräutern?«

»Zum Teil«, sagt Jane. »Aber in erster Linie versucht man hier die Kranken durch spezielle Gebete und Pujas, rituelle Andachten, zu heilen. Es werden auch noch einige andere Dinge praktiziert, zum Beispiel der Aderlaß. An einer bestimmten Körperstelle wird ein winziger Schnitt gemacht. Das Schlimmste, was ich je gesehen habe, war das Abbrennen. Das heißt, ich hab's nicht direkt gesehen, sondern nur Pemas Narben. Die Haut wird mit einem erhitzten Metallstab abgebrannt.« Um es mir zu demonstrieren, zeichnet sie mit Daumen und Zeigefinger breite Rechtecke auf ihren Arm.

Dann erzählt sie von einer weiteren Behandlung, die Pema wegen ihrer chronischen Magenschmerzen über sich ergehen ließ: Nachdem Jangchuck ein paar Gebete gesprochen habe, habe er ein Kuhhorn mit einem Loch in der Spitze genommen und das untere Ende an Pemas Magen gehalten. Er habe an der Spitze gesaugt und das Horn dann abgehoben: An Pemas Magen war ein schwarzes Klümpchen zu sehen, das Jangchuk hastig wegwarf. Nein, er habe keinen Schnitt gemacht, sagt Jane, sie habe genau hingesehen, und es war auch nirgendwo Blut. »Was glaubst du, ist es gewesen?« frage ich. Jane zuckt die Achseln. »Keine Ahnung. Jangchuk sagte, das sei das Ding gewesen, das sie krank gemacht habe, und kurz darauf ging es ihr tatsächlich besser.«

Ich gebe keinen Kommentar dazu ab. Ich muß an Zaubertechniken denken, an Taschenspielertricks, ein Horn mit blindem Boden. »Meinst du, das könnte ein Trick gewesen sein?« frage ich Jane.

Sie sagt, daran habe sie auch schon gedacht, aber warum sollte er seiner eigenen Ehefrau etwas vormachen?

»Vielleicht aus psychologischen Gründen«, sage ich. »Als eine Art Placebo.«

Doch Jane schüttelt den Kopf. »Nein«, sagt sie. »Jangchuk glaubt an seine Medizin. Am Anfang, wenn mir die Leute erzählten, daß der und der krank sei, weil er einen Geist oder eine schwarze Schlange gesehen oder seinem Schutzgott kein Opfer dargebracht habe, schüttelte ich nur den Kopf. Inzwischen bin ich mir jedoch nicht mehr so sicher.«

»Aber glaubst du wirklich, daß man krank werden kann, weil man einen Geist gesehen hat?« frage ich.

»Mehr kann ich dazu nicht sagen. Es geschehen hier so viele Dinge, die man einfach nicht erklären kann, und meine Sprachkenntnisse sind nicht gut genug, um sämtliche Zusammenhänge zu verstehen. Ich erkundige mich bei den älteren Schülern, aber vermutlich bleibt beim Übersetzen viel auf der Strecke. Sie sagen ›Geist‹ oder ›Schwarze Magie‹, aber wer weiß schon, was genau darunter zu verstehen ist? Was wir sehen, ist nur die Spitze des ganzen Glaubenssystems. Der Glaube läßt Dinge real werden.«

»Aber nur im Geist«, sage ich. »Nicht körperlich real, oder?«

»Was macht das bei Geistern und Schwarzer Magie für einen Unterschied?«

Ich sehe ihr zu, wie sie ihre Kleider einseift, an den Felsen schlägt, sie dann auswringt und in den Eimer zurückwirft. Von den anderen Frauengruppen, die flußaufwärts ihre Kleider waschen, kommt Gelächter zu uns herüber. Wir klettern wieder zum Hauptpfad hinauf. Jane geht heim, um ihre Wäsche aufzuhängen, und ich gehe zum Tempel, weil Jane mir gesagt hat, daß dort eine Puja stattfinden soll, eine regelmäßig zu Ehren von Guru Rinpoche durchgeführte religiöse Zeremonie.

Der Tempel ist von einer Steinmauer umgeben. In dem mit Steinplatten gepflasterten Hof hängen die Gebetsfahnen schlaff in der lauen Luft. Die weißgetünchten Wände des Hauptgebäudes laufen leicht schräg auf das flach geneigte Dach zu. Dicht unter dem Dach verläuft ein breites rotbraunes Band um den Tempel herum, das Kennzeichen für einen Sakralbau. Drinnen, unter dem Fenster, durch das das Licht einfällt, sitzen Männer mit rötlichbraunen Schärpen über ihren Khos in einer Reihe, vor sich ihre Musikinstrumente: Bronze- und Silberhörner, einige davon sehr lang, eine Handtrommel, die an einem geschnitzten Holzgriff gehalten wird, Zimbeln, eine Glocke. Gebetbücher aus langen, schmalen Streifen ungebundenen Papiers zwischen dünnen Holzdeckeln liegen aufgeschlagen vor ihnen. Nachdem ich pflichtgemäß meine Schuhe ausgezogen habe, bleibe ich zögernd in der Tür stehen, bis Jangchuk mich erblickt und hereinwinkt. Mit überkreuzten Beinen auf dem polierten Holzboden sitzend, betrachte ich die Malereien an den Wänden, die Schnitzereien an den Säulen und den kunstvoll verzierten Altar, der mit Butterlampen, Wasserschälchen, Opfergaben wie Reis, Früchten, Blumen, Weihrauch und Keksschachteln beladen ist. Die Wandgemälde zeigen Dutzende von Buddhas und andere, mir unbekannte Gestalten; die Farben sind verblaßt und die Wände rauchgeschwärzt, aber die Gesichter der Buddhas lächeln gütig und gelassen herab. Hinter dem Altar befindet sich ein riesiger goldener Buddha mit schwarzen Augen, dunkelblauen Haaren und demselben gütigen Lächeln.

Die Gebete beginnen leise und rhythmisch, werden teils gesprochen, teils gesungen. Ich schließe die Augen und versuche, an nichts zu denken, doch es gelingt mir nicht, eine geistige Leere herzustellen oder auch nur innerlich ruhig zu werden. Die Gedanken kreisen weiter, ziehen mich fort. Als auf einmal die Hörner ertönen, mache ich vor Schreck fast einen Satz. Es ist ein langgezogener, klarer, klagend-vibrierender Ton, eine Mischung aus Musik und einem Schrei. Die längeren Hörner bringen dunkle Töne hervor. Eine Trommel beginnt zu schlagen. Ich kann die Musik an meinem Steißbein, in meinem Bauch, in meiner Kehle spüren. Die Gebete beginnen von neuem, und die Glocke durchdringt die monotonen Stimmen mit hellen silbernen Tönen. Dann tritt eine kurze Stille ein, und es folgt ein in einer Molltonart gesungenes Gebet. Ich versuche, mir die Melodie einzuprägen, doch sie wird von den schrillen Hörnern und erneuten Trommelschlägen abgelöst. Ich kann nicht mehr denken, weil mein Kopf voll von den Klängen ist. Sie sind schön, sie sind nicht schön, sie sind disharmonisch, grell und unheimlich, ja, aber auch irgendwie beruhigend. Es ist eine Musik für große, nicht überdachte Räume, es ist –, was ist es? Es ist überzeugend, denke ich zuletzt. Ein treffenderes Wort kann ich nicht finden. Ich schließe die Augen, und jetzt fällt es mir leicht, an nichts zu denken.

Als ich die Augen wieder öffne, weiß ich nicht, wo ich gewesen bin. Jangchuk und die anderen stehen auf, um nacheinander in den Hof hinauszugehen, und bedeuten mir, ihnen zu folgen. Draußen werden Teller mit Reis, Gemüsecurry, *Dahl* und *Ema datsi* herumgereicht, dazu Schälchen mit Arra, und ich werde ermuntert, mehr zu essen, mehr zu trinken. Als ich mich schließlich erhebe, um zu gehen, fühle ich mich etwas benommen. Und außerdem eigenartig leicht.

In Janes Wohnung angekommen, sinke ich in einen warmen, traumlosen Schlaf. Als ich erwache, ist es draußen dunkel, und Jane ist dabei, bei Kerzenlicht einen Korb Reis zu verlesen.

Morgen werde ich nach Pemagatsel zurückgehen. Der Gedanke ist gar nicht so betrüblich, wie ich dachte. Man kann überall leben. Wir werden sehen ... Als ich nach meiner Taschenlampe suche, um zur Latrine zu gehen, fällt mir ein, daß sie kaputt ist. Ich nehme statt dessen eine Kerze mit und bringe es irgendwie fertig, sie in das Loch fallen zu lassen. Ich muß Jane endlich fragen, warum sie dieses Huhn nicht einfach in den Kochtopf steckt.

Zu Ihrer geflissentlichen Kenntnisnahme und strikten Beachtung

Ich befinde mich in einem Drogeriemarkt. Die Gänge kommen mir ungewöhnlich lang vor, es ist eine Art Großmarkt, und alles schimmert im Licht der Deckenbeleuchtung. Ich schiebe meinen Einkaufswagen langsam vorwärts und studiere eingehend die Regale. Was brauche ich? Schau, hier ist das Badegel, das neuerdings einen Klappdeckel hat. Vom Drogeriemarkt gelangt man in ein Lebensmittelgeschäft. Ich stehe in dem Bereich mit den Frühstücksflocken und habe die Qual der Wahl: Shreddies oder Fruit Loops? Der Laden schließt bald, ich muß mich beeilen. »Sehr verehrte Kundinnen«, sagt eine beschwingte Stimme, »besuchen Sie unsere Damenabteilung. Dort erwarten Sie sagenhafte Sonderangebote.« Blinzelnd wache ich auf: Ich bin in Pemagatsel. Die dumpfe Verwirrung, die diese Erkenntnis in mir hervorruft, muß ich schleunigst bekämpfen, wenn ich aus dem Bett kommen will, und es scheint, ich *muß* aus dem Bett kommen: Es hat nämlich geklopft.

Zwei meiner Schüler stehen vor der Tür. Karma Dorji, der mich auf dem Weg nach Tsebar errettete, ist ein kleiner strammer Bursche mit einem runden, puttohaften Gesicht, nußbrauner Haut und einem unverwechselbaren Wirbel an der Stirn. Norbu ist größer, hat ein kleines schiefes Grinsen und eine Nase, die ständig läuft. Ihre Khos sind verschossen, und sie haben Gummisandalen an. Schweigend überreichen sie mir ihre Geschenke: ein Büschel Spinat, eine Stofftasche voll Kartoffeln, eine Handvoll Frühlingszwiebeln. Karma Dorji greift in seinen Kho und zieht ein kleines braunes Ei heraus. »Dankeschön!« sage ich. »Herzlichen Dank!« Mein überschwenglicher Dank macht sie verlegen.

»Von meiner Mutter«, sagt Norbu.

»Bitte richte deiner Mutter meinen Dank aus«, sage ich, wobei ich mich frage, ob ich diese Dinge wohl bezahlen sollte.

»Ja, Miss.« Sie hopsen die leiterartige Treppe hinunter und tollen über den Schulhof.

Als ich die Tür hinter mir geschlossen habe, höre ich Wasser aus einem der Hähne spritzen. Was bedeutet, daß ich auf der Stelle sämtliche Becken, Eimer, Töpfe, Pfannen, Flaschen, Kessel, Krüge, Becher und Tassen füllen muß, bevor das Wasser wieder versiegt. In der Küche betätige ich die Pumpe des Kerosinbrenners, bis er gleichmäßig zischt, werfe ein brennendes Streichholz darauf, renne ins Schlafzimmer und warte auf die Explosion. Als keine stattfindet, schleiche ich in die Küche zurück und stelle einen Topf Wasser auf die blaue Flamme. Sie geht augenblicklich aus, und ich muß von vorn anfangen.

Im Bad hat das Wasser schon wieder aufgehört zu fließen. Ein einziger Eimer ist voll. Damit kann ich entweder meine Kleider oder mich selbst waschen. Das Abflußrohr ist halb verstopft, und obwohl ich mit diversen Geräten darin herumgestochert habe – dicken Zweigen, dünnen Weidenruten, einem geradegebogenen Stück Stacheldraht –, ist in der Badezimmermitte immer eine Lache. Mit zusammengebissenen Zähnen kauere ich mich neben dem Eimer nieder und gieße mit einem Plastikkrug kaltes Wasser über mich. Als ich fertig bin, zittere ich wie Espenlaub und muß mich für ein paar Minuten ins Bett verkriechen, bevor ich mein tägliches Kira-Ritual beginnen kann – körperliche und geistige Verrenkungen beim Einwickeln in die Stoffbahn, Befestigen der Zierspangen an den Schultern und Umbinden der Taillenschärpe. Manchmal halte ich entnervt inne, halte ratlos einen Zipfel in der Hand und versuche zu ergründen, wie er sich lösen konnte und wo er hingehört. In solchen Momenten frage ich mich, ob ich es nicht einfach bleibenlassen und mir Rock und Pullover anziehen sollte. Nein, diese Genugtuung werde ich Mrs. Joy nicht verschaffen. Auf dem Basar hielt mich gestern eine alte Frau an und begann an meiner Kira herumzuzupfen, zerrte den Rock weiter nach unten und das Oberteil zugleich weiter hinauf. Dann trat sie einen Schritt zurück, um ihr Werk kritisch zu beäugen. »*Dikpé*?« fragte ich. Okay? Sie schüttelte den Kopf und winkte mir, ich solle weitergehen: Die Kira saß wohl immer noch nicht richtig, aber besser bekam man das bei mir eben nicht hin.

Mit dem Ei, das mir Norbu gebracht hat, backe ich mir einen Pfannkuchen, den ich mir mit Bhutans landeseigener Mehrfruchtmarmelade schmecken lasse, und dann mache ich mich auf den Schulweg, indem ich langsam die steile Treppe hinabsteige, rückwärts und die Sprossen krampfhaft umklammernd.

In der Schule setze ich mich zu den anderen Lehrern ins Lehrerzimmer und beobachte die Schüler auf dem Schulhof. Viele von ihnen sind erst mit acht oder neun Jahren eingeschult worden, weshalb die meisten Achtkläßler schon an die zwanzig sind. Alle tragen die Schuluniform, graublaue Khos und Kiras. Ein paar der Kleineren tragen abgelegte Kleider, die durchgewetzt, fleckig und so groß sind, daß sie darin versinken. Pemagatsel hat sowohl Internats- als auch Tagesschüler, und viele der Tagesschüler laufen morgens eine, zwei oder drei Stunden bis zur Schule und abends denselben Weg zurück. Wenn es regnet, kommen sie völlig durchgeweicht in der Schule an und bringen den ganzen Tag in ihren nassen Uniformen zu.

Als die Glocke läutet, stellen wir uns zur Morgenversammlung auf die Treppe. In Reihen, die nach Geschlecht und Klasse geordnet sind, stehen die Schüler vor uns am Schulhofrand. Die Anzahl der Schülerinnen nimmt von der Vorschule bis zur achten Klasse stetig ab. Der Schulsprecher, ein Junge namens Tshering aus Klasse 8, gibt den Einsatz für das Morgengebet und die Nationalhymne. Von meinem Platz aus kann ich im Nordwesten einen verschneiten Berggipfel über einer dunkelblauen Gebirgskette leuchten sehen. Der Gedanke, daß ich in Richtung

Zuhause blicke, ist schön, und ich frage mich, was Robert auf der anderen Seite der Erdkugel in diesem Augenblick wohl gerade tut. Dort ist jetzt gestern abend, und ich sehe ihn ganz klar und deutlich in seiner Wohnung vor mir, wie er in seinem Sessel sitzt und Zeitung liest, Gitarre spielt, Essen kocht. Ich frage mich, ob er in dem gleichen Moment, da ich an ihn denke, auch an mich denkt. Das läßt sich unmöglich feststellen. Wir sind Millionen und Abermillionen Meilen voneinander entfernt. Manchmal schnürt sich mir während der Morgenversammlung die Kehle zu, und das Atmen tut weh. Manchmal denke ich aber auch an mein Buch mit den ausgewählten buddhistischen Texten: Alle Gefühle, Begierden und Sorgen werden durch den Geist erzeugt. Im Grunde ist alles auf den Geist zurückzuführen. Wenn ich mir dies ins Gedächtnis rufe, wende ich meine Aufmerksamkeit einfach wieder dem langsamen und getragenen Gesang zu, und die Traurigkeit verfliegt.

Nach dem Singen der Nationalhymne hält einer der älteren Schüler auf englisch oder dzongkha eine kurze Ansprache zu einem vorgegebenen Thema: Pünktlichkeit, Ehrlichkeit, Respekt vor den lieben Eltern und Lehrern. Die auf englisch gehaltenen Reden enden alle mit dem gleichen hastig heruntergeleierten Satz: »Und so, meine lieben Freunde, hoffe ich aufrichtig, daß ihr pünktlich/ehrlich/respektvoll gegenüber euren lieben Eltern und Lehrern sein werdet.« Dann hält der Direktor eine Rede in dzongkha; ich verstehe davon nur das erste Wort, und zwar *dari*, was »heute« heißt.

Dari nach der Versammlung informiert mich der Direktor, daß ich für die Morgensprechstunde eingeteilt worden sei und am Erste-Hilfe-Kurs teilnehmen müsse, der am Montag beginnt. Außerdem sei ich für den Büchereidienst eingeteilt worden, fügt er hinzu, indem er mir den Schlüssel überreicht. Ich bin schon mal in der Bücherei gewesen – ein schlecht beleuchteter Raum mit ein paar total zerfledderten Bilderbüchern, gekürzten Fassungen von »Heidi« und »Die rote Tapferkeitsmedaille« und etlichen Anthologien kanadischer Literatur aus der Mitte der siebziger Jahre. Niemand scheint zu wissen, wie die hierhergekommen sind.

Der Schulleiter und seine Frau, die gerade Zwillinge zur Welt gebracht hat, sind mir sympathisch. Anfangs kommt er mir für einen Schulleiter sehr jung vor, doch als ich sehe, wie er mit den Schülern umgeht, ändere ich meine Meinung. Er ist streng und hat alles voll im Griff. Wenn ich an den Dzongda in Tashigang und an die Beamten zurückdenke, mit denen wir in Thimphu zu tun hatten, komme ich zu dem Schluß, daß das weniger mit seinem Charakter zu tun hat als vielmehr mit der Tatsache, daß er eine bhutanische Respektsperson ist. Worauf auch immer es zurückzuführen sein mag, die Schüler legen ihm gegenüber einen ängstlichen, blinden Gehorsam an den Tag. Sein Gebaren den Kollegen gegenüber ist zwar lockerer, aber in seinem Verhältnis zu den indischen Lehrern nehme ich eine unterschwellige Spannung wahr. Die Inder geben freimütig zu, daß sie nur deshalb hierhergekommen sind, weil sie in Indien keine Stelle fanden, und daß sie den Weisungen eines Bhutaners zu folgen haben, scheint ihnen nicht sonderlich zu behagen. Letzte Woche ließ sich Mr. Sharma im Lehrerzimmer lautstark über die Sinnlosigkeit der Teilnahme an einer Morgenversammlung aus, die in einer ihm unverständlichen Sprache abgehalten werde. »Das halbe Kollegium versteht kein Dzongkha«, murrte er.

»Aber die andere Hälfte des Kollegiums versteht es«, erwiderte der Direktor gelassen. »Dzongkha ist unsere Nationalsprache.« Mrs. Joy versuchte mich flüsternd über »die Probleme mit diesen Leuten« aufzuklären, wobei sie mit »diesen Leuten« die Bhutaner meinte, aber ich wandte mich von ihr ab. Ich will in keinerlei Parteiung, die sich hier entwickeln könnte, hineingezogen werden.

Vor der Tür zu meinem Klassenzimmer bleibe ich kurz stehen, um dem Radau und dem Geplapper dahinter zu lauschen. Als ich die Tür öffne, wird es schlagartig mucksmäuschenstill. Dieser Teil des Tages ist mir der liebste. »Guten Morgen, Klasse 2c«, sage ich, worauf die ganze Klasse aufspringt und aus voller Kehle »Guten Mor-gen, Miss!« ruft. Dreiundzwanzig Gesichter strahlen mich an. Manchmal liegt soviel Inbrunst in ihrer Begrüßung, daß ich lachen muß.

Ich habe jetzt einen Lehrplan, und die Schüler haben Schulbücher, dicke Schulhefte sowie Bleistifte, die sie mit Rasierklingen anspitzen. Ich beherrsche diese Fertigkeit noch immer nicht und muß jedesmal eins der Kinder bitten, es für mich zu tun. Die Bleistifte der Miss anzuspitzen, ist zu einer ziemlich ehrenvollen Aufgabe geworden. Als ich mir anfangs beim Hantieren mit der Klinge fast die Fingerkuppen absäbelte, sahen sie mir fassungslos zu und tuschelten in Sharchhop miteinander. »Wo haben sie die denn aufgegabelt«, haben sie sich wohl gefragt. »Die kann nicht mal einen Bleistift spitzen.«

An den Vormittagen unterrichte ich Englisch, Mathe und Naturwissenschaften, und am Nachmittag lehrt der Dzongkha-Lopen die Nationalsprache. Aus den anderen Klassenzimmern schallt das monotone Geleiher der Schüler herüber, die im Chor buchstabieren, lesen oder rezitieren müssen: »H-a-u-s, Haus, t-r-a-g-e-n, tragen, g-e-h-e-n, gehen.« In den anderen Klassenzimmern sagt der Lehrer etwas, und die Schüler wiederholen es ein ums andere Mal. Ich weiß nicht, wozu dieses Auswendiglernen gut sein soll. Wenn ich meine Schüler auffordere, einzeln laut vorzulesen, sehen sie mich an, als hätte ich den Verstand verloren.

Das Abhaken der Anwesenheitsliste ist oft das einzige, was wir in Klasse 2c zustande bringen. Wieder und wieder werden wir unterbrochen. Eine Frau klopft ans Fenster und hält eine Stofftasche in die Höhe. Die gesamte Klasse rennt hinüber. »Klasse 2c«, sage ich. »Setzt euch bitte hin. Es ist nicht nötig, daß ihr alle ans Fenster lauft.« Eigentlich ist es unnötig, daß überhaupt jemand zum Fenster läuft. »Wer ist das?« frage ich.

»Sangay Jamtshos Mutter«, antworten sie.

»Was möchte sie?«

»Sangay Jamtsho hat seine Jhola vergessen.«

»Sangay Jamtsho, geh und hol deine Jhola«, sage ich. Wie Kugeln in einem Kugellager bewegt sich die gesamte Klasse auf die Tür zu, aber ich bin zuerst dort. »Ich sagte, Sangay Jamtsho. Die anderen setzen sich bitte wieder hin.«

Sangay Chhoden kommt an mein Pult. Die feinen Gesichtszüge unter ihrer dicken Mähne sind angespannt. »Miss«, sagt sie so leise, daß ich sie kaum verstehen kann. »Haus gehen.«

»Was sagtest du, Sangay?«
»Ja, Miss.«
Ich versuche es anders. »Haus gehen?«
»Ja, Miss.«
»Dein Haus?«
»Ja, Miss, mein Haus gehen!«
»Jetzt?«
»Ja, Miss. Haus gehen jetzt, Miss.«
»Aber wieso denn, Sangay? Wieso jetzt Haus gehen? Jetzt ist Schule. Ist dir nicht gut?«
»Nein, Miss. Haus gehen jetzt.«
Ich seufze resignierend. »Kommst du auch wieder zurück?«
»Ja, Miss. Kommen.«
»Na gut, dann geh.«
Dorji Wangdi, der Büroassisent, Teekocher und Allroundgehilfe mit dem offiziellen Titel »Peon« klopft an die Tür. »Zettel von Direktor, Sir«, sagt er und reicht mir eine Notiz. Man habe festgestellt, daß einige Lehrer »tendenziös motiviert« seien. Das gesamte Kollegium werde deshalb freundlichst aufgefordert, den Regeln und Vorschriften der Schule Folge zu leisten und sämtlichen Pflichten, einschließlich der Morgenversammlung, vorurteilsfrei und nach besten Kräften nachzukommen, um einen reibungslosen Ablauf des Unterrichts zu gewährleisten. Es werde um »geflissentliche Kenntnisnahme und strikte Beachtung« dieser Notiz gebeten.
Sangay Dorji streckt den Arm hoch. Sein »Bauch tut schmerzen«, ob er zur Toilette gehen könne. Norbus Arm schießt in die Höhe. Sein Bauch tut ebenfalls schmerzen. Sonams Bauch auch! Und Phuntshos Bauch! Ich fordere sie auf zu warten, bis Sangay Dorji zurückgekommen ist, aber Sangay Dorji kommt nicht zurück. Ich bin so eifrig darin vertieft, meinen Schülern den Unterschied zwischen einem langen ›a‹ und einem kurzen ›a‹ klarzumachen, daß ich nichts anderes wahrnehme. »Miss!« ruft auf einmal einer der Schüler aus. »Sangay Dorji tut draußen spielen!« Ich sehe aus dem Fenster, und ja, tatsächlich, da draußen ist Sangay Dorji und spielt.
Ich schicke Karma Dorji hinaus, um Sangay zu holen, und als

wir beim langen ›o‹ angekommen sind, blicke ich wieder aus dem Fenster und sehe, daß Sangay *und* Karma draußen spielen.

Mr. Iyya, Pemagatsels selbsternannter Barde, klopft an die Tür meines Klassenzimmers. Mr. Iyya stammt aus Madras, ist aber schon seit über zehn Jahren an der Schule. Sein schwarzes Lockenhaar ist mit Haaröl nach hinten frisiert, und manchmal trägt er eine getüpfelte Krawatte. Seine Alltagssprache ist ein wirres Gemisch aus falsch angewandten Fremdwörtern, verfälschten Zitaten und geistigen Höhenflügen, und seine Gedichte, die er ans Schwarze Brett der Schule pinnt, sind noch schlimmer. Er ist für alle außerschulischen Aktivitäten in englisch zuständig – Diskussionen, die Schulzeitung, Theateraufführungen. Hinter der Maske des feingeistigen Poeten verbirgt sich jedoch ein grausames Naturell. Gestern wurde ich zu meinem Entsetzen Zeuge, wie er mit einem Stock so heftig auf die Hand eines Drittkläßlers schlug, daß das Holz entzweibrach.

»Ja, Mr. Iyya?« frage ich.

Er verneigt sich tief und sagt, er bitte meine Ladyschaft für diese untemporäre Unterbrechung um Verzeihung, wollte mich aber untertänigst ersuchen, ihm meinen Rohrstock auszuleihen, da ihm der seinige mißgeschicklicherweise zerborsten sei.

»Meinen was?« frage ich.

»Eurer Ladyschaft Rohrstock.«

Ich starre ihn an. Mr. Iyya ist eindeutig nicht ganz bei Trost. Fragend sehe ich zu meinen Schülern hin. »Er möchte einen Stock zum Hauen, Miss«, informiert mich einer von ihnen.

»Ich verwende in meinem Klassenzimmer keinen Rohrstock«, sage ich kühl zu Mr. Iyya und knalle die Tür zu.

Dorji Wangdi klopft an die Tür. Noch ein Zettel zu meiner geflissentlichen Kenntnisnahme und strikten Beachtung. In ein paar Wochen werde an der Schule eine Puja stattfinden, zum Wohle aller empfindenden Wesen. Alle Lehrer seien hiermit dazu eingeladen.

Mr. Tandin, der Geschichtslehrer von Klasse 8 und Verwalter der Materialausgabe, steckt seine Nase ins Klassenzimmer, um mir zu sagen, daß das Materiallager eine halbe Stunde geöffnet sei. Ich gehe hinauf in den Lagerraum und komme mit dreiundzwanzig Buntstiftschachteln zurück. Klasse 2c verfällt bei dem Anblick zunächst in Schweigen und bricht dann in Jubelgeschrei aus. »Miss, ich bin sehr froh mit dir!« kräht Sonam Phuntsho überglücklich. Die Buntstifte wirken Wunder. Mäuschenstill hört die 2c mir zu, als ich erkläre, daß diese Buntstifte nun ihnen gehörten und sie gut darauf achtgeben müßten, da es sehr unwahrscheinlich sei, daß ich Mr. Tandin je wieder dazu bewegen könnte, dreiundzwanzig Schachteln Buntstifte aus seinem kargen Lager herauszurücken. Ich werde ihnen jetzt eine Geschichte vorlesen, sage ich, und sie sollen dann von der Episode ein Bild malen, die ihnen am besten gefallen habe. »Vor langer, langer Zeit lebte einmal eine Maus«, beginne ich, aber da klopft es an der Tür.

Nach der Schule gehe ich in die Bücherei hinauf, wo ich erst einmal das Fenster aufreiße. Alles ist mit einer feinen weißen Staubschicht überzogen. Ich schicke mich an, Bücher aus den Regalen zu ziehen, um sie nach Fachgebieten zu ordnen, aber es sind gar nicht genug Bücher vorhanden, um sie in bestimmte Kategorien einteilen zu können. Nachdem ich mir mehrere Ordnungssysteme überlegt habe, komme ich zu dem Schluß, daß das folgende das zweckdienlichste ist: a) so zerfleddert, daß sie nicht mehr lesbar sind, b) relativ zerfleddert und c) unberührt (dazu gehören sämtliche Anthologien kanadischer Literatur). Ich schließe die Tür ab, um nach Hause zu gehen und finde dort auf dem oberen Treppenabsatz drei Schüler vor. Ihre verschlissenen Khos sind von einem Fußballspiel, das sie nach dem Unterricht ausgetragen haben, schlammverspritzt. Es sind wieder Karma Dorji und Norbu, und sie haben Tshewang Tshering mitgebracht, dessen Igelhaare frisch abrasiert sind. »Wartet ihr auf mich?« frage ich dumm. Natürlich tun sie das. Mein australischer Nachbar von nebenan, der so eine Art Schaf-, Kuh- oder Pferdebesamungsexperte sein muß, ist seit meiner Ankunft auf Tour. »Darf-ich-reinkommen-Miss?« rufen sie im Chor, als ich die Tür aufschließe. Als sie drinnen sind, bleiben sie zaudernd stehen. Ich führe sie ins Wohnzimmer. Sie hocken sich nebeneinander auf eine Bank, schauen sich um, grinsen sich an und lassen ihre nackten, verdreckten Füße über dem Fußboden baumeln. Nach einer Weile fragt Tshewang Tshering: »Miss, hast du Schnappse?«

»Schnappse?«

»Ja, Miss. Wir Schnappse kucken.«

Schnappse? Während ich verwirrt zu erraten versuche, was er meint, spüre ich, wie sich mein Gesicht in hundert Knitterfalten legt. Mir kommt der absurde Gedanke, daß sie vielleicht Ingwerschnaps haben wollen.

»Miss«, sagt Tshewang Tshering. »Schnappse. Mutter, Vater, Schwester, Bruder.«

»Oh, ihr wollt Bilder sehen! Schnappschüsse!«

»Ja, Miss!« rufen sie, energisch nickend.

Ah, hurra! Ich habe verstanden! Ich renne ins Schlafzimmer und krame eine Tüte mit Fotos hervor.

»Das ist meine Mutter«, erkläre ich, indem ich ihnen das Foto reiche und sie begierig danach schnappen. »Mein Vater. Das Haus meines Vaters.«

»Das hier deine Schwester?« fragte Karma Dorji und hält ein Foto meines Bruders Jason hoch.

»Nein, das ist mein Bruder.«

»Dein Bruder, Miss?«

»Ja, Karma.«

»Er ist ein Lama!«

»Ein Lama? Nein ...«

»Warum ... warum tut er lange Haare haben?«

»Oh, weil ... weil, hmmm.« Ich suche nach einer Antwort. »Einfach nur so«, sage ich schließlich, und sie nicken.

Tshewang Tshering schaut sich eine Postkarte mit der Skyline von Toronto an. »Miss, das hier dein Haus?«

»Nein, das ist eine Bank.«

»Das hier dein Haus?«

»Nein, das ist ein Büro. Lauter Büros.«

»Das da dein Haus?«

»Nein, nein! Das ist der CN-Tower von Toronto.«

Eine andere Postkarte, von der Yonge Street. »Das dein Dorf, Miss?«

»Ja. Toronto.«

»Wer ist das?« fragt Tshewang Tshering und zeigt auf ein paar Touristen auf der Postkarte.

»Ich weiß es nicht«, antworte ich verwirrt. »Irgendwelche Leute.« Und dann verstehe ich seine Frage. Ich erkläre ihm, daß in Toronto zwei Millionen Menschen leben, mehr Menschen in dieser einen Stadt als in ganz Bhutan.

»Yallama!« sagen sie leise, der bhutanische Ausruf, wenn man überrascht ist oder Zweifel hat.

Karma Dorji blättert einen Stoß Zeitschriften und Notenhefte durch. »Miss, das deine Mutter?«

Ich stehe auf, um sehen zu können, was er meint, und falle vor Lachen fast um. »Nein, das ist nicht meine Mutter!« Es ist Johann Sebastian Bach.

Schließlich frage ich sie, ob sie einen Tee trinken möchten. »Nein, Miss«, sagen sie. Aber mir ist klar, daß dies ein bhutanisches Nein ist, also gehe ich in die Küche. Sie tappen hinter mir her. Karma Dorji nimmt mir den Topf aus der Hand. »Wir tun Tee machen für Miss«, sagt er.

»Ach wo, nicht nötig«, sage ich. »Ich mache das schon.« Ich versuche Karma Dorji den Topf abzunehmen, aber er läßt ihn nicht los. »Ihr seid noch zu klein, um allein Tee zu kochen«, erkläre ich. »Mein Kerosinkocher ist sehr gefährlich.«

Sie verziehen sich widerwillig, bleiben aber in der Küchentür stehen und sehen mir beim Pumpen zu. »Zurück, zurück«, rufe ich, während ich unter wildem Gefuchtel ein Streichholz auf den Kocher werfe und sie aus der Küche schiebe. Sie finden das rasend komisch. Sie müssen sich aneinander festklammern, um nicht vor Lachen umzukippen.

»Das ist überhaupt nicht witzig«, sage ich gereizt. »Gefährlich. Wartet dort drüben im Zimmer.«

»Miss, ich tue jetzt machen«, sagt Karma Dorji zu mir, als er sich beruhigt hat und wieder sprechen kann. »Ich das kennen. Mein Haus tut ganz selben Ofen haben.« Und ehe ich mich versehe, ist er schon am Pumpen. Als der Kocher zu zischen beginnt, zündet er ein Streichholz an und führt es geübt an den Kocher. Ein kräftiges blaues Licht flammt auf. Offenen Mundes stehe ich da, während Tshewang Tshering einen Topf mit Wasser füllt. Norbu stöbert in der Küche herum und angelt Teepäckchen, Milchpulver und Zucker hervor. Karma Dorji schüttelt den Ärmelaufschlag seines Khos herunter und wickelt den Stoff um den Henkel des Topfes. Er gießt den dampfenden Tee in die Becher. Ich folge ihnen mit einem Päckchen Kekse ins Wohnzimmer. Karma erzählt mir, daß er zu Hause immer kocht, wenn seine Eltern und seine älteren Schwestern bei der Feldarbeit sind.

»Was kannst du denn kochen?« frage ich.

»Ich tue Essen kochen, Miss.«

»Was für eine Art Essen?«

»Essen, Miss«, wiederholt er. »Miss kein Essen essen?«

»Natürlich esse ich Essen«, entgegne ich. »Was sollte ich denn sonst essen?«

»Miss tun nur Kekse essen, mein Vater sagen.«

»Woher will dein Vater das wissen?«

»Meine Tante tut einen Laden haben. Sie tut sagen, Miss kein Essen kaufen, nur Kekse.«

»Sind Kekse kein Essen?« frage ich, leicht verstimmt darüber, daß meine Eßgewohnheiten sich herumgesprochen haben.

»Nein, Miss. Reis ist Essen.«

»Ach so«, sage ich. »Reis. Also, in meinem Dorf, in Kanada, da essen wir nicht sonderlich viel Reis, und deshalb kann ich keinen kochen.«

Es fällt ihnen offensichtlich schwer, das zu glauben. »Was tun die Leute in deinem Dorf denn essen?«

»Oh, Kartoffeln, Brot, Nudeln.«

»Miss«, sagt Karma Dorji, den Mund voller Kekse. »Ich tue dir lernen Reis kochen. Jetzt gleich, Miss. Hast du Reis?«

»Ja, aber ...«

Und schon sind die drei wieder in der Küche. Tshewang Tshering spült die Teetassen aus. Karma Dorji hat den Reis gefunden, schüttet ihn auf einen Blechteller und verliest ihn. Ich sehe hilflos zu. Im Nu ist der Reis gesäubert, gewaschen und steht in einem Dampfkochtopf auf dem Herd.

»Miss ...«, Karma Dorji sieht sich kritisch in der Küche um.

»Ja, Karma?«

»Tust du Zwiebeln und Chili haben? Ich *Momshaba* kochen.«

»Nun mal langsam, Karma. Der Reis ist genug.«

Karma Dorji macht sich daran, Zwiebeln und Chilischoten kleinzuhacken. Norbu liest die Spinatblätter aus, die er mir am Morgen gebracht hat, und wäscht sie im Spülbecken. Als plötzlich der Dampfkochtopf zu pfeifen anfängt, stürze ich aus der Küche. »Was hat das zu bedeuten?« frage ich von der Tür aus.

»Noch nicht fertig«, sagt Karma Dorji. »Dreimal, dann fertig.«

Als der Topf dreimal gepfiffen hat, nehmen sie ihn vom Herd, und Karma Dorji brät Zwiebeln und Chilischoten an und fügt dann die Spinatblätter und ein paar Tomatenscheiben hinzu. Tshewang Tshering schraubt das kleine Ventil vom Deckel des Dampfkochtopfs ab, und ein Dampfstrahl schießt zur Decke hinauf. Ich laufe nervös in der Küche umher und stoße überflüssige Warnungen aus – seid vorsichtig, das ist scharf, paßt auf, sonst verbrennt ihr euch an dem Dampf. Als alles fertig ist, sage ich ihnen, daß sie dableiben und mitessen müssen. Sie protestieren, aber ich lasse nicht locker, und schließlich ziehen sie ihre Blechteller für das Schulmittagessen aus den Falten ihrer Khos heraus. Ich bin jedesmal erstaunt, was sich in den Oberteilen dieser Khos alles unterbringen läßt: Bücher, Teller, Stofftaschen, eine Flasche Arra für mich, Reischips, Dörräpfel, eine Gurke, eine Handvoll Chilischoten als Zwischenmahlzeit während des Unterrichts. Karma Dorji trägt das Essen auf, und wir verzehren es schweigend. Ich kann es nicht fassen, wie gut alles schmeckt. Der Reis ist süß und nicht klumpig, der Spinat perfekt gekocht, aber sehr scharf. Ich erkundige mich, wie viele Chilischoten in dem Gericht sind. Zehn, sagt Karma.

»Zehn! Yallama«, rufe ich aus, während ich mir die Augen und die Nase wische. »Wie alt bist du, Karma?«

»Acht«, sagt er und klatscht mir noch eine Portion Reis auf den Teller. »Jetzt Miss wissen«, sagt er. »Jetzt Miss tun Essen essen.«

Als sie fort sind, schreibe ich in mein Tagebuch: Der Mensch kann überall leben, selbst du. Mit der Bitte um geflissentliche Kenntnisnahme und strikte Beachtung.

Morgensprechstunde, Tagesdienst, Abendspaziergang

Jane kommt wegen des Gesundheitskurses nach Pemagatsel und bringt mir Geschenke von Jangchuk und Pema mit: einen Korb Pflaumen, eine Flasche Arra, einen kleinen runden Rohmilchkäse und einen Klumpen in ein Bananenblatt gewickelte Butter. Sie wohnt bei mir, und eine Woche lang sitzen wir mit Lehrern aus dem gesamten Distrikt in einem stickigen Seminarraum des Krankenhauses und machen uns Notizen. Der Kurs wird von dem medizinischen Personal aus Norwegen geleitet. Wir erfahren zunächst, welches nach landläufiger Meinung die Ursachen häufiger Krankheiten sind: Durchfall wird auf eine Zunahme der Körperflüssigkeiten zurückgeführt; eine Entzündung am Körper kann durch unsichtbare Pfeile, die bestimmte Waldgeister abgeschossen haben, verursacht worden sein; eine Vermischung von abendländischer und bhutanischer Medizin kann für den Patienten tödlich sein. Wir gehen zu den häufigsten Kinderkrankheiten über: Krätze, Läuse, Parasiten, Bindehautentzündung, Tuberkulose, Lepra, Malaria. Am Ende der Woche erhalten wir alle eine Medikamentenbox, die wir mit in die Schule nehmen sollen: Rehydrationsmittel, Acetaminophen, große Behälter Benzylbenzoat gegen Krätze, Entwurmungstabletten, wächserne Kapseln antibiotischer Augensalbe, Enzian-Veilchen-Puder, Verbandsmull. Jane stopft sich ihren Rucksack mit Kostbarkeiten aus Pemagatsels Läden voll – Marmelade, Kekse und Kaffee. Ich fülle Pemas Korb mit Tee- und Zuckerpäckchen – ein Behältnis, das man leer zurückbekommt, gilt in Bhutan als ein schlechtes Omen – und gebe ihn Jane wieder mit.

Maya, eine quirlige Lehrerin aus Südbhutan, ist meine Sprechstundenpartnerin. Als wir am ersten Morgen nach dem Kurs die Tür des Lehrerzimmers öffnen, steht eine erschreckend lange Reihe von Ratsuchenden davor. Die am häufigsten geäußerten Beschwerden sind: Bauchwehtun, Kopfwehtun, Husten-und-Erkältung und Durchfall. Es gibt verschiedene Arten von Durchfall: Wasserdurchfall, Brenndurchfall, Blähdurchfall und, meine Lieblingsvariante, Flitzdurchfall. Es kommt häufig vor, daß in Mayas oder in meiner Wohnung einer unserer Schüler sitzt und eine entzündete Hand oder einen Fuß in einem Eimer heißen Salzwassers badet. Einmal kommt frühmorgens, als ich noch nicht angezogen bin, ein Junge mit einem leicht geschwollenen Finger zu mir. Ich kann keine Verletzung entdecken und schicke ihn fort. Zwei Tage später ist er wieder da und sein Finger zur Größe einer kleinen Gurke angeschwollen. Ich schicke ihn ins Krankenhaus, wo der Finger aufgeschnitten und drainiert wird. Ich gelobe mir, in Zukunft vorsichtiger zu sein.

Eines Morgens, vor Schulbeginn, steht Karma Dorji mit zwei Kindern vor der Tür, deren Augen gerötet sind. Schniefend halten sie ein paar kanadische Nachrichtenmagazine in der Hand. Karma Dorji schiebt sie ins Zimmer hinein.

»Was gibt's, Karma?«

»Miss, du diese zwei Mädchen kennen? Klasse 2b.«

»Ja, ich kenne sie. Sie waren gestern bei mir zu Besuch.«

»Schau, Miss. Sie tun mitnehmen diese Zeitungen gestern. Tun stehlen!«

»Hmmm.« Es war mir noch gar nicht aufgefallen, daß die Zeitschriften weg waren. »Na ja, die hätten sie doch bestimmt wieder zurückgebracht.«

»Miss sehen ihre Augen? Ganz rot.«

Ihre Augen sind tatsächlich rot und entzündet. Ganz eindeutig eine Bindehautentzündung, denke ich, und fordere die Mädchen auf, zur Behandlung in die Morgensprechstunde zu kommen. Karma Dorji hat jedoch eine andere Erklärung parat. »Nein, Miss. Sie tun lesen gestohltes Buch, und ihre Augen tun rot werden.« Kein Wunder, daß es in Bhutan so wenig Straftaten gibt, denke ich, als ich das höre. Wenn die Menschen ungestraft davonkommen, glauben sie, das müsse zumindest Auswirkungen auf ihr Karma haben.

Vor Schulbeginn, nach Schulschluß, Samstag nachmittag, Sonntag morgen: Immer steht jemand vor meiner Tür und bringt mich aus der Fassung. Kranke Kinder, sich zankende Kinder, Kinder mit Furunkeln, mit Krätze und mit Schnittwunden; Kinder, die mir Kartoffeln, Knoblauch und riesige, bittere, weiße Rettiche bringen; Kinder, die Schnappse sehen wollen, auf dem Keyboard spielen wollen, mit dem Walkman Kassetten hören und Dinge angucken wollen (»Miss! Was ist das?« fragen sie, meine Sonnenbrille, eine Nagelfeile, eine Schachtel Tampons hochhaltend.). Kinder, die einfach nur hereinkommen wollen (»Darf ich reinkommen, Miss?«). Große Kinder, die Hilfe bei ihren Englischhausaufgaben haben wollen, die mir bei der Hausarbeit helfen, die kochen oder für mich einkaufen gehen wollen; wenn Miss irgend etwas brauchen tut, sie können helfen. Kollegen, die zum Tee kommen, zum Plaudern: ob ich mich eingewöhnt habe, ob ich zu Hause einen Freund habe, warum ich eigentlich hierhergekommen sei und ob ich meinen Fotoapparat nicht verkaufen wolle. Mr. Iyya, der mich davon zu überzeugen versucht, daß Lord Tennyson der größte Dichter aller Zeiten gewesen sei, ein Mann im Zenit seines Ruhms, nicht wahr, und ob ich wohl dieses kleine Etwas lesen würde, das er kürzlich verfaßt habe, ein paar schlichte, bescheidene Worte als Opfergabe an die Musen. Männer und Frauen aus dem Dorf kommen und fragen mich, ob ich Stoff kaufen möchte, handgewebte Kiras, Gürtel, Taschen; möchte ich einen kleinen runden Käse oder Butter, eine Flasche Milch oder Arra, sonst irgend etwas? *Hang rang tshaspé*, fragen sie. Was brauche ich? Sie werden es mir besorgen, sie werden es mir bringen.

Was ich brauche, ist meine Ruhe. Wenn ich den ganzen Tag geredet, gelächelt, zugehört, Dinge gezeigt, genickt und gedolmetscht habe, möchte ich allein sein. Ich möchte einfach nur heimkommen, die Tür hinter mir schließen und in Ruhe dasitzen können, um mich zu sammeln. Ich möchte nachdenken oder auch nicht nachdenken können. Ich möchte ausruhen.

Aber nein, das soll nicht sein. Sie haben Mitleid mit mir, weil ich allein hier bin. Miss, arme Miss, sie wohnt ganz allein. Kocht allein, ißt allein, schläft allein. Sie schütteln darüber den Kopf, und sie wollen helfen. Wenn ich an die bhutanischen Häuser denke, in denen ich bisher gewesen bin – eine Küche, ein Altarraum sowie der Hauptraum, in dem Eltern, Großeltern, Kinder und sonstige Verwandte essen, arbeiten und schlafen –, verstehe ich das. Die Menschen in Bhutan sind selten allein.

Ich nehme mir vor, jeden Tag einen Spaziergang zu machen, aus der Stadt heraus, an der Bergflanke entlang bis zum Wasserfall und zurück, und zwar *allein*. Am ersten Tag schließe ich die Haustür ab – nicht etwa aus Angst, es könnte etwas gestohlen werden, sondern weil ich aus Erfahrung weiß, daß die Wohnung bei meiner Rückkehr voll wartender Menschen sein wird, wenn ich es nicht tue – und gehe forschen Schrittes durch den Basar. Als ich am Laden von Sangay Chhodens Mutter vorbeilaufe, kommt die Tochter herausgerannt. »Miss!« Selbst wenn sie schreit, ist ihre Stimme kaum hörbar. »Miss, wohin gehen?«

»*Korbé*«, sage ich. Bummeln.

»Ich mitkommen, Miss?« fragt sie, wobei sie sich ihre dicken Ponyfransen aus den Augen streicht und mich schüchtern anlächelt. Ich bringe es nicht übers Herz, nein zu sagen. Kurz darauf schließt Phuntsho Wangmo sich uns an. Sangay und Phuntsho üben Englisch, ich Sharchhop. Was ist das? Das ist eine Straße, ein Felsen, ein Baum. Das ist ein Haus, eine Kuh, ein Huhn. Großer Hund, kleiner Hund. Wo wohnst du? Dies ist der Tempel, das da ist die Schule.

Am nächsten Tag kommen noch ein paar andere Schüler mit. Bald wartet nach der Schule die halbe Klasse auf mich. Sie bestehen darauf, meine Johla zu tragen, weil »in Bhutan Schüler immer die Sachen von Lopen tragen tun«, und wir setzen unseren Unterricht fort. Ich werde über die Feinheiten der bhutanischen Namensgebung ins Bild gesetzt. Obwohl die meisten Namen geschlechtsunabhängig sind, gibt es auch ein paar, die nur für Jungen oder für Mädchen verwendet werden können. Wangmo, Chhoden, Lhamo und Yuden sind Mädchennamen. Wangdi ist immer ein Junge. Phuntsho Wangmo ist eindeutig ein Mädchen, Phuntsho Wangdi ein Junge, Phuntsho Tshering hingegen könnte beides sein. Sämtliche Namen haben eine religiöse oder der Naturwelt entnommene Bedeutung. Karma bedeutet Stern, Sangay ist der Buddha, Pema heißt Lotos und Tshering langes Leben. Die Kombinationen können erstaunlich poetisch sein: Pemagatsel, Lotos der Zufriedenheit, Karma Jamtsho, See der Sterne.

Die Kinder versuchen mir die Namen jedes Baumes, jedes

Strauches und jeder Pflanze beizubringen, aber ich kann mir nur den Namen für das Marihuana merken, das überall wild wuchert: *Pakpa nam*, Schweinefutter, wird es genannt, weil man hier die Schweine damit füttert. Wir gehen zu Adjektiven und menschlichen Eigenschaften über, und ich erfahre, daß es nicht schlimm ist, arm zu sein, wenn man dabei gütig ist; es ist nicht einmal schlimm, faul zu sein, wenn man dabei großzügig ist. Das Schlimmste von allem ist Arroganz. »Stolz tun«, sagen die Kinder und verziehen dabei angewidert das Gesicht. »Wie ein hohes Tier. Das ist sehr, sehr schlecht.« Ich bitte sie, mir diverse Leute zu beschreiben. Der Schulsprecher ist stolz. Mrs. Joy ist böse. Der Direktor ist streng. »Mr. Iyya?« frage ich. Der ist *nyospa*. Sie tippen sich zur Verdeutlichung an die Stirn. Mr. Iyya spinnt. Wir kichern verschwörerisch.

Ich lerne allmählich, längere Sätze zusammenzubauen, und meine Schüler sind mit meinen Fortschritten zufrieden.

Als ich eines Abends von meinem Spaziergang zurückkehre, hockt Mr. Om Nath, der bhutanische Biologie- und Erdkundelehrer, wartend vor meiner Tür. Beim Tee verkündet er mir, daß er gekommen sei, um mir die Einzelheiten des »Tagesdienstes« zu erläutern, den alle Lehrer des Kollegiums wechselweise übernehmen. Morgen sei ich an der Reihe, die Oberstufe während der morgendlichen Lernzeit zu beaufsichtigen (6 Uhr), eine Stunde Gemeinschaftsdienst zu überwachen (7 Uhr), außerdem das Frühstück (8 Uhr), das Mittagessen (12 Uhr), das Abendessen (18 Uhr), die Abendlernzeit (19 Uhr) und das Zubettgehen (21 Uhr). Am Ende des Tages müsse die Aufsichtsperson seine oder ihre Kommentare ins Dienstregister eintragen. Zu meinem Tagesdienst kommt außerdem die Morgensprechstunde hinzu (8.15 Uhr), Unterricht (8.30 bis 15.30 Uhr) und Büchereidienst (16 Uhr).

Mr. Om Nath versichert mir, daß ich mir um die Mädchen keine Gedanken machen müsse. Miss Maya sei die Hausmutter; sie kümmere sich um die Mädchen. Er sagt dies mit einem seltsamen Unterton und nickt mir dabei vielsagend zu. Ich nicke vielsagend zurück. Ich habe nicht die leiseste Ahnung, was er meint, aber ich finde, ich habe heute genug aufgenommen.

Als ich mich tags darauf im Morgengrauen über den Schulhof schleppe, höre ich die Kinder mit monotonen Stimmen ihre Morgengebete aufsagen. In dem silbrigen Licht kommt mir die Welt wie ein riesiger, kühler Tempel vor. Mit verschlafenem Blick hocke ich in einem Klassenzimmer, während die Schüler über ihren geöffneten Büchern vor sich hinmurmeln; dies ist die längste, kälteste, langweiligste Stunde meines Lebens. Um sieben Uhr schlendere ich auf dem Schulgelände hin und her und beaufsichtige die Schüler, die verstopfte Abflüsse freimachen, Fußwege fegen und Abfall aufsammeln. Es gibt hier keine Hausmeister: In Bhutan sind die Schüler für die Instandhaltung der Schule verantwortlich. Gemeinschaftsarbeit wird das genannt und gehört offiziell zum Lehrplan. Beim Frühstück sehe ich untätig zu, wie die Schüler sich für ihr Essen anstellen. Es gibt gekochten Bulgur, der aus Kochtöpfen geschöpft wird, die so groß sind, daß man darin baden könnte. Eigentlich ist es gar nicht nötig, daß ein Lehrer Aufsicht führt, denke ich, als ich während der Abendlernzeit das Dienstregister durchblättere. Die Schüler sind äußerst diszipliniert. Was soll ich da bloß reinschreiben? Ich fange an zu lesen:

15. März. *Dahl* beim Mittagessen ausgegangen. Jüngere Schüler gingen leer aus. (Unterschrift) Mr. Om Nath.

17. März. Schüler der Klasse 2c in der Mittagspause sehr laut. (Was?! Ist doch klar, daß sie in der Mittagspause laut sind. Es ist normal, daß Kinder in der Mittagspause laut sind! Was fällt dieser Person ein, über *meine* Kinder etwas ins Dienstregister zu schreiben? Ich bin entrüstet.) Erteilte Mädchen aus Klasse 8 eine Rüge, weil sie während der Abendlernzeit Bücher aus der Bibliothek lasen. (Unterschrift) Mrs. Joy.

Ich überfliege die anderen Einträge. Sangay Dorji (Klasse 5b) ging während der Abendlernzeit zur Toilette und kam nicht mehr zurück. Die Köchinnen kochen *Dahl* mit zuviel Wasser. Heute kein Wasser, die Schüler konnten sich nicht waschen. Jungen der Klasse 8 angewiesen, die Latrine in Ordnung zu bringen. Petromaxlampe defekt, Abendlernzeit ausfallen lassen. Sonam Wangmo, Klasse 7a, beim Schreiben eines Liebesbriefs an Sangay Dorji, Klasse 6b, erwischt. (Nochmals Mrs. Joy).

Fenster eines Mädchenschlafsaals zerbrochen. Petromaxlampe wieder defekt. Mr. Sharma ist nicht zur Beaufsichtigung der Abendlernzeit erschienen. Und dann finde ich folgendes:

Die Nacht kam geschritten mit knarrendem Schritt,
Da, wo einst leuchtende Blumen blüten, nun Schatten ward,
Und die fahle Hand abgrundtiefer Dunkelheit
Senkte sich drohend auf das dunkelnde Land,
Und der Herr sprach: »Es werde Licht«,
Und siehe! Es ward kein Licht.

Daraus schließe ich, daß die Petromaxlampe wieder defekt war. Unter seinen Eintrag hat Mr. Iyya einen schwungvollen Schnörkel gemalt.

Verborgene Täler

Der Streik in Assam ist beendet: Von Zuhause ist keine Post gekommen, aber auf dem Markt sind frische Vorräte an Obst, Gemüse und Grundnahrungsmitteln eingetroffen. Mit zwei prall gefüllten Taschen marschiere ich heimwärts, die Straße hinter dem Basar hinunter, an der Häuserreihe mit den Lehrerwohnungen vorbei. Ein fieser Kerl mit einem aufgedunsenen Gesicht lehnt auf Mrs. Joys Veranda, eine Zigarette rauchend und mit nichts als einem Unterhemd und einem Handtuch bekleidet. Dies ist das erste Mal, daß ich den berüchtigten Mr. Joy zu Gesicht bekomme. Maya hat mir erzählt, daß Mrs. Joys Ehemann ein Säufer sei. Früher sei er auch an der Schule gewesen, wurde aber gefeuert, nachdem er im Unterricht einmal umgekippt sei. Mrs. Joy nehme nie an den Parties des Kollegiums teil, sagt Maya, weil Mr. Joy sich betrinkt und »zu böse« wird. Als ich vorbeigehe, stiert der Mann mich lüstern an. Arme Mrs. Joy, denke ich. Daß sie »Joy« heißt, kommt mir jetzt wie tragische Ironie vor.

Vor meiner Haustür sitzt eine Frau mit rötlichgoldenem Haar und strahlend blauen Augen, neben sich eine Kiste voll Lebensmitteln. Sie sei Lesley, teilt sie mir mit, eine britische Lehrerin; sie klappere gerade diverse Freunde und Lehrer in Ostbhutan ab und wolle morgen Jane in Tsebar besuchen gehen, müsse aber, wenn ich nichts dagegen hätte, bei mir übernachten; es tue ihr leid, so ohne Vorwarnung hereinzuplatzen, aber was solle man machen, so sei das nun mal in Bhutan; sie habe mir diese Sachen aus Samdrup Jongkhar mitgebracht; ach ja, sie freue sich übrigens riesig, mich kennenzulernen, und wer denn dieser widerliche geile Typ sei, der da ein paar Häuser weiter unten im Unterhemd vor der Tür stehe?

Lesley ist schon seit drei Jahren in Bhutan. Zunächst unterrichtete sie in einem Dorf in dem hochgelegenen, kalten, subalpinen Distrikt Bumthang, wo sie zwei Jahre lang in einem Tempelraum wohnte und Bhumthap, die Sprache Zentralbhutans, erlernte. Sie verlängerte ihren Vertrag für ein weiteres Jahr, und ihr nächster Einsatzort lag tausend Meter weiter unten, in dem warmen, feuchten Dschungel von Kheng, wo sie Khengkha zu sprechen lernte. Sie ging *zu Fuß* von einem Einsatzort zum anderen, ein dreitägiger Marsch.

Ich merke sogleich, daß Lesley eine Unmenge über Bhutan weiß. Ich kann sie keinen einzigen Satz beenden lassen, ohne sie durch eine Zwischenfrage zu unterbrechen, und später, als wir uns hinsetzen, um Briefe zu schreiben, hole ich mein Tagebuch heraus und mache mir Notizen:

Reinkarnationen von Lamas. Normalerweise hinterläßt der sterbende Lama Anweisungen, aus denen eine Zeit, ein Ort oder anderes hervorgeht. Zwei Jahre nach seinem Tod machen sich seine Anhänger unter Zuhilfenahme dieser Anweisungen oder eines Orakels auf die Suche nach ihm. Sie hören beispielsweise von einem Kind, das sich recht eigenartig verhält – das sagt, es wolle an sein richtiges Zuhause gehen, und dabei vielleicht sein ehemaliges Kloster beschreibt. In den ersten zwei oder drei Lebensjahren weiß ein Kind noch Einzelheiten über sein früheres Leben, dieses Wissen geht danach aber meist verloren. Die Anhänger des toten Lamas bringen seine Habseligkeiten, die sie mit ähnlich aussehenden Gegenständen vermischen, zu dem Kind und fordern es auf, zum Beweis seiner Identität die Sachen herauszusuchen, die ihm früher gehört haben. Man glaubt, daß ein hoher Lama seinen Geist auch nach seinem Tod unter Kontrolle hat und folglich imstande ist, ihn in seine nächste Wiedergeburt zu transferieren.

Geisterfallen. Kunstvolle Gebilde aus Teig, dünnen Stöcken und bunten Fäden, die *Dö* genannt werden. Bei bestimmten Pujas werden sie verwendet, um schädliche Einflüsse, Dämonen, Unglück und Geister abzuwehren.

Verborgene Täler, *Beyul* genannt. Abgeschiedene Gegenden, die von Guru Rinpoche gesegnet und für Anhänger des Buddhismus bestimmt wurden, um sie in schwierigen Zeiten aufsuchen zu können. Man ist sich nicht ganz einig, ob es sich dabei um reale, in den Bergen versteckte Täler handelt, um mythische Orte, oder um Stätten in einer anderen Dimension, in die man nur durch spirituelle Übungen hineingelangen kann. Nur wer das richtige Karma hat, kann sie betreten. »Der verlorene Horizont« basiert vermutlich auf Shambhala, dem berühmtesten aller verborgenen Täler. Es soll in Bhutan mehrere solcher Täler geben, und zwar in Ghasa und in Lhuntshi; hier handelt es sich sowohl um reale Stätten mit physikalischen Koordinaten als auch um spirituelle Stätten in einer metaphysischen Dimension. Von der Zeit der Reispflanzung bis zur Reisernte ist das Tal in Lhuntshi für Außenstehende nicht zugänglich. Nicht einmal Bhutaner, die außerhalb des Tales wohnen, können es in dieser Zeit betreten.

Ich weiß nicht so recht, ob meine »Liste der nachzuschlagenden Dinge« jetzt kürzer oder länger geworden ist.

Lesley schlägt vor, auf dem Basar Tee trinken und *Momos* essen zu gehen. Ich kläre sie auf, daß es in Pemagatsel kein Restaurant gibt.

»Es muß doch wenigstens eine Teestube geben«, sagt sie. »Komm, laß uns danach suchen.«

Die Sonne ist hinter saftig grünen Bergen verschwunden, und ein rosagoldenes Wolkenband zieht über den sich verdunkelnden Himmel. Auf dem Markt tritt Lesley in eine ziemlich klapprig aussehende Hütte ein. Hinter dem Tresen spielt eine junge Mutter mit ihrem Baby. An der Wand hinter ihr hängt ein welliges Poster von Phoebe Cates. Wie kommt das hierher, frage ich mich.

»*Momo cha*?« fragt Lesley die Frau.

Sie nickt und geht in einen hinteren Raum. Wir setzen uns an einen der Holztische. »Sharchhop kannst du also auch?« frage ich Lesley. »Ungefähr fünf Worte«, erwidert sie. Die Frau kommt mit zwei Tellern dampfender Fleischtaschen mit Chilisauce und zwei Gläsern Tee heraus. Ich schneide eine der Taschen auf und spüre, als ich die Hackfleisch- und Zwiebelfüllung unter die Lupe nehme, wie die altbekannte Angst in mir aufsteigt. Lesley schaut unvermittelt hoch. »Die sind mit Sicherheit gar«, sagt sie, als hätte sie meine Gedanken erraten. »Die sind wie Gummi. Davon kriegen wir höchstens eine Magenverstimmung.« Während ich die Momos esse, höre ich zu, wie Lesley und die Frau hinter der Theke sich in Sharchhop, Englisch und mit Zeichensprache über unser beider Alter, Familienstand sowie die Anzahl unserer Kinder und Geschwister unterhalten.

Wir gehen im Dunkeln nach Hause und leuchten uns mit Lesleys Taschenlampe den Weg. Ich habe mich noch immer nicht an die Art gewöhnt, wie in Bhutan die Dunkelheit hereinbricht, wie sie im wahrsten Sinne des Wortes *hereinbricht*, jäh und vollkommen. Unwillkürlich warte ich jedesmal darauf, daß die Lichter wieder angehen. Lesley macht sich im Wohnzimmer auf dem Fußboden ein Nachtlager zurecht. Ich setze mich an den Tisch in meinem Schlafzimmer. Es ist mir noch nicht gelungen, meine Wohnung so gemütlich einzurichten wie die von Jane, aber im Kerzenlicht und mit ein paar Gläsern mit Wildblumensträußen bin ich mit meinem Zuhause ganz zufrieden.

Eigentlich wollte ich Tagebuchaufzeichnungen machen, lasse es aber bleiben. Ich sitze da und lausche. Die Nacht ist erfüllt mit Grillengezirp. Ich sinne darüber nach, daß Lesley keine Angst hatte, in einer unbekannten Stadt in eine wildfremde Hütte hineinzuspazieren und eine Mahlzeit zu bestellen, daß sie keine Angst hat, Leute anzusprechen, obwohl sie von deren Sprache nur fünf Worte versteht. Ich dagegen wäre nie auf den Gedanken gekommen, in diese Spelunke auch nur hineinzuschauen, geschweige denn hineinzugehen und dort etwas zu essen. Nie im Leben hätte ich mit der Frau hinter der Theke ein Gespräch angefangen. Ich muß daran denken, wie ich auf dem Weg nach Tsebar mit Karma Dorji, seinem Onkel und seiner Tante gemeinsam picknickte, wie sich da zum erstenmal meine Angst legte und ich auf einmal diese Erleichterung und Freiheit, dieses Gefühl körperlicher Leichtigkeit verspürte. Seit meiner Ankunft in Bhutan vor zweieinhalb Monaten habe ich nichts anderes getan, als mir Sorgen zu machen. Wird die Straße frei sein, wird der Streik wirklich hundert Tage dauern, werden mir die Essensvorräte ausgehen, werde ich krank werden, wird meine Post durchkommen, wird aus den Hähnen Wasser kommen, werde ich von diesen Fleischtaschen Amöbenruhr bekommen. Ein Großteil meines Inneren ist verriegelt: Ganze Räume liegen da drinnen im Dunkeln, Türen sind verrammelt, Vorhänge zugezogen, Möbel mit Leintüchern verhüllt. Ich lebe in einem winzigen, mit Befürchtungen vollgestopften Raum. Ich muß meine Ängste überwinden, nehme ich mir beim Schlafengehen vor.

Eine Stunde später werde ich von Donnergrollen geweckt. Vom Bett aus kann ich durch mein Fenster den herannahenden Sturm sehen. Vor dem anderen Fenster ist der Himmel noch sternenklar. Als vor beiden Fenstern Regen niedergeht, schlafe ich ein und träume, daß Lesley und ich in Pemagatsel ein verborgenes Tal entdecken. Wir folgen einem kaum sichtbaren Pfad zwischen Schule und Krankenhaus und treten hinter einem Wäldchen in eine grasbewachsene enge Schlucht ein, durch die ein silbriger Bach plätschert. »Hier entlang ist es gegangen«, sage ich beglückt, und als ich daraufhin erwache, sehe ich, daß vor beiden Fenstern wieder Sterne funkeln.

Als Lesley am nächsten Morgen nach Tsebar aufgebrochen ist und ich zur Schule eile, sind Schüler und Mönche dabei, diverse Dinge die Treppe hinauf- und hinabzutragen – Eimer voll Wasser, Tabletts, Schalen voll Reis, Blumen, frisch geschnittene Kiefernzweige, Bücher, religiöse Instrumente, Klappstühle.

Die bhutanischen Lehrer schreien ihnen Befehle zu. Eine Puja wird heute hier durchgeführt, klären mich die Schüler auf, eine religiöse Zeremonie zur Geistervertreibung. Der Direktor schmunzelt, als er das hört. Nun ja, nicht direkt zur Geistervertreibung, sagt er. Pujas würden regelmäßig in Tempeln und auch anderswo zelebriert, aus hunderterlei verschiedenen Gründen – anläßlich der Geburt eines Kindes, einer Hochzeit, einer Beförderung oder einer Bestattung, vor Antritt einer Reise, um den erfolgreichen Verlauf eines neuen Projektes zu garantieren oder um Schaden von einem Haushalt abzuwenden. Diese Puja, erläutert er mir, werde abgehalten, um negatives Karma, Hemmnisse oder schädliche Gedanken vom vergangenen Jahr zu vertreiben, die den erfolgreichen Verlauf dieses Schuljahres behindern könnten.

Nach der Morgenversammlung werden wir in ein ausgeräumtes Klassenzimmer hinaufgerufen. Rotgewandete Mönche haben sich in Reihen darin niedergelassen und rezitieren Gebete. Die bhutanischen Lehrer werfen sich vor einem Altar nieder, der mit Opfergaben – Nahrungsmitteln, Wasser, Butterlampen und Weihrauch – beladen ist. Die indischen Lehrer machen teils tiefe, teils verkrampfte Verbeugungen. Mrs. Joy nickt lediglich mit dem Kopf. Der Schulleiter sagt mir, ich könne tun, was immer mir beliebe. Ich werfe mich vor den Altar nieder, weil er heilig und wunderschön ist, und dann lausche ich den Gebeten und der Musik, derselben Art Hörner, Glocken und Trommeln, die ich in Tsebar vernommen habe. Als wir wieder draußen sind, wird uns *Suja*, gesalzener Buttertee, mit Reischips serviert. Auf einmal kneift mir jemand so heftig in den Arm, daß ich fast meine Trinkschale fallen lasse. Es ist Mrs. Joy. »Warum haben Sie sich da oben niedergeworfen?« zischt sie mich an. »Das ist Götzenverehrung.«

Ich versuche ihr zu erklären, daß ein Altar ein Altar sei und ein Gott ein Gott. »Ich sehe da keine großen Unterschiede«, erkläre ich ihr.

Sie schüttelt unwirsch den Kopf. »Sie haben das erste Gebot verletzt!«

Ich kann mich nicht an den Wortlaut des ersten Gebotes erinnern. Als ich ihr gerade sagen will, sie solle sich gefälligst um ihren eigenen Kram kümmern, fällt mir Mr. Joy ein, wie er lüstern grinsend in einer Wolke aus Zigarettenqualm an der Verandabrüstung lehnt, und ich halte den Mund. Mögen alle empfindenden Wesen zufrieden sein und Grund zur Zufriedenheit haben, denke ich matt. Das ist das einzige buddhistische Gebet, das ich bis jetzt kenne.

In der Mittagspause schicke ich eine kurze, hastig auf einen Zettel gekritzelte Nachricht an Lorna ab: Meine Kinder halten mich für eine Vollidiotin, einer der Lehrer redet mich mit »Eure Ladyschaft« an, ich habe dreiundfünfzig Flohbisse und eine Tafel, die nichts taugt. Wie geht es dir?

Eine Woche später schreibt Lorna zurück: Ha! Ich habe fünfzig Flohbisse allein an einem Bein! Deine Kinder haben recht. Was *ist* eine Tafel?

Königlicher Besuch

Mr. Iyya kommt während der Morgensprechstunde ins Lehrerzimmer gestürzt. »Haben Sie die frohe Botschaft schon gehört?« fragt er, sich freudig die Hände reibend. Im ersten Augenblick denke ich, Mrs. Joy habe ihn zum Christentum bekehrt, aber nein, die frohe Botschaft ist, daß der König nach Pemagatsel kommt! Noch heute werde er hier eintreffen!

»Wirklich?« frage ich, während ich Yeshey Dorjis entzündetes Kinn mit Enzian-Veilchen-Puder betupfe. »Kommt er auch in die Schule? Werden wir ihn zu sehen bekommen?«

Mr. Iyya versichert mir, daß er ihn sehen werde, und wir auch. Er sei dem König schon früher begegnet, sagt er. Der König kenne Mr. Iyya sehr gut, ja, sehr gut. Mit einem entsetzten Blick hält er auf einmal inne. »Was ist, Mr. Iyya?« frage ich. Er sagt, er müsse anläßlich des Besuches Seiner Majestät in unserem bescheidenen Tal ein Gedicht verfassen. »Ein episches Gedicht!« ruft er aus. »Im Stile Homers!«

Dann sollte er aber schleunigst damit beginnnen, denke ich, wenn er es bis heute nachmittag fertig haben will.

Der Direktor kommt herein. Ja, sagt er, der König sei auf einer Rundreise und werde nach Pemagatsel kommen; keiner wisse genau, wann, aber der Unterricht falle heute aus, damit man sich darauf vorbereiten könne.

Aus dem Geschichtsbuch für Klasse 8, das ich mir während meines Büchereidienstes zu Gemüte geführt habe, weiß ich, daß König Jigme Singye Wangchuk im Jahre 1972 nach dem Tod seines Vaters den Thron bestieg. Er war damals siebzehn Jahre alt und damit der jüngste regierende Monarch auf der Welt. Er reist häufig durch das Land, um seine Regierungspolitik darzulegen und Entwicklungspläne durchzusprechen und ist offenbar ein sehr beliebter Herrscher.

Es ist äußerst schwierig, die Geschichte Bhutans bis zur Einführung der Monarchie nachzuvollziehen. Vor dem siebzehnten Jahrhundert gab es in Bhutan keine Zentralregierung. Jedes Tal wurde von seinem eigenen Fürsten oder Stammesführer regiert. Als Ngawang Namgyal, ein tibetischer Abt, im Jahre 1616 in seinem Kloster in ernsthafte Glaubensstreitigkeiten verwickelt wurde, erschien ihm im Traum die Schutzgottheit Bhutans in der Gestalt eines nach Süden fliegenden Raben. Der Abt floh aus Tibet und überquerte die hohen Himalajapässe nach Nordwestbhutan. Dort entwickelte er sich binnen kurzem zu einem einzigartigen Führer. Nachdem er mehrere Invasionen tibetischer Heere zurückgeschlagen und Bhutans Täler unter eine Zentralverwaltung gebracht hatte, wurde Ngawang Namgyal der höchste Herrscher des Landes und erhielt den Ehrentitel *Shabdrung*, was soviel heißt wie »derjenige, dem man sich zu Füßen wirft«. Sein Vermächtnis ist heute überall in Bhutan sichtbar, angefangen von dem Rechtssystem, das er einführte, bis zu den vielen Dzongs, den Klosterburgen, die er als Sitze der weltlichen und geistlichen Macht erbauen ließ.

Vor seinem Tod ersann der Shabdrung ein duales Regierungssystem für weltliche und religiöse Angelegenheiten. Die Mönchsgemeinschaft des Landes wurde von einem gewählten Oberhaupt, dem *Je Khempo*, geleitet, während ein weltlicher Führer, der sogenannte *Desi*, zusammen mit Distriktgouverneuren, den *Penlops*, für administrative und politische Angelegenheiten zuständig war. Die Reinkarnationen des Shabdrung galten als das jeweilige Oberhaupt beider Systeme.

Im Laufe der Jahre kam es jedoch zu einer Lockerung dieser zentralen Bindungen. Die Penlops dehnten ihre Macht immer weiter aus und ernannten und entließen Desi und Je Khempos, wie es ihnen paßte. Politische Rivalitäten führten im Land zu einer großen Instabilität. Das Geschichtsbuch berichtet von einer ganzen Reihe von Konflikten, angefangen von Hofintrigen (bei einem der interessantesten Fälle wurde einem politischen Gegner ein mit Pocken infizierter Seiden-Kho zum Geschenk gemacht), Klosterbränden und Entführungen (vor allem von Ehefrauen) über etliche Attentate bis zu regelrechten Bürgerkriegen. Ende des neunzehnten Jahrhunderts ging Ugyen Wangchuk, der Penlop von Tongsa, aus all diesen Machtkämpfen als eine einflußreiche Figur hervor und brachte die Penlops unter seine Kontrolle. Im Jahre 1907 kamen Penlops, Lamas und Volksvertreter in Punakha zusammen, wo sie für die Errichtung einer erblichen Monarchie stimmten und Ugyen Wangchuk zum »Druk Gyalpo«, dem Hochverehrten König des Drachenvolkes, wählten.

Zu meiner Verwunderung tauchen die Reinkarnationen des Shabdrung kurz nach diesem Ereignis ohne jegliche Erklärung nicht mehr in dem Text auf. Als ich Mr. Dorji, den Geschichtslehrer, vor einigen Wochen dazu befragte, blickte er einen Moment lang peinlich berührt drein und sagte dann, daß die derzeitige Wiedergeburt des Shabdrung in Indien lebe. »Ist er dort geboren worden?« fragte ich. Mr. Dorji schüttelte den Kopf. »Er ist hier geboren worden, aber jetzt ... lebt er dort.« Es war offensichtlich, daß ich nicht mehr aus ihm herausbekommen würde.

Wegen des königlichen Besuchs wird ein enormer Aufwand an Vorbereitungen betrieben. Ich werde gebeten, Mr. Sharma bei der Beaufsichtigung der Hofsäuberung zu assistieren. Während die Kinder auf dem Schulhof zusammenströmen und Papierschnipsel, Zweige, Blätter und Stoffetzen aufsammeln, schreitet Mr. Sharma mit einem Stöckchen auf und ab und stößt zusammenhanglose Rufe aus. Auf einmal kommt er auf mich zugeschossen. »Nein. *Nein!*« brüllt er und bedeutet mir, den Abfall fallen zu lassen, den ich gerade aufgelesen habe. »Das machen die Kinder!«

»Ich helfe ihnen ein bißchen«, erkläre ich ihm. »Dann geht's schneller.«

Das behagt Mr. Sharma gar nicht. »Das gibt ein schlechtes Beispiel«, sagt er.

»Tatsächlich? Meiner Meinung nach zeigt es die Würde der Arbeit.«

Das beleidigt Mr. Sharmas Ohr, der, so sagt er, ein Brahmane und folglich für solche Aufgaben nicht zuständig sei.

Nebenan wird der mit Unkraut überwucherte Blumengarten vor der Schule gejätet und mit Steinen eingefaßt, die wiederum weiß getüncht werden. Ein paar Lehrer stellen mit Schüleraufsätzen und -zeichnungen eine Wandzeitung zusammen. Klassenzimmer und Schlafräume werden ausgefegt, Zweige von Bäumen gehackt, Treppen mit Wasser übergossen. Unser vortrefflicher Dichter ist nirgends zu sehen.

Eine Gruppe ausgewählter Lehrer und Schüler aus den anderen Dörfern des Distrikts findet sich ein, um dem königlichen Besuch beizuwohnen. Auch Jane ist darunter, und wir gehen in die Teestube zum Momo-Essen, bleiben den ganzen Abend dort sitzen und unterhalten uns gemütlich bei Kerzenlicht. Jane erklärt mir das Protokoll: Das ganze Dorf wird sich am Straßenrand aufstellen, und wenn der königliche Konvoi vorüberfährt, werden sich alle verneigen. Da die Bhutaner den König nicht direkt ansehen dürfen, werden sie den Blick ehrerbietig nach unten richten. »Dürfen wir ihn anschauen?« frage ich. Ich habe Bilder von ihm gesehen: In jedem Laden und in jedem Haus hängt eins, mit einer weißen Schärpe drapiert. Er sieht gut aus. Wir könnten ruhig ein paar verstohlene Blicke riskieren, meint Jane.

Wir bestellen beide ein »Gläschen« bhutanischen Whiskey mit Orangensaftkonzentrat, einem ekelhaft süßen Sirup, und die Kombination erweist sich als so schauderhaft, daß wir sie mit Wasser aus dem Plastikkrug auf dem Tisch verdünnen müssen. »Hoffen wir, daß der Whiskey alles abtötet, was da im Wasser rumfleucht«, sagt Jane. Entgeistert starre ich meine Trinkschale an: Ausnahmsweise hatte ich einmal nicht an Bakterien gedacht.

Mehrere Schalen später vernehmen wir im benachbarten Tal ein Donnergrollen. Jane erklärt mir, daß Bhutan, das Land des Donnerdrachens, nach der hier verbreiteten Drukpa-Kagyupa-Schule des Buddhismus benannt worden sei. Als die religiöse Schule im zwölften Jahrhundert begründet wurde, hörte der Mönch, der sie einweihte, einen Donner, den er als Stimme eines Drachens deutete, und nannte seine Schule »Druk«, – Drachen. Wir lauschen, wie der Drache sich nähert. Er erklimmt einen Gebirgszug im Süden, und je näher er kommt, desto durchdringender wird der Donner. Plötzlich ist der Sturm über uns, die Wolken brechen auf, und es fängt an zu schütten. Keine von uns beiden hat einen Regenschirm oder eine Taschenlampe dabei. »Warten wir, bis es vorüber ist«, schlage ich vor. »Gewitter gehen hier immer schnell vorbei.« Wir warten und warten und warten, aber der Drache rührt sich nicht vom Fleck; Donner kracht über unseren Köpfen, Regen trommelt auf das Blechdach. Karma, die Frau hinter dem Tresen, nickt ein. Wir beschließen, nach Hause zu gehen. Draußen sind wir im Nu durchnäßt. Jane sagt, sie warte nur darauf, einen falschen Schritt zu machen und den Berg hinunter nach Gipshausen zu schlittern. Ich sage, ich warte nur darauf, daß wir beide von einem Blitz erschlagen werden. Wir rutschen im Matsch aus und klammern uns, hysterisch lachend, aneinander fest. Jane sagt, sie sei gespannt, wie ich im Dustern das kanadische Kombischloß öffnen will. Irgendwie schaffe ich es, und wir stürzen zitternd, hicksend und noch immer lachend in die Wohnung hinein und trinken heißen, labbrigen Tee. Als ich ins Bett krieche, fühlt sich meine Haut kühl und sauber an, und während ich lausche, wie das Gewitter ins nächste Tal abzieht, schlafe ich ein.

Als ich erwache, ist mir übel und mein Bauch aufgedunsen. Ein Kater denke ich, doch als ich mich aufsetze, muß ich aufstoßen und habe den Geschmack von faulen Eiern im Mund.

»Jane, ist dir schlecht?« rufe ich.

»Was meinst du damit – ob ich einen Kater habe?« ruft sie zurück.

»Nein ...«

Sie öffnet die Schlafzimmertür. »Du siehst furchtbar aus. Schmeckt es wie vergammelte Eier?«

»Ja.«

»Dann ist es Giardia. Fühlst du dich gut genug, um aufstehen zu können?«

Tue ich nicht, aber den Besuch des Königs werde ich mir auf keinen Fall entgehen lassen.

Ich ziehe mir eine Kira an, die ich letzte Woche einer Frau an der Haustür abgekauft habe, leuchtend bunt gemusterte, in Wolle gearbeitete Streifen auf Baumwollgrund. Jane erinnert mich daran, meinen *Raichu* mitzunehmen, den schmalen, rotgestreiften Zeremonienschal, den alle Frauen bei offiziellen Anlässen über die linke Schulter legen. Die Männer schlingen sich ein *Kabney*, einen breiten Schal aus cremefarbener Rohseide, diagonal um den Körper. Die Schüler haben sich auf dem Schulhof versammelt, in sauberen Khos und Kiras, mit glänzenden Gesichtern und die Haare mit Wasser zurückgestrichen. Die Mädchen der achten Klasse kommen zu uns her, um unsere Kiras zurechtzuzupfen und unsere Raichus richtig zu falten. Sie zeigen uns, wie man sich verbeugen muß, wenn der König vorbeikommt. Je höher der Rang, erklären sie, desto tiefer die Verbeugung. Vor einem Dzongda verneigt man sich so tief, daß die Fransen der Schals die Knie berühren. »Bei Seiner Majestät müssen die Fransen den Boden berühren«, sagen sie. Das sei äußerst wichtig. Das werde *Driglam namzha* genannt. Sie machen eine anmutige Verbeugung. Jane und ich brauchen mehr Übung. Ich kann nur hoffen, daß ich vor dem König nicht aufs Gesicht falle.

Eine Stunde später stehen wir noch immer draußen herum. Die Vorbereitungen sind immer noch im Gange, und der Direktor inspiziert mit grimmigem Gesicht das Schulgelände. Dann trifft der Dzongda ein, und alles rennt noch hektischer hin und her. Er fragt den Direktor, wo denn das Tor sei. Der Direktor erklärt, daß ihm aufgetragen worden sei, kein Tor zu bauen. Der Dzongda sagt, natürlich müßten sie ein Tor bauen! Auf der Stelle! Jungs aus Klasse 8! Husch, husch! Von irgendwoher werden

Bambusstäbe herbeigeholt und zusammengebunden, und langsam nimmt der Rahmen eines Tores am Eingang zur Schule Gestalt an. Die Schüler schleppen Kiefernzweige heran, um den Rahmen damit zu behängen. Die restlichen Schüler haben sich in einer Reihe aufgestellt und üben *Driglam namzha*. Als ich Jane frage, was dieser Ausdruck genau bedeute, meint sie, daß er wohl nicht wörtlich übersetzt werden kann. »Manche sagen, es heißt Etikette, andere sagen, Regeln und Vorschriften oder Disziplin oder Gesetz. Soweit ich es verstehe, sind damit bestimmte Umgangsformen und gesellschaftliche Spielregeln gemeint. Wie man Höhergestellten Tee serviert, wie man in Anwesenheit von Mitgliedern des Königshauses sitzt oder steht, das Tragen der Nationaltracht und solche Sachen.« Ich bin jetzt schon erschöpft, lasse mich auf die Schultreppe niedersinken und lausche dem Gerumpel und Gewoge meiner Eingeweide; ich lege den Kopf auf die Knie und versinke in einen leichten, unruhigen Schlaf.

Als ich die Augen wieder öffne, schreien die Lehrer den Schülern widersprüchliche Befehle zu, und die Schüler laufen konfus hin und her und rennen sich bei dem Versuch, jeden neuen Befehl zu befolgen, ständig fast gegenseitig über den Haufen. Stellt euch alle in einer Reihe auf dem Schulhof auf! Begebt euch alle in eure Schlafsäle! Versammelt euch alle im Speisesaal! Ihr da, Mädchen von Klasse 8, geht Wasser holen, um diese Treppe zu putzen! Mädchen von Klasse 8, bleibt da stehen! Mädchen von Klasse 8, warum steht ihr untätig hier rum? Stellt euch vorne an die Straße! Wo wollt ihr hin? Wer hat euch gesagt, ihr sollt zur Straße gehen? Lauft schon mal vor zur Straße, wir gehen alle zur Gipsmine hinunter!

Der letzte Befehl wird vom Dzongda bestätigt. Ja, wir werden zur Gipsmine hinuntergehen. Wir werden alle hinunterlaufen, alle zusammen, jetzt sofort! Ich suche die Lehrertoilette im Schulgebäude auf, und schaue mir beim Hinausgehen die Wandzeitung an. Ganz besonders gefällt mir das Gedicht eines Achtkläßlers über die vergängliche Schönheit des Lebens:

Wie prachtvoll auch all diese Landschaften und Wunder,
Nichts bleibt bestehen,
So sehr wir unsere Freude auch zügeln mögen.

An einem von den anderen Schautafeln abgesetzten Brett hängt das epische Gedicht von Mr. Iyya. Es beginnt damit, wie die Sonne zum Zenit ihre Ruhmes aufsteigt und weiter durch Täler und Senken des Friedens und der Freude zieht, in denen gar manch munteres Bächlein sprudelt und gar manch übermütiges Schäflein tollt, bis sie dieses unser bescheidenes Tal erreicht, wo »des Königs güldenes Antlitz strahlte wie die purpurne Sonne dort droben über jenen östlichen Höhen! Oh! Brautgemach der Glückseligkeit.« Ich kichere noch immer matt vor mich hin, als Jane, die mich gesucht hat, kommt und wir zur Gipsmine aufbrechen und dabei über die Bedeutung des Brautgemachs der Glückseligkeit diskutieren. Jane sagt, Mr. Iyya spiele damit auf des Königs Heirat von vier Schwestern im letzten Jahr an. Ich sage, Mr. Iyya sei geisteskrank, weshalb wir besser keinen Zusammenhang zwischen dem Gedicht und der Außenwelt suchen sollten.

In dem Weiler bei der Gipsmine bekommen wir »Gold-Spot-Brause« zu trinken. »Keine natürlichen Inhaltsstoffe!« verkündet das Etikett auf der Flasche stolz. Die Kohlensäure beruhigt meinen Magen. Dann hält auf einmal ein Lastwagen neben uns an, und wir werden aufgefordert aufzusteigen. Wir seien wieder nach Pemagatsel zurückbeordert worden. »Was soll denn das«, murmle ich Jane zu.

Sie lacht. »Was weiß ich! Komm, laß uns die Mitfahrgelegenheit den Berg hinauf nicht verpassen.«

Vor der Schule wird gerade das Tor wieder abmontiert. Ich frage gar nicht erst, warum. Irgend jemand schreit einen Befehl, und alles stellt sich hastig in Reihen auf. Auf der Straße oberhalb der Stadt ist ein silbriges Glitzern zu sehen – ein Fahrzeug! Nein, es ist nichts. Eine halbe Stunde später fangen die Reihen an, sich zu lichten, und alles läuft wieder kreuz und quer auf dem Schulhof herum. Um 16.30 Uhr werden wir wieder zusammengetrommelt. Ein Fahrzeug, ein Pilot-Jeep, kommt die

Straße herauf. Nervös stehe ich neben Jane, fummle an meinem Raichu und zerre an meiner Kira herum. Das Pilotfahrzeug kommt näher. Dahinter sind weitere Autos zu sehen, fast lauter dunkelblaue Landcruiser. Vom Dzong dringt Hörnerschall und Getrommel herüber, und mir klopft das Herz bis zum Hals. Das Pilotfahrzeug fährt vorüber, und wie alle anderen blicke ich auf einmal zu Boden und verneige mich tief. Als ich mich wieder aufrichte, sehe ich das letzte Fahrzeug der Kolonne gerade die Straße nach Gipshausen hinunter verschwinden. Und dann, nach einem ganzen Tag voller Vorbereitungen, dem Aufbau und Abbau von Toren und dem Einüben der Begegnung mit dem König, werden wir heimgeschickt.

Tags darauf sitzen wir in einem großen Zelt aus schwerem weißen Segeltuch mit aufgemalten blauen Lotosblumen auf dem Dach, Jane und ich in der zweiten Reihe. Die Luft ist heiß und stickig, aber nachdem wir erneut den ganzen Vormittag mit Antreten, Abtreten, Umherlaufen und Herumstehen zugebracht haben, bin ich froh, sitzen zu können. Ein Mann in Militärkluft betritt das Zelt und gibt uns ein Zeichen, daß wir alle aufstehen sollen. Der König geht zum vorderen Teil des Zelts, Regierungsbeamte und Leibwächter folgen ihm. Er ist größer als die meisten Bhutaner und sieht genauso gut aus wie auf den Fotos, mit markanten Wangenknochen und einem herzförmigen Mund; er trägt einen karierten Kho und traditionelle Filzstiefel. Ich sehe mich verstohlen um: Alle Köpfe sind gesenkt. Der König nimmt vor einem niedrigen, mit Schnitzereien verzierten Tisch Platz. Wir setzen uns, und er beginnt in Dzongkha zu reden, mit ernster, nüchterner Stimme.

Mein Magen ist noch immer in Aufruhr, und ich presse meine Hände darauf. Bitte, Gott, mach, daß ich nicht mitten in seiner Rede aufstehen muß. Ich sehe Jane von der Seite an und merke, daß sie nach vorne blickt, also sehe ich auch nach vorn. Wir werden dabei ertappt, wie wir den König regelrecht anstarren, und schlagen rasch die Augen nieder. Eine große Woge der Müdigkeit befällt mich. Als ich erwache, merke ich, daß ich das Dach anblicke. Mein Kopf liegt im Nacken und mein Mund steht offen. Wie lange habe ich geschlafen? Ich bin erschüttert.

Mehrere Schüler stehen nacheinander auf, um sorgfältig einstudierte Fragen zu stellen. Der König beantwortet sie, und dann ist die Zusammenkunft vorbei. »Jane«, flüstere ich. »Ich bin eingeschlafen!«

»Ich weiß«, sagt sie.

»Habe ich geschnarcht?« frage ich.

»Na ja, nicht direkt«, sagt sie. Was, zum Teufel, soll das heißen? Entweder habe ich vor dem König von Bhutan geschnarcht oder ich habe es nicht getan! Es bleibt keine Zeit, das zu klären. Wir bekommen *Suja*, Buttertee, und *Desi*, safrangelben Reis mit Rosinen und Cashewnußstücken, serviert, und dann werden die Lehrer nach draußen gerufen.

Der König bedankt sich auf englisch bei uns für unsere Arbeit, versichert uns, daß sie von größter Wichtigkeit sei, weil die Zukunft des Landes von der Ausbildung der Kinder abhänge. Die bhutanischen Lehrer blicken ehrerbietig drein, sind vor Ehrfurcht fast erstarrt. Bei den hektischen Vorbereitungen der vergangenen zwei Tage war mir dauernd nach Lachen zumute, aber jetzt wird mir bewußt, daß dies für die Bhutaner überhaupt nicht zum Lachen ist. Dies ist ihr *König*. Ich kann ja noch nicht einmal nachvollziehen, was das bedeutet. Die Monarchie wurde hier zwar erst vor weniger als einem Jahrhundert eingeführt, aber die Tradition des Gehorsams, des Hierarchiedenkens und der Staatsloyalität ist viel älter (man denke beispielsweise an den Ehrentitel Shabdrung – »derjenige, dem man sich zu Füßen wirft«). Eine jahrhundertlange Geschichte hat die Ehrfurcht tief in die Gesichter meiner bhutanischen Kollegen eingegraben. Ich, die ich in einer Kultur aufgewachsen bin, in der einem Autorität immer suspekt ist, bin hier, wo sie immer noch heilig ist, eine Fremde.

Als sich der König bereits zum Gehen wendet, bleibt er vor Jane und mir stehen und schüttelt uns die Hand. Er fragt mit freundlicher Stimme, ob alles in Ordnung sei und ob es uns in Bhutan gefalle. Wir bejahen. Dann ist er fort. Wir sehen dem Autokonvoi nach, wie er sich die Straße hinauf- und aus dem Tal von Pemagatsel hinauswindet. Auf dem Nummernschild des Königs steht »BHUTAN«.

Als ich die Schule wieder betrete, sehe ich, wie der Direktor und die Dzongkha-Lopen bestürzt die Köpfe schütteln. Der Direktor erklärt, warum: »Seine Majestät fragte mich, ob Mr. Iyya Dzongkha verstehe, und ich verneinte. Mir war nicht klar, wieso er mich das fragte. Und nun berichtet mir der Lopen hier, daß Iyya Seine Majestät während der ganzen Rede angesehen hat! Daß er während der ganzen Rede gelächelt und genickt hat, als ob er sie verstanden hätte!«

Ich bewahre Stillschweigen über meinen eigenen schweren Verstoß gegen das Protokoll. »Hat Seine Majestät Zeit gefunden, Mr. Iyyas Gedicht zu lesen?« frage ich.

Der Direktor schlägt sich mit der flachen Hand an die Stirn. »Hoffentlich nicht«, stöhnt er, und wir brechen beide in Lachen aus.

Eintritt

Gleich neben dem Büro des Direktors befindet sich ein kleines Kabuff, in dem der vorsintflutliche handbetriebene Umdrucker steht. Ihn zu benutzen, ist fast genauso arbeitsintensiv, wie alles von Hand zu vervielfältigen: Die Kopierflüssigkeit läuft aus, das Papier verheddert sich in der Maschine und kommt nicht wieder heraus, die Kurbel klemmt nach jeder dritten Kopie. Heute morgen versuchte ich ihn selbst zu bedienen, und nun ist Dorji Wangdi dabei, aus dem Rachen der Maschine Fetzen feuchten, tintenbekleckten Papiers herauszuzerren. Ich stehe untätig im Büro des Direktors herum, das mit einem Pult, einer schweren alten, ölverschmierten Schreibmaschine, grauen Metallaktenschränken und einem Globus ausgestattet ist. Ich tippe mit einem Finger auf Bhutan, mit einem anderen auf den Lake Superior und staune, wie weit entfernt ich von zu Hause bin, einmal halb um den Erdball. Weiter hätte ich gar nicht wegfahren können. Wenn ich noch weiter wegführe, befände ich mich genaugenommen schon wieder auf dem Rückweg.

Dorji kommt aus dem Kopierraum heraus, die Hände mit schwarzer Farbe verschmiert. »Sorry, Sir«, sagt er zu mir. »Heute nix.«

»Tja«, sage ich achselzuckend. »Was soll man machen?«

Ich hätte es nicht allein versuchen sollen, aber nachdem ich gestern mein undichtes Dach repariert hatte, kam ich mir heute handwerklich besonders versiert vor. Ich war zwischen die Dachsparren geklettert und und hatte auf jeden Wasserfleck auf den Holzbalken eine leere Kaffeedose gestellt. Als es heute am frühen Morgen zu regnen anfing, setzte ich mich im Bett auf und lauschte stolz und befriedigt dem Klang auf Blech tropfenden Wassers. Und vorgestern hatte ich mir von einem Haufen Baumaterialien hinter der Schule ein paar Bretter und Ziegelsteine geholt und im Badezimmer eine niedrige Plattform errichtet. Ich brachte es zwar nicht fertig, den verstopften Abfluß freizubekommen, aber so brauche ich beim Waschen wenigstens nicht mehr im Dreckwasser zu stehen.

Nach der Schule gehe ich zum Markt, um mir bei Tshering, der Besitzerin des letzten Ladens am Ende der Straße, meine tägliche Halbliterflasche Milch und einen kleinen runden Käse zu holen. Die Kuh, eine stumme, schwarzweiße Masse, ist direkt vor dem Laden an einem Pfosten festgebunden. Heute gebe ich ihr einen zaghaften Klaps. Meine Kinder finden es äußerst lustig, daß ich Angst vor Kühen haben. »Miss, du in deinem Dorf keine Kühe haben?« fragen sie, wenn sie sehen, wie ich beklommen versuche, eine Kuh auf der Straße zu verscheuchen. »Nein, ich in meinem Dorf keine Kühe haben«, sage ich unwirsch. »Husch! Husch, Kuh, husch!« Sie kommen mir zu Hilfe, indem sie der Kuh mit einem Stock auf die Flanke schlagen und »scht!« zischen.

In dem Laden riecht es heimelig nach Gras und Dung und frischer Milch. Tshering hebt den Bambusdeckel von dem Metallkübel und füllt mit einer handgeschnitzten Schöpfkelle meine Flasche. Heute muß ich ihr beichten, daß ich nicht bezahlen kann. Wieder einmal ist mein Gehalt nicht gekommen. Die anderen Lehrer stellen sich am letzten Tag des Monats vor dem Büro des Direktors auf, um sich ihr Gehalt in bar auszahlen zu lassen, aber nun sagt mir der Schulleiter schon zum zweitenmal, daß mein Name nicht auf der Auszahlungsliste steht. Das Erziehungsministerium hat meinen Anstellungsvertrag noch immer nicht erhalten, und der Direktor hat kein Geld für mich. Er habe eine Nachricht nach Thimphu geschickt, sagt er, aber ich werde mich noch eine Weile gedulden müssen. Ich habe meinen letzten *Ngultrum* ausgegeben und bin gestern zur Bank von Bhutan (Zweigstelle Pemagatsel) gegangen, um einen Reisescheck einzulösen. Nur ein einziger Angestellter saß in dem kahlen Raum, und er nahm meinen Scheck in die Hand, musterte eine lange Weile Vorder- und Rückseite, schüttelte dann ernst den Kopf und gab ihn mir zurück. Ich bin Geld für Milch und Käse schuldig, und außerdem brauche ich Reis, Kaffee, Chilischoten, Seife, Kerosin, alles.

»*Ama* Tshering«, sage ich. »*Tiru mala.*« Kein Geld.

Die Frau zuckt die Achseln. »*Dikpé, dikpé*«, sagt sie. »*Omé bilé.*« Kannst du später bezahlen. Anschließend gehe ich zu Sangay Chhodens Laden und erzähle dort ihrer Mutter die gleiche Geschichte. Sie nickt verständnisvoll und gibt mir Tee und dieselbe Antwort. Den Betrag, den ich ihr schulde, schreibt sie sich nicht einmal auf. Teils erleichtert, teils noch immer bedrückt, gehe ich heim. Selbst wenn die Tatsache, daß ich kein Geld habe, hier niemanden sonderlich zu überraschen oder zu beunruhigen scheint, ist es mir äußerst peinlich, meine Sachen auf Pump kaufen zu müssen. Ich weiß, daß meine Schüler mich für furchtbar reich halten. Miss, wie viele Autos deine Mutter haben? Wieviel Geld dein Vater verdienen? *Zai! Yallama!* Miss, du sehr reich sein. Ich versuche zu erklären: In Kanada ist man damit nicht reich. In Kanada ist meine Familie eine Durchschnittsfamilie, genau wie eure Familie. Aber das ist eine schamlose Lüge. Im Vergleich zu ihnen bin ich schrecklich reich.

Ich bin auch schrecklich verschwenderisch. Letztes Wochenende kamen die Kinder mich besuchen, als ich gerade beim Saubermachen war. Gebannt sahen sie zu, wie ich meinen Müll in eine Kiste stopfte, bis Karma Dorji schließlich ausrief: »Miss! Du wegwerfen?« Ja, sagte ich, auf die leeren Bierflaschen und das Schmierpapier blickend. »Miss, wir tun mitnehmen, okay?«

fragte er. Natürlich könnten sie es mitnehmen, sagte ich und dachte dabei an das Zimmer nebenan, in dem die letzten Kanadier einen Riesenberg Gerümpel zurückgelassen hatten. Es war mir noch immer ein Rätsel, wie ich all die Flaschen, Plastikbehälter und Blechdosen darin entsorgen sollte. Allein um herauszufinden, wie ich meinen eigenen Müll loswerden könnte, hatte ich mehrere Wochen gebraucht. Eines Morgens war mir nämlich zu meinem Schreck bewußt geworden, daß hier kein Müllauto vorbeikommen würde, um meinen Abfall wegzuschaffen. Ich mußte meinen überquellenden Eimer ausräumen und nach Dingen sortieren, die man verbrennen, kompostieren oder gar nicht wegwerfen konnte. Je komplexer und höher entwickelt eine Gesellschaft wird, denke ich, um so weniger Verantwortung muß jeder einzelne für sein Tun übernehmen. Solange ich in Toronto meinen Müll zweimal wöchentlich morgens an den Straßenrand stellen konnte, kümmerte es mich nicht, was damit geschah. Hier hingegen müssen wir den Folgen unseres Konsums ins Auge sehen.

»Das meiste davon ist Abfall«, erklärte ich den Kindern, als ich sie in den Raum hinter der Küche führte. Kurz darauf wurde ich jedoch eines besseren belehrt. Die Flaschen könne man mit Stoffstöpseln verschließen, die leeren Dosen als Meßbecher und Blumentöpfe verwenden, die Schnur- und Drahtstücke, das Papier, die Pappschachteln, die Plastikfolie – alles sei brauchbar, wertvoll. Ich schämte mich, als ich zusah, wie sie aufgeregt die Kartons aufrissen, freudestrahlend einen Plastikkrug mit zerbrochenem Griff schwenkten, einen verbeulten Fußball, eine leere Shampooflasche. Sie stritten sich um ein französisch-englisches Brettspiel, von dem sämtliche Karten und Spielfiguren fehlten. »Miss, du das wegwerfen?« fragten sie ungläubig. Ich nickte. Was wollten sie damit anfangen? Mit dem verbeulten Fußball? Als sie schließlich gingen und mir dabei etliche Male »Miss, ich bin sehr froh mit dir« sagten, sahen sie so selig aus, daß ich hätte heulen können.

Jetzt wird mir bewußt, daß man in Sharchhop für »weggeworfen« und »verloren« das gleiche Wort gebraucht und zwischen »benötigen« und »wünschen« nicht unterschieden wird.

Wenn etwas weggeworfen wird, ist es für jeden weiteren Gebrauch verloren, wenn man sich hier etwas wünscht, dann benötigt man es vermutlich auch. Während ich mein Sharchhopbuch studiere, frage ich mich, wer von uns wohl reicher ist und wer ärmer. Das Englische hat so viele Wörter, die in Sharchhop nicht existieren, und es sind vorwiegend Hauptwörter, vorwiegend Dinge: Maschine, Flugzeug, Armbanduhr. Sharchhop dagegen läßt eine Kultur materieller Sparsamkeit erkennen, während die Bezeichnungen für verwandtschaftliche und zwischenmenschliche Beziehungen sehr vielfältig sind. Die Menschen können es sich nicht erlauben, eine Unterscheidung zwischen benötigen und wünschen zu machen, aber sie haben unterschiedliche Ausdrücke für den älteren Bruder, die jüngere Schwester, die Söhne des Bruders väterlicherseits und die Töchter der Schwester mütterlicherseits. Und es gibt zweierlei Kategorien von Wörtern, eine für den Alltagsgebrauch und eine für offizielle Anlässe, um Respekt auszudrücken. Es gibt drei verschiedene Wörter für das Geschenk: ein Geschenk an eine höhergestellte Person, ein Geschenk an eine tieferstehende und ein Geschenk an eine gleichrangige Person.

Im Dorf werden nur wenige amtliche Aufzeichnungen gemacht, aber jeder weiß, wer mit wem verwandt ist, warum jene aus dem Dorf wegzogen, welche unheilverheißenden Zeichen sichtbar waren, als sie sich auf den Weg machten, welche Krankheiten und Mißgeschicke sie danach befielen, welche Opfergaben dargebracht wurden, welche Tröstungen sie zur Folge hatten. Hier ist die Welt noch klein genug, um ohne Nachnamen, Akten, Geburts- und Todesurkunden auskommen zu können. Und obwohl die Welt so klein ist, erscheint sie mir weiter, größer, älter und komplexer als meine Welt in Kanada, wo es von jedem Leben und Tod eine amtliche Version gibt und die Geschichte in Kapitel eingeteilt, zusammengepreßt und zurechtgestutzt wird, die wir dann ein-, zweimal lesen, um sie dann zu vergessen. Sie ist schriftlich festgehalten; man braucht sie sich nicht einzuprägen. Man braucht sich nichts einzuprägen, und folglich vergessen wir es. Hier hingegen wird die Geschichte mündlich überliefert, damit man sie sich einprägen kann; man prägt sie sich ein, weil sie erzählt wird. Das Sharchhop-Wort für »Geschichte« heißt, wörtlich übersetzt, »die alten Geschichten erzählen.«

Als ich wieder zu Hause bin, hole ich meine zwei Eimer Regenwasser herein, die ich unter die Dachtraufe gestellt hatte. Aus den Leitungen kommt seit zwei Tagen kein Wasser, aber es hat reichlich geregnet. Ich komme mittlerweile zurecht. Am Abend höre ich überraschend Motorengeräusche vor meinem Fenster. Ein weißer Hilux hat dicht vor dem Haus geparkt, und jemand lädt Kartons, Kästen und Dosen aus und stellt sie auf den matschigen Boden. Mein australischer Nachbar, denke ich und habe recht: Etwas später klopft er an meine Tür, ein Mann mit angegrautem Wuschelhaar und einem breiten Grinsen. Er stellt sich als Trevor vor und überreicht mir diverse Dinge. Er hat mir meine Dose und eine Nachricht von Sasha mitgebracht, außerdem Brot aus Thimphu, Schweizer Käse aus Bumthang, Pfirsiche und Pflaumen aus Tashigang und Briefe von zu Hause, die im Außenbüro gelandet sind. Ich will ihm helfen, sein Gepäck die Treppe hinaufzuschleppen, aber er wehrt ab. »Geh und lies deine Post«, fordert er mich freundlich auf. Ich reiße die Briefumschläge auf und lese gierig den Inhalt. Dann räume ich meine Lebensmittel weg, indem ich sie fein säuberlich auf die Regale stelle. Ich fühle mich unermeßlich reich und unfaßbar glücklich, so, als hätte ich gerade in einer Lotterie gewonnen.

An meinem Schreibtisch beginne ich einen Brief an Robert zu schreiben, in dem es um den Unterschied zwischen Ankunft und Eintritt geht. Eine Ankunft ist real nachvollziehbar und geschieht in einem bestimmten Augenblick. Der Zug fährt ein, das Flugzeug landet, man steigt mitsamt seinem Gepäck aus dem Taxi. Man kann an einem Ort ankommen, ohne jemals richtig in ihn einzutreten; man kommt dort an, sieht sich um, macht ein paar Fotos, ein paar Notizen, schickt Postkarten nach Hause. Wenn man so reist, meint man, man wisse, wo man sei, doch in Wirklichkeit hat man sein Zuhause nie verlassen. Das Eintreten dauert länger. Man dringt langsam ein, Stück für Stück. Man fängt an zu verzweifeln: Wird man es jemals schaffen? Es ist wie ein langsames Erwachen, über einen wochenlangen Zeitraum hinweg. Und dann öffnest du eines Morgens die Augen und bist endlich da, bist wirklich und wahrhaftig da. Du fängst eben erst an zu begreifen, wo du bist.

Ich beschreibe alles, was ich gelernt habe. Senföl muß erhitzt werden, bis es raucht, bevor man darin etwas braten kann. Ein morastiger Hang läßt sich leichter barfuß erklimmen. Wasser hat in großen Höhen einen niedrigeren Siedepunkt. Jetzt tue ich wissen, würden meine Schüler sagen. Alles, was ich bislang gelernt und vollbracht habe, kommt mir jetzt nutzlos vor – der ganze literaturkritische Jargon, den ich in meinem Kopf mit mir herumtrage, Tropen und Modi und Spuren, dreizehn Definitionen von Ironie, der Tod des Autors, »Die Angst vor der Beeinflussung«, es gibt nichts außerhalb vom Text. Ja und? Das hilft mir jetzt nicht im geringsten weiter. Soll Jacques Derrida doch hierherkommen, denke ich. Soll er, an Flohbissen kratzend, die halbe Nacht wachliegen und dann vor dem Frühstück den Kerosinkocher auseinandernehmen. Ich mußte alles noch einmal neu lernen: zu laufen, ohne kopfüber ins Gestrüpp zu purzeln, Reis zu verlesen, Chilischoten kleinzuschneiden, ohne mir dabei die Augen zu reiben und zu erblinden. Achtjährige Kinder mußten sich meiner annehmen. Ich kann es nicht fassen, wie unwissend ich bin.

Wenn ich mich jetzt nach den kleinen Tröstungen meines kanadischen Lebens sehne, ermahne ich mich, daß ich eines Tages wieder daheim sein werde und mich vielleicht nach dem nebelverhangenen Ausblick auf die Berge sehnen werde, den ich hier von meinem Schlafzimmerfenster aus habe, nach dem Geruch von Holzfeuer, nach einem mit Kerzenlicht beleuchteten Raum, dem Geräusch von ins Tal hineinziehenden Regen. Der Regen hat aufgehört, und die Wolken ziehen ab und geben eine scharf umrissene Mondsichel und einen funkelnden Stern frei. Es ist ein Mond, in den man hineinklettern kann, ein silbernes Boot, ein Schaukelstuhl. Robert, schreibe ich, ich fange gerade erst an zu begreifen, wo ich bin.

Versetzung

Anfang Juni setzten die Regenfälle ein, und sie waren so anhaltend, daß ... während der vierundzwanzig Stunden immer irgendwo gerade ein Schauer niederging, und die Bergkuppen waren ständig in Wolken gehüllt.

Samuel Davis in Bhutan, 1785

Rongthang Woong

Ich habe drei Tage Ferien und eine ganze Reihe komplizierter Dinge zu erledigen: die Ratte in der Küche loswerden, ohne dabei die Rattenfalle zu benutzen, von der meine Schüler so schockiert waren (O Miss, erklärten sie mir, wenn du diese Ratte totmachen tust, dann du viele Leben als Ratte wiederkommen), die Fliegengitter ausbessern, die täglich Tausende von Fliegen durchlassen (das Karma-Gesetz gilt auch für das Töten von Fliegen), nach der altbewährten Topf-im-Topf-auf-dem-Kerosin-Kocher-Methode Brot backen. Doch dann klopft Trevor an meine Tür, um mir zu sagen, daß er übers Wochenende nach Tashigang fährt, und zu fragen, ob ich mitkommen will. Ich stopfe eine Zahnbürste und ein sauberes T-Shirt in meine Jhola und haste die Treppe hinunter zur Straße, wo der Hilux stotternd dicke Rauchwolken ausstößt.

Tashigang ist in den zwei Monaten irgendwie gewachsen, denke ich, als wir zwischen einem Bus, der einen endlosen Schwall steifgliedriger, benommener Fahrgäste ausspeit, und einem mit Kisten beladenen Lastwagen ins Stadtzentrum hineinfahren. Als wir im März durch diese Stadt kamen, fand ich sie so klein und mittelalterlich. Damals hatte ich die asphaltierten Straßen, die Stromleitungen und die zahlreichen Gebäude – Bank, Krankenhaus, Fernmeldeamt, Friseur, Schneider, Postamt, Wasserkraftwerk, Funkstation, Schule, Polizeirevier, Tankstelle, Bars, Hotel-Restaurants – gar nicht wahrgenommen. Auch das handgemalte AIDS-Poster an einer Ladenwand war mir nicht aufgefallen. Ich hatte nicht bemerkt, daß man in Tashigang Schuhe kaufen kann. Und Schuhcreme, Spielkarten, bunte Markierstifte, Gardinenringe und Haarfärbemittel. Daß man hier so viele Dinge kaufen kann, die man eigentlich gar nicht braucht.

Auf einer Bank vor dem Phunsum sitzen zwei Weststaatler, die ich auf Anhieb wiedererkenne, obwohl es Monate her ist, seit ich ihnen – in Thimphu – begegnet bin. Leon, der in Wamrong stationiert ist, und Tony aus Khaling sind beide im zweiten Vertragsjahr. Beide sind groß und blond und klapperdürr, aber in ihren verschossenen Baumwollklamotten, mit den Gummilatschen und den bunten Jholas zu ihren Füßen, fügen sie sich gut hier ein. Beide sind in ihre Lektüre vertieft und nippen dabei an Gläsern mit einer trüben Flüssigkeit. »Mud Puppies«, klären sie mich auf, süßer Tee mit einem Schuß Dragon-Rum. Morgen wollen sie Catherine, die kanadische Lehrerin in Rongthang Woong, besuchen und laden mich ein mitzukommen. Ich zögere. Meine morgige Mitfahrgelegenheit mit Trevor zurück nach Pemagatsel möchte ich mir eigentlich nicht entgehen lassen, aber wann werde ich noch einmal Gelegenheit haben, nach Wie-hieß-es-doch-gleich zu kommen? Ich beschließe mitzufahren.

Leon und Tony wohnen bei Kevin, einem kanadischen Lehrer, der in Tashigang stationiert ist. »Ist dort für mich noch Platz, oder soll ich besser im Hotel übernachten?« frage ich.

»An welches Hotel hast du da gedacht?« fragt Leon mit einer weit über den Basar ausholenden Geste. »Den Gasthof zur Wanze? Das Hotel Floh-Jahreszeiten?«

»Wir sind hier in Ostbhutan«, sagt Tony. »Wo ein Fußboden ist, da ist auch Platz.«

Auf dem Weg zu Kevin schauen wir in eine Bäckerei hinein, um ein paar der weichen tibetischen Fladenbrote zu kaufen. An einer der Wände hängen düstere Schwarzweißfotografien der vier Könige Bhutans und ein religiöser Kalender vom Vorjahr, dem Jahr des Erddrachens. An der Wand gegenüber prangt ein Poster von Joan Collins mit knallroten Lippen und dolchartigen Fingernägeln. Keiner scheint sich daran zu stören, daß das nicht so ganz zusammenpaßt.

Kevin wohnt in einem Betonklotz, und seine Wohnung ist mit den üblichen Holzbänken sowie Sprossenstühlen möbliert. Wir setzen uns in die Küche, trinken Bier, putzen Gemüse fürs Abendessen und tauschen Nachrichten über die Transversale, die Postzustellung und unsere jeweiligen Gesundheitszustände aus – wer sich wo was zugezogen und was er dagegen unternommen hat. Ich lache, bis ich heiser bin. Vor drei Monaten hätte ich an einem Blutegel in der Nasenhöhle noch nichts sonderlich Amüsantes gefunden.

Draußen unter den Eukalyptusbäumen verdichten sich die Schatten, und die Luft ist von Vogelgezirp und dem Gezische der Dampfkochtöpfe der Nachbarn erfüllt, die ihre Abendmahlzeiten zubereiten. Das elektrische Licht in der Wohnung empfinde ich als grell und überaus verschwenderisch. Ich bin es gewohnt, nur dort einen Kegel warmen Lichts zu haben, wo ich ihn brauche; ich fühle mich mit der zunehmenden Dämmerung draußen nicht im Einklang und blicke dauernd auf meine Uhr. Leon und Tony haben Schlafsäcke mitgebracht; ich borge mir von Kevin eine Decke aus und lege ein paar Kissen auf den Boden. Es ist neun Uhr, und Tashigang ist immer noch wach: Vom Basar weht bhutanische Volksmusik herüber, ein Fahrzeug hupt ungeduldig, Lastwagen rumpeln die Straße hinauf und eine Frau schreit wiederholt, Sonam solle heimkommen. Allmählich verstummen die Geräusche, Sonam kommt endlich nach Hause, und sogar die aufstrebende Metropole Tashigang versinkt in Schlaf.

Es stellt sich heraus, daß der Bus nach Rongthang Woong ein Lastwagen ist. Wir quetschen uns auf die offene Ladefläche und warten auf den Fahrer. Immer noch mehr Leute klettern herauf, und bald muß ich wacklig auf einem Fuß balancieren, bis ich mit dem anderen provisorischen Halt auf einem Reissack finde. Der Motor erwacht scheppernd und dröhnend zum Leben, und der Lastwagen ruckelt flußwärts, über die Chagzam-Brücke und dann eine holprige, staubige Straße entlang. Die Landschaft ist ausgedörrt und von der Sonne verbrannt, an den trockenen, steinigen Hängen ragt hier und da eine Roxburgkiefer auf, ein krasser Gegensatz zu dem saftigen, üppigen Grün des von Berghängen umschlossenen Pemagatsel-Tals. Ich drehe mein Gesicht in den heißen Wind, und das Mädchen neben mir lächelt mir zu und bewundert meine silbernen Ohrringe. Sie ist um die fünfzehn und hat ein hübsches, herzförmiges Gesicht. Ihre Ohrringe sind dicke, handgeformte Creolen aus Gold. »Deine sind schöner«, sage ich auf Sharchhop zu ihr. Sie schüttelt verlegen den Kopf. Eine Schülergruppe in Schulkhos und -kiras fängt an zu singen. Ein Mann in einem blaugestreiften Kho, der stark nach Arra riecht, prallt gegen uns, als der Lastwagen um eine scharfe Kurve biegt und anhält. Wir sind in Duksam, ein Weiler, der aus zwei Reihen windschiefer hölzener Läden längs einer schmalen, asphaltierten Straße besteht; etliche Mitfahrende springen herunter, andere steigen auf.

Als der Laster wieder losrattert, merke ich, daß der Mann in dem blauen Kho sich zwischen mich und das Mädchen gezwängt hat. Laut singend preßt er seine Hand auf die Brust des Mädchens. Sie schaut weg, hat aber keinen Platz, um beiseite zu rücken. Ich kann ihren Gesichtsausdruck nicht lesen. Ich weiß nicht, was ich tun soll, weiß nicht, ob ich *überhaupt* etwas tun sollte. Dies ist nicht deine Kultur, sage ich mir. Du bist erst seit wenigen Wochen hier, du sprichst nicht einmal die Sprache dieser Leute. Du weißt nicht, was hier vorgeht, wie kannst du dich da einmischen? Doch im Grunde ist es ziemlich eindeutig, was hier vorgeht. Das hat nichts mit kulturellen Unterschieden zu tun. Trotzdem kann es höchstens für einen Bhutaner *vollkommen klar* sein, und ich bin von diesem inneren Widerstreit zutiefst verunsichert und wie gelähmt. Schließlich dränge ich mich zwischen den Mann und das Mädchen. Als er versucht, über mich hinwegzufassen, stoße ich seine Hand mit meinem Ellbogen weg, und er starrt mich verwundert an. Ich starre zurück. Der Gesang um uns her ist verstummt. Der Mann grinst und wendet sich achselzuckend ab. Ich versuche, dem Mädchen ins Gesicht zu sehen, aber sie schaut nach vorn und weicht meinem Blick aus. Ich kann nur hoffen, daß ich das Richtige getan habe.

Rongthang Woong liegt auf halber Höhe eines Berges, ein Dorf mit drei großen Häusern im Zentrum, in deren Untergeschossen sich Läden befinden. Catherine ist mit einer grauen Kira bekleidet, aber mit ihrem leuchtend kastanienbraunen Haar sticht sie aus der an der Bushaltestelle wartenden Menge heraus. Ihre Wohnung, die sich über einem der Läden befindet, besteht aus einem Wohnschlafzimmer und, auf der gegenüberliegenden Seite des gemeinsam mit anderen genutzten Flurs, einem Badezimmer und einer Küche. Sie ist bereits seit zwei Jahren hier und noch ganz aus dem Häuschen, weil ihr Hauswirt kürzlich in der Küche einen Wasseranschluß installiert hat. Wir gehen hinüber, um ihn zu bewundern, drehen den Wasserhahn auf und zu und lachen dabei über uns selbst. Aus einer Flasche frischer Buttermilch, die ihr jemand mitgebracht hat, schenkt sie jedem von uns eine Tasse ein, und dann steigen wir zu der Ruine eines Schlosses aus dem neunten Jahrhundert hinauf. Als wir unterhalb davon auf einem grasbedeckten kleinen Hügel sitzen, zeigt Catherine auf einen Berg am Talausgang. »Da drüben ist Indien«, sagt sie. »Die Stadt heißt Tawang, in Arunachal Pradesh. Nachts können wir ihre Lichter sehen. Mein Schulleiter behauptet, man könne sie zu Fuß an einem einzigen Tag erreichen.« Das sei natürlich illegal, fügt sie hinzu. An der Grenze würde man Armeesoldaten in die Arme laufen. Leon fragt, ob das die Region sei, von der im Jahre 1962 der indisch-chinesische Krieg nach Bhutan überschwappte, und Catherine bejaht. Nach der chinesischen Invasion in Tibet begann Indien entlang der Nordgrenze, Bhutans Nordgrenze mit eingeschlossen, Truppen zu stationieren. Der Kurzkrieg war das Ergebnis zunehmender Spannungen entlang der nordöstlichen Grenze Indiens, bei denen sowohl China als auch Indien Ansprüche auf das Gebiet erhoben. Die älteren Leute redeten noch immer davon, erzählt Catherine, wie am Himmel über dem Dorf plötzlich Hubschrauber auftauchten, ein Dorf, in dem man bis dahin noch nicht einmal ein Fahrzeug gesehen hatte. Die Leuten glaubten damals, das Ende der Welt sei gekommen.

Ein alter Mann mit einem riesigen Kropf bleibt vor uns stehen, um uns Betelnußstücke anzubieten, die in ein mit Kalkpaste bestrichenes Blatt eingewickelt sind. Leon meint, er habe das schon immer mal probieren wollen, und nimmt sich eine. Wir sehen zu, wie er sich das Päckchen in den Mund stopft und kaut. »Wie schmeckt's?« fragen wir.

»Grauslich«, sagt er, kaut aber weiter. »Davon wird man angeblich leicht berauscht.«

Nach ein paar Minuten spuckt er es aus. »Und, bist du jetzt berauscht?« frage ich.

»Nein, mir ist übel. Sind meine Zähne rot?«

»Ja.«

Das Sonnenlicht hat sich in ein warmes, fließendes Gold verwandelt. Wir überblicken das Flußtal von einem Ende zum anderen und beobachten, wie sich die Gebirgszüge im Süden einer nach dem anderen öffnen wie die Tore zu einem geheimen Königreich. Es fasziniert mich, wie die Landschaft zugleich den Eindruck von unendlicher Weite und von Beschaulichkeit vermittelt: die schmale braune Linie eines Pfades, der sich einen breiten grünen Berghang hinaufschlängelt, ein sattgrünes, zwischen zwei steilen Berghängen eingeklemmtes Tal, ein von einem dunklen Wald umschlossenes, aus drei Häusern bestehendes Dorf, Reisfelder, die um einen Felsvorsprung herumfließen, ein weißer Tempel, der auf einem düsteren Höhenzug hervorblitzt. Die menschlichen Behausungen schmiegen sich harmonisch in die Landschaft ein; es werden nicht mehr Bäume gefällt oder Flächen gerodet, als nötig sind. Nichts ist größer als nötig. Jede menschliche Ansiedlung spiegelt das Mantra der Genügsamkeit wider: »Dies ist genug.«

Wir gehen zu Catherines Wohnung zurück und beraten uns, während wir Reis, Gemüse-Curry und Dahl kochen, wo man in den ersten Ferien dieses Schuljahres hinfahren könnte. Ich hatte gar nicht daran gedacht, irgendwohin zu fahren. »Das mußt du aber«, meint Leon. Es gibt hunderterlei mögliche Ziele und Kombinationen, man kann Orte besuchen, an denen andere Gastlehrer eingesetzt sind, kann verschiedene Routen ausprobieren, all die alten Handelspfade, die die Menschen vor dem Bau der Transversale benutzten. Da sind uralte heilige Tempel, die man besichtigen kann; Tony will nach Dramitse, ein Kloster, das über einen ganzen Hügel ausgebreitet liegt, Catherine nach Rangchikhar, um einen frei schwebenden Lama zu sehen. Zwei Jahre scheinen auf einmal eine sehr kurze Zeit zu sein. »Und was ist mit der dreimonatigen Winterpause?« fragt Tony. »Wie wär's, wenn wir alle von Lhuntshi nach Bumthang wandern und Weihnachten im Schweizer Gästehaus verbringen.«

»Gute Idee!« rufe ich aus, an Bukharis und Kieferduft denkend.

»Ich dachte, du wolltest über Weihnachten nach Hause fahren«, sagt Leon zu mir.

Ja, tatsächlich. Das hatte ich ganz vergessen.

Bei Einbruch der Dunkelheit lädt uns der neben Catherine wohnende Lama zu sich ein. Eine Butterlampe auf seinem Altar ist die einzige Lichtquelle. Während der Lama in seine Abendgebete versunken ist, sitzen wir neben ihm auf dem Boden und trinken *Zim-chang*, den Gutenacht-Arra, den er uns angeboten hat. Ich bin froh, daß wir nicht zu reden brauchen. Ich möchte den Moment in diesem Zimmer in mich aufnehmen, die ruhige Flamme der Butterlampe, die gelassenen Gesichter der Bhuddhas hinter dem Altar, das zufriedene Schweigen meiner Freunde, die große friedvolle Nacht, die sich draußen über alles senkt. Ich habe das Gefühl, ich könnte ewig hier sitzen bleiben. Später liege ich, in eine geliehene Decke gewickelt, in Catherines Zimmer unter dem Fenster – frierend, müde und glücklich. Ich mustere die über den Himmel versprengten Sterne und lausche dem leise betenden Lama nebenan. Ich erinnere mich an meine Ankunft in Bhutan und wie elend ich mich damals fühlte, während all die anderen Lehrer erstaunlich zufrieden wirkten. Jetzt verstehe ich sie, denke ich. Dies ist eben wirklich ein ganz außergewöhnliches Land.

Der Kotz-Expreß

Es gibt keine Mitfahrgelegenheit von Rongthang Woong nach Tashigang; wir müssen zu Fuß zurück. Nach dem Frühstück, bestehend aus Bratreis und einem Rest Gemüse-Curry vom Vorabend, steigen wir den Hang zur Hauptstraße hinunter, die durch das Flußtal verläuft. Sicheren Fußes galoppieren Leon und Tony über Äcker und Reisfelder davon. Ich muß hinter ihnen her hecheln, um mit ihnen Schritt halten zu können. Solange ich nicht darüber nachdenke, wo ich meinen Fuß jeweils aufsetzen soll, stolpere ich nicht. Erhitzt und verschwitzt kommen wir bei der Ladenzeile in Duksam an, wo es heißen Tee, warmes Bier oder ungefiltertes Wasser zu trinken gibt. Wir entscheiden uns für warmes Bier, von dem ich schläfrig werde, und anschließend trotten wir weiter die Straße entlang. Bis zur Brücke unterhalb von Tashigang sind es sechzehn Kilometer. Nirgendwo ist Schatten, und die Sonne brennt gnadenlos auf uns herab. Unterhalb von uns rauscht der Fluß herrlich kühl und türkisfarben dahin. Tony sagt, die Farbe deute auf seinen Ursprung hin: Das Türkis rühre von den im Wasser schwebenden Steinpartikeln her, die sich durch Reibung von Gletschereis auf einem Fels gelöst hätten. Am liebsten würde ich die Uferböschung hinunterklettern, um in die blaugrüne Kühle einzutauchen.

Die ebene Straße bringt uns zwar nicht außer Atem, zieht sich aber endlos lang hin. Mit jedem, der uns entgegenkommt, wechseln wir ein paar Worte. *Wohin gehen Sie, woher kommen Sie. Gari mala – kein Lastwagen*. Damit die Zeit schneller vergeht, fangen Leon und ich ein seichtes Gespräch über Seifenopern, Restaurants und schlechte Songs aus den Siebzigern an. Wir kommen am Tempel von Gomkhora vorbei, der sich neben einem riesigen schwarzen Felsen über dem Fluß erhebt. »An diesem Felsen hat Guru Rinpoche einen Dämon besiegt«, sagt Leon. »Er hat den Dämon von Tibet aus bis hierher verfolgt. Durch den Fels führt ein ganz schmaler Tunnel, durch den man hindurchkriechen kann. Wenn einer das schafft, bedeutet das, daß ihm seine Sünden vergeben sind.« Wir bleiben einen Moment stehen und lassen den Blick über den Fluß schweifen. Dieses Fleckchen Erde hat etwas, das einen mit tiefer Zufriedenheit erfüllt. Der alte, aber gut erhaltene Tempel ist von harmonisch gegliederten Reisfeldern umgeben und wird von einem ausladenden, duftenden Eukalyptusbaum beschattet. Das Mittagslicht überzieht alles mit einem Glanz, doch der Fluß ist das einzige, was sich bewegt. Nirgendwo ist ein Zeichen menschlicher Aktivität auszumachen, und es überkommt mich wieder dieses gewisse Gefühl – das Gefühl, für die Landschaft, in der ich stehe, zu modern und zu oberflächlich zu sein. Ich versuche mir auszumalen, wer ich sein würde, wenn ich mein ganzes

Leben lang hier bei diesem Tempel am Fluß gelebt hätte. Ich frage mich, was ich mir ersehnen würde, wenn ich ohne die Werbung aufgewachsen wäre, die mir erzählt, was ich mir wünsche: schlanker, reicher und attraktiver zu sein, besser auszusehen, schöner zu duften, alles zu sein, was nur irgend möglich ist, ein schnelleres Auto zu haben, ein strahlenderes Lächeln, seidigere Haare, ein weißeres Weiß, komm, beeil dich, versäume nichts, laß dir dieses Sonderangebot nicht durch die Lappen gehen. Wenn ich statt dessen vierundzwanzig Stunden lang das schweigende Gewicht der Berge in mich aufgenommen hätte, den steten Sog des Flusses, das Sirren heißen weißen Lichts, das sich in schwarze Felsen einbrennt.

Als ein Vogel sein aus zwei Tönen bestehendes Lied zwitschert, komme ich wieder zu mir. »Bleiben wir doch einfach hier«, schlage ich angesichts der Straße vor, die sich in der Hitze dahinwindet und vibriert, und weil wir noch zwölf Kilometer vor uns haben, und weil hier zu stehen so wohltuend wie das Trinken von Quellwasser ist. Selbst der Fluß zögert an diesem Fleck, kräuselt sich um die großen Felsen herum und schwappt leise an das Ufer, bevor er von der Strömung weitergerissen wird.

Die letzten zwei Stunden unseres Marsches dauern eine Ewigkeit. Hinter einer Biegung kommt der Tashigang Dzong in Sicht, in weiter Ferne, hoch oben auf einem Felssporn. Und da bleibt er auch, in weiter Ferne, eine Fata Morgana, und ich schleppe mich voran, mit brennenden Füßen, leerem Magen und dem sich unablässig abspulenden Refrain »Run Joey Run« im Kopf. »Ich wünschte, der Kotz-Expreß würde vorbeikommen«, sage ich.

»Tust du nicht«, sagen Leon und Tony im Chor.

»Worauf hättet ihr jetzt mehr Appetit«, sagt Leon plötzlich, »auf ein Sandwich aus dünnen Roggenbrotscheiben mit Schwarzwälder Schinken und Dijon-Senf, dazu ein kaltes Bier, oder ...«

»O nein«, stöhnt Tony. »Bitte nicht das Freßspiel.«

»*Oder* eine Pizza aus hauchdünnem Teig mit sonnengetrockneten Tomaten, Zwiebeln, schwarzen Oliven, Käse und ...«

»Das ist bei langen Fußmärschen und Busfahrten sein Lieblingsspiel«, erklärt Tony. »Die reinste Folter.«

»*Und* dazu eine Flasche eures Lieblings-Rotweins«, endet Leon.

»Das Sandwich«, sage ich. »Und du?«

»Die Pizza. Okay, und was hättet ihr lieber zum Nachtisch, Häagen-Dazs-Schokoladeneis mit Schokostücken oder ...«

Die Zeit geht schneller vorbei. Als wir die Chagzam-Brücke überqueren, diskutieren wir gerade die Vorzüge von Meeresfrüchten gegenüber Falafel – unter lautem Geknatter und Geflatter der zerfledderten Gebetsfahnen, die am Brückengeländer befestigt sind. Wir wählen eine Abkürzung zum Tashigang Dzong, einen dreiviertelstündigen Aufstieg auf dem steilsten Pfad, der sich je einen Berghang hinaufgewunden hat. Als wir den Gebetsfahnenhain auf dem Gipfel erreichen, ist mir schwindelig, und ich bin völlig außer Atem. Aber nun ist mir klar, warum der Dzong hier erbaut wurde, auf diesem uneinnehmbaren Felssporn hoch über dem Fluß.

In der Norkhil-Bar gesellt sich ein Achtkläßler zu uns, den Tony kennt und der uns ein bißchen über Tashigang erzählt. Wie hier eine lokale Gottheit bezwungen werden mußte, bevor der Buddhismus sich ausbreiten konnte; die Gottheit soll angeblich in einer kleinen Behausung auf halber Höhe des Berges wohnen. Der Dzong wurde im Jahre 1688 erbaut, im Zuge der Bestrebungen des Shabdrung, das ganze Land unter eine Zentralherrschaft zu bringen. »Apropos«, unterbreche ich ihn, »was ist eigentlich aus dem Shabdrung geworden?«

»Wie meinen Sie das, Miss?«

»Im Geschichtsbuch für die achte Klasse ist von den Reinkarnationen des Shabdrung plötzlich keine Rede mehr.«

Nachdem er einen nervösen Blick nach links und nach rechts geworfen hat, beginnt er uns eine Geschichte zu erzählen. Irgendwann in den zwanziger oder dreißiger Jahren, wann genau, wisse er nicht, fing der damalige Shabdrung Händel mit der Monarchie an und starb bald darauf auf mysteriöse Weise angeblich »im Schlaf«. Es sei aber allseits bekannt, daß er ermordet, das heißt mit einem weißen Seidenschal erwürgt wurde, und jeder wisse, daß die Familie seines Mörders mit Krankheit, Wahnsinn, Verlust und Ruin geschlagen wurde. Die nächste Reinkarnation sei irgendwo in den östlichen Distrikten aufgefunden worden, aber auch dieser Shabdrung sei spurlos verschwunden. Es gebe Stimmen, die behaupteten, daß er aus einem Fenster des Tashigang Dzong gestoßen worden sei.

Der Schüler hält inne und blickt sich erneut um. »Während er stürzte, versuchte ihn ein Vogel zu retten, indem er ihn mit seinen Flügeln auffing, aber die Männer im Dzong bewarfen ihn mit Steinen, so daß er wieder herabfiel. Der Fluß wollte ihn nicht aufnehmen und schickte ihn ans Ufer zurück, doch da kamen die Männer herbei und stießen ihn wieder hinein, und so mußte er schließlich sterben.«

Er erzählt uns, daß die nächste Reinkarnation des Shabdrung während des indisch-chinesischen-Krieges von der indischen Armee aus Bhutan herausgeholt worden sei und jetzt in Neu-Delhi lebe.

Schweigend verdauen wir diese Geschichte, und mir fällt wieder ein, wie der Geschichtslehrer von Pemagatsel sich sträubte, über den derzeitigen Shabdrung zu reden. Als der Schüler gegangen ist, schauen wir einander an. »Wieviel davon beruht eurer Ansicht nach auf Tatsachen?« frage ich.

»Wer weiß«, sagt Leon achselzuckend.

Ich muß an all die halbfertigen Geschichten denken, die ich seit meiner Ankunft in diesem Land gehört habe, und wie sie gerade durch ihre Unvollkommenheit um so beeindruckender und fesselnder sind. Geschichte scheint hier eine Kombination von offiziellen, inoffiziellen und verbotenen Berichten zu sein. Wie bei dieser Geschichte von dem Shabdrung: Ich habe keine Ahnung, wo ich sie nachlesen oder wen ich um weitere Informationen bitten könnte. Es besteht keine Möglichkeit herauszufinden, was sich wirklich zugetragen hat. Es könnte geschehen sein, es ist vielleicht geschehen, ich habe gehört, daß es geschehen ist ... Es ist die Unmöglichkeit, etwas mit Sicherheit zu wissen, die alles möglich macht. Ich möchte unbedingt wissen (nein, ich möchte es eigentlich nicht wissen), wie die Geschichte weitergeht, die ganze Geschichte, die wahre Geschichte.

Schweigend trinken wir mehrere Gläser kühles Bier. »Wo bleibt denn mein Schinkensandwich mit Dijon-Senf, möchte ich jetzt gern wissen«, sage ich. Was ich wirklich möchte, ist Reis, Dahl und Kartoffel-Curry im Phunsum, und das ist mein Glück, denn es ist das einzige, was es dort gibt.

Am Dienstag vormittag halten wir auf dem Basar vergeblich nach einem Privatfahrzeug Ausschau, das in Richtung Süden fährt. »Bleibt wohl nur der Kotz-Expreß«, meint Tony.

»Der ist voll. Da passen wir nicht mehr rein«, entgegne ich, als ich eine Frau beobachte, die sich mit einem Kerosinkanister, einem Baby und einem Bündel ausgefransten, verblichenen Stoffs gerade die Treppe zum Bus hinaufzwängt.

Leon geht um den Bus herum und lugt durch die Fenster. »Der ist nicht voll«, meldet er uns daraufhin mit spöttischem Unterton. »Voll ist der erst, wenn der Schaffner auf den Rückenlehnen entlangkriechen muß. Also dann mal rein.«

Wir quetschen uns in den Bus, in dem es nach Schimmel, Erbrochenem, Kerosin und Betelnuß stinkt, stolpern über Beine, Taschen, Kisten, Säcke, Kanister, Kinder und zusammengerolltes Bettzeug. Es ist, als würde man durch ein Sieb gepreßt. Immer noch mehr Leute drängen herein, bis wir völlig eingekeilt sind und uns nicht mehr rühren können. Und der Schaffner auf den Rückenlehnen entlangkriechen muß. Der Motor erwacht dröhnend zum Leben, und aus einem Lautsprecher ertönt blecherne indische Filmmusik. »O Jammer«, stöhnt Leon, »wir haben den mit dem Soundsystem an Bord erwischt.«

Nach einer halben Stunde auf der kurvigen Straße müssen sich die ersten übergeben – aus dem Fenster, falls eins in der Nähe ist, auf den Fußboden, wenn nicht. Die anderen Leute pressen sich die Ärmel vor Nase und Mund, um den Gestank nicht zu riechen. Irgendwo reißt ein Huhn aus, und ein Kind, das es zu fangen versucht, tritt gegen mein Schienbein. Jemand spuckt Betelnußsaft auf meine Schuhe. Der Schaffner gerät auf seinem Hochsitz gefährlich ins Schwanken und krallt sich am Kopf einer Frau fest, um nicht in ihren Schoß zu plumpsen, als der Fahrer unvermittelt bremst. Mitfahrende, die auf freier Strecke aussteigen wollen, geben ihm Handzeichen, worauf er jedesmal laut gegen die Decke oder die Rückwand klopft: bumbum, bumbum, bumbum. Wer aussteigen will, braucht die Gelenkigkeit eines Schlangenmenschen und ein gerüttelt Maß hartnäckiger Rücksichtslosigkeit. Die zugige Fahrt auf der offenen Ladefläche nach Rongthang Woong kommt mir jetzt richtig luxuriös vor. »Was hättest du lieber«, frage ich Leon, »pochierte Eier auf Schinkentoast mit Sauce Hollandaise, dazu frisch gepreßten Apfelsaft, oder ...« Ich muß mittendrin abbrechen.

»Valium und einen Scotch«, antwortet er matt.

In Khaling verabschieden wir uns von Tony, und Leon, der in Wamrong aussteigt, will mir die Daumen drücken, daß ich in Tshelingor einen Gipslaster finde, der mich mitnehmen kann. »Wenn keiner da ist und es schon dunkel wird«, sagt er, »dann bleib in Tshelingor. Mach dich auf keinen Fall in der Dämmerung allein auf den Weg. Letztes Jahr ist ein Kind, das irgendwo auf dieser Strecke eine Abkürzung nehmen wollte, eine Felswand herabgestürzt.«

»Gut, okay, dann steige ich eben für eine Nacht im Holiday Inn ab«, sage ich muffig und denke dabei an die beiden armseligen Bambushütten am Straßenrand.

»Das Hilton hat den besseren Zimmerservice«, ruft er mir zu. »Tschüs!«

Als ich in Tshelingor steifbeinig aus dem Bus klettere, steht dort bereits eine große wartende Menschenmenge. Der Abend dämmert, und dicke Nebelschwaden kriechen über die Baumwipfel. In »Tsherings Einkaufsladen und Bar«, einer der beiden Hütten, begutachte ich die Regale hinter dem Tresen. Ich kann zwischen Orangencremekeksen und Tee oder Orangencremekeksen und diversen bhutanischen Rum- und Whiskeysorten wählen: Dragon Rum, Triple XXX Rum, Black Mountain Whiskey, Bhutan Mist. Ich trinke drei Tassen lauwarmen Tee und gehe dann zu Bhutan Mist über. Beim Hinunterschlucken kratzt es ordentlich in meinem Rachen, aber unten angekommen, wird mir von dem Gebräu wohlig warm im Bauch. »*Gari mala*«, sagt der alte Mann neben mir verdrießlich. Er trinkt Triple XXX Rum. Ich frage ihn, wo die Toilette sei, und er zeigt zur Tür. Draußen. Ich erhebe mich, aber er bedeutet mir, mich wieder hinzusetzen. »*Ma di, ma di*«, sagt er und macht dabei mit den Fingern seltsame Schlängelbewegungen. »*Pat-ba!*« Schließlich kommt ein kleiner Junge zu mir her, um schüchtern für mich zu dolmetschen. »Er sagt, nicht gehen, Miss. Er sagt, da Blutegel.« Wenn Blutegel in deine Nase kriechen können, dann kommen sie auch in andere Öffnungen hinein. Ich setze mich wieder hin. Im gleichen Augenblick springen sämtliche Leute in dem Raum auf. Ich höre es auch, das ferne Gerumpel eines herannahenden Lasters. Draußen hat sich der Nebel in einen feinen, kalten Nieselregen verwandelt. Der Lastwagen hält an. Die Ladefläche ist bereits mit Reissäcken überladen, aber der Fahrer wartet, bis wir alle hinaufgeklettert sind, und biegt erst dann auf die Straße nach Pemagatsel ein.

Ich bin mir bewußt, daß wir an einem jähen Abgrund entlangfahren, doch in der Dunkelheit ist außer gelegentlichen Reflexen der Scheinwerfer auf den in der Schlucht unter uns schwebenden Wolken nichts zu sehen. In meinen Eingeweiden kann ich jedoch die gewaltige Leere zwischen der morastigen, zerfurchten Straße und dem Grund der Schlucht irgendwo tief unten spüren. Ich weiß, daß auf der anderen Seite Berge sind, kann sie aber nicht sehen. Es ist, als fahre man am Rand der Welt entlang.

Als der Lastwagen um eine Kurve biegt, werden wir von der Gischt eines Wasserfalls bespritzt. In der nächsten Kurve fährt sich der Laster im Schlamm fest, schaukelt vor und zurück. Die Bhutaner fangen an zu beten. Ich weiß nicht, wovor ich mehr Angst habe: daß die Straße abbröckeln, der Lastwagen ins Wanken geraten und wir alle in den Abgrund stürzen könnten oder daß meine mit Tee gefüllte Blase platzt. Der Lastwagen macht einen Ruck nach vorn, der Motor heult auf, und dann rutscht er wieder zurück. Alles klammert sich krampfhaft fest, um nicht von den harten, bauchigen Reissäcken zu rutschen, und ich sehe mich verzweifelt nach irgendwas um, woran ich mich festhalten kann. Der alte Mann aus Tshelingor bietet mir erst ein Stück Seil an, das nirgendwo befestigt ist, dann einen Schaufelgriff und schließlich seine Stofftasche voll leerer Flaschen. Ich schüttele jedesmal den Kopf. Auf einmal grinst er und deutet anzüglich auf seinen Schritt. »*Apa! Yallama!*« rufe ich entnervt. Die anderen Mitfahrenden, die alles mitverfolgt haben, kriegen einen Lachanfall. Als sie sich gerade wieder beruhigen, schreit jemand »*Apa! Yallama!*«, und schon prusten sie wieder los. Ich lache mit und schaue dabei zu den am Himmel treibenden Wolken hinauf, wie sie vom Mond angestrahlt werden, der hinter ihnen verborgen ist.

Ihr sollt eure Diktate nicht in den Mund stecken!

Im Lehrerzimmer öffnet Maya in der Vormittagspause einen Stapel Post und überfliegt die Briefe. Ich nehme einen an »Miss Dorji Wangmo, Klasse 8b, Mittelschule Pemagatsel« adressierten Briefumschlag in die Hand und frage Maya, was sie da tue. »Die Post für die Mädchen«, sagt sie, »muß zuerst die Hausmutter lesen.«

»Aber warum denn?«

»Liebesbriefe«, erwidert sie, ohne aufzusehen. Ich weiß nicht, was ich dazu sagen soll. Sie zu fragen, ob sie schon einmal etwas vom Briefgeheimnis gehört habe, hat offenkundig keinen Sinn.

»Sehen Sie sich das an. Der Junge schreibt ›von deinem lieben Bruder Tandin Wangchuk‹ auf den Umschlag, aber schauen Sie, was drinsteht: ›Meine liebste, süße Dechen, ich sehne mich wahnsinnig nach dir«, liest sie triumphierend vor und zerknüllt daraufhin den Brief. Sie schaut auf und gewahrt meine Miene. »Das müssen wir tun«, sagt sie. »Sonst vernachlässigen die Mädchen das Lernen.«

»Aber die Post der Jungen lesen Sie nicht«, sage ich.

»Nein«, antwortet sie. »Ich bin nur für die Mädchen zuständig.«

»Wird die Post für die Jungen denn von jemand anderem gelesen? Von der Aufsichtsperson der Jungenschlafsäle?«

»Nein.«

An meinem Schreibstift kauend, stehe ich da und denke an den eigenartigen Tonfall von Mr. Om Nath, in dem er über die Beaufsichtigung der Mädchen sprach, und daran, wie oft die Lehrer den Jungen bestimmte Aufgaben zuweisen oder sie loben. Die Mädchen hingegen werden demonstrativ ignoriert, und die Zahl der Schülerinnen geht in den oberen Klassen jäh zurück. In unserem Einführungskurs hieß es, daß Bhutanerinnen eine viel größere Freiheit genießen als die Frauen in anderen asiatischen Ländern. Bhutanische Frauen führen Läden, Hotels und kleine Betriebe, reisen, wann und wohin sie wollen, und die Schulbildung ist für beide Geschlechter kostenlos. Anders als in Indien gibt es hier kein Mitgiftsystem und nur wenige Zwangsheiraten. Töchter werden genauso geschätzt wie Söhne, Scheidungen sind erlaubt, Witwen können wieder heiraten, und der Familienbesitz wird normalerweise von der Mutter auf eine ihrer Töchter vererbt. Trotzdem scheinen in der Schule andere Wertmaßstäbe zu gelten. In den unteren Klassen sind die Mädchen noch keck und selbstbewußt, aber je höher die Klassenstufe, um so scheuer werden sie. Wenn man sie anspricht, pressen sie die Hand vor den Mund und kichern, sie kuschen vor den männlichen Mitschülern und scheinen von Jahr zu Jahr ein bißchen kleiner zu werden. Ich frage mich, ob der Sexismus ein Nebenprodukt der westlich geprägten Entwicklungsarbeit ist, ob er auf die an den Schulen tätigen indischen Lehrer zurückzuführen ist oder ob der Chauvinismus hier einfach genauso tief verwurzelt ist wie anderswo. Frage ich die älteren Mädchen, warum so viele ihrer Freundinnen die Schule vorzeitig verlassen, erklären sie mir, daß diese Mädchen daheim gebraucht würden, daß sie geheiratet hätten oder daß ihre Eltern die Schulausbildung für unwichtig hielten, da ihre Töchter einmal das Haus und das Land der Familie erben würden.

»Es ist auch ein Brief für Sie dabei, im Büro des Direktors«, sagt Maya, worauf ich über den Korridor flitze. Es ist ein Brief von Robert. Ich spiele kurz mit dem Gedanken, ihn ungeöffnet in die oberste Falte meiner Kira zu stecken, um ihn in der Mittagspause mit heimzunehmen und ihn langsam und genüßlich zu lesen, aber dann reiße ich ihn auf und lese ihn auf der Stelle im Büro des Schulleiters. Robert schreibt, daß er mich vermisse. Er habe meine Postkarte aus Thimphu erhalten und meinen ersten superlangen Brief. Er wünscht, er könnte mich anrufen. Er schreibt über das Studium, darüber, was diesmal an seinem Auto kaputtgegangen sei, über ein Wochenende bei seinen Eltern, daß die Skisaison zu Ende und es ein milder Frühling gewesen sei. Der Brief ist voller Details über das Alltagsleben, und ich fühle mich wieder dorthin gezogen und verspüre Heimweh, fühle mich nah und fern zugleich. Und dann komme ich ans Ende des Briefes, kurz über den Grüßen und Küssen. Er schreibt, er habe meinen Brief etliche Male durchgelesen, komme aber einfach nicht dahinter, wo ich sei und was ich da für Erfahrungen machte. »Wo *bist* du?« schreibt er.

Die Glocke läutet zur nächsten Stunde, aber ich stehe noch immer in dem Büro, den Brief in meiner schlaff herabhängenden Hand. Ich verstehe nicht, wie er mich fragen kann, wo ich sei, wieso er das nicht begreift. Ich habe ihm das doch alles beschrieben.

Die Monsunzeit hat nun mit voller Wucht eingesetzt. Der Regen im März war nur ein kleines Vorspiel. Morgens ist der Himmel oft klar, und ich stehe früh auf, um zuzusehen, wie die Sonne über den dunklen Höhenzügen hinter der Schule aufsteigt. Bis zum frühen Nachmittag sind die Wolken wieder hereingezogen und blockieren die gesamte Sicht. Nachts gießt es in Strömen, doch mittlerweile mag ich das gleichmäßige, beruhigende Geräusch des auf das Wellblech trommelnden Regens. Ich mache mir jetzt keine Gedanken mehr über den Zustand der Straße und was darauf herantransportiert werden könnte oder auch nicht – Post, Besucher, Vorräte. Ich werde nicht verhungern. Man wird sich um mich kümmern, das weiß ich jetzt.

Wenn ich früh genug aufstehe, habe ich ein oder zwei Stunden für mich, bevor es zum erstenmal an der Tür klopft. Ich koche Kaffeewasser auf dem neuen Gasherd, den Trevor mir aus Samdrup Jongkhar mitgebracht hat. Ein ganzes Monatsgehalt (das ich mir vom Direktor ausleihen mußte) ist dafür draufgegangen, aber die Investition hat sich gelohnt. Wenn ich mit meinem Kaffee ins Bett zurückgekrochen bin, lese ich, schreibe Tagebuch, lausche den mir nunmehr vertrauten Lauten von Hühnern, Hähnen, Kühen und Kindern. Ein paarmal habe ich im Morgengrauen einen Spaziergang gemacht und war überrascht, schon so viele Leute bei der Arbeit zu sehen: beim Kühehüten, beim Wasserschleppen, beim Brennholzsammeln. Ich muß an die Schüler denken, die sich bereits auf ihren dreistündigen Schulweg gemacht haben, nachdem sie im Dunkeln aufgestanden sind, sich angezogen und kalten Reis zum Frühstück gegessen haben.

Die ersten, die an die Tür klopfen, sind meistens Kinder, die mir Gemüse bringen. Ich bezahle dafür, obwohl mir der Direktor gesagt hat, ich solle das nicht tun. »Sie bringen die Sachen, weil Sie ihre Lehrerin sind«, sagt er. »Sie möchten Ihnen etwas schenken.« Er sagt, der Respekt vor dem Lehrer gehöre zur bhutanischen Tradition, und die Eltern erwarteten für das Gemüse kein Geld. Aber da ich nun einmal damit angefangen habe, weiß ich nicht, wie ich wieder aufhören soll, und es ist ohnehin eine (für mich) so lächerliche Summe – weniger als ein Dollar für eine Wochenration frischer Tomaten oder Spinat. Es hat sich allerdings herumgesprochen, daß man bei mir Geld bekommt, so daß mir nun auch Kinder aus anderen Klassen Gemüse bringen. Dutzende von Kindern, den Arm voll Spinat, mit Körben voll Zwiebeln, Rettichen und Bohnen. Ich kann das unmöglich alles allein verzehren, weiß aber nicht, wie ich dem Einhalt gebieten soll. Ich kann schlecht von einigen etwas annehmen und von anderen nicht, kann nicht einigen von ihnen Geld geben und anderen nicht. Ich bereue meine unangebrachte Großzügigkeit und frage mich sogleich, ob es überhaupt Großzügigkeit ist und nicht einfach das schlechte Gewissen, weil ich so reich bin, der Wunsch, gemocht und vom Dorf akzeptiert zu werden, gut angesehen zu sein. Ich habe irgend etwas durcheinandergebracht, Erwartungen verändert, einen Fremdkörper in das Bild eingefügt. Ein Austausch hat stattgefunden.

Ich frage mich, was ich sonst noch unbedacht getan habe, und ob ich hier wohl mehr Schaden anrichten als Positives bewirken werde. Ich handle, ohne nachzudenken, ich vergesse, wo ich mich befinde. Das hier ist schwieriger, als ohne Kühlschrank und fließend Warmwasser auskommen zu müssen, schwieriger, als von Familie und Freunden getrennt zu sein. Genaugenommen ist es sogar das Schwierigste überhaupt: das gleiche unvollkommene Ich in einer völlig neuen und nur vage verstandenen Umgebung, die gleichen Begierden und Sehnsüchte, die das Urteilsvermögen trüben, der gleiche alte Kopf, der einen Impuls unbedacht in dic Tat umsetzt.

Fehlende Besonnenheit, denke ich. In jeder buddhistischen Abhandlung, die ich lese, wird betont, wie wichtig es sei, den Geist dazu zu bringen, sich zu konzentrieren, das für die rechte Gesinnung, die rechte Rede und das rechte Handeln nötige Bewußtsein zu entwickeln. Besonnenheit ist sowohl ein Mittel als auch ein Ziel, der Weg zur Erleuchtung und ihr Endergebnis. Sie hat mir schon mehrmals geholfen, Anfälle von Heimweh und sinnloses Sehnen nach materiellen Annehmlichkeiten zu überwinden und mich wieder auf den Augenblick, auf meine momentane Aufgabe zu konzentrieren. Aber ich wünschte, sie wäre stärker in mir verankert. Vielleicht hatte ich erwartet, daß ich in einer buddhistischen Kultur automatisch weiser würde, möglicherweise durch eine Art Osmose. Besonnenheit ist jedoch nur durch Anstrengung zu erlangen. Ein Mittel, sie zu erreichen, ist die Meditation, aber ich bekomme auch immer mehr den Eindruck, daß all die buddhistischen Rituale, die ich bislang gesehen habe – das Drehen der Gebetsmühlen, das Rezitieren von Mantras, das Umrunden von Mani-Mauern – ersonnen wurden, um den Geist zu disziplinieren.

Ich sinne während der Morgenversammlung darüber nach, während ich meine Kinder betrachte, wie sie mit zum Gebet gesenkten Köpfen dastehen. Ich habe sie liebgewonnen, jedes einzelne von ihnen. Sie haben mir bereits weit mehr beigebracht, als ich ihnen je beibringen kann. Jane hatte recht: Sie machen alle Mühen lohnenswert. Ich senke den Kopf und bete, daß ich nicht mehr Schaden anrichten als Positives bewirken möge. Ich bete darum, nicht zu vergessen, wo ich bin.

Ich stoße die Tür zum Klassenzimmer auf, und sie springen auf. »Guten Morgen, Klasse 2c«, sage ich. Sie sind die Klasse 2c, und ich bin die Miss: Miss Jamie oder Miss Jigme, manchmal auch Miss Jammy, Krankenschwester und Babysitterin, Cheerleader und Schiedsrichterin, Mädchen für alles und – gelegentlich – Lehrerin.

»Guten Mor-gen Miss!« brüllen sie, übers ganze Gesicht strahlend. Und dann fangen wir an.

Mein Unterricht ist in pädagogischer Hinsicht nach wie vor eher ein Witz. Als ich an diesem Tag Diktate zurückgebe, stopft sich Sonam Tshering seins prompt in den Mund und schluckt es hinunter. Im ersten Moment verschlägt es mir vor Überraschung die Sprache. »Der Junge ist sehr hungrig«, sagt Karma Dorji, und alles lacht, bis auf mich. Ich setze eine grimmige Miene auf, verschränke die Arme und sage mit bitterböser Stimme: »Klasse 2c! Hört zu, was ich euch zu sagen habe!« Sie setzen sich gerade hin, ernst, erwartungsvoll. »Klasse 2c«, sage ich streng, »ihr sollt eure Diktate nicht in den Mund stecken.« Und dann pruste ich los. Meine Fragen und Belehrungen werden von Tag zu Tag absurder. Tshewang Tshering, du kannst nicht mit einer Katze im Kho eine Klassenarbeit schreiben. Sangay, steck die Chilischoten weg. Na gut, iß sie, wenn es unbedingt sein muß, aber spiel während des Mathematikunterrichts nicht ständig damit herum. Klasse 2c, wer hat da den ganzen Fußboden mit Blut bekleckert? Klasse 2c, wer läßt da dauernd einen fahren? Klasse 2c, was soll die Flasche Pipi hier im Raum?

Daß richtig gearbeitet, alles verstanden wird oder Ordnung herrscht, kommt in dem Chaos nur höchst selten vor. Zwischen Pannen, Notfällen, spontanen Zuneigungsbeweisen und genialen Streichen lernen sie, welches die fünf Sinne sind, wie die zwölf Monate heißen oder wie der Regenzyklus abläuft. Miss, sagen sie, du sein sehr nett. Miss, du mußt kommen in mein Haus, meine Mutter ist sehr froh mit dir. Miss, du tust uns immer Englisch lernen, heute tun wir dir unsere Sprache lernen; sag mal *Long-sharang*. Ich wiederhole es – *Long-sharang* –, und sie kringeln sich vor Lachen. Ich habe soeben gelernt, was Dummkopf auf Sharchhop heißt.

Nach der Schule holen sie mich ab, um bummeln zu gehen. Es gibt so viel, was sie mir zeigen müssen, einen zerfallenden

Tschörten, einen blühenden Orangenbaum an einem Bach, ein Wäldchen, in dem nachts Geister herumspuken. Sie haben so viel zu erzählen: von der Frau in ihrem Dorf, die mit den Toten reden kann, wie jemand einmal einen Dämon gesehen hat und daraufhin krank wurde, von dem riesigen haarigen wilden Tier, das in den Nebelwolken auf den Bergspitzen lebt und sich von Menschenfleisch ernährt (eins der Kinder demonstriert mir das, indem es einem anderen Kind in den Kopf zu beißen versucht). Sie erzählen mir, was sie einmal werden, wenn sie groß sind: Ein Dasho, Lastwagenfahrer, Bauer. Sie erzählen mir von ihren Eltern, wer Arra trinkt und wer nicht, wessen Haus Glasfenster hat und wessen Haus nicht, wer gestorben ist und wann und warum. Sie reden über Gott. Sangay, der Buddha, ist Gott, und auch Guru Rinpoche. Und Chenresig und Jambayang, sagen sie, womit sie die Bodhisattvas des Mitgefühls und der Weisheit meinen. *Lha shama*. Viele Gottheiten. Ich frage sie, ob sie glauben, daß man in den Himmel kommt. Ja, ja, sagen sie. »Wenn man sehr gut sein tut, kommt man dahin, wo Guru Rinpoche wohnt. Wenn man schlecht sein tut, dann kommt man nach unten.« Ich frage sie, was unter gut sein zu verstehen sei. Sie sagen, gut bedeute, gütig zu sein, zu geben, nicht zu töten, nicht einmal einen Vogel, nicht einmal ein Insekt.

»Aber ihr eßt doch Fleisch, oder?« frage ich. Sie nicken. »Ist das denn nicht böse?« Nein, sagen sie, sie töten das Tier ja nicht selbst. »Nur essen, nicht totmachen.« Das erinnert mich an die Geschichten von den Schweinen, die man an einem Abgrund festbindet. Irgendwann stürzt das Schwein hinunter, und dann kann man sagen, das Tier habe sich selbst umgebracht. Ich verstehe nicht so recht, wie dadurch das Gebot eingehalten wird, keinem Lebewesen ein Leid anzutun, aber sie verstehen es offenbar.

In der kühlen Abenddämmerung wandern wir wieder heimwärts den Berg hinauf. Zu Hause schreibe ich Robert einen weiteren Brief, in dem ich alles bisher Geschriebene noch einmal neu formuliere, mit mehr und besser nachvollziehbaren Details. Ich bin so glücklich darüber, hier zu sein, schreibe ich. Auch dann, wenn es schwierig und verwirrend ist. Vielleicht gerade dann. Ich bin so froh, hierhergekommen zu sein. Aber vielleicht wird Robert daraus schließen, daß ich ihn nicht vermisse, daß ich Bhutan lieber habe als ihn. Ich schreibe die letzte Seite noch mal um, schreibe, daß ich es nicht erwarten kann, ihn Weihnachten wiederzusehen. *Weihnachten.* Das Wort sieht auf dem Blatt so fremdartig und unglaubwürdig aus.

Nett hauen

Anfangs ist es die Ausdrucksweise, die mich irritiert. »Unser Sir haut nett«, teilt mir ein Viertkläßler mit. Mit Hauen sind Hiebe gemeint, mit einer Weidenrute oder einem dünnen Stock, auf die Handinnenfläche oder hinten auf die Beine. Aber nett hauen? Vielleicht ist damit ein Hauen ohne Nachdruck, ein zaghaftes oder entschuldigendes Hauen gemeint: das tut mir mehr weh als dir. Nett wird in Bhutan jedoch im Sinne von »gut gemacht« gebraucht. Folglich ist darunter ein gründliches Hauen, ein grausames Hauen zu verstehen. Bei besagtem Sir handelt es sich um Mr. Iyya, aber fast jeder Lehrer an der Schule benutzt einen Stock, und alle hauen sie nett. Ein gefährliches, dünnes Stück Bambus, das pfeifend auf eine zitternde Hand niedersaust, ein brutaler Knall, angehaltener Atem, stumme Tränen. Meistens verstehe ich nicht, weshalb gehauen wird. Mehreren Erstkläßlern wird einmal während der Morgenversammlung ein Schlag hinten auf den Oberschenkel verpaßt. Mrs. Joy erklärt mir, das sei die Strafe dafür, daß sie ohne Schuhe zur Schule gekommen seien. »Aber was ist, wenn ihre Eltern kein Geld haben, um ihnen Schuhe kaufen zu können?« frage ich entsetzt. Sie zuckt die Achseln. »Sie müssen Schuhe tragen. Der Direktor hat es immer und immer wieder gesagt.«

Im Klassenzimmer werden Schüler verhauen, wenn sie zu spät kommen, wenn sie unaufgefordert etwas sagen, wenn sie ihre Bücher vergessen haben, wenn sie etwas nicht verstanden haben, wenn ihnen etwas nicht einfällt, wenn sie eine Frage zu stellen wagen, wenn sie eine falsche Antwort geben und manchmal, vor allem in Mr. Iyyas Klasse, wenn sie die richtige Antwort geben. Die Lehrer kommen mit einem Notizbuch, einem Füller und einem Rohrstock zur Schule. Wenn sie den Stock verlegen oder er ihnen zerbricht, schicken sie einen Schüler hinaus, um einen neuen zu suchen. Ich hätte es mir eigentlich gleich denken können, als ich zum erstenmal hörte, wie die Kinder das Alphabetlied in einem so seltsam verzerrten Tonfall sangen: »O Madam, verhau mich nicht, jetzt kann ich doch mein ABC.«

Dann sagt eine Stimme in mir, daß dies nicht mein Land sei, nicht mein Erziehungssystem. Ich entsinne mich der Einzelheiten in unserem Einführungskurs, eines Vortrags über die Klostergemeinschaften, über harte Bestrafungen der Schüler durch den Guru, um eine vollkommene Unterwerfung zu erzielen. Das Ziel dieser Bestrafungen im Kloster ist nicht die Unterwerfung um ihrer selbst willen, sondern um das Ego zu brechen, um von einer falschen Auffassung vom Ich befreit zu werden, was zur Erleuchtung führt. Aber es ist sehr schwer nachzuvollziehen, wie das auf Drittkläßler übertragbar ist, die das Einmaleins nicht verstehen. Das Ziel in der Schule ist es, daß die Kinder etwas lernen und das Erlernte verstehen, und ein Stock nützt da nichts. Eine andere Stimme in meinem Inneren sagt: Dies ist ein Teil eines umfassenderen kulturellen Systems, dem andere Werte zugrunde liegen. Du kannst das nur aus deiner Perspektive sehen, mit deinem eigenen kulturellen Hintergrund und deiner Erziehung, und selbst wenn du recht haben sollest, was kannst du dagegen tun? So argumentiere ich hin und her: richtig/falsch, Ost/West, Urteil möglich/unmöglich. Das erinnert mich an Diskussionen in einem Philosophie-Proseminar, die Unmöglichkeit, irgend etwas mit Sicherheit zu behaupten, weder so- noch andersherum.

Eines Nachmittags sehe ich vom Rand des Sportplatzes aus, wie Mr. Rinzin Karma Dorji eine Ohrfeige gibt. Wutschäumend renne ich hinüber, wie kann er es wagen, was fällt ihm eigentlich ein? »Was ist denn vorgefallen?« frage ich Mr. Rinzin. Meine Stimme zittert, was er aber nicht zu bemerken scheint. »Nichts,

nichts. Nichts ist vorgefallen«, sagt er lächelnd und schreitet davon.

»Was ist passiert, Karma?« frage ich.

»Er mich gerufen, aber ich zu langsam gekommen.« Er zuckt die Achseln und trottet zu seinen Freunden hinüber. Und ich breche in Tränen aus.

Ich suche den Direktor auf, um mit ihm zu reden. Er hört mir geduldig zu. Ob man ein Kind schlagen solle, weil es ungehorsam war, sei dahingestellt, sage ich. Die Kinder würden jedoch andauernd geschlagen, wegen allem und jedem, sogar wegen Dingen, für die sie gar nichts könnten. Sie würden geschlagen, wenn sie etwas nicht verstanden hätten, und bekämen Angst, Fragen zu stellen. Wie sollen sie etwas lernen, wenn sie keine Fragen stellen können? Lernen und Angst seien unvereinbar, und was die Disziplin angehe, da gebe es andere Mittel. Der Direktor nickt. Das sei ihm bekannt. Er sagt, daß er mir im Prinzip zustimme, daß die Schüler in Bhutan aber an den Stock gewöhnt seien, und ohne Stock würden sie sich möglicherweise nicht ordentlich betragen. Er sagt, wenn er keinen Stock mehr benutze, könnten die Schüler den Eindruck gewinnen, er habe keine Autorität über sie. »Aber die Schüler betragen sich doch alle sehr gut«, entgegne ich.

»Ja«, pflichtet er mir bei. »Aber weshalb? Weil sie so streng erzogen worden sind, nicht wahr?« Ich spüre, wie sich mir die Kehle zusammenschnürt, und reiße mich zusammen, um nicht loszuheulen. Der Direktor schweigt eine Zeitlang, dann sagt er, ich könne in meinem Klassenzimmer jede mir genehme Methode anwenden und würde den anderen damit vielleicht ein Vorbild sein. Weil ich noch immer kein Wort herausbringe, nicke ich nur. Er fragt mich, ob ich schon von der Grundschulreform gehört habe, die derzeit von der Regierung eingeführt werde. Damit werde die körperliche Züchtigung abgeschafft, sagt er. Bis sich alle an die neuen Methoden gewöhnt hätten, werde jedoch eine Weile vergehen.

Diese Dinge brauchen Zeit, das ist wahr, will ich sagen, aber was ist mit Mr. Iyya? Bei Mr. Iyya wird die Zeit nichts ausrichten. Zwischen Mr. Iyya Hieben und denen der anderen Lehrer besteht ein großer Unterschied. Vor ein paar Tagen blieb ich starr vor Entsetzen vor dem Klassenzimmer der 1b stehen, als ich drinnen lautes Schluchzen vernahm. Die gesamte Klasse hatte sich in einer Reihe vor dem Dzongkha-Lopen aufgestellt, der mit einem Eimer Wasser und einer Handvoll Brennesseln vorne im Klassenzimmer saß. Er tauchte die Nesseln ins Wasser und schlug damit jedem Schüler auf die Hand. Er sah weder wütend noch beglückt noch betrübt darüber aus, daß er die Schüler für etwas bestrafte, das sie gemeinsam angestellt hatten, vielleicht aber auch nur dafür, daß sie etwas nicht verstanden hatten. Er sah einfach nur müde aus. Bei Mr. Iyya verhält sich die Sache allerdings anders. Ich habe mit angehört, wie er sich wegen eines falsch geschriebenen Wortes genüßlich in eine künstliche Wut hineinsteigerte. Die größeren Mädchen erzählen mir, daß er sie während des Unterrichts schlägt und häßliche Sachen zu ihnen sagt. »Was für häßliche Sachen?« frage ich, aber sie genieren sich, es mir zu verraten. Sein Englischunterricht in der vierten Klasse besteht darin, die Schüler Seiten aus dem Wörterbuch abschreiben und auswendig lernen zu lassen.

Als wir an jenem Nachmittag stadtauswärts wandern, frage ich Karma Dorji, ob er von seinen Eltern geschlagen werde. »Meine Mutter tut nicht schlagen«, antwortet er.

»Und was ist, wenn du unartig bist?« frage ich.

»Dann tut sie schreien«, sagt er. »Mein Vater tut schreien und manchmal auch schlagen. Aber Phuntsho Wangmo, du kennen Phuntsho Wangmo, Miss? Phuntsho von unsere Klasse? Ihre Mutter tut schlagen. Ihre Mutter tut sehr *kakter* sein.« Kakter bedeutet hart, schwierig, grob.

»Und die Lehrer in der Schule, die schlagen euch, oder?« frage ich. Alle nicken, und Norbu sagt: »Nur Miss tut nicht schlagen. Warum nicht schlagen tun, Miss?«

»Weil die Klasse 2c sehr brav ist«, sage ich, worauf sie anfangen zu lachen. »Nicht brav, Miss. Wir tun sehr unartig sein.«

Dann sage ich ihnen ganz langsam, damit sie es verstehen: »Wenn ich in meinem Dorf in Kanada die Schüler schlagen würde, würden ihre Eltern sehr wütend sein. Sie würden die Polizei rufen, und ich würde dafür ins Gefängnis gesteckt.« Aber noch ehe ich den Satz beendet habe, wird mir bewußt, daß das nicht ehrlich ist. Ich versuche zurückzurechnen, bis vor wie vielen Jahren körperliche Züchtigung an unseren Schulen üblich war. Ich entsinne mich an den Riemen in meiner Grundschule. Ich kann ihnen die ganze komplexe Problematik unmöglich erklären, die Debatte über körperliche Züchtigung, die rechtlichen Aspekte, Eltern, die Lehrer verklagen, Kinder, die Eltern verklagen. Wie soll ich ihnen die Zustände an nordamerikanischen Schulen erklären, an denen nicht die Lehrer die Schüler schlagen, sondern die Schüler manchmal die Lehrer, die schleichende Vergiftung der Beziehung zwischen Lehrer und Schüler, Vertrauensbrüche und Amtsmißbrauch, den katastrophalen Mangel an Selbstbeherrschung, dem offenbar niemand zu begegnen weiß. In Nordamerika ist alles ganz anders, aber letztendlich weder einfacher noch besser, und ich bereue es bereits, diesen Eindruck vermittelt zu haben. Hier ist schon wieder der Geist, der unüberlegt einem Gefühl Luft macht. Ich habe nichts gelernt.

Drei Tage nach diesem Gespräch werden wir während der Teepause im Lehrerzimmer durch eine Auseinandersetzung vor dem Büro des Direktors aufgestört. Ein Mann mit einem Rohrstock in der Hand redet mit leiser, wütender Stimme in sich überschlagendem Sharchhop. Maya erklärt mir, daß Mr. Iyya einem Mädchen in seiner Klasse die Fingerknöchel blutig geschlagen habe, und daß ihr Vater gekommen sei, um ihn sich vorzuknöpfen. Die Bürotür wird geschlossen, und wir können nichts mehr hören. Wir sitzen im Lehrerzimmer, beobachten, wie sich der Nebel auf den Schulhof senkt, lauschen, wie die ersten Regentropfen auf das Dach fallen, und warten das Ende der Geschichte ab. Die Bürotür geht wieder auf, und der Mann verläßt die Schule. Der Direktor sieht mitgenommen aus. Der Vater sei außer sich vor Wut, sagt er, und er habe ihn nur mit knapper Not davon abhalten können, mit dem Stock auf Mr. Iyya loszugehen. Er habe ihm versprochen, Mr. Iyya in seine Schranken zu weisen. Der Vater habe ihm dafür versprochen, Mr. Iyya nicht auf dem Schulgelände zu verdreschen. Wenn Mr. Iyya zukünftig auf den Basar komme, könne er jedoch für nichts garantieren.

Ich gehe langsam über den Sportplatz und lasse mich von dem kalten Regen durchnässen. Der Saum meiner Kira klatscht gegen meine Knöchel, und meine Gummischlappen versinken im Matsch. Es kommt mir vor, als kämpfe ich mich in tiefem Wasser voran. Du tust nichts, du hältst die Klappe, und ein Lehrer schlägt einem Mädchen die Hand wund. Aber es ist zumindest etwas unternommen worden. Vielleicht war es richtig, sich rauszuhalten und die Eltern selbst die Initiative ergreifen zu lassen. Wäre das Mädchen jedoch eine Internatsschülerin oder ihr Vater weniger selbstbewußt gewesen, hätte sich vielleicht niemand darum geschert. Man hätte das Mädchen ins Krankenhaus geschickt, um sich die Wunde nähen zu lassen, und Mr. Iyya würde seine Schüler weiterhin verdreschen und entwürdigend behandeln. Ich frage mich, wessen Aufgabe es eigentlich ist, etwas zu unternehmen. Nur weil ich eine Ausländerin, eine Außenstehende bin, weil dies nicht mein Heimatland ist, muß ich deshalb den Mund halten, wenn Kinder von einem unzurechnungsfähigen brutalen Erwachsenen geschlagen werden? Das ist eine heikle Situation, und ich weiß nicht, wo ich die Grenze zwischen kultureller Sensibilität und schlichter Feigheit ziehen soll.

Der Strauch heißt Miss Jammy

Ich hocke auf einer Arbeitsplatte in der Küche, und während ich darauf warte, daß das Wasser zu kochen beginnt, denke ich daran, mit welchem Widerwillen ich diesen Raum anfangs betreten habe. Beim Anblick der fleckigen Wände und der rissigen Betonspüle mußte ich sehnsüchtig an warme und gut beleuchtete Küchen mit Regalen voll hübscher Dinge denken. Porzellantassen mit passenden Untertassen, Keramikdosen, wattierte Topflappen und Grillhandschuhe im gleichen Design. Tischdecken, Platzdeckchen. Ein Brotkasten, eine Butterschale, Salz- und Pfefferstreuer. Firlefanz und Plunder, denke ich jetzt. Plunder und Firlefanz.

Ich habe einen Kerosinkocher (den ich nur zum Wasserkochen benutze), einen Plastikkanister und einen funkelnagelneuen Gaskocher mit Gasflasche. Ein paar Blechteller und Blechbecher mit und ohne Henkel. Drei Löffel. Einen Mehlstreuer, ein Teesieb. Ein scharfes Messer. Zwei Bambuskörbe, ein Sortiment leerer Dosen mit Plastikdeckeln. Eine Bratpfanne, einen Dampfkochtopf, zwei Kochtöpfe. Eine Bierflasche mit abgelöstem Etikett (mein Nudelholz), zwei Schulterpolster (meine Topflappen), eine Plastiktüte voll Plastiktüten und einen Wasserfilter. Alles in allem ist es noch immer die häßlichste, kälteste, dreckigste, düsterste, kahlste, primitivste Küche, die ich je gesehen habe, aber ich habe alles, was ich brauche.

Die ersten Halbjahresprüfungen sind vorüber, und ich habe gerade angefangen, die Biologiearbeiten von Klasse 2c zu benoten. Sogar die Vorschulkinder haben schriftliche Prüfungen abgelegt. Die ganze Woche über wanderten die Schüler auf dem Schulhof hin und her und lernten ihre Schulbücher auswendig. Die 2c wollte das auch tun. »Wir *müssen* das auswendig lernen«, sagten sie.

»Nein, ihr müßt das nicht auswendig lernen«, widersprach ich. »Ihr müßt es *verstehen.* Versteht ihr das?«

»Ja – Miss.«

Ich gieße kochendes Wasser in den Henkelbecher, rühre Kaffeepulver hinein und trage ihn zu meinem Schreibtisch, auf dem der Stoß mit den Prüfungsarbeiten liegt. *Was ist ein Strauch? Ein Strauch ist ein Strauch. Strauch ist Trausch. Ich bin kein Strauch. Der Strauch heißt Miss Jammy. Strauch ist ich wais nicht Miss.* Die meisten fallen in Biologie durch. Vielleicht hätte ich sie alles auswendig lernen lassen sollen. Ich presse meine Hand an das Fenster. *Ich wais nicht Miss.*

Der Wind draußen wird stärker, klingt unheimlich und bedrohlich, und eine Krähenschar läßt sich am Rand des Sportplatzes nieder. Im einem benachbarten Haus übertönen die Klänge einer Puja – Hörner, Trommeln und gesungene Gebete – das Geschrei eines Babys. Die Puja wird für das Baby zelebriert, das jedesmal, wenn ich es sehe, dünner und gelber aussieht. Ich schlage nach den Fliegen, die aggressiv um meinen Kopf herumsurren. Ich kann keine Arbeiten mehr korrigieren. Ich muß hier raus. Als ich die Tür öffne, kommt Lorna gerade die Treppe herauf. »Tach«, sagt sie. »Willste morgen mit zu 'nem Einkaufsbummel nach Samdrup Jongkhar kommen?«

Samdrup Jongkhar an der indisch-bhutanischen Grenze ist drei LKW-Stunden von Pemagatsel entfernt. Bei dem Einführungskurs in Thimphu wurde es als eine Art Einkaufsparadies für Ostbhutan bezeichnet, wo indische Waren aller Art erhältlich seien. »Machst du Witze?« entgegne ich. »Laß uns auf der Stelle losfahren!«

Wir können auf der Ladefläche eines Gipslasters mitfahren, und während wir auf einem Berg Steine kauern, rumpelt der Laster talauswärts in Richtung Hauptstraße. Der Himmel ist klar, von einem strahlenden, herzzerreißenden Blau. »Ist doch viel besser als der Kotz-Expreß«, sagt Lorna. Ich erzähle ihr, daß ein Lehrer mir weismachen wollte, eine Frau hätte hinter ihm im Expreß ein Kind zur Welt gebracht, und das sei erst bemerkt worden, als die Fahrt zu Ende war und die glückliche Mutter und ihr Mann mit ihrem neugeborenen Baby aus dem Bus gestiegen seien. Worauf Lorna berichtet, daß ihr bei ihrer ersten Busfahrt ein kleiner Novize auf den Fuß gepinkelt und ein Bhutaner einen Heiratsantrag gemacht hat.

»Wirklich? Was genau hat er denn gesagt?«

»Er konnte kein Englisch, deshalb hat er seinen Freund vorgeschoben«, sagt sie. »Sein Freund sagte, ›Bhutanischer Mann möchte Heirat mit dir.‹«

»Und was hast du geantwortet?«

»Ich sagte, ich würde es mir überlegen. In unseren Verträgen stand doch nicht, daß wir ledig bleiben müssen, oder?«

»Nicht, daß ich wüßte.«

»Gut«, sagt sie lachend. »Die gute alte Libido meldet sich langsam.«

»Ja«, seufze ich. »Ich habe dasselbe Problem, und Robert ist siebentausend Meilen weit weg.«

»Wie lang dauert's noch, bis du ihn wiedersiehst?«

»Sieben Monate.«

Lorna stößt einen Pfiff aus. »Na dann viel Glück, Mädchen.«

Als der Lastwagen um eine Kurve biegt, verschlägt es uns den Atem: Die Berge sind auf einmal zu sanften, smaragdgrünen Hügeln zusammengeschrumpft, die wiederum in das verdörrte und unglaublich ebene indische Tiefland auslaufen. Je weiter wir hinabfahren, um so heißer wird es, und die Vegetation wird üppiger, hat etwas Tropisches – blühende Sträucher mit sternförmigen Blättern, Bananenhaine, Regenschirmbäume mit Blüten in flammendem Rot. Wir sehen goldene Languren, scharlachrote Vögel, schwarze, handtellergroße Schmetterlinge mit stahlblauer Zeichnung, einen großen Nashornvogel, Wasserfälle. Als wir nach Samdrup Jongkhar hineinfahren, schlägt die schwüle Hitze über uns zusammen und hüllt uns ein. Wir bedanken uns beim Fahrer und springen auf den Asphalt – ich kann die Hitze durch meine Schuhsohlen hindurch spüren –, und wanken die Straße hinunter zum Shambhala Hotel.

Drinnen, unter einem schwirrenden Ventilator, schlagen wir uns den Bauch mit Hähnchen, Pommes frites und Schokolade voll und warten darauf, daß die Sonne tiefer sinkt. Sobald sie nicht mehr gnadenlos auf unsere Köpfe knallt, ist es etwas kühler, aber noch immer sehr schwül, und es kommt mir vor, als wären meine Lungen voller Schlamm. Wir laufen zur indisch-bhutanischen Grenze, deren eine Hälfte aus einer mit Slogans beschmierten Mauer besteht: ULFA! Anti-ULFA, nehmt euch in acht! Bodoland! Ich weiß aus den indischen Zeitungen, die die Schule bezieht, daß mit ULFA die »United Liberation Front of Assam« gemeint ist, die für eine Abspaltung von Indien kämpft, und daß die Bodos ein Volksstamm sind, der einen von Assam unabhängigen Staat fordert. Auf der anderen Seite der Mauer gehen die Straßen, die Läden und Teestuben weiter, aber die Gebäude sehen schäbiger aus, und auf den Straßen liegen Berge von Backsteinen, Sand und Müll. Wir laufen auf der Hauptstraße zurück, an Läden vorbei, in denen es buchstäblich alles gibt. Jeans, Regenschirme, Ananas, Kühlschränke, Kassettenrekorder, Dosengemüse, Gewürze, Handcreme, Taschenlampen, Autoteile, Stoffballen in hunderterlei Mustern und Farben. Ich kaufe mir eine neue und hoffentlich hühnersichere Taschenlampe (fünfzig Ngultrum, etwa vier Dollar), und wir beschließen, uns neue Kiras mit passenden Blusen und Jacken zuzulegen. Lorna sieht sich die Stoffregale keine dreißig Sekunden lang an und entscheidet sich dann für einen Baumwollstoff mit grünen Streifen, während ich zu ihrem großen Verdruß eine halbe Ewigkeit lang verschiedene Muster vergleiche.

»Wie findest du den hier?« frage ich, einen einfarbig dunkelgrauen Stoff hochhaltend.

»Ja, der ist schön.«

»Oder diesen hier? Mir gefallen die Karos besser als das Einfarbige.«

»Wenn du den Stoff einen Monat lang mit ›Surf‹ gewaschen hast, wirst du ohnehin keinen Unterschied mehr erkennen.« Es stimmt: Das Waschpulver, das wir benutzen, saugt die Farbe aus unseren Kleidern und frißt überall kleine Löcher hinein.

»Oh, der da ist schön. Wie findest du dieses Kastanienbraun?«

»*Schön*. Beeil dich, Aschenputtel, sonst kommst du zu spät zum Ball.«

Ich nehme den kastanienbraunen. Später sitzen wir in unserem Zimmer im Shambhala unter dem Ventilator und unterhalten uns über unsere Kinder. Lorna erzählt mir, wie sie ihnen einen Staubsauger und eine Waschmaschine zu erklären versuchte. »Wer weiß, was sie sich in ihren Köpfen ausgemalt haben«, sagt sie. »Versuch dir mal vorzustellen, wie das in ihren Ohren klingen muß: eine große Röhre, die Schmutz aufschlürft, und ein Kasten, der eure Kleider wäscht.«

Ich berichte Lorna von den kläglichen Antworten in den Biologiearbeiten der Klasse 2c. »Jetzt merke ich, daß mir eine pädagogische Ausbildung fehlt«, sage ich. »Ich frage mich, ob das, was ich tue, viel mehr ist als Babysitten.«

Wir kommen auf die Prügelstrafe zu sprechen. Lorna hält sich für eine strenge Lehrerin und hofft beweisen zu können, daß man streng sein könne, ohne schlagen zu müssen.

»Aber sollten wir nicht etwas dagegen zu unternehmen versuchen?« frage ich.

Lorna zuckt die Achseln. »Wir sind hier nicht dafür zuständig«, sagt sie. »Und überhaupt, was könnten wir denn tun?«

Auf einmal fällt der Strom aus, und wir liegen in der schwülen Hitze auf den Betten, lauschen dem Grillenkonzert und einem hysterisch kläffenden Hund. Als ich fast eingeschlummert bin, kommt Lornas Stimme aus der Dunkelheit herüber. »Mir ist gerade was eingefallen. Du kannst diese neue Kira nicht anziehen.«

»Wieso nicht?«

»Nur Mönche und Nonnen dürfen diese Farbe tragen.«

Das hatte ich vollkommen vergessen. »Na ja, ich kann ja auch Vorhänge draus machen.«

»Oder Nonne werden«, sagt Lorna kichernd.

Am nächsten Morgen beschließen wir, der Hitze zu entfliehen und nach Bidung zu fahren. Der Besitzer eines weißen Hilux, der vor dem Hotel geparkt ist, ein hochgewachsener Australier mit jungenhaftem Aussehen, erklärt sich bereit, uns nach Tashigang mitzunehmen. Er heiße Will und sei Berater, erzählt er uns, und er mache fünfundsiebzigtausend US-Dollar im Jahr, *plus* Tagesspesen und Fahrtkostenzuschuß, und er kapiere nicht, wieso wir hierherkommen, wenn wir nicht mindestens ebensoviel kriegten. »Ihr Pauker macht doch nicht mehr als hundertfuffzig Dollar im Monat«, sagt er verächtlich.

»Damit kann man auskommen«, entgegne ich.

»Die anderen Lehrer hier kommen auch damit aus«, fügt Lorna hinzu.

Will schüttelt nur den Kopf. »Einhundertfünfzig Dollar im Monat. Das würde ich nicht mitmachen, niemals.«

»Es hat Sie ja auch keiner drum gebeten«, murmelt Lorna.

Will sabbelt uns auf der gesamten Strecke bis nach Tashigang die Ohren voll. Dieses Land, diese Leute kriegten doch nichts auf die Reihe, keine Arbeitsmoral, keinen blassen Schimmer, wie man eine Brücke baut, lassen die Arbeitsgeräte einfach so rumliegen, zwei nagelneue Bohrer in einer einzigen Woche ruiniert.

»Weshalb bleiben Sie dann hier?« fragt Lorna. »Wenn es so furchtbar ist.«

»Sagte ich doch bereits«, sagt er. »Fünfundsiebzigtausend Dollar im Jahr.«

Ohne uns fürs Mitnehmen zu bedanken, klettern wir in Tashigang aus dem Fahrzeug. Es ist später Nachmittag; gerade noch genug Zeit, um vor Sonnenuntergang bis nach Bidung zu kommen. Während sich die Dämmerung herabsenkt, steigen wir durch kühle Kiefernhaine bergan und zu den Bergkämmen hinauf, auf denen sich der Wind nie legt. Wir machen unter Bäumen, am Sockel eines Tschörten und bei einer Ansammlung von Gebetsfahnen Rast. Als die Dunkelheit hereinbricht, erreichen wir Bidung. Lornas Quartier am Ende einer Reihe baufälliger Hütten besteht aus einem Wohnschlafzimmer und einer modrigen Küche voller Spinnweben und mit einem lehmverputzten Herd. Ich krame meine neue Taschenlampe aus der Tasche heraus, um damit zur Latrine zu gehen. »Die hält, was der Name Jauchegrube verspricht«, sagt Lorna warnend. »Es wird gerade eine neue gebaut. Die alte ist so ekelerregend, daß ich sie gar nicht benutze.«

»Was benutzt du denn dann?«

»Das Maisfeld«, sagt sie. »Der Mais steht gerade hoch genug.«

»O Lorna!«

Aber sie hat recht, die Latrine ist mehr als ekelhaft. Da, wo die Bodenbretter noch nicht verrottet sind, sind sie mit Exkrementen bedeckt, und ich hoffe für Lorna, daß die neue Latrine vor dem Herbst, wenn der Mais abgeerntet wird, fertig ist. Als ich zurückkomme, sagt Lorna, ihr »hauptloses Schuloberhaupt« habe uns soeben zum Abendessen eingeladen. »Ein netter Mensch«, sagt sie, als wir zu seiner Wohnung gehen, »aber als Schulleiter eine Niete. Außerdem trinkt er zuviel, aber viel mehr gibt's hier draußen ja eigentlich auch nicht zu tun.«

In einem Raum, der nicht anders aussieht als Lornas, schlürfen wir, auf Sprossenstühlen sitzend, große Schalen voll Arra. »Das Essen dauert noch eine Weile«, informiert uns der Schulleiter und schenkt uns Arra nach. »Nur zu.« Zwei Flaschen Arra später hocke ich mit einem leeren Teller auf dem Schoß da, kann mich aber nicht erinnern, etwas gegessen zu haben. Als wir aufstehen, um heimzugehen, muß Lorna sich an meinem Arm festklammern.

Auf dem Rückweg fragt sie: »Wie hast du bloß dieses widerwärtige Fleisch essen können?«

»Haben wir Fleisch gekriegt?«

»Ja, du Mondkalb. Es war vergammelt. Wie konntest du nur so viel davon futtern.«

Das weiß ich auch nicht. Als ich am nächsten Morgen erwache, habe ich einen Brummschädel. Lorna macht sich gerade für die Schule fertig. Sie hat kein Klassenzimmer, sondern hält ihren Unterricht auf der Schulveranda ab. An ihrem Fenster tauchen fünf kleine Gesichter auf. »Miss *niktsing*«, tuscheln sie aufgeregt. *Zwei* Misses. Beim Hinausgehen wirft mir Lorna ein Päckchen Hühnernudelsuppe aus einem Paket aus Kanada zu, das sie kürzlich erhalten hat, und trägt mir auf, das Mittagessen zu kochen. »Nimm bitte Holz und nicht den Kerosinkocher«, sagt sie. »Ich muß das Kerosin von Tashigang hier heraufschleppen. In dem Eimer in der Küche ist genügend Reisig.« Ich nicke und schlafe unverzüglich wieder ein.

Stunden später schichte ich sorgfältig Reisigstücke und Papierreste in den Ofen, besprenkle alles mit Kerosin und werfe ein brennendes Streichholz hinein. Das Feuer lodert auf, und ich bin entzückt. Zehn Minuten später ist die Suppe noch immer kalt: Das Feuer ist erloschen. Ich nehme mehr Reisig, mehr Papier, mehr Kerosin. Ich stochere, ich puste, ich fluche. Wie ist das möglich, daß ganze Häuser wegen eines einzigen elektrischen Funkens niederbrennen können, ich aber mit einem Eimer voll hochbrennbarer Materialien nicht mal einen Topf Suppe aufwärmen kann? Ich höre, wie die Tür aufgeht und Lorna fröhlich »Hallo Schätzchen, da bin ich« ruft. Doch ihre Fröhlichkeit legt sich schnell, als sie feststellt, daß ich ihr ganzes Holz und Papier und fast das ganze Kerosin aufgebraucht habe und die Suppe noch immer kalt ist. Sie scharrt in den verkohlten Überresten herum, und das Feuer prasselt lustig los.

Während wir die heiße Suppe schlürfen und Kekse mit Cremefüllung essen, erörtern wir diverse amouröse Entwicklungen unter den Gastlehrern. Eine Romanze mit einem der Kanadier schließt Lorna kategorisch aus. »Das sind gute Kumpel«, sagt sie, »aber mehr auch nicht.« Ich frage sie, ob sie etwas von den in unserem Einführungskurs erwähnten Nachtjagden mitbekommen hat, bei denen sich junge Männer an Frauen heranmachen, indem sie nachts durch ihr Fenster steigen.

Sie bejaht und sagt, das sei der Grund, warum die Schülerinnen eingesperrt würden.

»Was meinst du mit ›eingesperrt werden‹?«

»In die Schlafräume eingesperrt. Nachts. Von außen.«

Mir bleibt der Mund offenstehen. »Ihre Zimmer werden von außen abgeschlossen? Was, wenn ein Feuer ausbricht oder sonst was passiert?« frage ich. »Warum können die Mädchen nicht von innen abschließen?«

»Weiß ich nicht«, sagt Lorna. »Sie trauen ihnen wohl nicht.«

»Aber weshalb werden sie eingeschlossen? Wegen der Jungen?«

»Vermutlich.«

»Warum schließen sie dann nicht die Jungen ein?«

»Weiß ich auch nicht«, antwortet Lorna.

»Aber ist das nicht unheimlich? Auch das Wort Nachtjagd. Wenn hier alle ein so entspanntes Verhältnis zur Sexualität haben und die Frauen angeblich so frei sind, warum sperren sie dann die Mädchen ein? Das ist einfach unmöglich.«

»In unserer Kultur ist das unmöglich«, entgegnet Lorna.

Draußen bricht ein starker, heftiger Regen los. Es schüttet mit einer solchen Wucht, daß es richtig gespenstisch ist. Ich kann nicht weiter sehen als bis ans andere Ende des Schulhofs. Gegen halb vier fange ich an, mir Gedanken um den Zustand der Straße nach Pemagatsel zu machen. »Wenn das so weitergeht, werde ich in Tashigang festsitzen«, sage ich. »Ich mache mich besser auf den Rückweg.« Lorna leiht mir ein Regencape aus, und ich ziehe los. Der Pfad hat sich in eine Matschbahn verwandelt, und ich muß mich mehrere Male hinhocken und ein Stück weit hinunterrutschen. Meine Hose ist lehmverschmiert, und der Regen rinnt mir in den Nacken.

Als ich Tashigang erreiche, ist die Straße nach Süden schon gesperrt, und ich muß mehrere Tage dort warten, bis die Fahrbahn wieder frei ist und bis ich dann eine Mitfahrgelegenheit bekomme. Morgen für Morgen sitze ich im Phunsum und bete um einen Landcruiser, einen Hilux, einen Lastwagen, einen Motorroller, einen Esel. Auf dem Weg zum Basar bete ich eines Morgens sogar um den gefürchteten Kotz-Expreß, und meine Gebete werden flugs erhört. Da kommt er, mit jaulendem Motor und in eine blaue Rauchwolke gehüllt.

Die Frage nach dem Warum

Nach dem Regen schillert Pemagatsel in tausenderlei Grüntönen: lindgrün, olivgrün, erbsgrün, apfelgrün, grasgrün, kiefergrün, moosgrün, malachitgrün, smaragdgrün. Die Bäume sind voll zirpender Insekten, Blüten, Vögel, fester grüner Orangen, Kinder. Während ich an einer Steinmauer entlangschlendere, spüre ich beim jedem Schritt den Kontakt zur Erde und lausche der surrenden, summenden Welt ringsum. Ich bleibe stehen, um einer Frau beim Unkrautjäten in ihrem Garten zuzusehen. Im Schatten eines blühenden Strauches spielen ihre Kinder mit Kieselsteinen ein Spiel, während drei dralle Hühner in der Erde scharren. Ein Stück weiter, an einem Wasserfall, lasse ich mich auf einem bemoosten Felsbrocken nieder und kühle meine Hände und mein Gesicht in der Gischt. Ein Zweitkläßler und sein Vater bleiben neben mir stehen und bieten mir eine Handvoll Pflaumen an. Ich lehne höflich ab. Anbieten – ablehnen, anbieten – ablehnen, anbieten – annehmen. Die Pflaumen sind prall und leicht süß. Oben am Himmel bauschen sich die strahlendsten, weißesten Wolken, die ich je gesehen habe. Ich kann kaum noch glauben, daß ich dies einst für eine karge Landschaft hielt, daß ich befürchtete, das reiche mir nicht aus, hier würde es mir schlecht ergehen, würde ich nicht glücklich sein.

Gestern brachten mir die Kinder sieben winzige, schrumplige Äpfel, offenbar die letzten Exemplare von der letztjährigen Ernte. Das gelbe Fruchtfleisch unter der braun gewordenen, fleckigen Schale war fast unerträglich süß. In Kanada hätte ich sie weggeworfen und wäre zum Lebensmittelladen gegangen, um mir neue, perfekt geformte, makellose Äpfel zu kaufen, mit genetisch entwickeltem Geschmack.

Alles ist wertvoller, weil es von allem weniger gibt. Jedes braune Landei ist kostbar. Aus saurer Milch mache ich Joghurt, überreife Früchte verarbeite ich zu Kompott. Eine Plastiktüte ist ein rarer und überaus nützlicher Gegenstand. Die ersten paar Tüten hielten nicht lang, aber jetzt gebe ich acht. Ich wasche sie aus, lasse sie trocknen und lege sie zusammen. Ich spüle Gläser, Dosen und Plastikbehälter aus und hebe die Aluminiumauskleidung von Milchpulverpäckchen auf. Befriedigt über den Wert, den jeder einzelne Gegenstand hat, stehe ich in meiner Küche und denke, wie erfreut mein Großvater darüber wäre. Langsam glaube ich, daß dieses umsichtige Aufheben, Abzählen und Weglegen mehr mit dieser Wertschätzung zu tun hat als mit der Angst, es könnte einem irgendwann fehlen.

Ich weiß, wo alles herkommt. Der Käse in meinem Currygericht kommt von der Kuh, die der Familie im ersten Haus hinter dem Krankenhaus mit den Bananenbäumen davor gehört. Ich kaufe den Käse frisch, noch warm, in ein Bananenblatt gewickelt und mit dem Strang einer getrockneten Schlingpflanze verschnürt. Die neuen Zehensandalen, die ich gerade anhabe, sind ein Geschenk von Sangay Chhodens Mutter für die antibiotischen Ohrentropfen, die ich ihr für das entzündete Ohr von Sangay Chhodens kleinem Bruder gegeben habe. Der Stoffbeutel mit Erbsen, der in der Küche hängt, ist von Sonam Tshering, dessen Familie in einer Bambushütte am Ende der Straße lebt und es sich nicht leisten kann, Erbsen oder anderes zu verschenken. Ich vergesse die Erbsen, bis sie zu faulen anfangen, und will gerade alles wegwerfen, als mir das Bild von der Hütte und dem kärglichen Gemüsegarten dahinter vor Augen tritt. Ich zwinge mich, die Erbsen zu verlesen, die eßbaren von den schleimigen zu trennen, und denke dabei an einen tantrisch-buddhistischen Lehrsatz, demzufolge man Ekel überwindet und sich mit der Unausweichlichkeit von Tod und Verfall auseinandersetzt, indem man sich mit abstoßenden Dingen beschäftigt.

Alles ist wertvoller, weil alles erdverbunden ist. Es gibt keine Schilder, die man lesen muß, keine Werbetafeln oder Neonreklame; statt dessen studiere ich die Berge, die Felder, die Bauernhäuser und den Himmel. Die Häuser sind aus Lehm, Stein und Holz gebaut und nicht hermetisch verschlossen. Der Wind pfeift durch die Ritzen, die Nacht sickert durch die grob gezimmerten Schiebeläden herein. Die Grenze zwischen innen und außen ist nicht so klar gezogen.

Alles ist wertvoller, weil zu seinem Verständnis Anstrengung erforderlich ist. Ich muß mich an all die halb erklärten, halb übersetzten, halb vorstellbaren Dinge halten und hoffen, irgendwann jemandem zu begegnen, der sie mir erklären kann. Eines Abends werde ich zu den Jungenschlafsälen gerufen, um nach einem kranken Achtkläßler zu sehen. Zusammengekauert und mit apathischem Blick hockt er auf seiner Matratze. Als ich ihn leicht am Arm berühre, zuckt er zusammen. Er habe so komische Anfälle, erklären die anderen Jungen, nein, keine Epilepsie, sie kennen Epilepsie, das sei es nicht. Es sei so was wie Besessenheit. Letztes Jahr habe ihm ein Lama ein Schutzamulett gegeben, und bis vor einer Woche, als er das Amulett beim Waschen im Fluß verlor, war er gesund, aber jetzt, schau nur, Miss, ist er wieder krank. Ich weiß nicht, was ich dazu sagen soll. Besessenheit wurde in unserem Gesundheitskurs nicht abgehandelt. Haltet ihn warm, sage ich, aber nicht zu warm. Laßt ihn in Ruhe, aber bleibt in seiner Nähe. Als ich später den anderen Lehrern davon berichte, nicken sie. Ja, so was komme vor. Sie wissen nicht, wie sie es auf englisch erklären sollen. Es gibt hier Dinge, die zu alt sind, um sie in diese neue Sprache übersetzen zu können.

Der Direktor bittet mich, an den Nachmittagen, wenn die Klasse 2c Dzongkha-Unterricht hat, in der achten Klasse Englisch zu geben. Am Abend vor meiner ersten Stunde bleibe ich bis spät in die Nacht auf, um alles noch einmal durchzugehen, und hoffe, daß ich mit den älteren Schülern zurechtkommen werde, von denen viele mindestens achtzehn sind. Aber meine Angst erweist sich als unbegründet: Sie sind lammfromm und überaus höflich. Bei Fragen, auf die es eine eindeutige Antwort gibt, machen sie eifrig mit. Wie lautet das Partizip Perfekt von essen? Was geschieht mit der Hauptfigur der Geschichte? Andere Fragen jedoch rufen ein betretenes, verwirrtes Schweigen hervor. Vielleicht sind sie schüchtern, denke ich, vielleicht drücken sie sich in schriftlichen Arbeiten freier aus. Zu meiner Verwunderung zeigt sich jedoch, daß ihre Aufsätze enttäuschend ähnlich klingen. Alle beginnen mit einem Klischee oder einem sinnentstellten Sprichwort. *Man sagt, die Schulzeit sei eine goldene Zeit, und das ist wirklich wahr. Es heißt, Reinlichkeit ist die erste Tugend nach der Frömmigkeit, und dem stimme ich zu.* Jeder Aufsatz endet mit einem abgeschmackten Rat oder schmeichlerischem Lob (*Und deshalb laßt uns unseren gütigen Lehrern danken, die sich für uns arme unwürdige Schüler so sehr aufopfern.*). Ich kann sie nicht dazu bewegen, eigene Gedanken zu Papier zu bringen, und ich frage mich, ob das daran liegt, daß individuelle Äußerungen hier nicht so geschätzt werden wie in westlichen Staaten. Eigenständiges Denken scheint sehr wenig zu zählen; wichtiger sind die Gemeinschaft, Anpassung, Übereinstimmung und Unterwürfigkeit.

Aber es muß doch auch Widerspruch geben, denke ich. Als ich außerhalb des Klassenzimmers genauer hinhöre, vernehme ich andere Geschichten. Ein paar Mädchen aus den oberen Klassen erzählen mir, daß sie gezwungen wurden, in der Schule ihre Haare kurz zu schneiden. Sie sind nepalesischer Herkunft und kommen aus den südlichen Distrikten Bhutans. (Nach einer Verfügung der Regierung werden Schüler ab der sechsten Klassenstufe an Schulen außerhalb ihres Heimatdistrikts geschickt. Schüler aus dem Süden werden in den Norden geschickt, Schüler aus dem Osten in den Westen, Schüler aus dem Westen in den Süden, um eine größere Integration zu erreichen.) Ein nepalesisches Mädchen erklärt mir, daß es bei ihnen üblich sei, die Haare lang zu tragen. »Wir haben geheult wie nur was«, sagt sie, »aber was soll man machen? Kurze Haare zu haben entspricht der *Driglam namzha*.«

Ich erkundige mich beiläufig beim Direktor, warum die Schülerinnen ihre Haare alle kurz tragen müssen. »Läuse«, sagt er nüchtern. Es stimmt, in den Wohnheimen wimmelt es von Flöhen, Läusen und Wanzen, und in Anbetracht der unberechenbaren Wasserversorgung sind kurze Haare durchaus sinnvoll. Diese *Driglam namzha* greift jedoch immer mehr um sich. Beispielsweise die neue Kleidervorschrift: Alle Bhutaner müssen in der Öffentlichkeit die Nationaltracht tragen, ansonsten drohen ihnen Geldstrafen oder das Gefängnis. Im Lehrerzimmer blättere ich alte Ausgaben des »Kuensel«, Bhutans nationaler Wochenzeitung, durch, die ich normalerweise links liegenlasse, wenn sie mit ein, zwei Wochen Verspätung hier eintrifft. In einem Artikel heißt es, daß die Kleidervorschrift Teil der Bemühungen sei, Bhutans nationale Identität zu bewahren oder zu stärken. Größere Länder könnten sich eine Vielfalt von Sitten und Traditionen leisten, sie bereicherten dort das nationale Image oder verliehen ihm mehr Farbigkeit, aber »zur Gewährleistung von Wohlergehen und Sicherheit in einem kleinen Land wie Bhutan wird die Bewahrung und Stärkung einer unverwechselbaren nationalen Identität immer ein überaus wichtiger und entscheidender Faktor sein«. Diese Artikel scheinen speziell an die Südbhutaner nepalesischer Herkunft gerichtet zu sein. Dem »Kuensel« zufolge haben die Bewohner der südlichen Landesteile bekundet, daß sie die Stärkung von Bhutans einzigartiger kultureller Identität voll unterstützen werden, indem sie die Nationaltracht tragen, die Nationalsprache sprechen und die in der *Driglam namzha*, in der traditionellen Etikette, festgelegten Verhaltensregeln befolgen werden. Die Regierung gibt bekannt, daß sie maschinell hergestellte Stoffe für Khos und Kiras importieren wird, die zum Selbstkostenpreis an die Bewohner Südbhutans abgegeben werden können. Die Bewohner Südbhutans drücken ihre Dankbarkeit aus.

Aus genau diesem Grund lese ich den »Kuensel« nur selten. Ständig drückt jeder darin seine Unterstützung und Dankbarkeit aus, nie scheint jemand anderer Ansicht zu sein. Es kommt mir zum Beispiel eigenartig vor, daß die Südbhutaner in dem heißen, tropischen Tiefland angeblich so erpicht darauf sind, die im Norden übliche Bekleidung zu tragen, und daß nicht eine einzige Person nepalesischen Ursprungs ihr Interesse daran bekundet, die eigene Kultur und Sprache zu bewahren. Eine Identität ist vielleicht im Laufe der Zeit durch eine andere ersetzbar, aber die Namen anzugleichen, die die Menschen sich geben, dürfte schwierig sein. Entweder gibt es abweichende Ansichten, die nicht geäußert werden, oder sie werden geäußert, aber nicht abgedruckt. Es muß doch zumindest ein *paar* Leute geben, die von dieser Idee nicht angetan sind.

Ich bitte einen Achtkläßler, mir die neue Vorschrift zu erläutern. »Unsere Nationaltracht ist Teil unserer Kultur«, sagt er. Ich frage, warum sie dann gesetzlich vorgeschrieben werden müsse. Das wisse er nicht genau, meint er, aber der Dzongda habe neulich in seiner Klasse gesagt, die Frage nach dem Warum sollte in Bhutan nicht erlaubt sein.

»Wieso denn nicht?« frage ich ungläubig.

»Nach dem Warum zu fragen, verstößt gegen die *Driglam namzha*«, sagt er. Ich starre ihn mit offenem Mund an, sage aber nichts mehr dazu. Ich wage nicht, dem Distriktverwalter zu widersprechen. Vielleicht ist das ja gar nicht wahr. Vielleicht ist er falsch verstanden worden. Vielleicht kapiere ich es nicht. Mit Sicherheit kapiere ich es nicht. Die Frage nach dem Warum sollte nicht erlaubt sein? Hier ist ein vollkommen anderes Wertesystem am Werk, eins, das auf einer anderen Geschichte basiert. Gehorsam gegenüber Autoritätspersonen, Respekt gegenüber den Älteren und die Erhaltung des Status quo bilden das Fundament der bhutanischen Werte. Ich versuche mir einzureden, ich müsse die Aussage des Dzongda objektiv sehen, in einem kulturellen Kontext ... aber ich bezweifle, daß das wirklich immer möglich ist: Was bedeutet »objektiv« überhaupt?

Versetzung

»Miss, dein Freund ist da!« Mit diesen Worten kommt Sangay Chhoden nach der Schule zu mir in die Bücherei. Ich schließe ab und folge Sangay die Treppe hinunter, um nachzusehen, wer da gekommen ist. »Hallo, Medusa«, begrüßt mich Leon angesichts meiner Haare, die wegen der Julifeuchte zotteliger denn je sind.

»Ich sterbe vor Hunger. Was hast du zu essen da? Wie wär's, wenn wir uns eine Pizza backen?« Wir ziehen los, am Außenrand des Sportplatzes entlang, aber das Fußballspiel wird trotzdem jäh unterbrochen, und alles starrt zu uns hin. »Passiert dir das in Wamrong auch?« frage ich Leon.

»Klar, andauernd. Ich kann auf dem Markt keine Tomaten einkaufen gehen, ohne daß die ganze Stadt davon spricht. Was macht der *Phillingpa* da, er kauft Tomaten, was zahlt er dafür, wo hat er sie letztes Mal gekauft, wieviel hat er da bezahlt. Ich weiß, daß das hier einfach dazugehört, aber trotzdem geht es mir manchmal auf die Nerven. Wir haben eine so strenge Vorstellung von Privatsphäre, und hier gibt es so was eben nicht.«

Ich weiß genau, was er meint. Ich sehne mich manchmal nach Anonymität, danach, unbemerkt und ohne angesprochen zu werden in einer Stadt eine bevölkerte Straße entlangzuschlendern. Ich sehne mich danach, von Fremden umgeben zu sein, denen es völlig schnuppe ist, wohin ich gehe, wenn ich am Samstag morgen meine Wohnung verlasse. Ich weiß, daß heute abend jeder im Dorf wissen wird, daß mein Freund zu Besuch gekommen ist. Eigentlich ist das nicht weiter schlimm, aber trotzdem wünschte ich, mein Privatleben wäre ... na ja, privat.

Wir machen auf dem Weg zu meiner Wohnung an einer Böschung halt, um heimlich ein paar Stengel »Schweinefutter« zu pflücken. Mir ist aufgefallen, daß viele der ausländischen Lehrer, selbst solche, die es normalerweise nicht rauchen, von dem Marihuana, das hier überall wild wuchert, Gebrauch machen. Während ich die Blätter in der Bratpfanne trockne, mischt Leon Zwiebeln und Druk-Tomatensauce für die Pizza. Wir bleiben bis tief in die Nacht hinein auf, trinken warmes Golden-Eagle-Bier und rauchen Marihuana. Leon will seinen Vertrag verlängern lassen und macht sich bereits Gedanken darüber, wohin er sich dann versetzen lassen will. »Irgendwo mitten in die Pampa«, sagt er. »Ich weiß, es ist zu früh, das zu fragen, aber hältst du's für möglich, daß du verlängerst?«

»Kann ich nicht«, sage ich. »Zum einen ist da Robert ...«

Ich mache mir um meine Beziehung zu Robert Gedanken. Er fehlt mir, aber unsere Briefe scheinen die Entfernung zwischen uns nur zu vergrößern. Sie sind zu Monologen geworden, bis auf ein paar an den Anfang oder den Schluß angehängte Zeilen: Ich hoffe, deine Magenbeschwerden haben sich gelegt, ich hoffe, dein letzter Aufsatz war erfolgreich, gib acht mit dem Wasser dort, schön, daß du ein neues Auto hast. Was ich nicht schreibe, ist, daß mir ein Auto in einer Stadt, in der es Busse, Züge, Straßenbahnen und eine U-Bahn gibt, als ein schrecklicher Luxus erscheint oder die Eigentumswohnung, von der Robert geschwärmt hat, wie ein kostspieliges Gefängnis. Außerdem habe ich den Verdacht, daß er mir verschweigt, wie unverständlich er die Geschichten in meinen Briefen findet. »Es ist, als befänden wir uns auf zwei unterschiedlichen Planeten«, sage ich.

»In gewisser Hinsicht stimmt das ja auch«, erwidert Leon.

Mißmutig starre ich meine Bierflasche an. »Es ist fest abgemacht, daß ich Weihnachten heimfahre«, sage ich. »Und vielleicht kann er anschließend eine Zeitlang mit mir hierherkommen.« Da ist wieder dieses fremdartige Wort: Weihnachten. Und »heimfahren« hat inzwischen auch einen seltsamen Klang.

Zu viele Flaschen Bier später fülle ich das restliche »Schweinefutter« in eine Tüte. »Laß alles stehen«, sage ich zu Leon, als er Teller mitsamt Ananasschalen übereinanderstapelt, und werfe mich ins Bett.

Wenige Stunden später klopft es laut an der Tür. Ich liege in dem grauen Morgenlicht im Bett und bin fest entschlossen, das Klopfen zu ignorieren. Geht weg, geht weg, denke ich, es ist zu früh, um mich mit Gemüse oder einer blutenden Wunde zu beehren. Nun geht schon, ich stehe nicht auf. Das Geklopfe wird zum Gedonner. Im Nachthemd marschiere ich zur Tür und ziehe mit einem wütenden Ruck den Riegel zurück. »Was gibt's?« rufe ich. »Was gibt's denn!«

Verdutzt weicht der Direktor einen Schritt zurück. »Äh, Miss Jamie, dies ist der neue Rektor vom Sherubtse College«, sagt er, auf den rundlichen Mann neben sich zeigend. Er hat ein breites, freundliches Gesicht und trägt einen reich bestickten, orange-gelben Kho. »Er würde sich gerne mit Ihnen unterhalten ...«

Ich entschuldige mich überschwenglich, daß ich sie warten gelassen habe, daß ich so unhöflich war, daß ich noch im Nachthemd bin, und überhaupt, und führe sie ins Wohnzimmer, wo Leon sich blinzelnd in seinem Schlafsack aufsetzt. Während er hochspringt, flitze ich davon, um mir eine Kira anzuziehen. Als ich zurückkomme, sitzen der Schulleiter und der Rektor von Sherubtse am Tisch, während Leon die leeren Bierflaschen und schmutzigen Teller wegräumt. Er verzieht sich in die Küche, um Tee zu machen, und der Rektor erzählt mir, daß er soeben zum Nachfolger von Pater Larue ernannt worden sei. Einer der Englischdozenten werde das College diesen Monat verlassen, und er habe gehört, daß ich einen Magisterabschluß in Englisch hätte. Er fragt mich, ob ich an der Stelle interessiert sei.

»Pater Larue hielt mich für zu jung«, sage ich lahm.

»Ich weiß«, sagt er kopfschüttelnd. »Aber ich finde, wenn jemand die richtige Qualifikation hat, dann spielt das Alter keine Rolle. Das ist wie wenn man sagen würde, jemand sei zu klein für die Stelle. Nein, nein, wir haben wegen Ihres Alters keinerlei Bedenken.«

Leon trägt den Tee herein, und im gleichen Moment bemerken wir beide die Tüte auf dem Tisch. Er war so umsichtig, wegen dieses unvorbereiteten Vorstellungsgespräches die Pizzareste und die Ananasschalen wegzuräumen, aber die Tüte Pot hat er vergessen. Wir schauen uns an, und ich merke, daß er kurz davor ist, laut loszuprusten. Er beißt sich auf die Lippen und blickt in eine andere Richtung, aber seine Schultern beben vor Lachen.

Während wir unseren Tee trinken, erzählt mir der Rektor mehr über das College. Das vierzig Autominuten südlich von Tashigang gelegene und von dem Dorf Kanglung umgebene College sei Bhutans höchste Bildungseinrichtung. Etwa fünfhundert Studenten belegten dort Kurse in Geisteswissenschaften, Wirtschafts- und Naturwissenschaften. Der Studienplan für Englisch werde von der Universität Delhi festgelegt, er beinhalte ein wenig Lyrik, ein wenig Shakespeare, ein paar Romane. Die Bibliothek verfüge über dreizehntausend Bände. Die meisten der anderen Dozenten seien aus Delhi, sie lebten alle auf dem Campus, die Wohnungen für das Lehrpersonal seien sehr schön, und er sei überzeugt, daß ich mich dort sehr wohl fühlen werde ...

Ich weiß nicht, was ich sagen soll. Das College klingt wie ein Traum (dreizehntausend Bücher!), aber es kommt alles so plötzlich, und mir ist nicht klar, ob ich diesbezüglich überhaupt eine Wahl habe oder nicht. Der Rektor erhebt sich. »Nun, dann werde ich das Erziehungsministerium informieren, daß Sie versetzt werden«, sagt er. »Und wir werden Sie nächste Woche mit einem Fahrzeug abholen lassen.«

Als sie weg sind, schlenkert Leon die Plastiktüte mit dem Pot vor meinem Gesicht hin und her. »Auf dieses Versetzungsschreiben bin ich ja mordsmäßig gespannt«, sagt er. »Ich wette, da steht *Rücktransfer nach Toronto* drin.«

»Glaubst du, ich kann mich weigern zu gehen, Leon?« frage ich.

Er meint, ich könne vermutlich schon darum bitten, in Pemagatsel zu bleiben, aber er finde, ich solle zusagen. »An dem College wirst du Bhutan bestimmt aus einer ganz anderen Perspektive kennenlernen«, sagt er. »Die Studenten kommen aus allen Landesteilen und aus den unterschiedlichsten Verhältnissen. Das ist eine tolle Chance.«

Nachdem Leon sich nach Wamrong aufgemacht hat, zerre ich meine leeren Eishockeytaschen und Koffer unter dem Bett hervor und starre sie an, als würde die Vorstellung von Kanglung dadurch realer und als erleichtere mir das die Entscheidung. Ich höre ein paar Kinder die Treppe hinaufstapfen. Ich will sie eigentlich nicht sehen, aber sie lassen nicht locker, rütteln an der Klinke und brüllen: »Darf! Ich! Reinkommen! Miss!« Ich erhebe mich widerstrebend und lasse sie herein. Mitten im Zimmer bleiben sie abrupt stehen und starren auf die Taschen.

»Miss, wo tust du hingehen?« fragt Tshewang Tshering.

»Ich bin gerade nach Kanglung versetzt worden«, antworte ich. Erst sehen sie mich prüfend an, um herauszufinden, ob das ein Witz sein soll, und dann sehen sie einander an. Es entsteht ein langes, schreckliches Schweigen, bei dem wir alle zu Boden starren. Karma Dorji wischt sich seine Rotznase am

Ärmel ab und schaut auf. »O Miss«, sagt er traurig. »Bitte tu nicht gehen.«

»Entschuldigt mich einen Moment«, sage ich und laufe ins Bad. Ich verriegle die Tür und drehe den Wasserhahn voll auf. Als das Wasser geräuschvoll herausschießt, lehne ich meine heiße Stirn an den feuchten, bröckligen Beton und heule los.

Bis Montag hat sich die Nachricht herumgesprochen. Als ich die Tür von Klasse 2c öffne, werde ich mit Fragen überhäuft. Miss, du willst gehen? Nach Kanglung Collitsch gehen? Miss, du tust Versetzung haben? Wann tust du gehen? Ist das wahr, Miss?

Ich sage ihnen ja, es sei wahr. Ich werde versetzt, ich werde fortgehen. In einer Woche vielleicht. Ich werde am Kanglung College unterrichten, aber ich werde ihnen schreiben, sage ich. Sie werden mir fehlen, aber ich werde sie besuchen kommen. Und es wird ein neuer Lehrer für Klasse 2c kommen. Und jetzt wir werden Diktat schreiben tun, denn wenn wir das nicht täten, müsse ich wieder heulen.

Im Lehrerzimmer beglückwünscht man mich von allen Seiten. Ich hätte ja solch ein Glück, sagen sie mir. Ich werde Strom haben, eine schönere Wohnung, eine Busverbindung nach Tashigang. Kanglung sei ein viel besserer Ort; ich werde prima Dozenten als Kollegen haben, ich werde die Crème de la crème unterrichten. Mr. Iyya meint, ich werde auf dem Zenit meines Ruhmes sein. Ja, wer will schon in einem so abgelegenen und hinterwäldlerischen Ort eine zweite Klasse unterrichten, fragen sie sich gegenseitig. Meine Kehle brennt, und ich bringe kein Wort heraus.

In der Mittagspause sitze ich auf der Eingangstreppe zur Schule und schaue einigen meiner Schüler beim Fußballspielen zu. Ich stelle mir die Bibliothek mit Nachschlagewerken vor, die auf einem langen polierten Tisch aufgeschlagen vor mir liegen, stelle mir vor, wie ich statt Diktaten Vorlesungsskripte vorbereite und statt Herbert, die Maus, »Macbeth« durchnehme.

Ich denke an meine Kinder, meine lieben, süßen, strahlenden, muffelnden, rotznasigen, barfüßigen Kinder. An der Schule herrscht ohnehin ein gravierender Lehrermangel, und bis eine Nachfolge gefunden ist, werden etliche Wochen vergehen. Meine Kinder werden in ihren Leistungen zurückfallen. Seit sie bei den Halbjahresprüfungen so schlecht abgeschnitten haben, frage ich mich allerdings, ob sie bei mir überhaupt etwas lernen. Ich habe sie sehr lieb, aber ich kann ihnen offenbar nichts beibringen. Mit einem ausgebildeten Grundschullehrer, einem, der ihnen das Teilen beibringen kann, ohne dabei das Wort teilen zu verwenden, wären sie sicher besser dran.

Anderseits könnte sich mein Nachfolger als ein zweiter Mr. Iyya entpuppen. Der Gedanke, daß jemand sie schlägt, ist mir unerträglich. Und vielleicht wäre es ohnehin töricht, jetzt zu wechseln, wo ich mich endlich in Pemagatsel, dem Lotos der Zufriedenheit, eingewöhnt habe. Ich habe mich akklimatisiert, und das war gar nicht so leicht. Ja, ich sollte zum Direktor gehen und ihm mitteilen, daß ich nicht fortgehen will, ihn fragen, ob ich hierbleiben kann.

Nach der Mittagspause trifft ein Telegramm für mich ein, vom Außenbüroleiter in Thimphu: Versetzungsantrag erhalten, schreibt er. Werde ihn weiterleiten, wenn Sie wechseln wollen. Werde Ihnen aber auch Rückendeckung geben, wenn Sie lieber in P/G bleiben möchten.

Na also, ich kann bleiben, wenn ich will.

Aber ich glaube, ich will gehen. Der Gedanke an neue Geschichten, an einen anderen Ausblick über neue Täler und Höhenzüge, daran, Bhutan von einer anderen Seite kennenzulernen, zieht mich fort. Ein neuer Einsatzort. Ich telegrafiere zurück, daß ich nach Kanglung gehen werde, und frage an, ob der WUSC einen neuen Gastlehrer nach Pemagatsel schicken kann, um meine Stelle einzunehmen.

Am Abend kommen mich die Kinder besuchen, fünf an der Zahl. Sie bleiben zum Abendessen, und danach singen sie Lieder in Dzongkha und Sharchhop und Nepalesisch. Karma Dorji dolmetscht für mich: eine Mutter weint um ihr Kind; die Lehren des Buddha bringen Erleuchtung; o Lhamo, ich bat dich, nicht zu gehen; der murmelnde Fluß kündigt den Frühling an. Die Session endet mit ihren englischen Lieblingsliedern: »Chili-Essen«, zur Melodie von »Clementine« gesungen, und dem Momo-Song:

Fünf fette Momos sitzen auf dem Ladentisch
Rund und fett, mit Chili im Gesicht.
Da kommt ein Bub mit 'nem Ngultrum in der Faust,
gibt das Geld dem Kaufmann und ißt 'nen Momo auf!

Weil es danach zu spät geworden ist, um nach Hause zu gehen, übernachten sie bei mir auf dem Fußboden auf Matten und Steppdecken, mit Decken, Kiras und Handtüchern zugedeckt. Am nächsten Abend sind es acht, am übernächsten sechzehn. Nach dem Abendessen spielen sie mir einen Sketch vor, in Kostümen, die sie aus Kiras, einem Badmintonschläger, einer Sonnenbrille, Plastiktüten und meinen Wollstrumpfhosen zusammenstellen. Sie machen ihre Hausaufgaben, blättern Zeitschriften durch und malen mir Bilder, mit denen ich meine neue Wohnung schmücken soll. Sie schreiben mir Abschiedsbriefe und legen sie in kunstvoll verzierten Briefumschlägen auf mein Bett.

Während wir dichtgedrängt in der winzigen Küche stehen und bei wild flackerndem Kerzenlicht Zwiebeln, Chilischoten und Kartoffeln für das Abendessen kleinschnippeln, erzählen sie mir Geistergeschichten, und danach trauen sie sich nicht mehr aus der Küche heraus und gehen in Dreier- oder Vierergruppen aufs Klo. Sie spülen das Geschirr, streiten sich um den Walkman und nicken auf dem Fußboden ein.

Ich sehe ihre Hausaufgaben durch und bewundere ihre Bilder, schlichte Streitereien und versuche, ihnen so gut es geht die Illustrationen in den Zeitschriften zu erklären. »*Doen*«, sage ich zu einer Anzeige, in der Freddie Krueger aus »Nightmare on Elm Street« zu sehen ist. »Ein Geist. Aber kein echter.« Ich gehe auf den Markt, um mehr Reis, Eier, Butter und Salz zu kaufen (nachdem mir mein Gehalt für vier Monate endlich ausgezahlt worden ist, bin ich im Besitz eines Geldsacks à la Dagobert Duck, mit zwölftausend Ngultrum in Fünfern und Zehnern). Ich schäle riesige Mengen Knollenfrüchte für die Mahlzeiten, aber der Berg wird nicht kleiner, weil ich das Geld-gegen-Gemüse-Dilemma mit den Schülern nie zu lösen vermochte, und als ich nach Kanglung abreise, nehme ich einen 25-Kilo-Sack Kartoffeln, Rettiche und Karotten mit. Gegen Mitternacht falle ich in einen tiefen, festen Schlaf. Ich weiß, daß ich Ende der Woche abfahren muß, aber vorläufig bin ich noch hier mit meinen Kindern, und ich bin glücklich.

Doch schließlich muß ich sie heimschicken. Ich habe noch nichts gepackt. Sie trollen sich davon, aber kurz vor Einbruch der Dunkelheit kommen Norbu und Karma Dorji wieder. Ein Mann aus Norbus Nachbarhaus sei plötzlich gestorben, erklären sie, und sie hätten Angst, zu Hause zu schlafen. Die Leute sagen, der Mann sei durch Schwarze Magie getötet worden. Sie setzen sich schweigend an den Tisch und wollen weder Tee noch Buntstifte noch Bücher haben. Hin und wieder höre ich einen von beiden leise ein Mantra aufsagen. Es fängt an zu regnen, ein plötzlich einsetzendes altvertrautes Geräusch. »Siehst du, Miss«, sagt Norbu schläfrig. »Der Mann hat gestorben, und jetzt tut Regen kommen.«

Ich gehe ins Schlafzimmer, um zu packen, bringe aber nichts zustande. Ich setze mich statt dessen ans Fenster und denke über *Doen* nach, über all die Bedeutungen, über all die Geister, angefangen von Dämonen über die Geister der Toten bis zu den Gottheiten, die in Felsen, auf Bäumen und im Erdboden wohnen. Ich denke über die Magier nach, die die alte Religion und die vor der Einführung des Buddhismus vor über zwölfhundert Jahren praktizierten Rituale noch kennen. Es heißt, sie könnten die Geister rufen und losschicken, damit sie ihre Befehle ausführen – Hagel bringen, das Getreide niederdrücken, Flüsse und Mutterleibe austrocknen lassen, jemands Lebenskraft aussaugen, Irrsinn verursachen, Krankheit und Tod bringen. Mittlerweile kann ich nicht mehr behaupten, daß ich nicht an Geister und Schwarze Magie glaube. Jeder um mich her glaubt daran. Sogar die anderen Ausländer sind verunsichert. Eine kanadische Lehrerin in Dramitse sah beim Erwachen grüne Lichter am Fußende ihres Bettes tanzen, eine britische Lehrerin erlebte, wie ein Kind vorübergehend von dem verwirrten Geist eines verstorbenen Onkels besessen war, die Lehrer, die diese Wohnung vor mir bewohnten, berichteten von Stimmen in den leeren Räumen, die zu nah und zu deutlich waren, als daß sie von draußen oder aus dem Stockwerk darunter hätten kommen können. Diese Geschichten wurden mir in Thimphu erzählt, vor Ewigkeiten, als ich noch sagen konnte, »so ein Quatsch«. Wenn es, wie es der buddhistischen Auffassung zufolge heißt, kein eigenständiges Selbst gibt, wenn wir alle daran mitwirken, eine viel größere Realität zu erschaffen, als wir wissen können, dann ist alles wechselseitig voneinander abhängig und folglich alles möglich. Der Regen wächst zu einem gewaltigen Prasseln an, meine Nackenhaare stellen sich auf, und mir ist kalt. Ich zünde sämtliche Kerzen und Lampen an und setze mich zu Norbu und Karma Dorji, bis sie am Tisch einschlummern.

Als es aufhört zu regnen, wecke ich die beiden und lege für sie Matratzen auf dem Fußboden aus. Sie rollen sich unter einer Decke zusammen, und ich bleibe in der Tür stehen und sehe zu, wie sich ihre kleinen Gesichter im Schlaf entspannen. Ich muß meine Augen fest zusammenpressen, um die Tränen zurückzuhalten. Wenn es mir nach fünf Monaten schon so schwerfällt, aus Pemagatsel fortzugehen, wie wird mir dann erst zumute sein, wenn ich nach zwei Jahren Bhutan verlasse?

Der Gipfel der höheren Bildung

Wenn es ein Paradies auf Erden gibt,
dann ist es dies, ja dies, ja dies!

Geschnittenes Brot

Der Collegebus schwenkt von der Hauptstraße ab, fährt durch ein Tor und hält vor einer Reihe zweistöckiger, durch gepflegte Gärten voneinander getrennter weißer Häuser an. Vier junge Männer treten aus dem Schatten einer Zypresse heraus. »Guten Abend, Ma'am«, sagen sie mit einer graziösen Verbeugung, bevor sie meine Eishockeytaschen aus dem Wagen hieven und wegtragen. Mir fällt auf, wie ordentlich sie gekleidet sind: der Faltenwurf ihrer Khos ist makellos, ihre Krägen und Ärmelstulpen sind strahlend weiß, und alle tragen dunkle Wadenstrümpfe und polierte Schuhe. Der stellvertretende Rektor, ein Mann mit leiser Stimme und in einem marineblauen Kho, kommt mit einem Schlüsselbund auf mich zu. »Willkommen am Sherubtse College«, sagt er. »Wir freuen uns sehr, daß Sie zu uns gekommen sind. Darf ich Sie zu Ihrer Wohnung führen?«

Ich folge ihm über eine kleine Holzbrücke. »Da wären wir«, sagt er und bleibt vor dem letzten Haus in der Reihe stehen. »Jedes Haus hat vier Wohnungen. Die oberen haben Balkone, die recht hübsch sind, aber zu den unteren gehören Gärten. Mir persönlich ist ein Garten lieber.« Er öffnet die Tür zu den beiden unteren Apartments, und wir marschieren hintereinander in ein Wohnzimmer. Fassungslos starre ich die pfirsichfarbenen Wände, den Kamin, die Bücherregale und die Diwane mit den rosafarbenen Kissen an. Im Schlafzimmer ist ein weiterer Kamin, außerdem gehören eine weißgekachelte Toilette, ein Duschraum, ein Eßzimmer und eine Küche mit Geschirrschränken zu der Wohnung.

»Ich hoffe, das genügt Ihren Ansprüchen«, sagt der stellvertretende Rektor. »Es ist natürlich alles sehr schlicht, aber wenn wir irgend etwas tun können, um es für sie komfortabler zu machen, lassen Sie es uns bitte wissen.«

Meint er das im Ernst? Verglichen mit meiner Behausung in

Pemagatsel sieht dies hier aus wie eine ganzseitige Hochglanzanzeige in »Schöner Wohnen«.

Im Wohnzimmer inspizieren die vier Studenten, die mein Gepäck hereingetragen haben, interessiert mein Keyboard. Lächelnd muß ich daran denken, wie die 2c in ein ehrfürchtiges Schweigen verfiel, als sie es zum erstenmal sah. Karma Dorji drückte zaghaft eine Taste herunter, und alle zuckten erschrocken zusammen, als da ein Ton herauskam. *Zai, yallama! Was ist da drin, Miss?*

»Das ist ein elektronisches Klavier«, erkläre ich den vier Studenten.

»Casio oder Yamaha?« fragt einer von ihnen. »Wieviel Volt?«

»Äh, Yamaha.«

Der stellvertretende Rektor räuspert sich, worauf die Studenten sich wieder verbeugen. »Vielen Dank«, sage ich.

»Vielen Dank, Ma'am. Gute Nacht, Ma'am«, erwidern sie und tauchen in die zunehmende Dunkelheit draußen ein.

Der Vizerektor lädt mich zum Abendessen ein und zieht sich dann zurück, damit ich auspacken kann. Ich wandere noch einmal durch die Zimmer, streiche mit der Hand über die Kaminsimse, knipse die Lampen an und aus. Ich stelle meine Bücher auf den Regalen auf und lasse mich dann überwältigt auf einen der Diwane fallen. Es ist alles so sauber und ordentlich, daß ich mich frage, wie ich jemals hier hineinpassen soll. Selbst meine Gedanken kommen mir flatterhaft und chaotisch vor, und ich versuche angestrengt, meine Eindrücke ein wenig zu ordnen. Ich bin erst seit einer Stunde hier und will schon wieder zurück. Ich will zurück nach Pemagatsel, in meine primitive Wohnung mit den unverputzten Wänden und zu meinen barfüßigen, schmuddeligen Schülern. Durch das geöffnete Fenster weht Blumenduft herein.

Tags darauf hocke ich im Morgengrauen auf der Eingangstreppe und beobachte, wie die Sonne über einem dunklen Bergkamm ein paar Wolken in Brand setzt. Die Personalwohnungen sind an einen Hang gebaut, oberhalb des Campus, der aussieht wie ein Mitteldding zwischen einem kanadischen Gemeindecollege und einem Sommercamp. Von meiner Treppe aus kann ich über das Tal hinweg zu der Hügelkuppe mit dem Kloster Dramitse hinübersehen oder zu den spitzen, scharfkantigen Gipfeln an der nördlichen Grenze. Der schmale, um das ganze Haus verlaufende Garten ist ein Blütenmeer aus knallrotem Mohn, orangefarbenen Gladiolen, gelben Dahlien und verschiedenen Rosenarten. Ein blühender Strauch rankt sich am Türrahmen empor und läßt winzige rosa Blüten in meinen Schoß rieseln. Riesige Krähen jagen und kreisen am Himmel umher, und in den graziösen Ästen eines Kirschbaumes singt ein unsichtbarer Vogel sein liebliches Lied. Während ich meinen Milchkaffee schlürfe, warte ich vergebens darauf, daß eins meiner Kinder die Treppe heraufgestapft kommt, um mir eine Portion Kartoffeln oder entzündete Flohbisse zu präsentieren.

Später ziehe ich mir eine Kira an und schlendere über den Campus zu den Hauptgebäuden des Instituts. »Guten Morgen, Ma'am«, grüßen mich Studenten mit einer höflichen Verbeugung, als ich an ihnen vorübergehe. Ich frage mich, wieso ich mich auf einmal von einer »Miss« in eine »Ma'am« verwandelt habe, und staune erneut darüber, wie ordentlich hier alle gekleidet sind. Ich dagegen laufe mit nackten Füßen in Zehensandalen und mit struppigen Haaren herum. Meine Kira ist nicht nur verschossen, ich trage sie auch zu kurz, bis über die Knöchel hochgezogen (natürlich um durch den Matsch laufen zu können, aber hier gibt es gar keinen Matsch, nur gepflegte, sanft gewellte Rasenflächen und saubere gepflasterte Wege). Ich sollte mir vielleicht eine neue Kira zulegen, und ich muß unbedingt meine Schuhe suchen. Ich habe sie seit März, als die ersten Regenschauer über Pemagatsel niedergingen, nicht mehr getragen.

Während mir der stellvertretende Rektor die Entstehungsgeschichte und die Organisationsstruktur des Sherubtse College erklärt, mustere ich die gerahmten Porträts englischer Dichter an den Wänden seines Büros. Er ist äußerst korrekt und förmlich, aber sein Lächeln ist warm, und sein ganzes Gesicht leuchtet, wenn er vom Unterrichten spricht. Beim gestrigen Abendessen hatte er hauptsächlich über die Studenten, über die Schwierigkeiten und die überraschenden Einblicke geredet, die er in Bhutan beim Vermitteln der Literatur einer anderen Kultur gewonnen hat. »Aber es gibt natürlich auch Allgemeingültiges«, sagt er. »Andernfalls wäre eine Verständigung wohl auch kaum möglich.«

Sherubtse, was soviel heiße wie »Gipfel der höheren Bildung«, sei ursprünglich eine staatliche Schule gewesen, erklärt er. Heute sei das College der Universität Neu-Delhi angegliedert, die den Studienplan festsetze, die Abschlußprüfungen stelle und bewerte sowie die akademischen Grade verleihe. Die meisten Dozenten kämen aus Delhi, doch die Zahl der bhutanischen Dozenten nehme langsam zu. Kanadier seien am Sherubtse College schon seit den späten Sechzigern tätig, als es von Pater Mackey gegründet wurde, erklärt der stellvertretende Rektor. Mr. Rob, der Dozent des WUSC, dessen Nachfolge ich antrete, habe hier fünf Jahre lang unterrichtet. Die Studenten seien in zwei Gruppen unterteilt: die Oberstufenschüler mit den Klassen 11 und 12 sowie die Collegestudenten, die Geisteswissenschaften, Wirtschafts- und Naturwissenschaften studierten. »Sie werden sämtliche Stufen unterrichten«, sagt der stellvertretende Rektor, als eine Schreibkraft mit meinem Stundenplan hereinkommt. »Haben Sie irgendwelche Fragen?«

Was mich am meisten interessiert, ist, wie alt die Studenten sind und ob sie alle so souverän sind wie die vier, die ich gestern abend kennengelernt habe, und ob es zu spät ist, meine Entscheidung rückgängig zu machen.

»Mir ist aufgefallen, daß da ein Telefon auf Ihrem Schreibtisch steht«, sage ich statt dessen. »Gibt es eine Telefonverbindung vom College mit ...?«

»Mit Tashigang und Samdrup Jongkhar«, sagt er. »Möchten Sie jemanden anrufen?«

»Nein, nein.« Ich versuche meine Enttäuschung mit einem Lächeln zu kaschieren. Einen kurzen Moment lang hatte ich mir vorgestellt, Robert anzurufen.

Ich laufe die Straße hinauf nach Kanglung, ein Dorf, das nicht größer, aber wohlhabender zu sein scheint als Pemagatsel. Ich gehe an einer Reihe geräumiger Läden mit Veranden vorbei, setze mich in einer breiten, mit einem Dutzend weißer Gebetsfahnen bestandenen Wegbiegung nieder und lasse meinen Blick über das Land unter mir schweifen. Das Tal von Pemagatsel, zweitausend Meter tiefer gelegen, war eine wildes, üppiges Grün, dicht bewachsen und ungezähmt. Hier sind die Wälder lichter und wachsen in kleinen Hainen, während die Felder größer und ebener sind. Breite Pfade schlängeln sich um Reisfelder herum, an Tschörten und Gebetsfahnengruppen vorbei zu soliden Bauernhäusern hin. Während ich zusehe, wie die Sonne in ein Wolkenbett sinkt und es dabei rosa färbt, frage ich mich, was die 2c in diesem Augenblick wohl gerade tut.

Als ich wieder zurück bin und meine Gepäckstücke nach meinen Schuhen absuche, schauen unzählige Besucher bei mir vorbei. Mr. Chatterji, ein Dozent der Wirtschaftswissenschaften, der im Stockwerk über mir wohnt, kommt, um mich zu begrüßen und willkommen zu heißen. Anschließend findet sich Miss Dorling, die Geschichtsdozentin, ein, eine spindeldürrige Lady unbestimmten Alters und unbestimmbarer Nationalität in einem langen, rosafarbenen Rock mit Jacke und mit zwei kläffenden Hunden an der Leine. Willkommen, willkommen, sagt sie, wenn ich irgend etwas brauche ... Mr. und Mrs. Matthew aus Südindien sind die nächsten. Mrs. Matthew hat warme, freundliche Augen, aber Mr. Matthew erinnert mich an einen blasierten, unsympathischen Onkel von mir. Er gibt mir einen kurzen Überblick über die ehemaligen Collegeleiter, lauter Jesuiten. »Nun, da Pater Larue fort ist, haben wir niemanden, der die Messe liest«, sagt er verärgert. »Sie sind doch Katholikin, oder?«

»Nein«, sage ich bestimmt. Ich habe bei Mrs. Joy meine Lektion gelernt. »Ich bin keine Christin.« Zwei Studenten bringen mir einen Stapel Bücher für meine Kurse: »Macbeth«, »Pygmalion«, Lyrik- und Essaysammlungen sowie einen Studienplan. Zwei weitere Dozenten trudeln ein und klären mich über die Vorteile und Nachteile des Collegelebens auf: den Laden, in dem man abgepackte Lebensmittel, Gemüse und manchmal Fleisch kaufen kann, den Elektriker, der den Generator bedient und Glühbirnen auswechselt, falls er nicht gerade betrunken ist, die *Dhobi*, die für die Angestellten die Wäsche wäscht, und die Krankenstation. Ob ich schon wisse, daß das College einen eigenen Videorekorder habe? Und einen Flügel? Und eine

Bäckerei? Ja, Brot sei mittwochs und samstags in der Bäckerei erhältlich. Das müßten sie mir unbedingt mitteilen, da kürzlich mit Mitteln des WUSC eine Brotschneidemaschine angeschafft worden sei. Brotschneidemaschine! Wenn das die anderen hören, denke ich. Lorna hat nicht mal ein Klassenzimmer, und ich kann Brot in Scheiben kriegen.

Als ich mich schließlich wieder meinem Gepäck zuwende, ist es draußen dunkel geworden. Aus den umliegenden Wohnungen dringt das Gezische der Dampfkochtöpfe herüber, die Stimmen von Studenten sind zu hören, Türen knallen, und irgendwo in den Wohnheimen singt der gute alte John Lennon gegen Duran Duran an. In Pemagatsel hätte sich um diese Zeit eine intensive Stille über das Tal gelegt, und ich würde bei Kerzenlicht lesend im Bett liegen, statt nach einem Paar ordentlicher Schuhe zu suchen. Ich finde die Nonnen-Kira, die ich in Samdrup Jongkhar gekauft habe, zerschneide sie zu Vorhängen und hänge sie über die hölzerne Gardinenstange im Wohnzimmer. Meine blaue Teetasse stelle ich auf den Kaminsims. Ich stoße auf die Bilder, die mir die Klasse 2c gemalt hat – lächelnde Sonnen, goldene Hunde, tanzende Mädchen, ein gütiger blauer Mond – und klebe sie, über die ganze Wohnung verteilt, mit Klebeband an die Wände. Und schließlich finde ich meine Schuhe, in Plastik eingewickelt ganz unten in einer Pappschachtel. Sie sind mit der dicksten Schicht grünen Schimmels überzogen, die ich je gesehen habe.

O je

Das College hat alles, was mir versprochen wurde: eine Bibliothek mit Ständern voller Zeitungen und Regalen voller Bücher, ein Auditorium mit einer Bühne mit rotem Vorhang und einer Lautsprecheranlage. Die Labore sind mit Mikroskopen ausgestattet, mit Bunsenbrennern, Reagenzgläsern, in Formaldehyd konservierten Schlangen und Mäusen. Es gibt einen Fotokopierer und einen Computerraum für den neuen Informatikkurs. Im Vergleich zu den korrodierten Betonfluren der Mittelschule von Pemagatsel scheinen die Gebäude erstaunlich gut erhalten. Es gibt geteerte Basketballplätze, Volleyball- und Badmintonhallen sowie einen Fußballplatz mit einer Zuschauertribüne. Während ich kreuz und quer über den Campus schlendere, versuche ich mich an den unerwarteten, überwältigenden Luxus hier zu gewöhnen.

Ich lerne Shakuntala, die Bibliothekarin, kennen, eine hochgewachsene Inderin in ungefähr meinem Alter. Sie trägt eine graue Cordhose und eine dunkelrote Bluse, und ihr ausdrucksvolles Gesicht ist von welligen, schulterlangen dunklen Haaren umrahmt. Ihre direkte, ungezwungene Art tut mir gut, und ich spüre auf Anhieb, daß ich in ihr eine Freundin habe. »Laß uns zum Mittagessen zu Pala gehen«, schlägt sie vor, und wir laufen über den Campus zu einer mit Bougainvillea berankten Kantine vor den Toren des Campus. Drinnen, in einem Raum mit niedriger Decke, wirft uns Pala, ein silberhaariger Mann um die fünfzig, ein flüchtiges Lächeln zu, und seine Frau Amala räumt uns an einem Tisch am Fenster einen Platz frei. Sie hat kurzes, fedriges schwarzes Haar und lebhaft glitzernde Augen in einem kantigen, schmalen Gesicht. »Nur herein«, fordert sie mich munter auf. »Du kommst bestimmt aus Kanada, nicht wahr?«

Studenten strömen herein und hinaus, bestellen Zitronentee, Bratreis, fragen, Pala, wo bleibt meine *Thukpa*, Pala, kann ich das auf mein Tablett stellen, zwei Kaffee, eine Zigarette, was macht das? Pala läßt sich nicht aus der Ruhe bringen, zählt aus einer Schublade Wechselgeld ab, ruft Bestellungen zur Küche hinüber und stößt wiederholt ein aufdringliches graues Kätzchen von der Theke. Trotz seines verschossenen, nachlässig gebundenen Khos und seiner Gummilatschen hat er ein höchst würdevolles Gebaren; Shakuntala sagt, er sei als ein tibetischer Prinz geboren worden und nach seiner Heirat mit Amala nach Bhutan gekommen.

Wir bestellen *Baleys*, weiches, rundes tibetisches Brot, und das Nationalgericht aus Chilischoten und Käse. Es ist so scharf, daß mir die Augen tränen und ich nach Luft schnappen muß.

»Heute *Ema datsi* sehr scharf«, warnt Amala mich und schnalzt mitfühlend mit der Zunge. »Besser du ißt mehr *Baley.*«

An der Wand gegenüber hängt eine Collage mit Fotos aus Modezeitschriften – poppige Mannequins mit dickem Make-up und krausen rosa Haaren. Jemand schaltet einen Kassettenrekorder ein, und wir werden von Popmusik berieselt. Zwei junge Männer in Jeans und T-Shirts mit Guitar Heroes- und Metallica-Emblemen, in Schwaden aus Zigarettenrauch gehüllt, treten ein. Es überrascht mich, hier jemanden ohne die Nationaltracht zu sehen. Ich habe das Gefühl, sehr weit von Pemagatsel und den Schülern der 2c weg zu sein, für die ein Keyboard etwas ganz Neues war und die Johann Sebastian Bach für meine Mutter hielten. Es kommt mir fast vor, als wäre ich nicht mehr in Bhutan.

Aber als die Studenten Shakuntala und mich erblicken, verstecken sie ihre Zigaretten hinter dem Rücken und machen eine graziöse Verbeugung. »Guten Nachmittag, Ma'am.«

Als ich dabei hochschaue, bemerke ich das Bild über dem Fenster. Statt des üblichen formellen Fotos des Königs von Bhutan hängt da ein Schwarzweißfoto Seiner Majestät als Teenager, mit einem Kho bekleidet und einer jungen Frau, vielleicht seiner Schwester, in einem weißen Minikleid und hochhackigen weißen Stiefeln neben sich. Ein passendes Foto für diesen Ort, denke ich, eine Mischung von Tradition und Mode, *Driglam namzha* und Metallica. Ich bin eindeutig noch immer in Bhutan.

In der Bibliothek mache ich mich anschließend daran, meine erste Stunde vorzubereiten. Die Informationen scheinen in einem finsteren Hinterstübchen ganz hinten in meinem Schädel zu schlummern, und ich bekomme nur wenige Notizen zusammen. Im Literaturbereich der Bibliothek stehen zwei uralte Sekundärwerke über Shakespeare, von denen eines so unbrauchbar wie das andere ist. Am nächsten Morgen sitze ich im leeren Personalzimmer und studiere im Geist meine erste Stunde ein. Meine Hände sind feucht, und mir ist übel. Den größten Teil der Schimmelschicht von meinen Schuhen habe ich zwar entfernen können, aber ich bringe es nicht zuwege, meine

Kira so zu wickeln, daß sie über die Knöchel fällt. Dozenten strömen herein und hinaus und begrüßen sich übertrieben förmlich. Guten Morgen, mein verehrter Herr, und ich wünsche Ihnen einen sehr guten Tag, und verbindlichsten Dank, Sir. Mr. Bose, der andere Englischdozent, ein kleiner, eleganter, grauhaariger Mann aus Delhi, weist auf die Register auf einem Regal neben der Tür und erläutert mir die Feinheiten im Führen der Anwesenheitsliste. »Sie müssen gut achtgeben«, sagt er. »Die Jungen verdrücken sich aus der Klasse und lassen ihre Freunde für sie antworten, wenn ihr Name aufgerufen wird.«

»Die Jungen? Aber die Mädchen nicht?« frage ich verblüfft. Unter den fünfhundert Studierenden sind nur achtzig Studentinnen.

Er wedelt ungeduldig mit der Hand. »Nein, nein. Wenn ich Jungen sage, meine ich auch die Mädchen. Und vergessen Sie auf keinen Fall, die Anwesenheitsliste zu führen. In jeder Klasse.«

»Auch in den höheren Semestern?« frage ich.

»Aber selbstverständlich!« ruft er lebhaft aus. »Dort ganz besonders! Das sind die allerschlimmsten!«

Es läutet, und ich schnappe mir meine Kreide und meine Unterlagen. »Sie haben die Anwesenheitsliste vergessen«, ruft Mr. Bose mir zu. »Viel Glück!«

Ich öffne die Tür des Klassenzimmers und werde von einer Mauer aus Schweigen empfangen. »Guten Morgen«, sage ich. Die Schüler erheben sich gemächlich und rufen lahm und lustlos »Guten Morgen«. Ich stelle mich vor, schreibe meinen Namen auf die Tafel und lächle sie so strahlend an, daß ich fast einen Gesichtskrampf bekomme. Die Klasse 12 starrt kühl zurück. Laut meiner Anwesenheitsliste müßten es sechs *Mädchen* und neunundvierzig *Jungen* sein. Niemand von ihnen sieht jünger als zwanzig aus.

»Ich, äh, ich bin angewiesen worden, äh, eine Anwesenheitsliste zu führen«, sage ich und frage mich dabei, wieso meine Stimme so piepsig und entschuldigend klingt und wie ich das Gezitter meiner Hände in Griff kriegen kann. Auf der Liste stehen mehrere nepalesische Namen, die mir zuvor noch nicht begegnet sind. Wie spricht man Bahadur aus? Ba-hei-dör? Beyha-dör? Ich entscheide mich für Bädder, was ein paar Gluckser und ein lautes Schnauben zur Folge hat.

Das reicht. Ich beginne mit dem Unterricht. Wer war Shakespeare, was ist eine Tragödie, warum beschäftigen wir uns damit. Ich plappere wie ein Wasserfall. Etliche lange Minuten später ruft jemand aus der hintersten Reihe: »›Macbeth‹ haben wir im letzten Schuljahr durchgenommen.«

Sie haben Macbeth schon durchgenommen, und mir bleiben noch vierzig Minuten bis zum Ende der Stunde. »O je«, rutscht es mir heraus, und während ich an meinem Daumennagel kaue, äfft jemand diese Worte nach. Ich lasse meine Augen über die Reihen wandern: Ein Schüler weicht meinem Blick nicht aus. Er hat ziemlich lange Haare, ein schönes, stolzes Gesicht und hockt zurückgelehnt auf seinem Stuhl, die Beine zum Gang hin ausgestreckt. Einen Moment lang habe ich den Eindruck, er fängt gleich an zu lächeln, doch statt dessen grinst er nur.

Was jetzt, denke ich. Ich kann sie wohl kaum Bilder malen oder den Momo-Song singen lassen. »Na gut«, sage ich, »dann ... schreibt mir einen Aufsatz.«

Es folgt ein großes Geraschel und Herumgekrame nach Papier und Schreibgeräten.

»Über welches Thema?« fragt jemand.

»Egal«, sage ich.

»*Egal*?« kommt es zurück. Wieder von dem Grinser.

Ich fühle mich auf einmal hundemüde. Dies ist nicht die Klasse 2c. Dies ist kein Spaß. Ich hätte bleiben sollen, wo ich war. Ich setze mich vor die Klasse, sehe den Schülern beim Schreiben zu und warte darauf, daß die Glocke mich erlöst.

Anschließend habe ich eine elfte Klasse, eine Gruppe Neuzugänger. Die können im letzten Schuljahr jedenfalls nicht den »Macbeth« durchgenommen haben, tröste ich mich, doch als ich die Tür aufstoße, schwindet mir der Mut. Das lange, schmale Klassenzimmer ist gerammelt voll. Dichtgedrängt sitzen die Schüler auf den Holzbänken. Die hinteren Reihen kann ich gar nicht sehen. Ich ziehe die Anwesenheitsliste hervor: neun *Mädchen*, siebzig *Jungen*.

Typisch für Bhutan sind die Dzongs, Klöster, die wie Festungen an Felsen oder Flüsse gebaut wurden.

Begegnung mit einer Brokpa, wie man die als Halbnomaden lebenden Bhutaner nennt, und ihrem Baby.

Die Schülerinnen aus der Klasse 2 c der Mittelschule in Pemagatsel im Osten von Bhutan.

Die Kinder aus der 2 c durchwühlen die persönlichen Dinge ihrer »Miss«.

Der König besucht Pematasel! Die Schüler, entlang der Straße zum feierlichen Empfang aufgereiht, tragen zur Feier des Tages weiße Schärpen.

Lehrer (vorne) und Schüler (dahinter) des Sherubtse College, Kanglung.

Der Blick von Pemagatsel auf die von Reisterrassen überzogenen Berge. Bis in 2000 Meter Höhe werden Reisfelder angelegt.

Das Geschirr wird hinter dem Haus an der Wasserstelle gesäubert.

Die Klöster sind Orte der Stille und Versenkung ebenso wie Schauplatz oft tagelanger Feste. Die Tempeltänze werden von maskierten Mönchen vollführt und erzählen traditionelle Geschichten.

Ein Novize, ein Kindermönch.

Die Umrundung eines Chörten trägt zur Mehrung religiöser Verdienste bei.

Zum Punakha-Kloster im Westen Bhutans führt eine Hängebrücke.

Mit Durga Sharma, dem damals vierjährigen Pema und Tshewang vor dem Punakha-Dzong.

»Guten Morgen«, sage ich, und die Reaktion ist ohrenbetäubend. Bänke werden zurückgeschoben, während die Klasse sich erhebt und das Zimmer von Guten-Morgen-Rufen widerhallt. Beim Hinsetzen verfehlt jemand die Bank, ein Tisch kippt um, und eine Welle von Gelächter schlägt mir entgegen. »Wir gehen zuerst die Anwesenheitsliste durch«, sage ich, aber sie können mich nicht hören. Ich kann mich selbst kaum hören. »Klasse 11«, sage ich lauter. »Klasse 11!«

Erst, als ich es laut herausbrülle, legt sich der Krawall, aber in einer der hinteren Ecken ist noch immer eine Art Rauferei im Gange. Zwei Schüler haben einen anderen mit den Ärmeln seines Khos gefesselt. »Klasse 11! Bindet ihn los! Hört auf, euch mit den Ärmeln eurer Khos zu fesseln.« Und dann muß ich lachen, weil ich mich an die 2c erinnert fühle, nur daß hier mehr Schüler sind und einige von ihnen Schnurrbärte haben. Ich stehe vor der Klasse und starre sie an. Neunundsiebzig Schüler! »Das ist ja der reinste Zoo«, bricht es laut aus mir hervor. Dieser Vergleich scheint ihnen zu gefallen.

Nach dem Unterricht finde ich Catherine aus Rongthang Woong und Pat, eine niederländische, in Tashigang stationierte Krankenschwester, auf meiner Treppe vor. »Wir wollten auf einen Nachmittagstee vorbeikommen«, sagt Catherine, »und anschließend fahren wir mit dem Vier-Uhr-Bus nach Tashigang zurück.«

»Wie habt ihr denn so schnell herausgefunden, daß ich hier bin?« Ich freue mich, schon so bald Gesellschaft zu haben.

»In Ostbhutan gibt es keine Geheimnisse«, erwidert Catherine. »Auf geht's, besuchen wir die Phantome.«

»Wen?«

»Wirst du gleich sehen.«

Zwischen Zypressen versteckt steht hinter der Krankenstation ein kleines Häuschen. Auf der Holzveranda wachsen in Tontöpfen oder auf bemoosten Holzklötzen Dutzende von Orchideen, deren Namen fein säuberlich in englisch und lateinisch auf Holztäfelchen geschrieben sind. Ich bleibe stehen, um einen Zweig zartweißer Blüten mit roten Zungen zu bestaunen. Frauenschuh. »Diese Sorte wird hier gegessen«, sagt Pat. »Orchideen-Curry. Das ist eine große Delikatesse.«

In einem Wohnzimmer, in dem ringsum Bücherregale stehen, gießt uns Mrs. Fantome, eine mollige Frau in einem adretten apfelgrünen Sari, Tee in Porzellantassen. »Sahne oder Zitrone, Schätzchen?« fragt sie. Dann werden Gurkensandwiches, in zierliche Dreiecke geschnitten, und ein Vanille-Früchtekuchen herumgereicht. Mr. Fantome, der eine weiße Hose und einen ausgeleierten braunen Pulli trägt, spricht mit leicht britischem Akzent. Er habe in Oxford studiert, erzählt uns Mrs. Fantome. Sie sind schon seit zwölf Jahren am Sherubtse College, sie unterrichtet Chemie, er ist Englischdozent im Ruhestand. Früher unterrichteten sie in Sikkim, mußten das Land aber nach den tragischen Ereignissen verlassen. Ich habe keine Ahnung, was für tragische Ereignisse sie meint und schäme mich so sehr für meine Unwissenheit, daß ich nicht nachzufragen wage. Mrs. Fantome gibt Pat ihr Früchtekuchenrezept, und Mr. Fantome und ich reden über Milton, besser gesagt, Mr. Fantome redet über Milton, während ich versuche so dreinzuschauen, als wüßte ich noch, was Milton geschrieben hat.

Auf dem Weg zurück zu den Collegetoren, vor denen der Bus nach Tashigang hält, erklärt uns Catherine, woher der ungewöhnliche Name Fantome kommt. »Mr. Fantomes Großvater oder Urgroßvater war ein französischer Strafgefangener, der angeblich in Indien heimlich vom Schiff sprang und dann den Namen Fantome annahm«, sagt sie.

»Und was waren das für tragische Ereignisse in Sikkim?« frage ich.

»Sikkim wurde in den siebziger Jahren von Indien annektiert. Vorher war es wie Bhutan ein unabhängiges Land. Erinnerst du dich noch daran, daß eine Amerikanerin den König von Sikkim heiratete?«

»Ganz vage. Aber warum hat Indien das Land annektiert?«

»Das weiß ich nicht genau. Irgendein Machtkampf zwischen den Sikkimern und nepalesischen Immigranten.«

In der folgenden Woche laden mich fast alle Dozenten zu süßem Tee mit Kardamom oder Ingwer ein, zu dem es Teller mit *Samosas*, *Pakoras* und gerösteten Erdnüssen gibt. Bei diesen Besuchen gewinne ich Stück für Stück Einblick in das hinter der alltäglichen Mein-verehrter-Herr-Routine existierende Geflecht von Bündnissen und wechselnden Feindschaften. Mr. Gupta rät mir, mich von Mr. Matthew fernzuhalten, während Mr. Matthew mir empfiehlt, einen Bogen um Mr. Bose zu machen. Mr. Bose legt mir ans Herz, Mr. Chatterji aus dem Weg zu gehen, und Mr. Chattterji behauptet, daß man Mr. Bose nicht über den Weg trauen könne. Mr. Ratna behauptet, Mr. Nair sei Alkoholiker, und Mr. Air sagt, Mr. Harilal sei ein Querulant. Mr. Krishna schwärzt seine Kollegen angeblich gern beim Rektor an, und ich solle aufpassen, was ich sage, und wo und zu wem. »Ich würde das alles vollkommen ignorieren«, meint Shakuntala, als ich ihr bei meinem nächsten Bibliotheksbesuch von den diversen Warnungen und finsteren Anspielungen erzähle. »Einige von ihnen meinen es gut und sind an ihrer Arbeit wirklich interessiert, aber viele andere sind nur zum Geldverdienen hier. Diese kleinen Intrigen und Unterintrigen machen ihnen Spaß. Ich halte mich da völlig raus. Mit den Studenten kommt man ohnehin viel besser aus.«

Da bin ich mir noch nicht so sicher. Der Zoo ist meine Lieblingsklasse, weil sie den Mund aufmachen und mit Begeisterung dabei sind, aber letzte Woche teilte mir ein junger Mann mit, daß ich in meiner Kira »verdammt fett« aussähe. (Er selbst sieht aus wie aus Drahtbügeln zusammengebaut.) Als ich mich gerade wieder erholt hatte, merkte ein anderer an: »Aber dafür ist die Ma'am sehr simpel.« Fett – verdammt fett – und dämlich! Vielen Dank, dachte ich, ihr beide seid soeben in Englisch durchgefallen. Die Klasse mit dem Grinser bleibt weiterhin schwierig. Schwierig im Vergleich zu Klasse 2c. Nach kanadischen Maßstäben ist ihr Betragen vorbildlich. Sie stehen immer noch auf, wenn ich hereinkomme. Sie reichen mir ihre Hausaufgaben mit beiden Händen und verbeugen sich, wenn ich ihnen auf dem Gang begegne. Aber sie machen mir auch ganz schön zu schaffen. Sie äffen meine Aussprache ihrer Namen nach, doch wenn ich sie nach der richtigen Aussprache frage, schweigen sie. Sie fragen mich, wie alt ich sei, ob ich verheiratet sei und wie lange ich schon unterrichte. Als ich etwas über die Lyrik von Wordsworth und Coleridge sage, grinst der Grinser und ruft: »Was verstehen Sie denn unter Romantik?«

Während ich die Arme verschränke und gelangweilt dreinzuschauen versuche, denke ich, daß Pater Larue vermutlich gar nicht so unrecht hatte. »Was verstehst denn *du* unter Romantik?« frage ich ihn.

Es tritt ein betretenes Schweigen ein, das länger und länger wird.

»Ich weiß es nicht, Ma'am«, antwortet er schließlich kleinlaut.

Der kleine Kurs mit Studenten im dritten Studienjahr ist leichter zu handhaben, weil die meisten von ihnen nichts sagen. Sie sind sehr aufmerksam, sitzen mucksmäuschenstill da, halten die Füller schreibbereit über ihren dicken Heften, aber sie machen den Mund nicht auf. Ich widme eine ganze Woche einem Shakespeare-Sonett, rede über Aufbau, Metaphorik und Sprache und habe am Ende der Woche nicht die geringste Ahnung, was ihnen das Gedicht sagt, geschweige denn, ob es ihnen überhaupt etwas sagt. Ich habe keine Ahnung, warum ich es bespreche, weiß nur, daß es im Studienplan steht, daß es *hier* im Studienplan steht – ja, darüber sollten wir eigentlich reden, statt uns mit den Feinheiten jeder einzelnen Metapher herumzuschlagen. Ich frage die Studenten, ob sie Fragen haben, Kommentare, irgend etwas. Nein, Ma'am, sagen sie, keine Fragen. Ich nehme ein Stück Kreide in die Hand und male große weiße Buchstaben an die Tafel: REDET. Sie lachen darüber, aber reden tun sie nicht.

In meinem anderen Collegekurs soll ich »Sprache« unterrichten, doch das einzige im Studienplan vorgegebene Thema ist das Verfassen von Inhaltsangaben. »Und was soll ich ihnen im restlichen Jahr beibringen?« frage ich Mr. Bose. Er rät mir, die Anwesenheitsliste zu führen und ihnen anschließend frei zu geben. »Nein, im Ernst«, sage ich lachend, »was soll ich mit ihnen tun?«

»Das war mein Ernst«, erwidert er.

Am Abend sitze ich im grellen Licht einer nackten Glühbirne an meinem Schreibtisch und schreibe Briefe. Ich schreibe an die Klasse 2c, erzähle ihnen, daß ich ihre Bilder aufgehängt habe und jeden Tag an sie denke.

Ich schreibe an Lorna: Wir haben einen Videorekorder, einen Flügel und eine Brotschneidemaschine. Die Studenten sind alle sehr cool und souverän. Einige von ihnen haben mir mitgeteilt, daß ich verdammt fett und simpel sei. Ich glaube, mir stinkt es hier.

Ich versuche, einen Brief an Robert zu schreiben. Ich möchte ihm erzählen, wie sich alles bei mir verändert hat, wie ich über das staune, was ich alles bewältigt habe. Ich möchte ihm sagen, daß ich mir nur schwer vorstellen kann, Weihnachten nach Hause zu kommen, doch es geht nicht. Ich bin blockiert. Ich lese seine Briefe noch einmal durch, aber irgendwie berühren sie mich nicht. Wenn ich die Augen schließe, kann ich mir Robert noch immer in dem Sessel in seiner Wohnung vorstellen, aber jedesmal, wenn ich die Erinnerung wachrufe, ist sie ein wenig blasser.

Klasse 2c antwortet. Ihre Briefe sind »An die Miss Jeymey« adressiert, und auf den Umschlägen stehen Anweisungen: »Flieg meinen Brief sehr schnell« und »Öffnen mit lächeln Gesicht.« Sangay Chhoden schreibt: Liebe Miss, ich bin sehr glücklich zu schreiben mit ohne Grund. Wie geht es dir da drüben. Mir geht es gut mit meinen netten Lehrern und Freunden hier.

Karma Dorji schreibt: Liebe Miss, ich bin sehr unglücklich in pemagatsel, wegen weil du fort bist.

Norbu schreibt, daß sie einen neuen Sir hätten, der nett haut. Ich lasse den Kopf auf den Tisch sinken und weine.

Lorna schreibt: Kopf hoch! Simpel ist hier ein Kompliment. Damit ist gutmütig gemeint. Meine Kinder haben mir mal gesagt, ich sei verdammt fett und schlicht, und später fand ich heraus, daß mit schlicht gelassen gemeint ist. Schlichte Leute sind Leute, bei denen man sich wohl fühlt. Kapiert? Für das verdammt fett habe ich leider keine tröstenden Worte zu bieten, und du solltest dich wohl oder übel mit dem geschnittenen Brot begnügen.

Kulturwettbewerb

Ich mache mich vor dem Frühstück zur Wegbiegung auf; der Wind streicht weich und warm über mein Gesicht und meine nackten Arme und trägt den Geruch von Erde und Grünem heran. In Kanglung ist das Klima trockener als in Pemagatsel: Von ein paar nachmittäglichen Schauern abgesehen, sind die Tage meist heiter und warm. In dem neuen Licht erblicke ich im Norden einen Berg, der mir bislang noch nicht aufgefallen war, eine schwarze Felsspitze, viel höher als die Bergkämme und Gipfel drum herum. Gestern erzählten mir ein paar Studenten, daß in sogenannten *Nheys*, heiligen Plätzen in der Natur, Gottheiten und andere Geister ihre Wohnstatt hätten. Gipfel, Felsvorsprünge, im Kreis stehende Zypressen, ein Wasserfall, all das könnten *Nheys* sein, und wenn man einen davon störe, werde man krank oder von einem anderen Unglück befallen. Jeder wisse das, sagen sie. Wenn man der Natur Schaden zufüge, werde man dafür bestraft.

Überall werde ich an den Buddhismus erinnert: Gebetsmauern aus unzähligen Steinen am Wegesrand, eine von einem Fluß angetriebene Gebetsmühle, auf einem Bergkamm flatternde Gebetsfahnen. Wenn ich die Augen schließe, kann ich die Skyline von Toronto heraufbeschwören, riesige, in den Himmel stechende Injektionsnadeln, die Glasfassaden der Bürotürme, nichts als kalte Perfektion. Hier hingegen wachsen die Dinge, vergehen und sterben, und niemand versucht etwas anderes vorzutäuschen. Die älteren Wände eines Hauses bleiben lehmfarben und rissig neben den glatten weißen Wänden des neuen Anbaus stehen. Das Neue wächst aus dem Alten heraus, und keiner versucht, alles perfekt und jeweils der neuesten Mode gemäß zu gestalten. Wenn alles sich verändert und vergänglich ist, ergäbe das auch keinen Sinn.

Im Unterricht kämpfe ich gegen Klischees, Phrasendrescherei und schlechte Grammatik an. »Ich möchte hören, was ihr zu sagen habt«, sage ich zu den Schülern. »Schreibt mir etwas Neues, etwas, das ihr nicht schon hundertemal geschrieben habt.« Stundenlang bin ich damit beschäftigt, ihre Hausaufgaben zu korrigieren, Pfeile von Subjekten zu Verben zu malen, Schachtelsätze umzuformulieren und ermutigende Bemerkungen an den Rand zu schreiben, wenn ich auf eine originelle Wendung stoße. Mr. Bose meint, ich vergeude nur meine Zeit.

Ich suche einen Laden vor dem Campus auf, um Seife zum Wäschewaschen zu kaufen. Als mir der Kaufmann mein Päckchen reicht, erblicke ich meine eigene Handschrift. »... aufpassen, daß Subjekt und Verbform übereinstimmen«, lese ich. »Keine Klischees verwenden.« Die Seife ist in einen der Aufsätze gewickelt, die ich am Vormittag korrigiert hatte. »Wo haben Sie das her?« frage ich.

Der Kaufmann deutet auf einen Papierstoß. »Die Studenten mir geben«, sagt er. »Ich sage ihnen, nicht wegwerfen, ich werde in Laden verwenden. Statt Plastik. Plastik ist zu teuer.«

Shakuntala zeigt mir alte Prüfungsaufgaben der Universität Neu-Delhi: Schreiben Sie einen Aufsatz über eins der folgenden Themen: *Das Rad der Zeit läßt sich nicht anhalten. Ein Buch ist der beste Freund.*

Vielleicht hat Mr. Bose recht, denke ich.

Aber es gibt auch Hoffnungsschimmer. Ein Schüler namens Tobgay schreibt darüber, wie die Schulbildung das Leben seiner Familie verändert hat. Als er am Sherubtse College angenommen wurde, waren seine Eltern hellauf begeistert, besonders sein Vater, der Analphabet ist. In seinen ersten Ferien fragte ihn sein Vater bei einer Familienzusammenkunft stolz, was er denn im College lerne, und Tobgay erzählte es ihm: »Ich erzählte, daß wir ein Bild vom ersten Menschen gesehen haben, der auf dem Mond spazierengegangen ist, und alle lachten darüber. Ich sagte, das ist wahr, und daß die Menschen sogar zum Mond hinaufgefahren sind, aber da bekam mein Vater vor Wut ein rotes Gesicht, und die Augen traten ihm aus dem Kopf. Erzähl keine Lügen, sagte er. Das ist keine Lüge, sagte ich. Als meine Cousins gegangen waren, sagte er, daß er sich für mich schäme, weil ich solche Sachen erzähle, und jetzt, wo ich aufs College gehe, dächte ich wohl, ich sei was Besseres, daß ich solche Sachen erzählen müsse. Wie können Menschen auf dem Mond spazierengehen, sagte er. Wenn ich jetzt in den Ferien heimgehe, erzähle ich nicht mehr, was ich am College gelernt habe, und wenn ich zu Hause bin, erscheint alles unmöglich, was wir am College lernen, wie zum Beispiel, daß Menschen auf dem Mond spazierengehen.«

Und im Zoo höre ich regelrecht, wie die Schüler ihre Ohren spitzen, wenn wir »Macbeth« lesen. Es herrscht eine spürbare Spannung im Raum, und wenn mitten in Macbeths Monolog mit dem Dolch die Glocke läutet, schnappt Singye in der ersten Reihe nach Luft. »Er wird es nicht tun«, sagt er, über den Gedanken entsetzt. Es ist unnötig, die Bedeutung des Verbrechens zu erklären, das Macbeth zu begehen im Begriff ist, oder die bösen Vorzeichen, die stürmische Nacht und den seltsamen Wind, Duncans durchgedrehte Rosse, das Erscheinen von Banquos Geist. Für die Schüler sind dies keine literarischen Symbole, sondern die realen, einleuchtenden Folgen eines gräßlichen Verbrechens. Es läßt sich nicht ermessen, wie groß die Kluft ist zwischen dem, was ich ihnen über das Stück beibringen sollte, und dem, wie sie es im Licht ihrer eigenen Kultur verstehen. Aber ihre Vorstellungen machen das Drama für mich lebendig, und nie zuvor fand ich es so schauerlich.

An einem Samstag morgen kommen zwei Studenten mit einer Notiz an meine Tür: Es wird ein abendlicher Kulturwettbewerb mit Liedern und Tänzen in Dzongkha, Nepalesisch und Englisch stattfinden. Mr. Bose und ich sollen die englischen Beiträge bewerten. »Nehmt ihr auch an dem Wettbewerb teil?« frage ich die Studenten, und sie erklären, sie seien von der GNA befreit worden, um ihr Lied einüben zu können.

»Was ist GNA?«

»Gemeinnützige Arbeit«, antwortet der eine.

»Ganz nutzloser Aufwand«, sagt der andere.

Als ich daraufhin amüsiert auflache, höre ich, wie Mr. Matthew sich am Gartentor nebenan laut räuspert. Ich bin mir nicht sicher, wem diese Zurechtweisung gilt.

Shakuntala und ich suchen zusammen den Collegeladen auf, ein fensterloses Kabuff hinter der Studentenmensa, um unsere

Wochenration Gemüse einzukaufen. Körbe voll Pfefferschoten, Tomaten und Bohnen werden auf den Regalen ausgeleert, wo sie begrabscht und zermatscht werden. Die Waren werden auf einer rostigen, von der Decke hängenden Waage abgewogen. Als ich Mr. Dorji, dem Mann, der den Laden führt, meine Handvoll Chilischoten reichen will, schüttelt er den Kopf. »Nicht mal ein halbes Kilo«, sagt er. »Nehmen Sie sie umsonst mit.« Mein Chili-Konsum nimmt stetig zu, aber mit den bhutanischen Lehrern, die sich große Jutesäcke davon volladen, kann ich noch lange nicht mithalten. Meine Schüler erklären mir, sie könnten ohne Chili nichts essen. Wenn ich ein westliches Gericht für sie koche, Nudeln oder Pizza, ist es ihnen zu süß, und sie gehen in die Küche, um *Eze* zu machen, einen Salat aus kleingehackten Pfefferschoten, Zwiebeln, Tomaten und Käse.

Wir steigen über ein vor dem Laden liegendes geschlachtetes Schwein und nehmen uns am Bäckereifenster Brot mit. Zu Hause verdrücke ich mehrere Scheiben Brot mit Bumthang-Honig und schlummere anschließend auf dem Diwan ein.

Kanadische Stimmen wecken mich auf. »He, Medusa, mach die Tür auf. Wir haben gehört, bei dir gibt's frisch geschnittenes Brot.« Fast das gesamte kanadische Kontingent von Ostbhutan ist gekommen, außerdem Mary, eine irische, in Samdrup Jongkhar stationierte Lehrerin.

»Es ist nicht geschnitten«, sage ich, als ich die Tür aufreiße, »und außerdem hab ich's zur Hälfte aufgegessen.«

Sie kommen hereingelatscht, stellen Jholas, Flaschen mit Dragon-Rum, Zitronenfruchtsaft, Golden-Eagle-Bier und außerdem einen Kassettenrekorder und Kassetten ab. »Wir haben uns in Tashigang getroffen und beschlossen, daß hier eine ordentliche Einweihungsparty steigen muß«, erklärt Margaret, die in Radi wohnt.

»Seht euch dieses Klo an!« kreischt Lorna vom Flur herüber. »Es ist *gekachelt.*«

»Allmächtiger Gott! Zwei Kamine!«

Als ich verkünde, daß sie gerade rechtzeitig zu einem Kulturwettbewerb gekommen sind, der am Abend stattfindet, sind sie enttäuscht.

»Kulturwettbewerb! Das hätte ich auch in Radi haben können. Man hat mir geschnittenes Brot und einen Videofilm versprochen«, sagt Margaret.

»Schränke!« ruft Lorna aus. Sie sieht gut aus, ihr langes goldbraunes Haar ist von sonnengebleichten Strähnchen durchzogen, ihr Gesicht honigbraun. »Sie hat *zwei Schränke*. Und ich muß meine ganzen Klamotten in der Vorratstruhe aufbewahren.«

Leon und Tony sehen noch klappriger und blonder aus als in Tashigang, wo ich sie das letzte Mal sah. Leon teilt Drinks aus, Dragon-Rum mit Zitronensaft. Jemand hat den Kassettenrekorder eingestöpselt, und die Traveling Wilburys singen etwas über letzte Nacht. Margaret steht in der Küche und bastelt aus gesüßter Kondensmilch, Kakao, Erdnüssen und getrocknetem »Schweinefutter« etwas zusammen. Kevin und Tony haben ihre Nasen in Zeitschriften gesteckt, Lorna hopst mit Leon zu der Musik herum, und Mary *strickt* und kippt sich Bhutan-Mist hinter die Binde. Was sind wir doch für ein buntes Völkchen, denke ich. Was führt uns zusammen, außer unserer gemeinsamen Sprache und Hautfarbe? Hätten wir uns außerhalb Ostbhutans kennengelernt, wären wir bestimmt keine so guten Kumpel. Aber ich bin gern mit ihnen zusammen, weil ich dann wieder in mein altes kanadisches Selbst hineinschlüpfen und ein schnelleres, schärferes, direkteres Englisch sprechen kann. Es ist, als käme man zu seiner Familie heim. Alle haben dieselbe Grundlage, man muß nicht andauernd erklären, was man meint. Und genauso ist es bei diesen Freunden; niemand fragt mich, warum ich noch nicht verheiratet bin oder warum mich meine Mutter bis ans andere Ende der Welt gehen läßt, um zu unterrichten, ob ich das getan habe, weil ich in Kanada keine Anstellung finden konnte. Ich brauche nicht zu erklären, wer Ed Grimly ist, oder warum ich so rede wie er.

Es gibt aber auch eine negative Seite. Daß wir in unseren Dörfern so sehr in Anspruch genommen sind und uns ständig bemühen, uns geistig der anderen Kultur anzupassen, führt dazu, daß wir, wenn wir zusammen sind, in übertriebenem Maße wir selbst sein wollen. Wir trinken zuviel und reden zu laut, wir quietschen vor Lachen und kippen in den kleinen Bars in Tashigang um, ohne uns darum zu scheren, was für einen Eindruck das macht. Wir möchten vergessen, wer wir sind, und bezeichnen uns dennoch weiterhin als *Phillingpa* und stellen Vergleiche zu Kanada an; wir erinnern uns ständig daran, daß wir hier sind und wie erstaunlich das ist.

Mögen viele dieser Freundschaften auch in die Brüche gehen, wenn wir Bhutan wieder verlassen haben, so verbindet uns doch jetzt das Wissen, daß wir einander hier brauchen. Man muß in einem Brief nur erwähnen, daß man etwas Ernsteres als die alltägliche Giardia erwischt hat, und schon trudeln Päckchen mit Fertigsuppen oder Besucher ein, und in Notfällen wird unser nächster kanadischer Nachbar zu unserem nächsten Verwandten.

Wir gehen zu Pala, um *Shabalay*, fritierte Hackfleischtaschen, zu Abend zu essen. Studenten strömen herein und hinaus, schielen zu uns herüber, tun aber so, als sähen sie uns nicht. Ich bin erleichtert, daß wir keine so große Attraktion sind, wie wir es in Pemagatsel gewesen wären. Ein gutgebauter junger Mann in einem langen schwarzen Trenchcoat und eine bildschöne Frau in Jeansrock und Kaschmirpullover schweben an uns vorüber. Leon schüttelt den Kopf. »Es ist mir schleierhaft, wie du hier unterrichten kannst«, meint er. »Die Studenten sehen wirklich alle umwerfend aus.«

»Ein bißchen irritierend ist es schon«, gebe ich zu.

»Was würde denn passieren, wenn du mit einem deiner Studenten anbandeln würdest?« fragt Margaret.

»Keine Ahnung, darüber hab ich eigentlich noch nicht nachgedacht«, lüge ich. Ich ertappe mich nämlich ständig dabei, wie mir dieser oder jener attraktive Student ins Auge fällt. Die Studenten in den höheren Semestern haben einen sehr subtilen, einnehmenden Charme, und manche von ihnen flirten recht gern.

»Gut, dann werden wir für dich darüber nachdenken«, sagt Lorna, und die anderen pflichten ihr eifrig bei.

Der Kulturwettbewerb beginnt mit einem traditionellen bhutanischen Tanz. Die Männer und Frauen bewegen sich, während sie singen, langsam im Kreis und heben und senken dabei ihre vorgestreckten Arme in einfachen, beruhigenden Gesten. Die Schönheit liegt in den bedächtigen, synchronen Bewegungen; es geht bei diesem Tanz nicht um Selbstdarstellung, sondern um das Dabeisein. Es gibt keine musikalische Begleitung, nur die höher und tiefer werdenden Stimmen in der melancholischen, pentatonischen Tonleiter mit Halbtönen, wie sie kein temperiert gestimmtes Instrument hervorzubringen vermag. Der Stil heißt *Zhungdra*, die älteste Musikform Bhutans, und die Melodie klettert höher und höher, um dann plötzlich herabzustürzen, wobei sich der Rhythmus sprunghaft verändert, was vielleicht die aufsteigende und abfallende bhutanische Landschaft heraufbeschwört, Bergkuppen, die in tiefe Täler abfallen, um sogleich wieder steil aufzusteigen.

Es folgt ein nepalesischer Tanz. Zwei Frauen in prachtvollen rot und gold gemusterten Seiden-Saris wirbeln und stampfen mit hochgeworfenen Armen umher, zur Begleitung von lauter Musik vom Band, mit zahllosen Instrumenten, konkurrierenden Rhythmen und Melodien. Einen Kuli und ein Klemmbrett auf den Knien, sitze ich zwischen Leon und Margaret, bereit, die englischen Beiträge zu benoten. Als erstes kündet der Ansager einen »Break-Dance« an. Die Lichter gehen aus, pulsierende Discomusik setzt ein, stoppt und setzt erneut ein, und zwei geschmeidige junge Männer in engen Hosen und T-Shirts erscheinen auf der Bühne. Der Tanz ist eine Mischung aus echtem Break-Dance und einer Vielzahl schlichter Gymnastikübungen.

»Wo *bin* ich?« murmelt Leon. Ich weiß genau, was er meint. Trotz der offiziellen Politik der Abschottung und obwohl es kein Fernsehen gibt, ist Bhutan nicht hermetisch abgeriegelt. Modetrends und Musikkassetten finden ins Land herein. Dennoch kommt es mir befremdlich vor, in einem aus Beton gebauten Auditorium im Himalaja zu sitzen und bhutanischen Studenten beim Break-Dance zu amerikanischen Discoklängen zuzusehen. Die Musik verstummt, und ich habe nicht die leiseste Ahnung, wie ich den ersten englischen Beitrag bewerten soll. Nach welchen Gesichtspunkten? Im Vergleich *wozu*? Ich entscheide mich schließlich für eine ausgesprochen mittelmäßige Note. Unter den weiteren englischen Beiträgen sind »Proud Mary« von CCR, begleitet von einer elektrischen Gitarre und einem Verstärker, der sich offenbar für ein eigenständiges Instrument hält, und eine außergewöhnlich gute Version von Elvis' »Love Me Tender« von dem gutgebauten jungen Mann in dem schwarzen Trenchcoat. Elvis geht als Sieger der englischen Beiträge hervor.

Es folgen weitere Lieder in Dzongkha, Nepalesisch und Sharchhop sowie Tänze aus Tibet, Assam und von den nomadischen Yakzüchtern an der Nordgrenze Bhutans. Ich staune über die Instrumente: die sechssaitige Mandoline mit einem Drachenkopf namens *Drumnyen*; die vielsaitige *Yangchen*, eine Art Hackbrett, das flach auf einen Tisch gelegt und mit dünnen Bambusstöcken gespielt wird; ein neu funkelndes Harmonium und eine mit flinken Fingern gespielte *Tabla*. Die offizielle Regierungspolitik würde vielleicht von *einer* Identität sprechen, doch hier sind vielerlei Stimmen, vielerlei Tänze und vielerlei Lieder vertreten. Daß ich mich an dieser Vielfalt erfreuen kann, ist möglicherweise darauf zurückzuführen, daß ich nicht im amerikanischen Schmelztiegel, sondern im multikulturellen Mosaik Kanadas aufgewachsen bin.

Als wir wieder in meiner Wohnung sind, legen wir Matratzen, Matten, Kiras und Steppdecken in einer Reihe auf den Schlafzimmerboden. Es folgt ein großes Hin und Her mit viel Gekicher und Verhandlungen um die Plätze, und als ich schließlich einschlafe, träume ich, daß ich von Breakdance-Tänzern träume. Das träumst du nur, sage ich im Traum zu mir. In Bhutan gibt es keinen Break-Dance.

Überglücklich, hier zu sein

Meine Träume verändern sich ständig. Vorbei sind die Flughafenträume, die Drogeriemarktträume und die Träume von Mischländern, nicht richtig Kanada, nicht richtig Bhutan, sowie alle Heimwehträume. Die Träume, die ich jetzt von Kanada habe, sind schmerzhafter Natur. Ich träume, daß ich in den Expreß einsteige, und während er um eine Kurve biegt, verwandelt er sich in einen Greyhound-Bus mit Plüschsitzen und einem Schild, das die Fahrgäste auffordert, hinter der weißen Linie zurückzubleiben, und dann kommen wir über eine Brücke, die von Bhutan auf einen kanadischen Highway führt. Es ist Winteranfang oder Winterende, schmutzige Schneekrusten, ein trüber Himmel, eine ebene, geteerte Straße, die in eine triste, farblose Stadt führt. Mir ist ein schreckliches Versehen passiert; ich will doch gar nicht nach Hause. Ich steige aus dem Bus, aber Bhutan ist fort, und ich weiß nicht, wie ich dorthin zurückgelangen kann.

Ich träume immer öfter von Bhutan. Ich durchwandere enge grüne Täler, durch die Flüsse hindurchrauschen. Die Berge ringsum ragen so steil auf, daß ich immer wieder senkrecht nach oben blicken muß, um den Himmel zu finden. Ich laufe im Finstern durch Wälder zu einem Ring dunkel gesäumter Tannen, zu einem felsigen See unterhalb eines Wasserfalls, zu Lichtungen, in denen ich die über den unendlichen schwarzblauen Himmel verstreuten Sterne sehen kann. In meinen Träumen sinken Wolken vom Himmel in Schluchten herab und lösen sich über Feldern auf, indem sie das Grün von Reis und Mais dunkler tönen. Während ich mit den Augen die Nebelschwaden verfolge, versuche ich mir einzureden, daß ich träume, daß die Welt unmöglich so schön sein kann. Doch dann wache ich auf und merke, daß sie es tatsächlich ist.

Wir ziehen durch die Wälder und Felder rings um Kanglung, Shakuntala mit Skizzenblock oder Kamera, ich mit meinem Tagebuch. Ich bin fasziniert von der Weite der Landschaft, den Ausmaßen der Berge, der Ausdehnung des Himmels. Vor jedem Gebirgskamm frage ich mich, was sich wohl dahinter befindet. Von der indischen Grenze im Süden bis zu den schneebedeckten Gipfeln im Norden sind es zwar nur hundertfünfzig Kilometer Fluglinie, doch es würde Jahre dauern, bis man das Land zu Fuß erkundet hätte, bis man herausgefunden hätte, was in den Falten dieser Berge verborgen ist. Ich möchte das Land aus der Vogelperspektive sehen.

Wir biegen von Hauptwegen ab und folgen schmäleren Pfaden in Wälder hinein und durch Felder hindurch. Es bringt mich nicht mehr aus der Fassung, wenn sich ein breiter, ausgetretener Weg in ein Dutzend schmaler Pfade aufsplittert, von denen sich einer einen Hang hinunterschlängelt und vor einem umgestürzten Baumstamm endet. Wir klettern über den Baumstamm, durchwaten einen Bach, und schon nimmt uns ein neuer Pfad auf, führt uns durch Reisfelder zu jemands Hintertür. Ein Hund jagt uns um den Küchengarten herum in ein Wäldchen, wo uns ein anderer Pfad zu einer Straße führt. Es gibt überall große Steine oder Bäume, auf und unter denen man sich niederlassen und ausruhen kann, es gibt keine abgegrenzten Flächen, keine Grenzlinien und Schranken, die das, was jemandem gehört, deutlich von dem abtrennen, was allen gehört. Wir kommen durch Dörfer, in denen sämtliche Bewohner auf dem Feld einer Familie arbeiten oder wo alle gemeinsam beim Bau eines Hauses helfen und die Wände aus geflochtenem Bambus mit Lehm verputzen. Jedes Dorf scheint eine Welt für sich zu sein, eine eng miteinander verwachsene Gemeinschaft, in der jeder von jedem abhängig ist, mit einem gewählten *Gup*, dem Dorfvorsteher, der kleinere Streitigkeiten schlichtet und das verwaltet, was an Dokumenten vorhanden ist. Die Mahlsteine zur Ölgewinnung aus Senfsamen oder eine mechanische Dreschmaschine mögen zwar von einer der wohlhabenderen Familien angeschafft worden sein, doch die Geräte werden häufig von allen benutzt. Jeder weiß, was der andere hat – an Besitztümern, an Aufgaben, an Plänen, an Problemen. Es ist hier unmöglich, die Tür vor seinen Nachbarn zu verschließen, in winzigen isolierten Einheiten zu leben oder sich förmlich zuzunicken, wenn man aneinander vorbeigeht. Eine so streng abgeschirmte Privatsphäre wie in den westlichen Staaten wäre hier, wo zwischen einem Dorf und dem nächsten, zwischen einem Dorf und dem nächsten Krankenhaus, Laden oder der nächsten Funkstation ein Berg steht, auch fatal.

Als wir an einem Nachmittag aus einem Eichenwäldchen heraustreten, stehen wir unversehens im Innenhof eines uralten Tempels. Die Malereien in der Vorhalle sind im Laufe der Zeit nachgedunkelt, die Rot- und Blautöne sind tiefer und satter geworden und nicht etwa verblaßt. Die Tür ist mit einem Vorhängeschloß verriegelt, wir können nicht hinein, aber wir gehen im Uhrzeigersinn um den Tempel herum und stoßen die altersschwachen Gebetsmühlen in den Galerien der Außenwände an. Auf jeder von ihnen steht *Om Mani Padme Hum* geschrieben, Oh, du Juwel im Lotos, das Mantra zum Wohl aller empfindenden Wesen. Indem man die Gebetsmühlen dreht, sammelt man sich Verdienst an – wenn man es mit Bedacht tut. Wenn ich die Trommeln drehe, gehen meine Gedanken jedoch meist in eine andere Richtung.

Durch unregelmäßige Lektüre und gelegentliche Meditationsversuche werde ich kaum besonnen werden. Ich lese die Theorie und denke ja, das ist einleuchtend, aber mein Leben – mein Geist – bleibt unverändert. Während ich die Texte lese, bilde ich mir ein, sie zu verstehen. Nichts auf der Erde ist dauerhaft, alles ist dem Wandel unterworfen, vergeht und stirbt, weshalb das Festhalten an den Dingen dieser Erde Leiden verursacht. Der Achtfache Pfad ist der Weg zur inneren Loslösung. Wenn ich dann eine Anthologie von Gedichten der Romantik zur Hand nehme, frage ich mich jedoch, was an dem Festhalten so schlecht sein soll und welche Art Poesie aus einer Entrückung hervorgehen könnte. Warum sollten wir uns nicht ins Leben stürzen, die Welt innig lieben und unsere Herzen zerbrechen lassen, wenn sie sich verändert, vergeht und stirbt? Ich bin hin- und hergerissen zwischen den Vier Edlen Wahrheiten und Wordsworth, Coleridge, Shelley und Keats. Wenn ich die Abbilder des Buddha betrachte, wie er da in ruhiger Duldsamkeit sitzt, habe ich tausend Fragen und niemanden, der sie mir beantwortet. Ich frage mich, ob das ein Zeichen ist, daß ich mich auf dem falschen Pfad befinde. Aber dann fallen mir Buddhas letzte Worte an seine Schüler ein – nur durch eigene Anstrengung könnt ihre eure Erlösung erreichen –, und das bestärkt mich, weiterzufragen.

Ein Stoß Post. Mein Großvater schreibt, daß ich das Leben in Kanada nun bestimmt zu schätzen wisse. *Nun siehst du, wie gut wir es hier haben*. Meine Mutter schreibt, wie stolz sie auf mich sei, daß ich dieses harte Leben ertrage. Sie sehen das völlig falsch. Ich finde das Leben hier nicht mehr hart, schreibe ich zurück. Ich liebe mein Leben in Bhutan. Ich sehe tatsächlich, wie gut ich es habe – weil ich hier bin. In einem Brief vom Außenbüro in Thimphu werde ich an die bevorstehende Konferenz für kanadische Lehrer in Tashigang erinnert. Aber noch immer kein Brief von Robert.

Zwei Tage vor der Konferenz steht Lorna vor der Tür. »Ich bin nur gekommen, um dein Klo zu benutzen«, ruft sie mir, durchs Wohnzimmer flitzend, zu.

»Ist die neue Latrine noch immer nicht fertig?« rufe ich.

»Doch«, brüllt sie zurück, »aber sie ist nicht *gekachelt*.«

Beim Kaffee auf der Eingangstreppe erzählt mir Lorna, daß sie mit einem Mann in ihrem Dorf eine Affäre hat.

»Wie hat denn das angefangen?« frage ich aufgeregt.

»In einem Maisfeld«, gesteht sie, worauf ich einen Schwall Kaffee ausspucken muß, um mich nicht zu verschlucken. »Lach nicht. Wir kamen gerade von einem Dorffest zurück, da packte er mich am Arm und sagte: ›Miss, I lob you.‹ Da bin ich schwach geworden.«

»Er kann also Englisch?«

»Nein, das wäre zuviel gesagt. Er kennt nur ein paar Wörter.« Sie bekommt auf einmal einen Lachanfall. »In der ersten Nacht, nachdem wir uns geliebt hatten, lagen wir da in meinem Bett und überlegten krampfhaft, was wir miteinander *reden* könnten. Schießlich drehte er sich zu mir her und sagte traurig: ›Mein kleiner Bruder ist tot.‹ Worauf ich erwiderte: ›Oh, wie traurig, das tut mir schrecklich leid.‹ Ich dachte zunächst, er vertraue mir ein tragisches Kindheitserlebnis an. Doch dann ging mir auf, daß er damit sagen wollte, er könne keinen mehr hochkriegen.«

Ich lache, bis mir der Bauch weh tut.

»Es ist wahr«, sagt Lorna. »Ich schwöre es. Aber erzähl bitte niemandem was davon. Nicht, daß ich denken würde, es könnte sich irgendwer daran stören ...«

»Jedenfalls klingt das alles sehr romantisch«, sage ich, überrascht, daß meine Stimme so wehmütig klingt.

Lorna wirft mir einen raschen Blick zu. »Wie geht's Robert?«

»Wer weiß. Ich hab nichts von ihm gehört.« Ich versuche den Eindruck zu erwecken, als wäre Robert das Problem, aber mir ist klar, daß in Wirklichkeit ich das Problem bin. Er hat noch nie sehr häufig geschrieben, doch wenn Briefe kommen, dann klingen sie ganz nach ihm, liebevoll und loyal und voll praktischer Ratschläge. Ich bin diejenige, die sich verändert. Meine Briefe an ihn klingen in meinen Ohren unaufrichtig und gezwungen.

Die Konferenz verläuft zäh und schleppend. Wir sitzen unter surrenden Deckenventilatoren in einem prächtigen, wolkigblau ausgemalten und mit Brokatvorhängen versehenen Saal des Königlichen Gästehauses. An den Nachmittagen wandern wir einen Pfad hinter dem Basar hinauf, am Fluß entlang bis zu der Stelle, wo er sich zu einem See weitet. Das Wasser ist zum Schwimmen zu seicht, doch wir setzen uns hinein und unterhalten uns gemütlich. Kinder starren uns neugierig an, zehn erwachsene Ausländer, die da untätig im Wasser hocken. Sie ziehen ihre Schuluniformen aus und waschen sie im Fluß, wobei sie ein Stück Seife herumgehen lassen, rubbeln die Kleider, klatschen sie an die Felsen und hängen sie dann zum Trocknen auf Bäumen auf.

Abends gehen wir ins Phunsum zum Essen. Die drei neuen, frisch aus Kanada eingereisten Lehrer stochern in ihren Gerichten herum und lassen ihre Teller zurückgehen. Sie bitten um kleinere Portionen Reis – die Hälfte von dem da, nein, ein Viertel davon. »Wie kannst du soviel Reis futtern?« fragt mich Marnie. Sie trägt eine weiße Bluse und pfirsichfarbene Jeans, eine von mehreren perfekt aufeinander abgestimmten Kombinationen mit dazu passenden Accessoires; ihre Ponyfransen dreht sie jeden Morgen mit einem propangasbetriebenen Lockenstab ein.

Ich blicke auf meinen Reisberg hinab und zucke die Achseln. »Man gewöhnt sich daran.«

»Ich bezweifle, daß ich mich hier an irgend etwas gewöhnen werde«, sagt sie und schaut sich dabei um. »Hoffentlich sieht mein Quartier nicht so aus wie dieser Raum hier.«

Ich erinnere mich an dieses Gefühl. Du wirst dich schon dran gewöhnen, möchte ich ihr sagen; deine Kleider werden ausbleichen und verschleißen, zwischen der Morgenaufsicht und der Morgensprechstunde wird dir keine Zeit zum Eindrehen deiner Haare bleiben, die Wände in deiner Wohnung werden haargenau so aussehen wie diese hier, und zudem wird dein Dach undicht sein, wirst du Ratten in der Wohnung haben, doch das wird dich nicht stören, weil du verliebt sein wirst in den Ort, an dem du plötzlich aufgewacht bist. Du wirst dich überglücklich schätzen, hier zu sein. Aber ich weiß, daß sie das erst glauben kann, wenn es soweit ist.

Heilige Regentage

Der 22. September, der heilige Regentag, soll das offizielle Ende der Monsunzeit sein. Ich sitze mit anderen Dozenten unter einem blauweißen Baldachin, ein Schälchen öligen *Suja* und safrangelben *Desi* auf den Knien, und schaue einem Bogenschießwettkampf zu. Nur die Hälfte der Schützen verwendet den traditionellen Bambusbogen, um auf die Zielscheiben zu schießen – schmale Holzplanken, die im Abstand von etwa hundertfünfzig Metern in den Boden gesteckt werden –, und die können es mit den neuen, aus dem Ausland importierten Fiberglasbögen nicht aufnehmen. Den Wettkampf an sich finde ich bald langweilig. Viel interessanter sind die Schützen, die graziösen Tänze, die sie aufführen, wenn sie ins Schwarze treffen, und die frechen Gesten und Lieder, mit denen sie ihre Gegner abzulenken versuchen. Der Himmel über uns ist eine weite, frischblaue Fläche, von strahlend weißen Wolken gesäumt. Nur im Süden hängen ein paar graue Quellwolken, die verdächtig nach mehr Regen aussehen.

Es kommt mehr Regen. Am nächsten Morgen kurz vor Sonnenaufgang setzt er ein und hört zwei Wochen lang nicht mehr auf, Tage und Nächte strömenden Regens, treibender Nebelwolken und in Abflußrinnen tropfenden Wassers, bis ich das Geräusch nicht mehr hören kann und die unangenehme Nässe und Kälte leid bin. Die Feuchtigkeit kriecht in Decken und Laken, und keins meiner Kleidungsstücke will trocknen. Eine Erkältung wächst sich zu einer Ohreninfektion aus, bis ich nichts mehr hören kann; es ist, als bewegte ich mich unter Wasser. Der Himmel sackt unter seinem eigenen Gewicht tiefer und tiefer herab, bis die Wolken zwischen uns hängen, sich zerteilen und hastig an uns vorübergleiten wie verwirrte Geister.

Als ich zwei Wochen später in der Dämmerung erwache, vernehme ich das bemerkenswerte Geräusch von gar nichts. Ich brauche nicht erst hinauszusehen, um zu wissen: *Jetzt* ist die Monsunzeit vorbei. Allmorgendlich ist der Himmel klar, schimmert im Norden ein verschneiter Gipfel. Regelrecht umwerfend ist diese Klarheit. Ich fühle mich schwindelig, fast betrunken von dem intensiven Licht. Die Hügel ringsumher sind samtgrün, und in den Bäumen wimmelt es von Zikaden und Vogelschwärmen, die aus größeren Höhen herabgezogen sind. Die Tage sind mild, warm und schmeichelnd; die Kühle in der frühen Morgenluft verfliegt in der prallen Sonne. Rostrote Tagetes sowie gelbe und orangefarbene Kapuzinerkresse überwuchern die Sommerblumen in meinem Garten. In den umliegenden Dörfern werden Kürbisse und Äpfel, in Scheiben geschnitten, in flachen Körben zum Trocknen ausgelegt, und auf den Dächern der Bauernhäuser verfärben sich grüne Chilischoten an der Sonne in ein leuchtendes Dunkelrot. Streifen blutigen Rindfleischs und Batzen von Schweinespeck sind über Wäscheleinen aufgehängt. Wenn das Fleisch getrocknet ist, wird es, in hauchdünne Scheibchen geschnitten, mit Chilisauce serviert oder stundenlang zu Eintöpfen verkocht. Die Reisfelder bekommen goldene Ränder, und die Reisstengel biegen sich unter ihrer eigenen Last.

Ich kann Robert keine Briefe mehr schreiben. Die Sätze sind gequält und steif und klingen in meinen Ohren wie eine fremde Sprache. Wenn ich meine Liebe zu Bhutan zu beschreiben versuche, kommt es mir vor, als beginge ich Verrat an ihm, ohne zu wissen, warum. Vielleicht weil ich das Gefühl habe, mich in das Land verliebt zu haben, wie man sich in einen Menschen verliebt. Ich schreibe Briefe, die an niemanden adressiert sind, und klebe sie in mein Tagebuch.

Was ich am meisten liebe, ist, wie alles nahtlos miteinander verschmilzt. Man läuft durch einen Wald und kommt in einem Dorf heraus, ohne daß da ein Übergang, eine Grenze wäre. Man hält sich nicht entweder in der Natur oder in der Zivilisation auf. Die Häuser sind aus Lehm, Steinen und Holz gebaut, und alles kommt aus der nächsten Umgebung. Nichts verschandelt die Landschaft, nichts fällt störend ins Auge.

Die Zeit ist ein Gemisch aus Minuten, Monaten und vage wahrgenommenen Jahreszeiten geworden. Die Farben verändern sich, das Licht, das schräg über den oberen Rand des Berges fällt, wird kühler. Ich habe Mühe, mir das Datum zu merken. Ich frage meine Schüler, welcher Wochentag heute ist, doch wenn ich in der nächsten Klasse bin, habe ich es schon wieder vergessen und muß abermals fragen. In einem Brief nach Hause, den ich gestern anfing, schrieb ich ›Juli‹ und bemerkte den Irrtum erst, als ich hinaussah und die Gold- und Brauntöne gewahrte, die ringsum in die Hügel kriechen. Leon sagt, das liege daran, daß man in Bhutan in eine andere Zeit versetzt sei, und ich begreife, was er meint. Die Zeit schreitet hier nicht mit halsbrecherischer Geschwindigkeit voran. Veränderungen gehen sehr langsam vonstatten. Eine Großmutter und ihre Enkelin tragen die gleiche Art Kleider, verrichten die gleiche Arbeit, kennen die gleichen Lieder. Die Enkelin empfindet ihre Großmutter nicht als ein peinliches, langweiliges Fossil. Die Geschichten ihrer Großmutter gehen ihr nicht auf die Nerven, und sie hat die gleichen Wünsche wie ihre Großmutter, als diese in ihrem Alter war. Im Dorf gibt es wenig, mit dem man Schritt halten muß. Wenn sich etwas verändert, hat jeder Zeit, sich daran zu gewöhnen. Glasfenster, ein Wellblechdach, elektrisches Licht, Impfungen, eine Schule. Nichts, was im Dorf geschieht, wird der Vergessenheit anheimfallen, weil alles, was geschieht, jeden betrifft, jedermanns Geschichte ist. Es ist nichts, das einem Fremden am anderen Ende der Stadt, auf der anderen Seite des Ozeans widerfährt, heute erfahren und morgen schon durch aktuellere Nachrichten, die neuesten Entwicklungen, etwas soeben Gemeldetes verdrängt. Doch wie schnell sich dies mit fortschreitender Entwicklung ändern wird, läßt sich nicht vorhersagen. In der Schule wird den Kindern eine neue Ordnung der Dinge beigebracht. Es geht vermutlich vielen Schülern so wie Tobgay, der seinen Eltern nicht mehr erzählen kann, was er in der Schule lernt. Wenn die Außenwelt hereinschwappt, wird sich alles beschleunigen, und Großeltern werden seufzend den Kopf schütteln über das Verhalten ihrer Enkel. Die Ganzheit, die ich so liebe, wird dahin sein, aber trotzdem kann ich nicht sagen, daß Fortentwicklung schlecht sei und die Menschen so weiterleben sollten wie bisher – vier von acht Kindern verlieren und mit fünfzig sterben. Durch Fortentwicklung werden alte Probleme gelöst, aber es kommen dafür neue hinzu. Ich muß aufpassen, daß ich nicht anfange, den guten alten Zeiten nachzutrauern.

Vorerst genieße ich es jedoch, mit diesem anderen Zeitgefühl zu leben. Wenn ich an mein letztes Jahr in Toronto denke, fühle ich mich regelrecht erschlagen – wie ich ins Seminar hastete, in den Supermarkt, in eine Bank, ins Kino oder zu einem Treffen, und dabei ständig das Gefühl hatte, nicht mitgehalten zu haben, und befürchtete, niemals mithalten zu können, weil es so vieles gab, das man tun und sehen und kaufen konnte, von dem man sagen konnte, man habe es getan und gesehen und gekauft, um an vorderster Front mitzumischen, um da zu sein, wo was los war und um nichts zu versäumen. Hier habe ich Zeit im Überfluß. Da ist niemand, mit dem ich mithalten muß, und ich brauche nirgendwo anders zu sein als hier. Ich habe keine Ahnung, was in der Außenwelt geschieht, welche Kriege oder Hungersnöte in zehnsekündige Kurzmeldungen gepreßt werden, welche unfaßbaren neuen Technologien das Sterben der Menschen, ihre Träume oder die Erledigung ihrer Bankgeschäfte revolutionieren. Meine Armbanduhr habe ich in Tashigang verloren, und das Zifferblatt meines Weckers ist seit der feuchten Monsunzeit verblaßt, aber ich lerne, die Zeit nach der Sonne und den Außengeräuschen zu bestimmen, und ich komme nur selten zu spät.

Ich bin so in diese Welt eingesunken, wie man in den Schlaf sinkt – durch Schichten der Dunkelheit in einen erfüllten Traum. So, wie wenn man sich verliebt. Ich bin verliebt in die

Landschaft, in die Art, wie sich die grünen Berge im Spätnachmittagslicht in blaue Schatten verwandeln, in das besondere Licht, wenn die Sonne am Morgen über dem silbrigen Tal aufsteigt, in die gleißende Klarheit nach einem Regen, in die steil abstürzenden Täler und in die große dunkle Nacht ringsum, und darin, zu wissen, wo ich bin und daß ich hier bin. Ich bin verliebt in das einfache Leben, das ich hier führe, in die kargen Räume, die Regale ohne Krimskrams, die schmucklosen Wände. Ich möchte Weihnachten nicht nach Hause (ich möchte niemals mehr nach Hause). Davor hat man uns in dem Einführungskurs nicht gewarnt.

Der Außenbüroleiter in Thimphu schickt mir ein Telegramm mit der Mitteilung, daß der Flug nach Toronto, den zu buchen ich ihn vor mehreren Monaten gebeten hatte, bestätigt worden sei.

Durga-Puja

Shakuntala und ich verbringen einen Großteil unserer Zeit miteinander. Unsere Liebe für diese Landschaft und unser ungezwungenes Verhältnis zu den Studenten eint uns gegen die Horde zänkischer Kollegen. Einige Dozenten behandeln uns mit immer kühler werdender Herablassung; Shakuntala meint, es mißfalle ihnen, daß zwei unverheiratete Frauen auf die Menschheit losgelassen würden. Unter lautem Gekicher denken wir uns in der Bibliothek für die schlimmsten von ihnen lateinische Spitznamen aus; wir erfinden Ausreden, um nicht an den öden Kollegenparties teilnehmen zu müssen, bei denen die Stühle wie in einer Leichenhalle an die Wände gerückt werden, die Frauen auf der einen Seite sittsam an ihrem Orangensaft nippen, während die Männer gegenüber Bhutan-Mist hinunterkippen und Studenten mit belegten Platten zwischen beiden Seiten hin und her huschen. Statt dessen laden wir die Studenten zum Abendessen ein, bei dem wir im Kreis auf dem Boden sitzen;

anschließend machen sie Gitarrenmusik, spielen wir Scharade, Wortspiele und unterhalten uns.

Die Studenten kommen häufig zu mir. Sie kommen, um sich Bücher und Kassetten auszuleihen, um sich ihre Hausaufgaben durchsehen zu lassen, um einen Kaffee zu trinken und um zu reden. Ich habe eine Barriere durchbrochen, habe sogar mit dem Grinser Frieden geschlossen. Im Unterricht witzelt er noch immer herum, aber ich kann ihn inzwischen gut leiden. Mit seinen Zottelhaaren und seinen klugscheißerischen Bemerkungen stellt er die überkommene Ordnung der Dinge in Frage. Sein richtiger Name ist Dil Bahadur, was soviel wie »mutiges Herz« bedeutet.

Shakuntala hatte recht: Die Studenten sind eine sehr angenehme Gesellschaft. Diejenigen, die aus wohlhabenden Familien in Thimphu oder Paro kommen, sind deutlicher vom Westen beeinflußt, zumindest äußerlich. Ihre Väter haben Schlüsselpositionen im Staatsdienst inne, und viele verfügen über riesigen Grundbesitz. Sie sind am häufigsten in Jeans und Lederjacken in einem Dunst von Zigarettenrauch bei Pala anzutreffen. Ihre Gespräche sind mit einem Mischmasch von Slangwörtern aus verschiedenen Dekaden und Kontinenten durchsetzt. »Macker« und »Mädels«, »Typen« und »cool«. Zehn Ngultrum sind zehn »Eier«, Geld ist »Knete«, betrunken ist »dicht« oder »zu«. »He« wird an jedes Satzende gehängt (Ich weiß nicht, he), und »verdammt« ist fast ein Synonym für »sehr«. Jeder Satz wird durch das allgegenwärtige »yah« zerhackt. *Ich sagte es ihr, yah, letztes Mal, yah, aber sie hört nie zu, yah. Nein, yah.* Shakuntala meint, »yah« sei nicht unser »yeah«, sondern komme von »yaar«, Hindi für Kumpel, Mann oder Freund. Ein Großteil dieser Studenten hat Privatschulen in Darjeeling und Kalimpong besucht, und sie bezeichnen ihre weniger weltläufigen Studienkollegen als »simpel«. Simpel ist in diesem Fall gleichzusetzen mit hinterwäldlerisch. Mit simpel ist das Dorf gemeint, eindeutig kein cooler Herkunftsort. Wenn sie weniger taktvoll sind, sagen sie statt simpel »bäuerisch«.

Die »Simplen« sind meine Lieblingsstudenten. Sie sind schüchterner und nicht so leicht aus der Reserve zu locken, aber zutiefst aufrichtig. Die wohlhabenderen Studenten benehmen sich eher wie Teenager, alles dreht sich um Klamotten und Frisuren und wer mit wem bei Pala verabredet ist (ungeachtet der lächerlichen neuen Verordnung des Rektors, derzufolge »Paare« verboten sind, um »Tratsch und Skandalen« – gemeint sind Schwangerschaften – entgegenzuwirken, etwas, das vor den Augen der Jesuiten angeblich am Ausufern war). Die sogenannten Simplen haben keine Jugend gehabt. Sie wurden in der Pubertät übergangslos zu Erwachsenen. Erstaunlich viele der männlichen Studenten haben daheim in ihren Dörfern eine Ehefrau und Kinder. (Studentinnen, die heiraten oder schwanger werden, müssen das Studium abbrechen.) Im Gegensatz zu ihren Privatschulkollegen sind sie mit der westlichen Kultur nur wenig in Berührung gekommen, ihre Vorstellungen von allgemeinem Wohlstand und priviligiertem Leben beruhen auf den wenigen Kinofilmen, die sie als Video im College gesehen haben, und sie wollen einfach nicht glauben, daß es in Nordamerika auf der Straße lebende und um Geld bettelnde Menschen gibt. Sie blättern genauso selbstvergessen in meinen alten Zeitschriften wie die Klasse 2c, schauen hin und wieder mit dem gleichen verdutzten Blick auf. »Ma'am, was ist ein UFO?« oder »Miss, was soll das hier von wegen Katzenpsychologe?«

Die Studenten merken, daß mir übertriebene Förmlichkeit unangenehm ist. Mit mir gehen sie zwar nicht so ungezwungen um wie mit ihren Mitstudenten, aber sie verzichten zumindest auf die starren Einleitungs- und Schlußformeln, die sie anderen Dozenten gegenüber gebrauchen. Ich bin für sie noch immer die »Ma'am« oder »Madam« und manchmal die »Miss«, aber sie sind herzlich, freundlich und gelöst. Ich mag sie von Tag zu Tag lieber, und ich lerne von ihnen weit mehr, als ich ihnen beibringe.

Da sie fließend Englisch sprechen, kann ich sie Sachen fragen, die ich die 2c nicht fragen konnte, und sie beantworten etliche, wenn auch nicht alle meine Fragen zum Buddhismus. Man könne die Welt und alles Schöne darin ruhig mögen, erklären sie mir, aber man dürfe sich nicht daran klammern. »Wir müssen stets daran denken, daß alles vergänglich ist, und ehrlich gesagt,

Ma'am, ist das nicht eigentlich der Grund dafür, daß wir etwas so schön finden? Wenn alles immer gleichbliebe, na, das können wir uns nicht mal vorstellen«, meint ein Student. Ich muß an Keats' »Ode an die griechische Urne« denken – kalte Perfektion – und stimme ihm zu. Er ist ein schmächtiger junger Mann, mit einem ruhigen, nachdenklichen Gesicht und einem Bürstenhaarschnitt. Sein Name ist Nima, was »Sonne« bedeutet, und sein Lächeln kann ein ganzes Zimmer erhellen. Ich befrage ihn nach den Praktiken des tantrischen Buddhismus, die mit den Lehren des Buddha, der Aberglauben und leere Rituale ablehnte, im Widerspruch zu stehen scheinen. Er sagt, die Lamas wüßten, welche wahre Bedeutung hinter den Ritualen stecke. »Uns selbst ist nur die simple Bedeutung bekannt. Wenn wir zum Beispiel die Wasserschalen auf dem Altar füllen, dürfen wir keinen Tropfen verschütten, weil es heißt, das locke Dämonen an. Aber eigentlich, Miss, sollen wir deshalb keinen einzigen Tropfen verschütten, weil wir es sorgfältig machen sollen, und wenn wir uns nicht konzentrieren, dann machen wir es nicht richtig. Vielleicht konnten die Menschen das nicht verstehen, und deshalb haben sich die Lamas überlegt, wie sie es sich besser merken können, und haben daraufhin die Geschichte mit den Dämonen erfunden.«

»Du selbst glaubst also nicht an Dämonen«, sage ich.

»Doch, Miss. Wir können nichts mit Bestimmtheit über sie sagen, also ist es besser, an sie zu glauben, nicht wahr?«

Dieser Einstellung begegnet man bei vielen Studenten, sie bevorzugen das »sowohl–als auch« im Gegensatz zu mir, die ich auf »entweder–oder« beharre. Entweder hat der Buddha gesagt, es gebe keinen Gott, und folglich stünde der trantrische Buddhismus mit seinem Pantheon von Gottheiten im Widerspruch zur ursprünglichen Lehre, oder es gibt Gottheiten und folglich keinen Widerspruch. Die Studenten sehen das anders. Ja, sagen sie, der Buddha sagte, es gebe keinen Gott, aber wir verehren ihn wie einen Gott, und außerdem gibt es viele andere Gottheiten, und darin liegt kein Widerspruch.

»Wie dem auch sei«, sagt Nima, »mein Vater meint, daß es nicht so sehr darauf ankommt, woran man glaubt oder was man sagt, sondern auf das, was man tut.« Nimas Vater ist ein

Gomchen in einem drei Wegstunden von Tashigang entfernten Dorf. Als Nima heimfährt, überbringt er seinem Vater meine Fragen und richtet mir die Antworten gewissenhaft aus. »Beispielsweise sollten Sie wissen, daß wir im Buddhismus sagen, daß alle Lebewesen in einem vergangenen Leben unsere Mutter waren.«

Aus diesem Grund solle man alle Lebewesen mit Güte behandeln. Weshalb man auch kein einziges Lebewesen töten soll, nicht eimal ein Insekt. In unseren Millionen und Abermillionen früheren Leben war jedes Lebewesen einmal unsere Mutter. »Ja, das habe ich gelesen«, erwidere ich. »Aber ich weiß nicht, ob ich das wirklich glauben kann.«

»Wissen Sie, Miss«, sagt Nima, »es macht nichts, ob Sie es glauben oder nicht. Wichtig ist nur, ob Sie alle Lebewesen so behandeln wie Ihre Mutter. Mit soviel Liebe und Respekt. Für uns Bhutaner ist es natürlich das beste, wenn wir sowohl daran glauben als auch danach handeln. Aber wenn man daran glaubt, ohne danach zu handeln, dann ist der Glaube wertlos.«

Nima kommt regelmäßig zu Besuch, zusammen mit seinem Zimmergenossen Arun, einem großen, beinahe ausgemergelt wirkenden Südbhutaner, der einmal Arzt werden möchte, und Wangdi, klein, stämmig und mit einer fast nervenden Heiterkeit. Ich versuche, die feinen klanglichen Unterschiede zwischen einem »nein danke«, das wirklich »nein« bedeutet und einem nein, das »ja, aber ich will höflich sein« bedeutet, herauszuhören. Oft frage ich einfach: »Ist das ein bhutanisches Nein?« Sie sind dermaßen taktvoll, daß ich die leisesten Andeutungen richtig auslegen lernen muß. Als ich einmal einen Löffel Zucker von links in Nimas Tasse schütte, zuckt Nima leicht zusammen, sagt aber nichts. »Was ist los, Nima?« frage ich.

»Nichts, Miss.«

»Habe ich etwas falsch gemacht?«

»Nein, Miss ...« Er räuspert sich und fährt sich mit der Hand über seine Stoppelhaare. »Na ja, Miss, in Bhutan schenken wir einem anderen niemals etwas von links ein, es sei denn, es gibt in dem Haus einen Todesfall. So werden nämlich die Toten bedient.«

Bei diesen Besuchen lerne ich, daß man niemals in einem Haus pfeifen sollte (das könnte Geister anlocken) und nicht über religiöse Bücher hinwegsteigen darf. Ich lerne, daß ich von einer vollen Tasse Tee einen Tropfen auf den Boden schnippen muß, bevor ich daraus trinke – als Opfergabe an die hungrigen Geister, die wegen der übermäßigen Begierden, die sie in ihrem früheren Leben hatten, in einem Reich ständigen Mangels und Sehnens umherwandeln; ihre Bäuche sind vor Hunger und Durst gewaltig aufgebläht, doch ihre Kehlen sind verschnürt. Ich lerne, Reis so zu essen wie die Bhutaner – indem ich ihn mir mit dem Daumen der rechten Hand geschickt in den Mund schaufle. Ich lerne, Buttertee zuzubereiten und esse Chilischoten zum Frühstück.

Die Studenten relativieren meine Ansichten über das ländliche Bhutan. Ja, sagen sie, in den Dörfern geht es friedlich zu ... oberflächlich gesehen. »Die Leute sind sehr neidisch aufeinander«, erzählt mir eine junge Frau namens Chhoden. Sie hat eine asymmetrische Bubikopffrisur und trägt aus Bangkok importierte Kiras aus bedruckten Seidenstoffen. Ihre nächsten Angehörigen wohnten in Thimphu, wo ihr Vater im Staatsdienst tätig sei, aber ihr Heimatdorf in Mongar besuchten sie noch immer einmal im Jahr, erzählt sie. »Das merken Sie nicht, Ma'am, weil Sie alles nur von außen sehen. Es gibt dort viel Neid, und es wird viel gelästert. Außerdem haben die Leute sehr starre Vorstellungen von dem, was sich gehört. Wenn ich mein Heimatdorf besuche, muß ich mich anders benehmen als sonst. Jungens dürfen herumziehen, soviel sie wollen, aber wenn ein Mädchen das tut, heißt es, oh, das Mädchen hat einen schlechten Charakter, die treibt sich ständig herum. Wenn ich mich zu rechtfertigen versuche, sagen meine Eltern, die Schule hätte mich verdorben.«

Ich rede mit den Studenten viel über Sprachen, über Englisch und Sharchhop, Dzongkha und Nepalesisch. Die Studenten nepalesischer Herkunft empfehlen mir, ihre Muttersprache zu lernen; Nepalesisch sei viel nützlicher, behaupten sie, es werde von viel mehr Menschen gesprochen und sei außerdem leichter zu erlernen. Den Studenten, die Dzongkha sprechen, gefällt das gar nicht. Madam, warum lernen Sie Nepalesisch? Sie sollten unsere Nationalsprache lernen.

Ich möchte alle beide lernen, entgegne ich. Ist dagegen was einzuwenden? Was soll dagegen einzuwenden sein, denke ich, ihr könnt doch auch beide Sprachen, und dazu noch Englisch und Hindi und ein paar Brocken Bengali und Tibetisch. Aber es geht hier um mehr als nur um Sprachen – wenn ich nur wüßte, worum. Ich möchte beide Sprachen lernen, wiederhole ich, aber weder die eine noch die andere Seite zeigt sich darüber erfreut. Als würde ich, indem ich beide Sprachen wähle, gar keine wählen.

Ich lerne, daß vielen Dank auf dzongkha *Namé samé kadin chhé* heißt. *Namé* bedeutet »kein Himmel«, *samé* »keine Erde«. Namé samé kadin chhé bedeutet »Hab Dank über Himmel und Erde hinaus«. Ich lerne, daß die Schriftsprache in Tibet entwickelt wurde, um Buddhas Lehren übertragen zu können, und daß sie Chhoeki heißt, die religiöse Sprache. Ich lerne das Alphabet zu schreiben, das an einer unsichtbaren Oberlinie hängt, wobei die Buchstaben oben und unten miteinander verbunden werden, um Laute zu kombinieren. Die Schreibweise der Wörter ist mörderisch. »Warum muß *joba* ausgerechnet mit einem ›m‹ anfangen?« beschwere ich mich entnervt bei Nima. »Warum nicht mit einem ›q‹ oder einem ›p‹ oder womöglich gar mit einem ›j‹?« Das sei so, weil Dzongkha eine monosyllabische Sprache ist, erklärt er mir. Um gleichlautende Wörter voneinander zu unterscheiden, würden zusätzliche Buchstaben hinzugefügt, die man aber nicht ausspreche. Ich bin nahe dran aufzugeben, aber die Sprache sieht so hübsch aus, mit Vögeln, die über den Wörtern flattern, und Sätzen, die mit Schwertern enden. Die Vögel sind die o's, die Schwerter die Punkte.

Ein anderer Student gibt mir eine Liste mit nepalesischen »Ausdrücken der Alltagssprache«:

Wie heißen Sie? Warum lachst du? Holzbein, Herzkrankheit, warmes Bett, Mutters Segen, Erlaubnis, Rat, dunkle Nacht, Rauschen des Flusses, Wahrheit, Liebesgeschichte, erinnern, wieder, Stimme, Feind, Freund, vergessen, Rückschlag, Mangel, See, Feuer, Wasser, Berg, Sonne, Regen, König, Minister, reich, arm, Apfel, Birne, guten Morgen, guten Abend, auf Wiedersehen.

Auf einem winzigen Zettel am Schwarzen Brett werden alle Dozenten und Studenten zur Teilnahme an einer hinduistischen Durga-Puja eingeladen, die im Auditorium zelebriert werden soll. Shakuntala erzählt mir die Geschichte aus dem hinduistischen Epos »Ramayana«, die dieser Feier zugrunde liegt: Ravanna, der König des Dämonenreiches Lanka, entführt Sita, die Gattin des Gottes Ramchandra. Ramchandra betet neun Tage lang zu der Gottheit Durga, und am zehnten Tage werden ihm Kräfte verliehen, die es ihm ermöglichen, Ravanna zu besiegen und seine Frau nach Hause zu holen. Durga ist auch Kali, die Gottheit der Zerstörung, die in einem endlosen Erneuerungskreislauf das Alte zertrümmert, um Platz für das Neue zu schaffen.

Auf der Bühne des Auditoriums ist ein mit Lametta und Tagetes geschmückter Altar mit der grimmig dreinblickenden Durga-Statue errichtet worden. Zarte Weihrauchfahnen hängen in der Luft. Der Gottheit wird eine Opfergabe aus Milch und Honig dargebracht, und dann wird uns *Tikka*, ein Fleck aus rotem Puder, auf die Stirn gemalt. Dil Bahadur, der bei der Zeremonie oben auf der Bühne assistiert, sieht ungewöhnlich ernst aus. Sein langes Haar ist geschnitten, und er trägt weite weiße Hosen und ein weißes Hemd. Er bindet ein buntes Band um mein Handgelenk, und ein anderer Student reicht mir eine Handvoll Süßigkeiten: Dies sind *Prasad*, die Opfergaben für die Gottheit, die den Anbetenden zurückgegeben werden. Morgen werden sie zum Fluß ziehen, um die Statue hineinzutauchen, sagt Gayatri, eine Studentin, und lädt mich ein, mir das anzusehen. Nachdem die anderen Dozenten gegangen sind, bleibe ich noch eine Weile im Auditorium sitzen und lausche den Liedern, die, von Glocken und einer *Tabla* begleitet, ohne Pause ineinander übergehen.

Gelehrte behaupten, daß der Buddhismus sich als eine Reaktion auf die negativen Elemente des Hinduismus entwickelte, insbesondere das starre Kastensystem und den übermäßigen

Hang zu hohlen Ritualen, die sich im Laufe der Jahrhunderte in Indien immer mehr ausgebreitet hatten. Hinduismus und Buddhismus sind jedoch nicht gänzlich voneinander zu trennen. Die meisten hinduistischen Gottheiten tauchen auch im buddhistischen Pantheon auf, und die beiden Glaubensrichtungen haben viele gemeinsame Vorstellungen, unter anderem die Reinkarnation und den Karma-Begriff. Als der Buddhismus den Himalaja erreichte, hatte er zudem viele Praktiken des indischen Tantrismus übernommen. Obwohl die Durga-Puja bombastischer ist als die buddhistischen Rituale, die ich bislang miterlebt habe, farbenprächtiger und mit weniger düsterer Musik, habe ich nicht den Eindruck, daß zwischen den beiden Ritualen ein Widerspruch besteht.

Hinter der Bühne ist irgend etwas passiert. Es wird hin und her gelaufen und aufgeregt geflüstert. Gayatri, die neben mir steht, knetet nervös ihr Taschentuch in der Hand. »Ist was?« frage ich sie. »Nein, Ma'am«, entgegnet sie, aber sie sieht dabei gequält und unglücklich aus.

Am nächsten Morgen erscheint sie in einem cremefarbenen *Salwar kameez*, einem knielangen Kleid über weiten Pyjamahosen, und mit frisch gewaschenem Haar vor meiner Tür. Eine große Gruppe Studenten mit Blumen, Weihrauch, Milchkrügen, einer *Tabla*, der Durga-Statue und mit *Khukuris*, scharfen, lang und grausam gebogenen Dolchen, in den Händen steht wartend vor dem Auditorium. An den Collegetoren bleibt die Menge plötzlich stehen. Ich stecke hilflos mittendrin und muß mich auf die Zehenspitzen stellen, um zu sehen, was da vor sich geht: eine Auseinandersetzung zwischen den älteren Studenten und dem Rektor. Zum erstenmal erlebe ich, daß man sich einer Autoritätsperson in Bhutan offen widersetzt.

»Der Rektor verlangt, daß sie die Nationaltracht anziehen, und sie erwidern, daß sie ihre nepalesische Kleidung tragen müssen, weil sie Pandite sind, die eine Puja zelebrieren«, flüstert Gayatri.

Diese Sache ist ernst – das kann ich an dem zorngeröteten Gesicht des Rektors, an der Körperhaltung der Studenten und an den vielen im grellen Oktoberlicht aufblitzenden *Khukuris* sehen. Und dann ist da noch etwas: Auf dem Holzzaun balanciert der neuernannte Verwalter des östlichen Distrikts, dessen Büro zehn Kilometer entfernt ist, und zeichnet grinsend, eine Zigarette im Mundwinkel, die Szene mit einer schicken neuen Videokamera auf. Daß er, einen Camcorder auf dem Rücksitz, rein zufällig am College vorbeigekommen ist und angehalten hat in der Hoffnung, ein bißchen Widerstand auf Band zu bannen, ist höchst unwahrscheinlich. Ich spüre, wie eine unerklärliche Angst in mir aufsteigt. Sei nicht albern, sage ich mir, mit ein bißchen Protest gegenüber der Autorität ist doch zu rechnen. Dies ist schließlich ein College. In Kanada wäre das gar nichts. Aber dies hier ist nicht Kanada, und die Videokamera ist mir sehr suspekt.

Die Menge zerstreut sich, und die Studenten gehen zu ihren Wohnheimen zurück, um sich umzuziehen. Da Ausländer von der Kleidervorschrift ausgenommen sind, gehe ich ins Auditorium zurück, um dort zu warten. Ich denke kurz daran, mich fortzuschleichen, mich in meine Wohnung zu verdrücken und aus allem rauszuhalten. Nein, das kommt nicht in Frage. Dies sind meine Studenten, und sie haben mich zur Teilnahme eingeladen. Außerdem bin ich viel zu neugierig, um daheim zu bleiben. In Khos und Kiras, hastig übergezogen, verkrumpelt und lose zusammengebunden, kehren sie zurück. Als ich sehe, wie der hintere Saum von Dils Kho auf dem Boden schleift, wird mir bewußt, daß dies nicht auf Eile, sondern auf Trotz zurückzuführen ist.

Die Menge setzt sich schweigend in Marsch, durch das Tor, die Straße hinunter bei Pala vorbei, und sobald wir um die Ecke gebogen sind, fangen die Studenten an zu singen. Gayatri behauptet, das sei ein religiöses Lied, doch dafür sind die Stimmen zu laut, und überall blitzen *Khukuris*. Am Fluß wird die Statue in das fließende, schäumende Wasser getaucht, mit Milch begossen und mit Blumen bestreut. Dil und seine Freunde klettern auf Felsblöcke oberhalb des Flusses und posieren, schreiend und die Fäuste reckend, für Fotos. Trotz des Gesangs, des Glockengebimmels und des wilden, ausgelassenen Rhythmus der *Tabla* hat die Feier einen aggressiven Unterton. Als sie vorüber ist, setzen sich Männer und Frauen getrennt voneinander an den Straßenrand. Die Männer reden eindringlich in nepalesisch aufeinander ein, die Frauen warten, bis sie fertig sind. Über diese Aufspaltung verärgert, erhebe ich mich, um zum Campus zurückzukehren. Rajan, ein Student aus einem höheren Semester, schließt sich mir an.

»Rajan, würdest du mir bitte erklären, was hier vorgeht?«

»Na ja, die Puja ist jetzt vorbei«, sagt er, »und wir werden alle essen gehen ...«

»Nein, nein«, unterbreche ich ihn. »Ich meinte: Was – geht – hier – vor?«

Sein Schweigen dauert so lange, daß ich den Eindruck habe, er will es mir nicht erzählen. Dann sagt er: »Na ja, Ma'am, die wollten nicht, daß wir unsere Puja zelebrieren.«

»Wer wollte das nicht? Der Rektor?«

»Nicht nur der Rektor. Sie – die Nordbhutaner.« Er erzählt mir, daß es in Bhutan Schwierigkeiten gebe – zwischen dem Süden und dem Norden, zwischen Nepalesen und Drukpa. »Sie wollen nicht, daß wir Nepalesen bleiben«, sagt er. »Wir müssen ihre Tracht tragen und ihre Sprache sprechen. Wir dürfen nicht mehr sein, wer wir sind.«

Die anderen holen uns ein, und wir laufen schweigend weiter.

Auf dem Campus ist es eigenartig still. Die Studenten kehren in ihre Zimmer zurück, und während ich zu meiner Wohnung gehe, sinne ich über Rajans Kommentare nach und frage mich, wie lang diese angeblichen Schwierigkeiten schon unter der ruhigen Oberfläche brodeln, was die Videoaufzeichnung zu bedeuten hat, wer das arrangiert hat, woher sie wußten, daß es am Tor zu einer Konfrontation kommen würde, und wie es weitergehen wird. Mir kommt der Gedanke, daß ich vielleicht auf dem Video zu sehen bin, und ich frage mich, ob es möglich ist, daß ich in das, was da vorgeht – was auch immer es sein mag – hineingezogen werde.

Die Situation

Und auf einmal ist da eine »Situation«. So bezeichnen es die Studenten. Diese Situation, sagen sie. *Das ist eine ernste Situation.* Manchmal sprechen sie auch von dem »Problem«, was an die nordirischen Unruhen erinnert, doch ich kann nicht glauben, daß es in dem kleinen, friedlichen, ruhigen Bhutan so weit kommen wird. Bis auf ein paar indirekte Kommentare im Lehrerzimmer wird der Vorfall an den Collegetoren von keinem der Dozenten erwähnt. Zwischen den Studenten entsteht jedoch über Nacht eine deutlich sichtbare Kluft. Im Seminarraum setzen sie sich um: Der Norden setzt sich zum Norden, der Süden zum Süden. Ich berichte Shakuntala davon. Wir trinken zusammen Zitronentee in ihrem Eßzimmer. Wir sitzen häufig bis spät in die Nacht hier, reden, arbeiten und lachen. An ihren Wänden hängen Porträts, die sie von Schülern angefertigt hat, sowie Bleistiftstudien von Blättern, Blumen, Farnen und Fotos von Tschörten und Gebetsfahnen. Als ich mir diese Arbeiten anschaue, wird mir ganz wehmütig ums Herz, so, als wäre dieses Bhutan bereits verschwunden. Ich werde dieses Angstgefühl einfach nicht los. Ich erzähle ihr von der Videokamera am Eingangstor, von den blitzenden *Khukuris* und der nach Norden und Süden getrennten Sitzordnung. »Ich frage mich«, sage ich, »warum sie die Kleiderfrage so hochspielen müssen. Sollen sie die nepalesischen Studenten bei einer hinduistischen Puja doch ihre nepalesische Tracht tragen lassen.«

Shakuntala ist da anderer Meinung. »Das ist doch nicht sonderlich viel verlangt«, meint sie. »Die Nationaltracht zu tragen, wenn man den Campus verläßt.«

»Aber es ist ein religiöser Brauch«, entgegne ich.

»Trotzdem ist es nicht viel verlangt«, beharrt sie. »Niemand verbietet ihnen, ihre Puja zu feiern. Niemand sagt, sie dürften keine Hindus mehr sein, sie müßten alle Buddhisten werden. Sie wurden lediglich aufgefordert, die Kleiderordnung einzuhalten.«

Das ist keine Kleiderordnung, sondern ein *Kleidergesetz.* »Wenn ich es richtig verstanden habe, soll dies der Bewahrung der bhutanischen Kultur dienen, aber müßte so was nicht auf freiwilliger Basis geschehen? Wie soll es sonst funktionieren?« frage ich. Was ich nicht sage, ist: Was ist mit den anderen Kulturen und Traditionen, die in Bhutan existieren? Was ist mit *ihrer* Bewahrung? Ich bin zwischen zwei Sichtweisen, zwei Interpretationsmöglichkeiten hin- und hergerissen, ohne in eine von beiden Vertrauen setzen zu können.

Ich suche die nächste Ausgabe des »Kuensel« nach Berichten über die »Situation« ab, aber es ist nichts zu finden. Ich versuche, aus den Studenten mehr herauszubekommen, doch die Stimmung auf dem Campus wird immer beklemmender. In den Mienen der Studenten spiegeln sich Furcht und Wut wider, und meine Fragen werden ausweichend beantwortet. Niemand will mir eine vollständige Erklärung geben. Ich wünsche mir, daß jemand am Anfang anfängt, wünsche mir jemanden, der einen Satz zu Ende führen kann, der mir klipp und klar sagt, dies ist vorgefallen, so sehen die zwei Seiten aus, nun mach daraus, was du willst. Es ist, als wäre ich während des zweiten Akts ins Theater gekommen. Ich möchte nicht zu den Schauspielern auf die Bühne, ich möchte lediglich eine Zusammenfassung davon, was bisher geschehen ist, doch jeder scheint Angst davor zu haben, er könnte zuviel sagen. Die einzigen Fakten über die »Situation«, über die ich bis jetzt verfüge, sind folgende: Die nepalesischen Studenten ärgern sich darüber, daß ihnen die bhutanische Etikette und das Tragen der Nationaltracht aufgezwungen werden. Die Regierung hält diese Verhaltensregeln für notwendig, um das kulturelle Erbe Bhutans bewahren zu können. Aber es muß noch mehr dahinterstecken.

Das kann schon deshalb nicht alles sein, weil auf dem Campus jetzt jeden Abend nächtliche Patrouillen stattfinden und Zimmer durchsucht werden. Wenn die Studenten mich besuchen kommen, sprechen sie so leise, daß ich oft nur die Hälfte verstehe. Es gebe jetzt Spione, sagen sie. Sie müßten sehr vorsichtig sein. Ein paar Studenten aus dem Süden hätten Flugblätter erhalten, erzählen sie mir, in denen die Südbhutaner dazu aufgerufen werden, sich zu erheben, für ihre Rechte, für eine Demokratie zu kämpfen.

»Aber glaubt ihr wirklich, Bhutan sei reif für die Demokratie?« frage ich. »Was sind eurer Meinung nach die Voraussetzungen für eine Demokratie?«

Das wüßten sie nicht, flüstern sie. Darüber hätten sie sich noch keine Gedanken gemacht.

»Aber wie könnt ihr etwas befürworten, über das ihr gar nicht nachgedacht habt?« frage ich barsch.

Erschrocken darüber, daß meine Stimme so laut geworden ist, schütteln sie den Kopf. Über diese Dinge könnten sie hier nicht reden.

Sie kommen nicht mehr in gemischten Gruppen zu mir. Sogar Nima und Arun kommen getrennt. »Was macht Nima denn so?« frage ich Arun. Studieren. Viel zu tun. Weiß nicht, Miss. Ich dachte, ich könnte Nima alles fragen, aber er erweist sich als eine miserable Informationsquelle. Er verbringt die meiste Zeit mit der Lektüre religiöser Bücher in der Bibliothek. Wenn ich ihn frage, was da eigentlich vorgehe, antwortet er: »Die nepalesischen Studenten wollen die Nationaltracht nicht tragen.«

»Oh, Nima, das weiß sogar ich! Aber was geht da *wirklich* vor?«

»Das weiß ich nicht, Miss, und ich will es auch gar nicht wissen. Der Buddhismus lehrt uns, daß wir uns nicht in Politik einmischen sollen. Das lenkt nur von den wahren Dingen ab.« Er hat Wichtigeres im Kopf: Er hat gerade einem Dzongkha-Lopen bei der Übersetzung eines buddhistischen Werks ins Englische geholfen, und er ist am Überlegen, ob er nach der zwölften Klasse ins Kloster gehen soll.

»Aber Nima, es muß doch im Buddhismus Werte geben, die man auf die Politik übertragen kann. Toleranz und die Suche nach der Wahrheit zum Beispiel. Hat der Buddha nicht gesagt, man solle alles in Frage stellen? Würde das nicht dazu verhelfen, den Dingen auf den Grund zu kommen?«

»Ja, Miss, aber ich glaube nicht, daß wir den Buddhismus auf die Politik übertragen können. Sie sehen ja, was Tibet widerfahren ist. Und Sikkim.«

Das ernüchtert mich. Was Tibet widerfahren ist, ist mir sehr wohl bewußt, aber über Sikkim weiß ich nichts weiter als das, was die Fantomes angedeutet haben. Ich nehme mir vor, mich kundig zu machen.

Die Gesprächsfetzen, die ich aufschnappe, werden von Mal zu Mal erschreckender. Ich höre, daß ein paar Studenten am Nationalen Erziehungsinstitut in Südbhutan verhaftet worden seien, weil sie Flugblätter geschrieben hätten. Ich höre, sie seien im Gefängnis gefoltert worden. Gefoltert? Ich frage die Studenten, von denen diese Nachricht kommt. Gefoltert? Das kann doch nicht sein. Dies ist doch ein buddhistisches Land. Sie schauen sich gegenseitig an und schütteln über meine Naivität den Kopf. An diesen Blick werde ich mich später wieder erinnern, als ich in meiner Sharchhop-Grammatik eine Lektion über »Bestrafung« finde, die Übersetzungen für »foltern, Folterinstrumente, schlagen, peitschen, Fuß-/Handfesseln« enthält.

Ich höre, daß einer der Beteiligten im Gefängnis Selbstmord begangen habe. Ich höre, daß zwei britische Lehrer, die an dem Institut unterrichteten, außer Landes geflohen seien. Ich höre, sie seien an den Aktivitäten beteiligt gewesen. Ich höre, sie hätten bei der Abfassung eines Flugblattes geholfen. Ich höre, sie seien an den Aktivitäten nicht direkt beteiligt gewesen, sie hätten nur die Grammatik korrigiert. Ich höre, daß ihretwegen alle Ausländer des Landes verwiesen werden sollen. Ich höre, das sei nur ein Gerücht. Ich höre hunderterlei im Flüsterton erzählte Geschichten, aber ich höre niemanden offen darüber reden. Doch wenn darüber nicht offen geredet wird, wird auch nichts geklärt oder verstanden, gelöst oder gelernt werden. Ich möchte es an die Berghänge, in den Herbsthimmel schreiben. *Redet, redet, redet!*

Woche für Woche suche ich die Zeitung in der Bibliothek nach einem Bericht über das »Problem« ab, doch es sind nur die üblichen Meldungen über die jüngsten Entwicklungen und landwirtschaftlichen Nachrichten zu finden: Bewässerungsseminar durchgeführt, Welternährungstag gefeiert, australische Wolle für Weberinnen in Bumthang, zweiköpfiges Kalb in Paro geboren.

Dil und sein Freund werden verhaftet und auf das Polizeirevier von Tashigang gebracht, weil sie außerhalb des Campus nicht die Nationaltracht getragen haben. Sie kamen gerade von Pala zurück, als die Polizei sie festnahm. Viele Studenten, auch die aus dem Norden, tragen Jeans, wenn sie zu Pala gehen. Die Verhaftung scheint eine böswillige Provokation zu sein. Dil und sein Freund kehren ans College zurück, doch ein paar Tage später verschwinden sie erneut. Wir sind mitten in einer abschließenden Wiederholung vor den Prüfungen. »Werden die beiden wieder zurückkommen?« frage ich. Die Studenten blicken angestrengt in ihre Bücher, sehen aus dem Fenster, antworten nicht.

Ich höre, sie seien durchgebrannt. Nachdem sie von Studenten aus dem Norden verprügelt worden seien, weil sie unter ihren Khos die nepalesische Tracht trugen, hätten sie sich irgendwelchen Leuten jenseits der Grenze angeschlossen. Kurz darauf verschwinden fünf weitere aus dem Süden stammende Studenten. Mitten in der Nacht werden sie verhaftet. Festgenommen, fort, zum Verhör nach Thimphu gebracht, höre ich von den anderen Dozenten. Die Studenten wollen nicht darüber reden; schon bei der bloßen Erwähnung der fünf schauen sie entsetzt drein. Das ist es, was mich am meisten erschreckt.

Die »Situation« ist schließlich eine Erwähnung im »Kuensel« wert. In der achtundsechzigsten Sitzung der Nationversammlung gibt das Innenministerium bekannt, daß mehrere staatsfeindliche und aufrührerische Briefe und Broschüren nach Bhutan eingeschleust worden seien. Die Vorwürfe in diesen Veröffentlichungen seien für haltlos, arglistig und antinational befunden worden. Außerdem, fügt das Ministerium hinzu, verstießen sie gegen die *Tsawa Sum*, die ›drei Grundlagen‹: Land, Volk und König. Es ist weder von einer Bewegung die Rede noch von Verhaftungen.

Die Aussicht von hier

Wir wollen eine Wanderung zum Dangling Tsho machen, einem heiligen See oberhalb von Khaling – Tony, zwei niederländische Entwicklungshelfer von einem Landwirtschaftsprojekt bei Kanglung, und ich. Tonys Vertrag in Khaling läuft in zwei Monaten aus, aber er will ihn nicht verlängern. Er ist noch immer ziemlich abgemagert, die Folge einer Typhusinfektion und eines Magenparasiten. Die anderen Kanadier haben ihm den Spitznamen Bohne gegeben, eine Abkürzung für Bohnenstange. Der Gewichtsverlust beeinträchtigt sein Marschtempo jedoch in keinster Weise, so daß ich nach dreißig Wegminuten schon außer Atem bin. Aber ich trotte weiter, eisern entschlossen, nicht schlapp zu machen. Ich möchte den See sehen. Außerdem möchte ich für ein paar Stunden der »Situation« entfliehen.

Während wir ein kühles, in frühmorgendliche Schatten getauchtes Eichenwäldchen durchwandern, denke ich an Robert, an Weihnachten und an Zuhause. Kein Stück von mir zieht es diesen Winter nach Kanada. Ich suche Erinnerungen ab, halte innere Bilder ans Licht, taste auf der Suche nach einer einzigen winzigen Faser, die noch immer fahren will, wie mit einem Scanner Muskeln, Blut und Knochen ab. Es ist keine zu finden. Nicht einmal eine, die es zu Robert hinzieht.

Der Wald führt auf eine Wiese, die zu einem ausladenden Hügel ansteigt, sanft gerundet, extrem steil und mit goldenem Gras und gelben Blumen bedeckt. Der Zickzackpfad führt fast vier Stunden lang bergan. Wir begegnen *Brokpa*, den halbnomadischen Yakzüchtern der östlichsten Siedlungsgebiete, die mit ihren zottigen, schwerfälligen Yakherden von den Berggipfeln herabziehen, auf denen bereits Winter ist. Halt! Halt! Halt! schreien mir meine Beine zu, und ich bleibe auch tatsächlich kurz stehen. Ich keuche, und der Schweiß rinnt mir in die Augen. Ein winziges Brokpa-Kind in kaputten Gummistiefeln stapft mit seinen stämmigen Beinchen munter an mir vorbei. »Sind wir bald da?« rufe ich aus. »In ein paar Minuten«, gibt Tony zurück. Die »paar« erweisen sich als fünfundvierzig, doch dann sind wir am Ziel und stehen staunend vor dem kleinen, von uralten Kiefern und bemoosten Felsen gesäumten See. An den Ufern sind Steinhügel errichtet, und in dem klaren, kalten Wasser schimmern blaue Ein-Ngultrum-Scheine, Opfergaben an den Seegeist. In Bhutan gelten sämtliche Seen als heilig, sagt Tony. Seine Schüler hätten ihm eingeschärft, den See nicht zu verschmutzen, kein Fleisch in seine Nähe zu bringen und in der Umgebung keinen Abfall zurückzulassen. Sie hatten etliche Geschichten auf Lager, die andernfalls geschehen würden: Man könne krank werden, der See könne Nebel und Wolken aussenden, damit man sich im Wald verlaufe, oder der Geist selbst könne in dem Moment aus dem Wasser aufsteigen, und das wäre dein Ende.

Wir futtern unseren Proviant – Käsebrote und hartgekochte Eier –, und als ich zusammenpacke, bin ich versucht, irgend etwas zurückzulassen, als Test, einfach um zu sehen, was passieren wird. Ich reiße von der Verpackung eines Schokoladeriegels einen winzigen Fetzen ab, stecke ihn aber im letzten Moment doch in meine Tasche. Tony schlägt vor, auf den Brangzung-La, einen Gipfel unweit des Sees, zu steigen. Es sei nur etwa eine Stunde bis dahin, sagt er, und man habe dort oben einen phantastischen Rundblick. So erschöpft wir von dem langen Aufstieg in der glühendheißen Sonne auch sind, treibt uns die Aussicht auf den Rundblick weiter. »Etwa eine Stunde« sind in Wirklichkeit rund zweieinhalb, und ich stapfe hinter den anderen her, murrend, japsend und Tony verfluchend, der in seinem vorigen Leben eine Bergziege gewesen sein muß. Während wir höher und höher steigen, schrumpfen die hohen Tannen zu blauen, niederliegenden Wacholdersträuchern und Zwergbambusstauden zusammen, die sich zum Schutz gegen die Kälte ineinander verknäult haben, und ich fühle mich immer matter, ausgelaugt und dünn. Tony meint, das sei die Höhenlage. Obwohl ich keinen Schritt mehr weiterwandern kann, gehe ich weiter und weiter und weiter. Ich hasse Wanderungen, denke ich, und selbst wenn wir von dort oben die ganze Welt sehen können, ist mir das schnurzpiepegal; das ist diese Plackerei nicht wert.

Aber sie ist es wert. Ein weißer Tschörten und zerfetzte weiße Gebetsfahnen, deren aufgedruckte Gebete der Dauerwind vollständig weggeblasen hat, stehen auf dem Gipfel. Die Sicht reicht ins Unendliche: Schneegipfel entlang der nördlichen Grenze, vereiste weiße Festungen vor einem blauen Himmel. Im Süden, in weiter Ferne, schimmert das indische Tiefland im letzten Nachmittagslicht, und zwischen Norden und Süden breiten sich wellenförmig die Täler und Gebirgskämme Ostbhutans aus. Die anderen machen Fotos, aber ich möchte diesen Ausblick nur in mich aufnehmen. Ich möchte überall auf der Erde imstande sein, die Augen zu schließen und das zu sehen. Wir sind nicht einmal sonderlich hoch, und trotzdem ist es das Großartigste, was ich je im Leben gesehen habe.

»Ich will Weihnachten nicht heimfahren«, entfährt es mir plötzlich.

»Dann laß es halt bleiben«, sagt Tony achselzuckend, während er sein Objektiv einstellt. Er versucht gerade vom Gangkhar Puensoom, Bhutans höchstem Berg, eine Aufnahme zu machen.

Laß es halt bleiben. Aber wenn ich Weihnachten nicht nach Hause fahre, wird das das Ende meiner Beziehung zu Robert sein. Nach zwei Jahren wird es unmöglich sein, wieder eine gemeinsame Basis zu finden.

Genau, sagt eine andere Stimme. Es ist nicht so, daß du Weihnachten nicht nach Hause fahren willst ...

Alles an meiner Beziehung zu Robert, genauer gesagt alles an dem Leben, das ich zurückgelassen habe, erscheint im Vergleich zu dem, wo ich mich jetzt befinde, klein und beschränkt. Alles, was ich mit dem anderen Leben in Verbindung bringe, stößt mich ab: ein erschwingliches Haus in einem Vorort, ein Auto, daß ich hassen werde, weil es zu groß ist, Rasensprenger, die dafür sorgen, daß das Gras im Sommer nicht verdorrt, während wir, sicher und selbstgefällig, von den Elementen abgetrennt in klimatisierten Räumen sitzen. Eine Stimme in mir sagt, daß dies Robert gegenüber nicht fair sei, aber ich will sie nicht hören. Ich vermag nur das zu sehen, was ich jetzt habe: dieses Panorama und die dunkle, leuchtende Welt dort unten mit ihren Geschichten von Königen, Flüchen und Schutzgottheiten, von fliegenden Tigern und Donnerdrachen, von religiösen Schriftrollen, durch magische Kräfte oder den Buddhismus oder beides in Felsen und in zwischen Bergen verborgenen Tälern versteckt, und von Yetis, Geistern und dem frei schwebenden Lama in dem Tempel auf dem Bergkamm, über dem jeden Morgen die Sonne aufsteigt, und all die Orte, an denen ich noch nicht gewesen bin, und die Geschichten, die ich noch nicht gehört habe, all die Dinge, aus denen ich noch nicht schlau geworden bin, wie zum Beispiel die »Situation«. Sogar trotz der »Situation« und der Frustration darüber, zugleich mittendrin und doch abseits zu sein, und dem Geflüster und der Angst möchte ich bleiben. Ich kann noch nicht nach Hause gehen.

Während die Sonne langsam untergeht, bohren sich ein paar Sterne durch den blassen Himmel. »Der Abstieg dauert nur eine Stunde«, sagt Tony, doch inzwischen wissen wir, was das heißt. Wir verzehren unsere Mineralwasser- und Schokoladenreste und folgen Tony auf einem schmalen, morastigen Pfad durch dichtes Bambusgestrüpp. Die Schatten um uns her werden dichter, und Tony drängt zur Eile. »Dieser Weg hört irgendwo auf, und wenn wir den falschen Abzweig erwischen, werden wir in einem alptraumhaften Bambuswald oberhalb von Khaling enden, von dem kein Weg hinunterführt.«

Wir spurten weiter, aber der Bambuswald lichtet sich nicht, und der Pfad wird immer schlimmer. Ich bin so müde, daß ich heulen könnte. Wir sind seit sieben Uhr morgens unterwegs. Der Pfad kann inzwischen kaum noch als ein Pfad bezeichnet werden. Ich weiß, daß wir uns verlaufen haben, und ich weiß auch, daß es abergläubisch und albern ist, aber an allem ist nur der Papierschnipsel schuld, den ich um ein Haar am See hätte liegenlassen. Auf einmal bleibt Tony stehen. »Ich glaube, wir haben uns verlaufen«, sagt er. »Wir müßten mittlerweile eigentlich die Lichter von Khaling sehen.« Es ist vollkommen duster, und wir haben nur eine einzige schwache Taschenlampe für uns vier.

Ich erzähle den anderen von dem Stück Papier. Sie hören kommentarlos zu, nur Tony sagt: »Das ist so ziemlich der größte Schwachsinn, den ich je gehört habe.«

Dann nehmen wir am Himmel einen silbrigen Glanz wahr, den aufgehenden Mond. Das Licht wird heller, und der Mond taucht auf, klettert rasch hinauf, ein volles, hübsches, silbernes Gesicht, das höher und höher steigt und großzügig Licht herabwirft. Wir laufen hintereinander den Pfad entlang, der aus dem Morast herausführt und in einen breiteren Weg mündet. Als wir an einen trockenen, grasbewachsenen Abhang gelangen, lasse ich mich auf den Hosenboden nieder und rutsche hinun ter, auf die reglosen gelben Lichter von Khaling zu.

Als ich zurück in Kanglung bin, setze ich mich auf die Treppe und blicke hinüber zum Brangzung-La. Über dem Campus liegt um diese Zeit ein kühler Hauch, so lange, bis die Sonne ziemlich hoch über dem Bergkamm steht. Das Grün der Felder und Berghänge ist matter geworden, und zwischen den welken Tagetes vor meiner Haustür faltet sich eine kaltweiße Lilie auf.

Ich habe gerade zwei Briefe geschrieben. Der eine ist eine kurze Mitteilung an den Außenbüroleiter in Thimphu, daß ich meinen Flug stornieren möchte. Der andere ist ein langer, weit ausholender Brief an Robert, der von meiner überquellenden Liebe zu Bhutan erzählt – wenn er doch nur verstehen könnte, ich könne einfach nicht nach Hause kommen, und ich könne ihn nicht heiraten, weil Bhutan mich verändert hat und ich nicht mehr dieselben Dinge möchte. Ich füge Entschuldigungen und Ausreden hinzu, nebensächliche Gründe und untermauerndes Material, setze meinen Namen darunter und klebe den Umschlag zu. Ich bringe ihn sofort auf die Post, bevor ich es mir anders überlegen kann.

Winterpause

Die Dezembertage sind kurz, öde und leer. Die Studenten sind in den Winterferien in ihre über das Land verstreuten Heimatorte gefahren, und vor ein paar Tagen hat der Collegebus die indischen Mitarbeiter, einschließlich Shakuntala, zur nächstgelegenen indischen Stadt gebracht. Der Unterricht wird erst im Februar wieder aufgenommen. Nach einjähriger Tätigkeit zahlt uns das Außenbüro des WUSC in Thimphu einen Reisekostenzuschuß für einen Urlaub in der Region; ich werde mit den anderen kanadischen Lehrern, deren Ferien in einer Woche beginnen, nach Thimphu fahren und dort entscheiden, wo ich den Winter verbringe.

Ich fege die Fußböden, suche Kleidungsstücke heraus und mache mich reisefertig. Abends kauere ich mich vor einen Elektroofen, der nicht mehr Wärme abgibt als ein Bic-Feuerzeug. Die Personalwohnungen sind für indische Verhältnisse konstruiert, mit Betonstürzen über den Fenstern als Blendschutz gegen die sengende Sonne und mit einem überdachten, seitlich offenen Laufgang hinten am Haus, durch den monsungekühlter Wind hereinkommen kann. Ich sehne mich nach einem Haus in traditioneller bhutanischer Bauweise, mit dicken, die Kälte abhaltenden Lehm- und Steinmauern.

Wenn der Strom wegbleibt, was häufig geschieht, verkrieche ich mich ins Bett. Manchmal schon um sechs Uhr abends, zwei Wolldecken, einen Schlafsack, eine Steppdecke und alle meine Kiras obendrauf. Ich kann mich zwar nicht mehr bewegen, aber mir ist endlich warm.

Ich packe einen Rucksack für den Winterurlaub und fange anschließend noch mal von vorne an, sortiere alles aus, was für diese und jene Eventualiät gedacht war. Was habe ich nicht alles aus Kanada mitgeschleppt, Taschen voller Dinge, die ich eigentlich gar nicht brauchte. In Kanada hätte ich diese Genügsamkeit niemals erlernt. Doch das Gefühl der Unbeschwertheit wird von einer Sorge überschattet, die mir wie ein Stein im Magen liegt. Mehrere Studenten aus den südlichen Landesteilen haben angedroht, wegen des »Problems« im Frühjahr nicht wieder ans College zurückzukehren, und einige der Studenten aus dem Norden haben sich damit großgetan, was sie tun werden, wenn »diese Menschen« irgend etwas zu unternehmen versuchen. Menschen verwandeln sich nicht über Nacht in »wir« und »sie«. Das Problem hat eine lange Vorgeschichte, und ich versuche verzweifelt, sie zu verstehen.

In der Hoffnung, die fehlenden Teile des Puzzles zu finden, blättere ich in den letzten Tagen vor meiner Abreise alte Ausgaben des »Kuensel« und Geschichtsbücher durch. Die Einwanderung von Nepalesen nach Bhutan begann bereits Ende letzten Jahrhunderts, als Arbeiter aus dem Tiefland für Wald- und Steinbrucharbeiten rekrutiert wurden; später rodeten die Arbeiter in den malariaverseuchten Dschungeln des Südens Waldflächen, um sich dort niederzulassen. Ähnliche Einwanderungswellen gab es in Nordostindien, vor allem in Sikkim, wo die britischen Teeplantagen und Straßenbauprojekte viele Arbeitsstellen boten. Nari Rustomjis Buch »Sikkim: A Himalayan Tragedy« zufolge waren die nepalesischen Einwanderer ein arbeitsamer Menschenschlag, hungrig nach Land und äußerst mobil. Da es genug Land gab, fühlten sich die einheimischen Volksstämme, die Lepchas und die Bhutias tibetischen Ursprungs, nicht bedroht, auch dann nicht, als die Zahl der Einwanderer drastisch anzuwachsen begann. »Die Nepalesen unternahmen keinen Versuch, sich den Bewohnern ihres Gastlandes anzupassen. Aufgrund des starren hinduistischen Kastensystems konnten sie mit den Lepchas und den Bhutias keine Mischehen eingehen ... Nur wenige Nepalesen erlernten die Landessprachen ...« In dem buddhistischen Königreich, das 1641 errichtet worden war, fühlten sich die Nepalesen als Bürger zweiter Klasse behandelt; obwohl sie jetzt die Bevölkerungsmehrheit darstellten, gelang es ihnen nicht, in dem bestehenden System wirkliche politische Macht zu erlangen. Als sie sich in den sechziger und siebziger Jahren für die Demokratie einsetzten, stellte das einen Versuch dar, ihrem prozentualen Bevölkerungsanteil gemäß in der Regierung vertreten zu sein, um ihre eigenen Interessen durchsetzen zu können. Die Beziehungen zwischen Indien und China waren noch immer angespannt, und zunehmende politische Unruhen gaben Indien die Gelegenheit, das Königreich mit der Ausrede vom »sensiblen Grenzgebiet« zu annektieren. 1975 endete die dreihundertvierunddreißigjährige Herrschaft der buddhistischen Könige Sikkims.

In Bhutan wurde 1958 auf der Grundlage der »Citizenship Act« jedem das Bürgerrecht verliehen, der seit zehn Jahren in Bhutan lebte und Landbesitz hatte. Als im Jahre 1962 mit der

Durchführung des ersten Fünfjahres-Entwicklungsplans begonnen wurde, gab es beim Bau von Straßen, Schulen und Krankenhäusern genügend Arbeit, und nepalesische Einwanderer strömten weiterhin ins Land. Auf eine Integration schien man nicht bedacht zu sein; die Bhutaner aus den südlichen Distrikten durften offenbar bis in die siebziger Jahre hinein nicht in die nördlichen Distrikte reisen. Süden war Süden, und Norden war Norden.

Der Süden wurde 1988 zum Problem, als Volkszählungen ergaben, daß die Bevölkerung in den südlichen Distrikten unverhältnismäßig angewachsen war. In den angrenzenden indischen Staaten Meghalaya und Assam wurden nepalesische Einwanderer ausgewiesen. Kein Platz, kein Platz, hieß es von seiten der Staatsregierung. Geht nach Hause. Wir können nichts dafür, wenn da drüben für euch ebenfalls kein Platz ist. Ihr seid nicht unser Problem. Zur gleichen Zeit begann die Nationale Befreiungsfront der Gurkha in Darjeeling die Errichtung von Gurkhaland zu fordern, das sich über Nordostindien hätte erstrecken sollen, einschließlich Teilen Südbhutans.

Es wurde eine neue, großangelegte Volkszählung anberaumt, in deren Verlauf den lokalen Behörden im Süden vorgeworfen wurde, einer großen Anzahl illegaler Einwanderer Zutritt zu Bhutan zu gewähren und sie als bhutanische Staatsbürger zu registrieren. Es hieß, daß im Süden eine unzufriedene und unglückliche Stimmung herrsche angesichts der Härte, mit der die Volkszählung durchgeführt werde, doch diese Stimmungslage wurde als Gerücht abgetan.

Ich bin mir nicht sicher, ob ich die Situation nun besser nachvollziehen kann. Ich verstehe, daß Bhutan, das im Schatten der annektierten Länder Sikkim und Tibet lebt, sich um demographische Fragen und seine Souveränität Gedanken machen muß. Aber ich kann auch verstehen, weshalb sich die Südbhutaner schikaniert und bedroht fühlen könnten. Ich klappe die Geschichtsbücher zu. Der geschichtliche Hintergrund trägt nicht dazu bei, die Angst zu lindern, die ich wegen meiner Studenten empfinde. Sie wird dadurch höchstens noch verstärkt.

Am Abfahrtstag schließe ich meine Wohnung ab und trage meinen Rucksack zum Collegetor, um dort auf das Fahrzeug zu warten. Amala ruft mich zu Pala hinüber. Ihr kurzes glattes Haar ist um rosa Lockenwickler gedreht, und sie hat eine Maurerkelle und einen Eimer nassen Zement in der Hand, um eine Wand an der Rückseite des Restaurants auszubessern. Ich habe gerade Mittag gegessen, doch sie besteht darauf, mir etwas vorzusetzen, und während wir aus Schnapsgläsern Tee trinken, reden wir über Amalas Pläne für den Winter. Sie wird nach Sakteng fahren, ihre Heimatstadt an der Ostgrenze Bhutans, wo ihr verstorbener Vater einst ein hoher Lama war. Seine Reinkarnation ist noch nicht aufgefunden worden, und außer einem Wächter kümmert sich niemand um seinen Tempel und sein Haus.

»Horch«, sagt Amala. »Wagen.« Das ist der, auf den ich warte – ein von Tony, Leon und mehreren ihrer Schüler vollbepackter Hilux. Ich bedanke mich bei Amala und steige ein. Amala winkt mir mit der Maurerkelle hinterher, und für mich fängt die Fahrt in die entgegengesetzte Richtung an, quer durch das Land zurück nach Thimphu.

Drei Tage später kommen wir an. Als wir in der Dunkelheit um eine Straßenbiegung fahren, erblicken wir ein funkelndes Lichtermeer drunten im Tal. »Das ist ja riesig«, sagt Sasha, während Lorna den Refrain von »New York, New York« anstimmt.

Wir verbringen mehrere verwirrende Tage in der Hauptstadt, in denen wir Reisepläne zusammenstellen und uns um Visa kümmern. Erschrocken über den ungewohnten Verkehr und die vielen Straßen stolpern wir die Hauptstraße entlang, sind überrascht über die plötzliche Anonymität in Läden und Restaurants und kommen uns in den vom Monsun verwaschenen und von der Sonne ausgebleichten Kleidern schäbig vor. Der Außenbüroleiter lädt uns zum Essen ins vornehme Druk-Hotel ein, wo wir kichernd mit dem Besteck herumspielen und Salz- und Pfefferstreuer umstoßen. Feiste ausländische Berater in dunklen Anzügen und blankpolierten Schuhen rümpfen über uns die Nase. Die Läden quellen über von *Dingen*: Büroklammern, Wanduhren, Duftspender, fischförmige Plastikuntersetzer. An der Hauptstraße gibt es jetzt drei Videoläden, außerdem einen selbsternannten »Shop für Luxusartikel«, der sowohl Glückwunschkarten als auch schwarze Basketballschuhe im Angebot hat.

Ein Poster in einem Reisebüro verkündet, Bhutan sei das letzte Shangri-La. Es scheint diesen Winter mehr Touristen in Thimphu zu geben, und wir machen uns lustig über ihre schweren Videokameras und ihre teure Reisegarderobe. Als ich später darüber nachsinne, höre ich den häßlichen, arroganten Unterton in unseren Stimmen. Bah – Ausländer! Als ob wir keine wären. Es ist so schwierig, nach Bhutan hineinzukommen, es ist ein so ungewöhnliches und begehrenswertes Land, daß ich richtig hochmütig geworden bin – als wäre es ein großer persönlicher Verdienst und nicht reiner Zufall, daß ich in Bhutan bin. Dies ist eine der Gefahren, die die Verbundenheit mit Bhutan mit sich bringt. Zunächst kann man sein Glück nicht fassen, und mit der Zeit glaubt man, es hätte etwas mit einem selbst zu tun. Schaut mich an, schaut, wo ich bin! Bhutan ist etwas Besonderes, und ich bin in Bhutan, folglich muß auch ich etwas Besonderes sein. Reisen sollte uns demütiger machen, nicht stolzer, denke ich. Wir sind doch allesamt Touristen. Ob wir zwei Wochen oder zwei Jahre bleiben, wir sind allesamt Außenstehende, sind nur auf der Durchreise.

Wir hören Genaueres über die geflohenen britischen Lehrer. Sie sind nicht nur geflohen, sie haben sich an Amnesty International gewandt, und ihre Einmischung, so wird uns gesagt, wurde von der Regierung als »sehr schwerwiegend« eingestuft. Hilfsorganisationen wurden darauf hingewiesen, daß eine Einmischung in die bhutanische Politik Ausländern strikt verboten sei. Ich erzähle dem Außenbüroleiter von der Videoaufzeichnung vor dem College. Er macht sich grimmig Notizen und sagt, er werde Erkundigungen einziehen müssen. Er schärft uns ein, nichts zu tun, nichts zu sagen und uns da rauszuhalten. »Wir sind alle nur um Haaresbreite am Rausschmiß vorbeigeschlittert«, sagt er. Sogar er scheint angesteckt von der »Angst zu reden«. »Stellen Sie keine Fragen, und reden Sie nicht mit den Bhutanern darüber«, trägt er uns mit gesenkter Stimme und mit einem nervösen Blick über die Schulter auf. In einer anderen Umgebung würde mir das lächerlich vorkommen, wie die Parodie eines Spionageromans. Aber keiner lacht, während wir uns mit nervösen Flüsterstimmen über Aufruhr und Rassenkonflikte im letzten Shangri-La unterhalten.

Leon, Tony, Lorna und ein paar andere wollen den Winter in Thailand verbringen und reden mir zu, mitzukommen. Aber ich möchte Nepal sehen und fliege mit Jane aus Tsebar nach Kathmandu. Von dort reisen wir auf dem Landweg nach Delhi weiter. Nordindien ist strapaziös. Wir werden angestarrt, angefunkelt, angehupt, herumgerissen, abgetastet, angegrapscht, gezwickt, geknufft, gestreichelt, eingeschüchtert, angemacht, angelogen, es werden uns Heiratsanträge gemacht und Lieder gesungen. Wir atmen auf, als wir endlich Shakuntalas mit Büchern vollgestellte Wohnung in Delhi erreichen. Jane kehrt nach England zurück, und ich fahre allein weiter an den Kovalum-Strand in Kerala, wo ich meine Zeit mit Schwimmen, Lesen und Strandspaziergängen, mit dem Essen von Joghurt, Fisch, Ananas und Kokosnüssen verbringe. Die dreitägige Zugfahrt zurück nach Nordindien ist heimelig und angenehm. Wir fahren durch kühle Wälder am Morgen, durch heiße Ebenen in der Mittagszeit und dann an Hügeln vorbei, die sich im Abendlicht purpurrot färben. Die indischen Familien in dem Abteil teilen ihren Proviant mit mir: *Aloo dum*, *Paratha*, verschiedene marinierte Gemüse, süßen Basmati-Reis und Kirchererbsen in scharfer Sauce. Ich selbst habe nichts, das ich ihnen anbieten könnte, kaufe für die Kinder aber Fruchtgetränke und Eiskrem und bastle mit ihnen aus den hinteren Seiten meines Tagebuchs Boote und Blumen.

Als ich Kalkutta erreiche, sehne ich mich schon wieder nach den Bergen. Den ganzen Winter hindurch bin ich Bhutan in Gedanken stets nahegewesen. Der Bus von Kalkutta nach Phuntsholing rast in einem Affentempo eine Landstraße mit tiefen Spurrillen und Schlaglöchern entlang. Als die Luft auf einmal kühler wird, schaue ich auf: Ohne Übergang, steil und unvermittelt erheben sich da vorne die Berge. Ich fühle das vertraute Glücksgefühl in mir aufsteigen. Ich bin wieder daheim.

Einmischung

Und falls dir der Gedanke kommt, daß dieses oder jenes Land sicher, wohlhabend oder glücklich sei, laß ihn fahren, mein Freund ... denn du solltest wissen, daß die Welt in Flammen steht von Bränden, die durch diese oder jene Fehler entfacht wurden. Es gibt mit Sicherheit irgendein Leiden ... und ein gänzlich glückliches Land existiert nirgendwo. Seien es übermäßige Kälte oder Hitze, Krankheiten oder Gefahren, etwas sucht die Menschen überall heim; es kann somit kein sicherer Hafen gefunden werden in der Welt.

Buddhistische Schriften

Wir, die Dozenten

Als ich von Tashigang kommend aus dem Expreß steige, erstrahlt das College im vormittäglichen Sonnenlicht. Ich schließe meine Wohnung auf und reiße sämtliche Fenster auf. Mrs. Chatterji im Stockwerk über mir erkundigt sich, wie meine Indienreise gewesen sei. Sie ist sehr hübsch, hat große braune Augen, ein blasses Gesicht und offen herabfallendes glattes dunkles Haar. Über ihrem geblümten Sari trägt sie, zum Schutz gegen die Kälte, zwei dicke, handgestrickte Pullover, doch als ich sie auffordere, hinaus an die Sonne zu kommen, schüttelt sie den Kopf. »Schlecht für den Teint«, sagt sie und deutet dann auf den Besen in meiner Hand. »Sie machen wohl heute Ihren Frühjahrsputz.« Eigentlich wollte ich nur die Eingangstreppe abfegen, um mich daraufsetzen zu können, aber ich nicke. Nachdem ich sechs Monate in der Wohnung unter ihr gewohnt habe, weiß ich, daß sie den ganzen Tag mit Hausarbeiten zubringt. Sobald ihr Mann morgens zum Unterricht geht, legt sie los – fegt die Fußböden, klopft die Teppiche aus, hält den Garten in Schuß, wäscht die Wäsche, kocht die Mahlzeiten, spült das Geschirr. »Sie wünscht sich ein Kind«, hat mir Mrs. Matthew einmal zugewispert.

»Oder eine Arbeitsstelle«, wisperte ich zurück. Mrs. Chatterji hat einen Magisterabschluß, aber als ich Mr. Chatterji einmal fragte, warum sie nicht unterrichte, lachte er nur. »Meine Frau braucht nicht zu arbeiten. Sie ist glücklich daheim.« Aber das glaube ich nicht. Wenn sie am Spätnachmittag auf die Rückkehr ihres Mannes wartet, steigt sie die Treppe hinunter und läuft an der Hauswand auf und ab. Ich habe noch nie erlebt, daß sie allein weiter fortgegangen wäre, und habe keine Ahnung, wie lang für sie die Zeitspanne zwischen dem letzten gesäuberten, zusammengefalteten und weggeräumten Gegenstand und dem Ertönen der Schritte ihres Mannes auf der Treppe ist.

Nebenan arbeitet Mr. Matthew in seinem Garten. Er bietet mir an, mir seine Gartengeräte auszuleihen. »Ihr Garten ist der reinste Dschungel geworden«, sagt er in seinem singenden keralanischen Tonfall. Als ich entgegne, daß mir der wilde Garten gefällt, runzelt er mißbilligend die Stirn.

Ich wechsle das Thema. »Es ist so ruhig ohne die Studenten, nicht wahr?«

»Das ist gut so«, meint Mr. Matthew. »Kurz vor Beginn der Winterferien haben wir uns übrigens über Sie unterhalten.«

»Wer ist wir?«

»Wir, die Dozenten. Ihr Verhältnis zu den Studenten wird immer vertraulicher. Das ist nicht gut. Sie werden versuchen, das auszunutzen.«

»Ich habe noch keinerlei ...«

»Sie dürfen sich nicht auf eine Stufe mit ihnen stellen. Sie sind eine Dozentin, nicht eine von ihnen, nicht wahr. Es geht nicht, daß Dozenten mit Studenten befreundet sind.«

»Ist ja gut, also ...«

»Nein«, sagt er. »Gar nichts ist gut. Ich hoffe, Sie werden sich dieses Jahr bessern.«

Lesend und trinkend verbringe ich den Nachmittag auf meiner Vordertreppe, wo jeder mich sehen kann, und am Abend gehe ich zu der Wasserstelle im Innenhof, um die von der Reise verschmutzten Kleider zu waschen. Mrs. Matthew, die gerade die Treppe hochgeht, bleibt stehen. »Sie waschen nachts ihre Wäsche?« fragt sie entgeistert.

»Der Tag war zu schön, um ihn damit zu verbringen«, sage ich.

»Im *Dunkeln*?« Kopfschüttelnd steigt sie in ihre Wohnung hinauf, wo sie mit ihrem Mann all meine unmöglichen Verhaltensweisen besprechen wird, und das werden nicht gerade wenige sein.

Dies ist der Nachteil des engen Aufeinanderwohnens, vor dem Chhoden mich letztes Jahr warnte, als sie von der einengenden Uniformität des Dorflebens sprach. Nach sechs Wochen in totaler Anonymität hatte ich das völlig vergessen, die Kleinheit und Enge der Gemeinschaft hier. Ich hatte die indirekte Kritik an meinen Unterrichtsmethoden und meinem allgemeinen Verhalten ganz vergessen, die gespielt scherzhaften Fragen im Personalzimmer: Wozu brauchen Sie diesen Kassettenrekorder im Unterricht? Um Musik zu spielen – im Unterricht? Was haben Ihre Studenten gemacht, als sie heute im Freien saßen? Steht Gedichteschreiben auf dem Lehrplan? Warum kommen so viele Studenten zu Ihnen nach Hause, Miss Jamie? Geben Sie ihnen Privatunterricht in Englisch? Es sind keine richtigen Fragen. In Wirklichkeit sind es Hinweise. Hinweise, daß man so was hier nicht tut. Richtige Dozenten machen so was nicht. Richtige Dozenten nennen die Studenten Jungen und Mädchen; sie führen gewissenhaft die Anwesenheitsliste und spielen zur Veranschaulichung satirischer Texte keine Dire-Straits-Songs im Unterricht vor. Richtige Dozenten sitzen nicht kaffeetrinkend mit den Studenten auf der Treppe, und sie hängen ihre Wäsche nicht nachts zum Trocknen auf. Wenn Shakuntala nicht wäre, würde ich mich hier sehr einsam fühlen.

Auf dem Postamt wartet ein Paket aus Kanada auf mich, das neun Monate unterwegs gewesen ist, ein paar Weihnachtskarten und ein Brief von Robert. Ich gehe bis zu der Wegbiegung und lese unter den Gebetsfahnen hastig den Brief. Robert ist gekränkt, wütend und bestürzt. Er versteht nicht, wie ich mich in so kurzer Zeit von so vielem abwenden konnte. Unfähig, dem Schmerz, den ich verursacht habe, voll ins Auge zu sehen, stecke ich den Brief in meine Tasche und wünschte, meine Reue und meine Gewissensbisse ließen sich genauso einfach wegstecken.

Nur wenige Tage nach unserer Rückkehr erhält Shakuntala einen Brief von zu Hause. Ihr Vater ist schwer erkrankt, und sie wird vielleicht nach Delhi zurückkehren müssen. Während sie auf weitere Nachrichten wartet, traut sie sich kaum aus dem Haus. »Vielleicht kommt er ja durch«, sage ich, und sie nickt, doch in ihren Augen ist der große Schmerz zu lesen, der ihr bevorsteht.

Am gleichen Wochenende taucht spätabends vor meinem Fenster ein Student auf. Es folgt ein durch die Fensterläden geflüsterter Wortwechsel – du kannst nicht reinkommen, aber warum denn nicht, du *weißt*, warum. Er bittet, bettelt, verspricht, niemandem was zu sagen, er schwört bei Buddha, daß er den Mund halten wird, und was ist schon dabei, nur dieses eine Mal, wenn du nur wüßtest, wieviel Mut es mich gekostet hat, hierherzukommen, würdest du mich nicht fortschicken. Ich erkenne ihn nicht – er ist aus keinem meiner Kurse, und ich sage mir, daß es deshalb nicht so schlimm sei, wenn ich ihn reinlasse. Ich sehne mich nach Körperkontakt und rede mir einen kurzen, unbesonnenen Moment lang ein, daß dies die sogenannte Nachtjagd ist und zu den Erfahrungen in Bhutan dazugehört. Ich öffne die Tür.

Fast im gleichen Moment bereue ich es. In körperlicher Hinsicht ist es eine hastige, wirre und zutiefst unbefriedigende Begegnung, aber das eigentliche Problem ist, wie sein Benehmen sich schlagartig verändert. Das säuselnde Flehen schlägt in eine widerwärtige Blasiertheit um, die mir den Magen umdreht. Ich dränge ihn danach gleich wieder hinaus und verfluche mich, nicht vernünftiger gewesen zu sein. Ich bezweifle, daß er sein Wort halten und niemandem davon erzählen wird, und bei dem Gedanken, ihm bei Tageslicht zu begegnen, wird mir ganz flau. Mein einziger Trost ist, daß er etwas von seinen Abschlußprüfungen sagte. Das bedeutet, daß er in ein paar Wochen fort sein wird.

Bis zum nächsten Morgen habe ich mich wegen dieser Begegnung und der Möglichkeit, daß sie sich herumspricht, in eine helle Panik hineingesteigert. Ich bin mir nicht sicher, ob so etwas in Bhutan ein Entlassungsgrund ist, aber mein Ruf bei den Studenten wäre mit Sicherheit schwer geschädigt, vielleicht so sehr, daß ich sie nicht mehr unterrichten könnte. Ich begreife nicht, wie ich so unbedacht sein konnte. Shakuntala ist nebenan am Packen, um nach Delhi zurückzufahren, aber ich bin so sehr mit meinem eigenen Dilemma beschäftigt, daß ich ihren Kummer kaum wahrnehme. Während sie Kleider zusammenlegt und in einen Koffer stopft, gehe ich in ihrem Schlafzimmer auf und ab und höre nur mit halbem Ohr zu, als sie die neuesten Krankheitssymptome ihres Vaters beschreibt. Er wird es herausposaunen, ist das einzige, was ich denken kann, und was dann?

Shakuntala hört auf zu reden, und nach einem langen, betretenen Schweigen wird mir bewußt, daß sie mir eine Frage gestellt hat, und die einzigen Worte, die ich davon mitbekommen habe, waren »vorübergehende Besserung«. Ich breche hastig das Schweigen, indem ich ihr von meiner Dummheit erzähle, es aber zu meinem eigenen Entsetzen so darstelle, als handele es sich um einen leichtsinnigen, unbesonnenen Zwischenfall. »Ich weiß nicht«, sage ich abschließend. »Glaubst du, er wird es erzählen?«

»Ich ... ich weiß nicht«, sagt sie tonlos.

»Vielleicht würde ihm niemand glauben«, sage ich. »Was meinst du?«

»Jamie«, sagt sie weinend. »Mein Vater liegt im *Sterben.*«

In den nächsten paar Tagen laufe ich völlig konfus umher. Wenn ich dem Typen auf dem Campus begegne, sehen wir geflissentlich aneinander vorbei, und allmählich legt sich die Angst vor dem, was geschehen *könnte*, *wenn* er etwas sagte. Die Angst, aber nicht die Reue.

Dann wird mir auf einmal bewußt, daß Shakuntala fort ist. Sie schickt mir eine kurze Nachricht, daß ihr Vater gestorben sei und daß sie bei ihrer Mutter in Delhi bleiben müsse. Der Gedanke an mein herzloses Verhalten am Tag ihrer Abfahrt reißt mich nachts aus dem Schlaf, verfolgt mich bei allem, was ich tue. Schau her, ruft er hämisch, sieh dir das an. Ich versuche zu meditieren, um mich von den Grübeleien zu befreien, doch es gelingt mir nicht, mich zu sammeln. Nach ein paar Minuten springe ich auf, um mir ein Buch oder eine Aufgabe zu suchen, in die ich mich stürzen kann. In der buddhistischen Praxis gibt es keine schnelle Beichte-und-es-ist-dir-vergeben-Formel. Beim Buddhismus bedarf es einer dauerhaften, bedingungslosen inneren Aufrichtigkeit, und ich weiß, daß ich nur dann weiterkommen werde, wenn ich mich mit meinem Verhalten auseinandersetze, mit der Tatsache, daß es unbesonnen war, mich mit dem Studenten einzulassen, und daß ich mich Shakuntala gegenüber als eine schlechte Freundin erwiesen habe. Der einzige Ausweg besteht darin, mittendurch zu gehen. Und bei dieser Gelegenheit, sagt eine Stimme in mir, könntest du auch gleich gründlich darüber nachdenken, was du Robert angetan hast.

Ohne Shakuntala bin ich allein, gehöre ich weder zu den Dozenten noch zu den Studenten. Ich beschließe, mein Verhältnis zu den Kollegen zu verbessern, doch bei dem Gedanken, eine von »wir, die Dozenten« zu werden, schüttelt es mich, fühle ich mich hundert Jahre alt. Es regnet mehrere Tage lang, und ich mummle mich zum Schutz gegen die kalte Feuchtigkeit in Pullover und eine dicke Wollkira ein und bleibe im Bett, wo ich Unterrichtsstunden vorbereite und Erdnüsse knabbere. Als der Regen nachläßt, steige ich in meine Schuhe, um mir etwas Nahrhafteres zu besorgen. Die Bergspitzen sind in Wolken gehüllt, und der von den dunklen Gipfeln im Norden herabkommende und auf seinem Weg durch Dornenhecken und Gestrüpp geschärfte Wind bringt eisige Regentropfen mit. Während der Kaufmann meine Lebensmittel in Zeitungspapier wickelt, lese ich den in Chhoeki und in Englisch geschriebenen astrologischen Kalender an der Wand. Es ist das Jahr des Eisernen Pferdes, und die Vorhersagen versprechen nichts Gutes, nichts als Konflikte, Regen und Flüchtlingsströme.

Vier der fünf Studenten, die letztes Jahr verhaftet wurden, sind wieder da. Sie sind niedergedrückt und halten sowohl zum Norden, zum Süden als auch zueinander Distanz; sie sind um Jahre gealtert, die Augen in tiefen Höhlen, die Gesichter ausgezehrt. Das einzige, was ich über den noch Fehlenden herausfinden kann, ist, daß er »beteiligt« war und nun im Gefängnis sitzt. Dil ist nicht zurückgekehrt. Die Studenten aus den südlichen Distrikten sagen, die Situation habe sich im Laufe des Winters verschlimmert: Es sei zu Ausgangssperren und Reisebeschränkungen gekommen, die Regierung streiche jetzt an den Schulen im Süden den Nepalesisch-Unterricht, und Familien müßten einen Grundsteuernachweis von 1958 beibringen, um als bhutanische Staatsbürger anerkannt zu werden. Die Studenten aus dem Norden behaupten, im südlichen Streifen seien Tausende illegale Einwanderer entdeckt worden. Welches Land der Erde würde nicht dagegen vorgehen, fragen sie dann.

In der Zeitung ist »Verrat« noch immer das Schlüsselwort, zusammen mit *Ngolops*, oppositionelle Aktivisten. Die Regierung habe zu ihrer »großen Bestürzung erfahren, daß sich einige südbhutanische Lehrer, Auszubildende, Studenten und Beamte an Aktivitäten beteiligt haben, die darauf abzielten, dem *Tsawa Sum* Schaden zuzufügen.« Es sei eine »maßlose Enttäuschung, daß sich diese Leute an staatsfeindlichen Aktivitäten beteiligt haben gegen eine Regierung, die sie seit ihrer Kindheit ernährt, eingekleidet und ausgebildet hat.« Die Regierung erklärt, daß bis auf die Anführer allen eine milde Behandlung zuteil geworden sei, während die Volksvertreter ihre Enttäuschung über die nachsichtige Haltung der Regierung ausdrücken. Ich habe an dieser angeblichen Enttäuschung starke Zweifel; die gesamte Diskussion klingt, als sei sie erdichtet worden.

Ich fange an, direkte Fragen zu stellen, und bekomme zwei Seiten einer Geschichte serviert, zwei Hälften, die nicht zusammenpassen.

Also, Ma'am, es geht um Demokratie und Menschenrechte, erzählen mir die Studenten aus dem Süden. Wir haben ein Anrecht auf unsere eigene Tracht und unsere eigene Sprache.

Die Studenten aus dem Norden hingegen behaupten, es gehe um den Fortbestand als Nation. Bhutan ist ein kleines, zwischen zwei riesigen Nachbarn eingeklemmtes und von ethnischen Spannungen bedrohtes Land. Wir müssen unsere traditionellen Werte und unsere Kultur schützen und bewahren.

Und was ist mit unseren Traditionen und mit unserer Kultur, fragen die Studenten aus dem Süden. Was ist mit unseren Rechten? Sie zwingen uns ihre Kultur auf, ihre *Driglam namzha*.

Das ist schließlich unser Land. Wir sind schon seit ewigen Zeiten hier. Sie kamen erst aus Nepal hierher, als Bhutan sich zu entwickeln begann. Sie kamen hierher, weil sie in Nepal nichts hatten, erklärt mir ein Student aus dem Norden.

Meine Familie ist schon seit einhundert Jahren hier ansässig. Ich habe das gleiche Anrecht darauf, hier zu leben, wie sie.

Wenn sie die Gesetze dieses Landes nicht befolgen wollen, sollten sie es verlassen. Wenn sie Nepalesen sein wollen, sollen sie doch nach Nepal zurückgehen. Sie sind der bhutanischen Regierung gegenüber noch nie loyal gewesen. In ihren Häusern hängen Bilder vom König von Nepal an der Wand statt von Seiner Majestät.

Sie wollten uns noch nie hier haben. Anfangs kamen unsere Leute hierher, weil sie uns als Arbeitskräfte brauchten. Sie wiesen uns Land im Süden zu, in den malariaverseuchten Dschungeln. Und unsere Vorfahren rodeten das Land und pflanzten Orangen und Kardamom, und wir wurden wohlhabend. Das ist es, was ihnen nicht paßt.

Sie haben ihre Leute illegal eingeschleust, die Grenze zu Indien ist offen. Wenn wir dieses Problem nicht angehen, werden wir überschwemmt werden. Wir werden in unserem eigenen Land eine Minderheit sein.

Wir sind noch nie gleichberechtigt behandelt worden. Denken Sie nur an die Minister – nur ein einziger kommt aus Südbhutan. Unsere Leute haben kein Mitspracherecht. Wir sind schon immer diskriminiert worden.

Sie sind noch nie diskriminiert worden. Schulausbildung und Gesundheitsfürsorge sind für sie genauso kostenlos wie für uns.

Man kann ihnen nicht trauen. Nach außen hin wirken sie sehr simpel, aber man weiß nicht, was sie wirklich denken.

Man kann ihnen nicht trauen. Sie wollen ein »größeres Nepal«, und das würde einen Teil Bhutans beinhalten. Sie wollen sich hier breitmachen, so wie sie es in Sikkim getan haben.

Die Stimmen werden schriller. Ich versuche jeder Seite die Argumente der anderen Seite darzulegen. Das führt zu wütenden Einsprüchen. Hören Sie nicht auf sie, das ist alles Propaganda. Man kann ihnen nicht trauen, es ist alles ihre Schuld, sie wollen uns zerstören, unsere Kultur, unsere Rechte, diese Leute, ja, so sind sie.

Gewöhnliche Worte blähen sich durch die Erregung, mit der sie hervorgestoßen werden, zu rhetorischen Phrasen auf, und es ist keine echte Diskussion möglich, es wird nur der gleiche Text wieder und wieder heruntergeleiert. »Il n'y a rien dehors de text« – dieser Satz aus einem Poststrukturalismus-Seminar fällt mir wieder ein, aber leider mit einer anderen Bedeutung, und ich wünsche mich an eine kanadische Universität zurück, verwickelt in Diskussionen über die Sprache, die für die Welt draußen ohne Belang sind; wie leicht war es doch, als Außenstehende über Hegemonie zu reden, wenn man in einem hellerleuchteten Seminarraum saß, in dem niemand flüstern und am Fenster Wache halten mußte und wo keine Studenten mitten in der Nacht verschwanden.

Es geht hier nicht um Demokratie und um Rechte, denke ich. Es geht im Grunde genommen um Volksstämme. Loyalität dem eigenen Volksstamm gegenüber und Furcht vor dem anderen. Jede der beiden Hälften glaubt, für sich ein Ganzes zu ergeben, und keine Seite will wahrhaben, daß es noch eine zweite Seite gibt. Kein einziger hat von Mediation, von Verhandlung oder auch nur vom Zuhören gesprochen – Dinge, die nötig wären, um einander zu verstehen. Keine Seite erkennt, daß es Überlappungen und Gemeinsamkeiten gibt. Es haben sich bereits zwei isolierte Lager gebildet.

Eines Vormittags schlafe ich in einer Konferenz ein und stelle beim Erwachen fest, daß ich in den »Prüfungsausschuß« berufen worden bin, der »nur heute« nach dem Mittagessen zusammenkommen wird. Als ich zehn Minuten vor Beginn eintreffe, sind meine Kollegen bereits in eine hitzige Debatte über einen Titel für den Ausschußvorsitzenden verwickelt. Chef? Leiter? Vorstand? Entschuldigen Sie, mein werter Herr! Verzeihen Sie bitte! Würden Sie mir bitte Gehör schenken? So geht das hin und her, bis ich das Gefühl habe, gleich einen Schreikrampf zu kriegen.

»Aber fragen wir doch unsere kanadische Kollegin«, schlägt Mr. Ahmed vor, worauf fünf Köpfe zu mir herumschnellen.

»Chef, Leiter, Obermufti«, entgegne ich. »Das ist nichts als Zeitverschwendung.«

Es tritt eine kurze Pause ein, dann geht die Diskussion von neuem los. Mr. Gupta wird schließlich zum Leiter ernannt, Mr. Ahmed zum Koordinator, und die beiden beschließen, sich untereinander einig zu werden, wer von beiden nach Delhi fahren wird, um die Prüfungsaufgaben abzuholen. Als sie einander ein süßsaures Lächeln zuwerfen, geht mir auf, daß sich die ganze Diskussion um nichts als um eine bezahlte Fahrt nach Delhi gedreht hat. Shakuntala und ich haben uns immer über die Mauscheleien der geldgierigeren Exemplare unter den Dozenten lustig gemacht; heute bringt es mich auf die Palme. Ich verlasse den Raum. Eisiges Schweigen verfolgt mich zur Tür und den Korridor hinunter.

Ich fliehe zu Pala, wo ich mich wutschäumend an einen Tisch im Freien setze. Es ist mir nun gleich, ob ich mir einige der Kollegen zu regelrechten Feinden mache. Es sind zu viele Fassaden aufrechtzuerhalten. Da geht nichts vor, alles ist in Ordnung, es gibt keine verhafteten Studenten, keine verprügelten Studenten, keine Studenten, die fortgerannt sind. Es gibt keine Studenten, die sich einer Bewegung anschließen wollen, und keine, die sich der Miliz anschließen wollen, um es denen heimzuzahlen, die sich der Bewegung anschließen. Es wird bei den Studenten nichts beredet, weil es nichts zu bereden gibt. Ich bin Ausländerin, ich weiß nicht, was vorgeht (es geht nichts vor), ich bin unbeteiligt. Ich habe zu nichts eine Meinung. Ich bin hier, um über Shakespeare und das Partizip Perfekt zu dozieren, und wenn das Land um mich her aus den Fugen gerät, geht mich das nichts an. Was mich angeht, sind meine Kollegen, lauter kompetente, engagierte Fachleute, die blendend miteinander auskommen.

Drinnen im Restaurant stimmt jemand eine *Drumnyen* an, und ein paar Stimmen fangen an zu singen, brechen ab, fangen wieder an und brechen in Gelächter aus. Am Tisch neben mir blättert ein Student eine zerfledderte Ausgabe des ›Rolling Stone‹ durch, und sein Sitznachbar ist in eine Bob-Dylan-Biographie vertieft. Dabei schaufeln sie sich händeweise *Zau*, gerösteten Reis, in den Mund. Der Bob-Dylan-Fan ist mir schon ein paarmal in der Bibliothek und auf der Bühne aufgefallen. Er hat ein hübsches Gesicht: hohe Wangenknochen, einen sinnlichen Mund und lange, pechschwarze Ponyfransen, die ihm in die Augen fallen. Er lächelt zu mir herüber und fragt dann zu meiner Verblüffung: »Gute Konferenz gehabt, Miss?«

»Woher weißt du, daß ich in einer Konferenz war?«

»Ich war im Seminarraum nebenan«, sagt er mit übermütig blitzenden Augen.

»Hast du etwa deine Dozenten belauscht?«

Es folgt eine lange und spöttische Antwort, die mit Wörtern wie »scheinheilig« und »Skalar« gespickt ist und mit »Schall und Rauch, ohne Bedeutung« endet.

Ich lache überrascht auf. »Also *hast* du gelauscht!«

Sein Freund erhebt sich, um zu gehen, aber er bleibt und unterhält sich mit mir. Sein Englisch ist schneller und flüssiger als das der anderen Bhutaner, die ich bisher kennengelernt habe, und er springt von Thema zu Thema: die Briten in Indien, indische Einwanderer in Großbritannien, Sufi-Mystik, bhutanische Methoden der Traumdeutung, internationale Nachrichtendienste, der Booker Prize. Ich habe Mühe, ihm zu folgen. Ich vermag ihn nicht einzuschätzen. Er ist weltoffen und offenbar sehr belesen, doch statt der unterkühlten, seichten Nonchalance, die ich von den ehemaligen Privatschülern kenne, hat er etwas stark Gefühlsbetontes, das mich sehr anspricht. Vielleicht liegt es aber auch nur daran, daß er unverschämt gut aussieht. Wie auch immer, ich bedaure es jedenfalls, als er sagt, er müsse in den Unterricht. »Betriebswirtschaft«, sagt er. »Ein Fach, das ich nicht ausstehen kann.«

»Das mir zuwider ist.«

»Vor dem es mich graust. Das mir verhaßt ist.«

»Du solltest den Spitznamen ›Sag es treffender‹ haben«, sage ich. Ich wünschte, er wäre in einem meiner Kurse. Ich wünschte, ich könnte mich täglich mit ihm unterhalten. Er stopft seine Bücher in seinen Kho und macht eine witzige kleine Verbeugung. »Schönen Nachmittag, Miss.« Er hat ein spitzbübisches Lächeln und schalkhafte Augen. Sein Name ist Tshewang, entsinne ich mich. Als er schon längst fort ist, ertappe ich mich dabei, daß ich noch immer lächle.

Eine alberne Schwärmerei

Rings um uns her erwacht der Frühling. Pfirsich- und Pflaumenbäume entfalten ihre Blüten, der Himmel verliert sein hartes, grelles Wintergesicht, und die Tage werden länger, lassen das Nachmittagslicht auf den Bergspitzen verweilen. Aus Südindien trifft eine neue Englischdozentin ein, eine intelligente junge Frau mit scharfer Zunge und den Kopf voll marxistisch-feministischer Literaturtheorien. Ihr Name ist Dini, und eines Morgens »dekonstruiert« sie beim Kaffee auf meiner Treppe den Lehrplan für das Fach Englisch. »Das lasse ich weg«, sagt sie, indem sie eine Reihe Aufsatzthemen streicht. »Oder diese Gedichte hier, und, o Gott, dieser Shakespeare wird ja dermaßen überbewertet.«

»Aber du kannst das nicht weglassen«, entgegne ich lachend. »Das steht im Lehrplan.«

»Lehrplan, Leerplan, ich denke gar nicht dran.«

Stundenlang spielen wir Scrabble und kochen uns dampfende *Vindaloo*-Gerichte mit fünfundzwanzig verschiedenen Gewürzen. Sie ist Christin, und ihr Freund kommt aus einer streng brahmanischen Familie. Sie wollen heiraten, doch seine Eltern erlauben es nicht. Sie erzählt mir Geschichten über das indische Dorfleben, von Unberührbaren, die geschlagen werden, weil sie ihren Schatten auf den Angehörigen einer höheren Kaste fallen ließen, die umgebracht wurden, weil sie Wasser aus dem Brunnen eines Höherstehenden tranken. Sie erklärt mir die vier Hauptkasten und die mehreren tausend Unterkasten und was es mit der Unberührbarkeit auf sich hat. Sie spricht über die jüngste indische Geschichte, über die Lage in Jammu-Kashmir, die Probleme im Nordosten und die Naxalite-Bewegung. In Dinis Augen ähneln die jüngsten politischen Entwicklungen in Bhutan Dutzend anderen ethnischen Konflikten auf dem Subkontinent. »Das ist nichts Neues«, sagt sie. »Es mag zwar neu für Bhutan sein, aber nicht für die übrige Region.« Während ich Tomaten und lange rote Chilischoten kleinschneide, Knoblauch schäle und Mörser und Stößel zu gebrauchen lerne, um

Samenkörner und Gewürze zu einer breiigen Masse zu zermahlen, höre ich ihr aufmerksam zu.

Dini findet, ich sollte meine Liebe für die bhutanische Landschaft dekonstruieren. »Du projizierst Dinge in das Land hinein«, sagt sie, »all das, von dem du meinst, daß es deiner eigenen Kultur fehlt. Die vorindustrielle Welt, Verbundenheit mit der Natur, das ganze Shangri-la-tra-la.«

»Aber die Menschen sind hier sicher und zufrieden, Dini.«

»Und arm.«

»Na ja, es gibt materielle Armut«, räume ich ein, »aber kein Elend.«

»Wo ist da der Unterschied?« fragt sie.

Ich sage, daß das Leben der Dorfbewohner zwar hart und kurz sein mag, die Leute aber mit dem, was sie haben, wirklich zufrieden zu sein scheinen. Und das sei auf ihren Glauben zurückzuführen, der ihnen sage, daß das Streben nach materiellem Wohlstand und persönlichem Gewinn Leiden verursache.

Dini entgegnet, sie seien nur darum zufrieden mit dem, was sie hätten, weil sie nichts anderes kennen würden. Was glaubst du, wie tief diese Werte gehen, fragt sie. Sie hätten diesen Lebensstil nicht etwa aus freien Stücken gewählt, sondern er sei milieubedingt. Wenn sie Autos, Kühlschränke und Videorekorder haben könnten, dann hätten sie auch welche. Laß den Weltmarkt mit all seinen glitzernden Angeboten hier hereinschwappen, sagt sie, dann wirst du schon sehen, wie schnell sich alles ändert.

Ich muß an die Videoläden denken, an die Duftspender und die fischförmigen Plastikuntersetzer, die es in Thimphu zu kaufen gab.

Dini sieht nicht ein, warum die Bhutaner nicht frei wählen können sollten. »Wenn sie fischförmige Untersetzer haben wollen, dann laß sie sie haben. Daß man Konsumgüter aus Bhutan verbannt, willst du nur, weil sie deine idyllische Vorstellung von einer unberührten kleinen Märchenwelt zerstören würden. Das erinnert mich an all diese Umweltschützer, die nach Indien kommen und uns erzählen, wir müßten den Kohlendioxidausstoß verringern – was bilden wir uns eigentlich ein, daß jeder

Inder ein eigenes Auto haben kann, oder was? Jeder Amerikaner hat ein Auto, aber oh, das ist ganz was anderes.«

Dem habe ich nichts entgegenzusetzen.

»Schau«, sagt sie. »In deiner Vorstellung kann Bhutan so sein, wie du es gerne haben möchtest. Aber nur die Bhutaner wissen, wie ihr Land wirklich ist.«

Als ich wieder einmal stehenbleibe, um einer Familie auf einem überfluteten Feld beim Reispflanzen zuzusehen, wird mir bewußt, daß Dini mit ihrer harten Kritik erreicht hat, daß ich manche Dinge realistischer sehe. Die Familienmitglieder stehen gebückt in dem schlammigen Wasser und stecken mit flinken, sicheren Händen Reisschößlinge in die nasse Erde. Ein etwa dreijähriges Mädchen, das in einem großen, handgewebten Tuch ein Baby auf dem Rücken trägt, läuft am Feldrand auf und ab. Das Baby quengelt und nuckelt an seiner Faust, während sich die Terrassen langsam mit Grün füllen. Den Arm voll Rhododendrenblüten, die ich gerade im Wald gepflückt habe, stehe ich da und habe zwei Möglichkeiten: Entweder kann ich da die Postkartenversion sehen (Serie »Verlorene Welten«, Ländliche Landschaft Nr. 5), oder eine Familie, die sich in anstrengender, mühseliger Arbeit über die Erde beugt, die durch irgendeine leicht verhütbare Krankheit zwei Kinder verloren und nicht genügend Geld hat, um den überlebenden die Schuhe und Uniformen kaufen zu können, die sie für die Schule brauchen. Es ist allzu leicht, Bhutan zu romantisieren. Die Landschaft kann nicht widersprechen, kann nicht sagen, nein, du irrst dich, das Leben hier ist zwar anders, aber alles in allem gesehen, ist es keineswegs besser. Du kannst diese Landschaft lieben, weil dein Leben nicht von ihr abhängig ist. Sie stellt lediglich einen malerischen Hintergrund für das andere Leben dar, in das du jederzeit zurückkehren kannst, ein Leben, in dem du keine Bäuerin bist, die sich auf einem schwierigen Gelände ihr kärgliches Auskommen erwirtschaften muß. Ich liebe die Szenerie, aber dieses Leben würde ich nicht führen wollen.

Während in der Abenddämmerung das Konzert von Fröschen, Grillen und Zikaden aus dem Sumpfland zu den Personalwohnungen heraufweht, versuche ich, auf den Fersen sitzend und die Augen geschlossen, zu meditieren. Anfangs rutsche ich unruhig hin und her, doch allmählich legt sich eine Stille über mich. Mein Ziel ist Besonnenheit: Ich möchte die Stille in mir tragen können, möchte mich meiner Gedanken, Worte und Taten bewußt durch den Tag bewegen. Die volle Konzentration, zu der ich gelange, solange ich sitze, beginnt sich wenige Minuten nach dem Aufstehen aufzulösen, aber ein Anflug davon bleibt zurück, ein bißchen Ruhe in meinem Kopf, die ich mir den ganzen folgenden Tag bewahre.

Ich treffe ständig mit Tshewang zusammen, und wir kommen mühelos miteinander ins Gespräch. Seine Eltern stammen aus Tashigang, erzählt er mir, aber er sei in Südbhutan aufgewachsen, als das vierte von sieben Kindern. Wie die meisten Bhutaner ist er mehrsprachig, kann fließend Sharchhop, Nepalesisch, Dzongkha, Englisch und Hindi. Sein Vater ist ein Gomchen, seine Mutter ist Weberin und besserte früher das Familieneinkommen auf, indem sie Arra brannte. Als Kind sei er jeden Tag fünf Kilometer zur Schule gelaufen, erzählt er, und wenn er heimkam, pfefferte er seine Schultasche zwischen die Bäume, um dann in den Wald zu rennen und nach den Kühen zu schauen. Abends spielte er immer am Fluß, horchte, ob Elefanten kämen, und hielt ängstlich nach Schlangen Ausschau. Jeden Morgen mußte er im Unterholz nach seiner Schultasche suchen, während ihn seine Eltern für seine Achtlosigkeit schalten. Er war trotzdem gut in der Schule und bestand die Aufnahmeprüfung fürs College mit links. Was liest du, frage ich, und er antwortet: alles. Ich glaube ihm. Er hat einen unglaublich großen Wissensschatz und ein ausgezeichnetes Gedächtnis für kleinste Details, Namen, Daten und kulturelle Begebenheiten. »Als kleiner Junge war ich ganz wild auf Bücher«, sagt er. »Ich weiß noch, wie ich mir leere Schachteln, Verpackungen und dergleichen geschnappt habe, nur um zu lesen, was darauf geschrieben stand. Was haben Sie als Kind gern gelesen, Miss?«

Ich erinnere mich an den Tag, an dem ich meinen eigenen Büchereiausweis bekam und mir zehn dicke Kinderklassiker auslieh. Voll Unbehagen über diese Kluft zwischen seiner und meiner Welt erzähle ich ihm davon. Er ist nicht im geringsten aus der Fassung gebracht, sondern stürzt sich mitten in diese Kluft hinein, und am Ende diskutieren wir, welches das überzeugendste Symbol für Dekadenz ist. Ein Fernseher in jedem Zimmer des Hauses, sage ich. Imelda Marcos' Schuhkollektion.

»Schokoladenmilch«, sagt er.

»*Schokoladenmilch*? Woher weißt du überhaupt, daß es so was gibt?«

»Von einer Anzeige in einer Zeitschrift. Als ich sie sah, dachte ich, ist es nicht genug, Milch zu haben? Ist eine ganze Flasche Milch nicht genug? Muß man noch Schokolade hineintun?«

So geht das häufig bei unseren Gesprächen: Wir bewegen uns anfangs in die gleiche Richtung, stolpern über einen kulturellen Unterschied und kommen schließlich an einem völlig anderen Ort an.

Er liebt es, seine Argumente zu veranschaulichen, indem er Metapher auf Metapher häuft, bis ich nicht mehr weiß, worüber wir eigentlich gesprochen haben. »Also, das ist so, stellen Sie sich eine blinde Weberin vor«, beginnt er, und mir gelingt es nicht, eine ernste Miene zu bewahren. Ich beschwere mich, daß seine Argumente lückenhaft und voll ärgerlicher Widersprüche sind; er wirft mir vor, Beweise zu erdichten. »Warten Sie, lassen Sie mich raten«, sagt er, wenn ich eine These untermauern will, »da wurde eine *Studie durchgeführt.*«

Harmlose Gespräche, rede ich mir ein. Ich freue mich auf sie, weil er so geistreich und witzig ist. Auf Zusammenkünfte mit anderen Studenten, Nima, Arun, Chhoden, freue ich mich genauso ... nein, das ist nicht dasselbe. Unter der Oberfläche unserer Gespräche, durch sie hindurch, fließt eine gewisse Energie. Ich glaube, er spürt das ebenfalls. Wenn wir uns unterhalten, steht oder sitzt er immer sehr nahe bei mir und schaut mir direkt in die Augen, und ich habe das Gefühl, er studiert mich genauso eingehend wie ich ihn. An unserem Verhalten ist zwar nichts, das man irgendwie beanstanden könnte, aber Mr. Matthews mißbilligenden Blick möchte ich lieber nicht auf uns gerichtet wissen, wenn wir uns unterhalten.

Er ist ein Prahlhans, rede ich mir ein, ein lautes, Aufmerksamkeit erheischendes, das Rampenlicht suchendes Großmaul, ein quäkendes Synonymlexikon. Er geht einem regelrecht auf den Geist. Aber das funktioniert auch nicht. Unter der Maske der charmanten Plaudertasche erahne ich eine großherzige, sympathische Person. In intellektueller Hinsicht ist er ein Suchender, der sich nicht scheut, etwas von einem anderen Standpunkt aus zu betrachten, »um zu sehen, wie die Sache von der gegenüberliegenden Seite aus aussieht«, sagt er. Er scheint zwar beliebt zu sein, aber keiner speziellen Gruppe oder einem Zirkel anzugehören. Er paßt nirgendwo so richtig dazu, und ich frage mich, ob er sich manchmal unter seinen Studienkollegen als Außenseiter empfindet.

Eines Nachmittags frage ich ihn das. Wir stehen an den Balkon eines Seminarraums gelehnt; der Unterricht ist für heute zu Ende, und auf dem Rasen unter uns finden sich gerade Studenten zu einem Volleyspiel ein.

»Ja. Nein. Manchmal.« Nachdenklich kaut er auf seiner Unterlippe. Dann berührt er ganz sacht meine Hand. »Aber man fühlt sich einsam, nicht wahr, Miss, wenn man nicht so denkt wie alle anderen.« Er lächelt dieses eigentümliche Lächeln, bei dem ich mir immer wünsche, näher heranzurücken, länger zu bleiben, mehr zu erfahren.

Ich wünsche mir, mit ihm über wichtigere Dinge zu reden. Über Mr. Iyya und die Prügelstrafe, über Geschichtliches, Politik und Religion. Er hört zu, ist meiner Meinung, ist anderer Meinung. Manchmal erklärt er rundheraus: »Miss, da irren Sie sich«, und dann geht mir auf, daß ich zu ihm alles sagen kann, weil er sich nicht scheut, mir zu widersprechen. Es ist eine immense Erleichterung, in dem mir eigenen Tonfall sprechen zu können.

Er merkt sich alles, was ich ihm erzähle, und ich bin gerührt und geschmeichelt, wenn er mich fragt, wie es meinem Bruder Jason geht, oder kleine Zeitungsmeldungen über Kanada für mich sammelt. Er taucht an den unmöglichsten Stellen auf, unter dem Vordach eines Ladens, in der Abenddämmerung auf dem Fußballplatz. Als ich ihn an meinem Lieblingsplatz in der

Wegbiegung sitzen sehe, frage ich mich, ob das wirklich purer Zufall ist. »Was tust du hier, Tshewang?« frage ich.

»Auf Sie warten«, entgegnet er.

»Nein, im Ernst.«

Er lächelt, und ich bin mir nicht sicher, ob es stimmt oder nicht.

Mit der Zeit frage ich mich jeden Morgen, ob ich ihm tagsüber begegnen werde, und wenn es bis zum Einbruch der Dunkelheit nicht passiert ist, bin ich enttäuscht. Auch ich merke mir kleine Details: Er liest gern bis tief in die Nacht hinein, er haßt die Kälte, er weiß nicht, wann genau er geboren wurde, er hat lange, spatelförmige Finger, aber kurze, stumpige Daumen.

Du bist nur verschossen, rede ich mir ein. Eine alberne, oberflächliche Schwärmerei. Vergiß es.

Die Tage vergehen schnell, der Reis in den Feldern steht höher, und die Wolken quellen vom Monsunregen auf. Ich gehe bei Tagesanbruch spazieren, wenn Kanglung im Nebel liegt, die Welt noch weich und still ist in dem leisen, lauen Regen. Eines Morgens begegne ich ihm, als er mit zwei Freunden einen Dauerlauf macht. Er hat sich ein rotes Tuch umgebunden, damit ihm bei dem Zehn-Kilometer-Lauf bergauf die Haare nicht in die Augen fallen, und seine Shorts und das T-Shirt lassen einen gut gebauten Körper mit muskulösen Schultern und Armen sowie viel glatte, kupferfarbene, regennasse Haut erkennen. Als wir aneinander vorbeikommen, winken wir uns zu, und als er außer Sichtweite ist, bleibe ich mitten auf der Straße stehen, um meine nasse, kalte Hand an meine glühende Wange zu legen. Ich bin schockiert über die Wucht, die körperliche Intensität meines Verlangens.

Mr. Chatterji hilft mir, zwischen den Rosen, den Gladiolen und Unkräutern Chilipflanzen zu setzen. Er will mir die Sämlinge nicht direkt aus der Hand nehmen, weil es sich um ein »scharfes« Gemüse handelt, das Streit hervorruft, wenn man es einem anderen reicht. Ich lege die Pflanzen auf den Boden, und er hebt eine nach der anderen auf, steckt sie in die Erde und besprenkelt sie mit Wasser. Ich gebe inzwischen zwölf Chilischoten in meine Currys, und *Ema datsi* esse ich jeden Tag. »Genau wie eine Bhutanerin«, sagt Lopen Norbu, als ich bei ihm zum Abendessen eingeladen bin. »Jetzt brauchen Sie noch bhutanischen Ehemann.« Ich schüttle energisch den Kopf, als hätte ich noch nie daran gedacht.

An einem Sonntag vormittag kommt Tshewang überraschend zu Besuch. Er sitzt nervös auf der Sofakante und will weder Tee noch Kaffee. Alles an ihm ist in Bewegung. Er kaut an seinen Fingernägeln, klopft mit den Füßen auf den Boden, spielt mit seinem Kuli herum, und seine Augen wandern im Zimmer umher. Unsere Unterhaltung besteht aus höflichen Rücksichtnahmen, Verzeihung, bitte sprich weiter, nein, was wollten Sie sagen? Draußen, wo uns alle Welt sieht, unterhalten wir uns unbefangen und ohne Ende. Drinnen, allein, sind wir nicht fähig, auch nur einen einzigen Satz zu Ende zu führen. Das ist ja eine Katastrophe, denke ich bekümmert. Wieso ist alles so verkehrt? Ich komme mir wie eine Dreizehnjährige vor. Er schnappt sich eine Zeitschrift, und dann ist er weg, völlig in die Lektüre versunken. Ich nehme eins der Schulhefte von dem Stapel, den ich gerade korrigiere, bin jedoch außerstande, in seiner Anwesenheit auch nur ein Wort zu lesen. Während ich sein Gesicht und seine Hände betrachte, denke ich an seine Beine und die Wölbung seiner Schultern, die ich an jenem regnerischen Morgen sah, und frage mich, was er wohl tun würde, wenn ich jetzt einfach zu ihm hinginge und ihn küßte, frage mich, wie er wohl als Liebhaber wäre.

Er legt die Zeitschrift weg und fragt: »Miss, kann ich mir ein Buch ausleihen?«

Ich ziehe »Hundert Jahre Einsamkeit« aus dem Regal und reiche es ihm. »Okay, prima«, sagt er und schiebt das Buch in seinen Kho. »Also, ich muß jetzt gehen.«

»Okay.« Ich wünsche mir mit erschreckender Heftigkeit, daß er bleibt, und kann es zugleich kaum erwarten, daß er endlich geht.

Er bleibt an der Tür stehen, um ein Bild der 2c zu betrachten. Ich möchte ihn fragen, was er denkt, ob er diese starke Anziehungskraft ebenfalls spürt. Ob er mich genauso sieht wie ich ihn. Bitte sag etwas, denke ich. »Danke, Miss«, sagt er und zieht die Tür hinter sich zu.

Miss. Madam. Ma'am. Ich breche in Tränen aus.

Ausländer können das nicht verstehen

Dini und ich werden gebeten, eine Diskussion über die Rolle der Frauen in der bhutanischen Gesellschaft zu leiten. Die Diskussion wird nicht ernsthaft geführt, und die Teilnehmer kommen zu dem Schluß, daß es in Bhutan keine Frauendiskriminierung gibt. »Was ist mit der Tatsache, daß an diesem College fünfhundert Studenten und achtzig Studentinnen studieren?« fragt Dini. »Wie viele Ministerinnen gibt es? Wie viele weibliche Dashos? Wie viele Frauen sind in die Nationalversammlung gewählt worden?«

»Und wie werden die Frauen auf dem Campus behandelt?« füge ich hinzu. Sie werden häufig angepflaumt und ausgepfiffen, wenn sie auf der Bühne eine Rede halten wollen.

»Frauen werden in Bhutan nicht diskriminiert«, versichert einer der männlichen Diskussionsteilnehmer erneut. »Wenn Frauen Ministerinnen werden wollen, können sie es werden. Wenn sie in die Nationalversammlung gewählt werden wollen, können sie das. Aber sie wollen das gar nicht.«

»Warum wollen sie das nicht?«

Er überlegt eine Weile. »Weil sie mit ihren Familien zu tun haben. Und überhaupt, wenn sie irgendwelche Vorstellungen haben, die zur Sprache gebracht werden sollten, können ihre Männer das ja übernehmen. Und wenn wir die Mädchen anpflaumen, ist das nur scherzhaft gemeint. Das wissen sie.«

Dini verläßt entrüstet den Saal.

Ich versuche, in einem der höheren Kurse darüber zu diskutieren. »Laßt uns das Wort Frauendiskriminierung definieren«, beginne ich eines Morgens.

»Steht das im Lehrplan?« fragt einer aus den hinteren Reihen.

»Nein, das steht nicht im Lehrplan«, antworte ich gelassen. »Es interessiert mich einfach, was ihr euch darunter vorstellt.«

Die Antworten ähneln einander. Die Art, wie indische Frauen behandelt werden. Daß Witwen sich auf die Scheiterhaufen ihrer Männer werfen müssen. Daß weibliche Babys abgetrieben werden oder man sie sterben läßt. Institutionelle Schranken. Gesetzlich verankerte Diskriminierung. Aber in Bhutan gibt es nichts davon, sagen sie. Folglich gibt es auch keine Diskriminierung.

Es gebe noch andere Formen, subtilere, aber dennoch sehr schwerwiegende, beginne ich.

Einer der Studenten fällt mir ins Wort. »Die Regierung sagt, in Bhutan werden Frauen nicht diskriminiert. Und die Regierung muß es schließlich wissen.«

Ratlos stehe ich vor der Klasse. Wenn ich weiter auf meinem Standpunkt beharre, heißt das, der Regierung zu widersprechen. Wenn ich weiter schweige, werde ich innerlich explodieren. »Schreibt mir einen Aufsatz darüber«, sage ich schließlich, wohl wissend, daß ich nicht dazu imstande sein werde, die Ergüsse zu lesen.

Ich fange gerade erst an zu begreifen, wie groß die Kluft zwischen dem, was ich zu vermitteln versuche, und der bhutanischen Denk- und Lernweise ist. Als ich meinen Studenten im letzten Studienjahr einen, wie ich mir einbilde, anregenden Vortrag über Shelleys »Song to the Men of England« halte, erheben sie Einwände gegen das Gedicht.

»Das glauben wir nicht«, sagt einer. »Wir glauben, daß es auf dein Karma zurückzuführen ist, wenn du arm geboren wirst. Das bedeutet, daß man in seinem letzten Leben sehr gierig gewesen ist.«

»Aber was ist mit dem Karma der reichen Leute in diesem Gedicht? Willst du behaupten, sie hätten das Recht, die Bauern auszubeuten?«

»Nein«, erklärt ein anderer. »Wenn sie so handeln wie in diesem Gedicht, werden sie in ihrem nächsten Leben arm sein und leiden müssen. Es sind also keine Aufstände nötig, weil alles durch das Karmagesetz geregelt wird.«

»Aber wie ist das mit der Hilfe, die man leisten soll, um das Leid anderer zu lindern? Sollt ihr als Mahayana-Buddhisten nicht mitfühlend handeln?«

Ja, sagen sie, Mitgefühl sei wichtig, aber sie sähen nicht ein, daß man sich deshalb bemühen sollte, überkommene Ungerechtigkeiten abzuschaffen. Und das soziale System werde in Bhutan sowieso von ihren Vorvätern an sie weitergereicht, sagt einer der Studenten schließlich. Es sei Teil ihrer traditionellen Kultur. Sie müßten ihre Traditionen und ihre Kultur bewahren.

Und damit ist die Diskussion beendet.

Sie wollen wie die 2c alles auswendig lernen. Mehrdeutiges ist ihnen nicht geheuer, und sie fragen dann jedesmal: »Welches ist denn die richtige Antwort?«

»Warum kann es nicht mehrere Antworten geben?« frage ich.

Sie schütteln den Kopf. Für die Prüfungsaufgaben, sagen sie, gebe es nur eine richtige Antwort.

»Aber nicht für die Literatur«, sage ich. »Alles, was wir lesen, kann unterschiedlich ausgelegt werden.«

»Bitte, Madam«, sagt einer. »Wenn wir die Englischprüfung nicht bestehen, bekommen wir unseren Abschluß nicht.«

Mr. Bose sitzt, wie ich mitbekommen habe, vor seiner Klasse und liest aus seinen vergilbten Notizen vor, während die Studenten eifrig mitschreiben. Es gibt keine Diskussionen, und andere Interpretationen sind ausgeschlossen. Ich muß daran denken, wie die Kinder in Pemagatsel Hiebe bekamen, weil sie Fragen stellten: Fragen beleidigten den Lehrer, so dachte man, weil sie ein Zeichen dafür waren, daß der Lehrer seinen Job nicht ordentlich gemacht hatte.

»Ich bin nicht beleidigt, wenn ihr mir Fragen stellt«, sage ich den Studenten. »Im Gegenteil, ich bin beleidigt, wenn ihr mir keine stellt.«

Wenn wir unter uns sind, vertrauen sie mir manchmal kritische Beobachtungen an, aber in der Öffentlichkeit tragen sie das glatte, unbewegte Gesicht der Konformität zur Schau. Wenn ich sie frage, warum sie Zweifel und Kritik nicht öffentlich äußern, antworten sie, daß das in Bhutan nicht üblich sei. Solche Fragen könnten als Auflehnung verstanden werden. Auf meine eigenen

Fragen zur politischen Situation bekomme ich von beiden Seiten immer feindseligere Antworten. »Ich frage ja nur«, sage ich beklommen, wohl wissend, daß meine Fragen zugleich Kommentare sind, daß sie Werturteile beinhalten. Einer der Studenten sagt mir mit ungewohnter Offenheit: »Ausländer können das nicht verstehen. Dies ist nicht ihr Land. Sie sollten sich nicht einmischen.«

Das geht mir an einem Abend, als ich bei Pala an dem kleinen Tisch in der hinteren, mit Bougainvillea und Orchideen bewachsenen Ecke sitze, unaufhörlich durch den Kopf. Ich bin von den ewigen Debatten mit mir selbst zermürbt. Es ist, als ob man über ein Seil balancierte – ich klettere hinauf und vermag ein Weilchen die Balance zu halten, die Arme ausgestreckt, die Füße nach außen gestellt, die Muskeln angespannt, um der Schwerkraft entgegenzuwirken – ja, von hier aus kann ich sehen, wie jede Kultur ihre eigenen Werte hervorbringt. Von einem geistigen Standpunkt aus gesehen ist dies ein faszinierender Ort: Hier gibt es keine allgemeingültigen Normen oder moralischen Grundsätze, sondern nur unzählige Auffassungen und Gesichtspunkte. Aber nun, da ich hier oben bin, erkenne ich, daß ich nirgendwo anders hingehen kann als wieder hinunter, zu meiner eigenen Seite und zu meinem eigenen Standpunkt.

Amala bringt mir einen Becher *Changke* heraus, ein dickflüssiges, scharfes Gebräu aus vergorenem Reis. »Probier mal«, sagt sie. »Ich gerade eben machen.«

»Danke, Amala.«

»Kein Problem«, ruft sie beim Hineingehen laut aus. Das ist ihr Lieblingsausdruck, den sie von den Studenten übernommen hat. Sie beklagt sich, daß ihr Englisch »ganz zerbrochen« sei, aber ich finde es herrlich, wie sie spricht.

Tshewang lugt um die Ecke. »Hallo, Miss«, sagt er leise.

Ich winke ihm zu und nehme meinen Kuli zur Hand. Geh weg, denke ich. Ich bin zu demoralisiert, um mich zu unterhalten, und nach der peinlichen Begegnung am vergangenen Sonntag ist er der letzte, den ich sehen möchte.

»Was ist denn, Miss?«

»Nichts. Ich schreibe gerade ein paar Briefe.«

»Darf ich mich hierhersetzen?« Er zieht den Stuhl mir gegenüber zurück.

»Fängt jetzt nicht die Abendlernzeit an, Tshewang?«

Er setzt sich trotzdem hin und wartet, den Blick auf mich gerichtet, ab. »Was ist los, Miss?«

Der Wärme in seiner Stimme und in seinen Augen kann ich nicht widerstehen. Ich erzähle ihm, daß ich frustriert bin, weil die Studenten im Unterricht nicht über Streitfragen diskutieren wollen. »Ich will doch nichts weiter, als sie zum Reden bringen«, sage ich. »Warum sollten wir nicht ernsthaft über das Thema Geschlechterbeziehungen in Bhutan diskutieren?«

Er sinnt darüber nach. »Es gibt für alles den richtigen Zeitpunkt und den richtigen Ort, Miss. Was nützt es, etwas zu sagen, wenn niemand bereit ist, es zu hören?«

»Weil ich Schweigen als Komplizenschaft und Feigheit empfinde.«

Er zupft eine violette Blüte von der Bougainvillea, die sich über das Geländer neben dem Tisch rankt, und hält sie in der Hand, als wiege er sie ab. Seine Miene ist sehr ernst. »Miss, ich finde, Sie sollten das wissen ... Die Studenten mögen Sie, Sie sind eine gute Dozentin, aber einige Ihrer Kommentare ... über politische Dinge ... werden vielleicht nicht immer geschätzt.«

Das hat er taktvoll ausgedrückt, aber die Falten zwischen seinen Augen verraten, was genau er damit sagen will. Die Glocke, die zur Abendlernzeit ruft, klingt schwach herüber. »Ja«, seufze ich. »Ich weiß. Aber es ist so schwer, über etwas Stillschweigen zu bewahren, das einem sehr am Herzen liegt.«

Er schiebt seinen Stuhl zurück, steht aber nicht auf. »Wissen Sie, Miss, ein Mensch kann in einer bestimmten Sache völlig recht haben ...«

»Aber?«

»Ein Mensch kann in einer bestimmten Sache völlig recht haben, aber trotzdem kein Recht haben, sich darüber zu äußern«, sagt er.

»Willst du mir damit auf deine wundervoll diplomatische bhutanische Art zu verstehen geben, daß ich das Maul halten und mich nicht in anderer Leute Angelegenheiten einmischen soll?« Es wird weh tun, das von ihm zu hören. Ich drücke mich bewußt so barsch aus, weil ich hoffe, er wird dann verneinen.

Er zögert. »Ja, Miss«, sagt er leise.

Wegen der mitleidigen Miene, mit der er das ausspricht, schmerzt es nur um so mehr. »Danke, daß du mir das gesagt hast, Tshewang.«

»Gute Nacht, Miss«, sagt er und legt die violette Blüte in meine Hand.

Als er fort ist, lasse ich den Kopf auf meine Arme sinken und schicke stumme Fragen in die Nacht. Wo bist du hergekommen? Wie bist du so geworden, wie du bist? Weißt du, daß mir in meinem ganzen Leben noch niemand begegnet ist, der so ist wie du?

Lorna kommt mich übers Wochenende besuchen. Beim Abendessen bei Pala erzählt sie mir von der jüngsten Krise an ihrer Schule, von einem Biologielehrer, der überzeugt sei, daß andere Leute mittels eines in seinem Hirn implantierten »Frequenzmessers« seine Gedanken abhörten. »Wir haben ihn zur Gesundheitsstation geschickt«, sagt sie, »und dort gab man ihm Aspirintabletten und schickte ihn wieder heim. Seine Frau ist furchtbar beunruhigt.«

Tshewang zwinkert mir im Vorbeigehen zu und zieht kurz meine Ausgabe von »Hundert Jahre Einsamkeit« hervor. Ich erröte, als ich ihn sehe.

»Wer ist das?« fragt Lorna.

»Niemand«, entgegne ich und lege dabei den Kopf auf den Tisch. »O Lorna, ich glaube, ich sollte heimgehen.«

»Der ist ja süß«, sagt sie.

»Und geistreich. Er liest viel. Er ist witzig. Er ist ...«

»Einer deiner Studenten.«

»Na ja, eigentlich ist er das nicht.«

»Komm mir nicht mit eigentlich«, sagt Lorna. »Hast du nicht kürzlich deine Lektion gelernt?«

»Doch«, antworte ich kleinlaut. Ich habe ihr von dem Studenten erzählt, mit dem ich nach den Winterferien geschlafen habe. »Aber das hier ist was anderes.«

»Empfindet er das gleiche für dich?«

»Weiß ich nicht, Lorna. Und das ist gut so, denn sonst könnte ich bei mir für nichts garantieren. Ich bin ganz kurz davor, mich in ihn zu verlieben.«

»Dann hör lieber auf«, sagt Lorna, aber sie klingt nicht sonderlich überzeugt.

Die Landkarte

Bei einer Tageswanderung durch Dörfer und Reisfelder rund um Kanglung bahne ich mir einen Weg um einen Bergvorsprung und durch einen Eichen- und Rhododendronwald und komme in einer engen Schlucht heraus, durch die sich ein Bach windet. Dahinter erhebt sich die Bergwand, und ringsum ragen Bäume auf; es ist ein vollkommen geschütztes und Schutz bietendes Fleckchen Erde. Dickflüssig wie Honig liegt die Sonne über dem hohen grünen Gras, und ich fühle mich durchwärmt und schläfrig und unbeschreiblich zufrieden. Ich setze mich ins Gras und hole mein Tagebuch hervor, um mir Notizen über diese Stelle zu machen. Weil sich der Stift in meiner Hand aber so schwer anfühlt, strecke ich mich in dem warmen gelben Licht aus und versinke in einen vollkommen entspannten und angenehmen Zustand, in eine Art goldene Traumwelt, ohne dabei zu schlafen oder zu merken, wieviel Zeit vergeht, bis ich mich blinzelnd wieder aufsetze. Ich weiß nicht, woran ich gedacht habe. Widerwillig mache ich mich auf den Rückweg. Ich kann ja morgen wiederkommen, sage ich mir.

Doch am nächsten Tag kann ich die Bergschlucht nicht finden. Stundenlang irre ich umher, bis ich merke, daß ich mich verlaufen habe. Dabei schien das gar nicht möglich zu sein; es gibt nur zwei Richtungen, entweder hinauf oder hinab. Aber die Häuser und Tschörten, an denen ich vorübergehe, kommen mir unbekannt vor, und der Weg wird immer schattiger, während die Sonne in westliche Täler herabsinkt. Ich wandere weiter bergauf, in dem Glauben, daß ich irgendwann auf den richtigen Weg stoßen werde. Ein Wind kommt auf, und Nebelfetzen treiben vorüber. Mit zunehmender Höhe wird der Nebel dichter, bis ich schließlich in einen kühlen, watteartigen Dunst gehüllt bin. Endlich stoße ich auf Asphalt, nur daß dies nicht die Straße ist. Es ist eine Rollbahn. Jetzt weiß ich, wo ich bin: Ich habe von dieser stillgelegten Rollbahn bei der Militärbasis von Yongphula oberhalb Kanglungs gehört. Sie ist seit den indisch-chinesischen Grenzkonflikten im Jahre 1962 nicht mehr benutzt worden, weil die Flugzeuge häufig am hinteren Ende der Landebahn in den Berghang prallten. In der Abenddämmerung, von Nebelschwaden umwabert, wirkt dieser Ort eigentümlich und verlassen. Zwei dunkle Gestalten schälen sich aus dem Dunst heraus; als sie näher kommen, erkenne ich, daß es bhutanische Soldaten sind. Sie zerren einen Hund hinter sich her, um dessen Maul ein dickes Seil gebunden ist. Seine Hinterläufe sehen verkrüppelt aus, und seine Augen haben einen gelben Schimmer. Als die Soldaten mit ihren Händen Beißbewegungen machen, geht mir auf, daß der Hund tollwütig ist. Ich mache kehrt und haste hangabwärts, bis ich auf die Straße gelange.

Ich probiere es wieder und wieder, indem ich mir die Orientierungspunkte meiner ersten Wanderung ins Gedächtnis zu rufen versuche. Da war ein Wasserfall, ja, und ich bin an einem Haus vorbeigekommen, das aussah wie dieses hier, und dann ging es bergauf, aber dieser Pfad führt bergab ...

Ich fertige eine Karte von der Gegend an, trage die Collegegebäude ein, den Uhrenturm, die Kiefern, die Brücke. Die Dörfer ringsum, durch Wege miteinander verbunden. Das Haus des Lopen Norbu. Den alten *Lhakhang* und das Dorf oberhalb dieses Tempels. Ich zeichne die Bäche sowie den Fluß ein, in den die Studenten letztes Jahr die Durga-Statue eintauchten, einen Baum voll brauner Affen neben einer Gebetsmauer oberhalb von Kanglung. Die Gebetsfahnen in der Wegbiegung. Die Stelle, an der ich einmal einen roten Panda sah, der sich in einem Bambusdickicht sonnte. Und Stellen, die unvermittelt sichtbar wurden: eine kleine Höhle hoch oben in einer Felswand, die zum Vorschein kam, als eine Wolke davontrieb und das Licht sich veränderte, ein Wasserfall, der auftauchte, als der Nebel abzog. Wenn ich diese Karte fertig habe, so rede ich mir ein, müßte ich die Schlucht wiederfinden. Die Landschaft hier ist doch überschaubar, ich muß einfach nur die Wege nachzeichnen und die Orientierungspunkte dazusetzen.

Mir fallen Dinge aus meiner Kindheit ein, die Vorliebe für geheime Orte, für Orte innerhalb von Orten. Mir fällt ein, wie ich im Haus meiner Großeltern nach einem Geheimgang suchte, indem ich an die Wände klopfte und mich zwischen Kartons und leere Koffer quetschte, um die Hinterseite der Wandschränke abzutasten. »Es gibt keine Geheimgänge in diesem Haus«, sagte meine Großmutter bestimmt. Doch ich war mir sicher, daß man durch den Spiegel in eine andere Welt hineinspazieren, durch eine unsichtbare Tür in eine andere Zeit eintauchen konnte. Die Falten und Einkerbungen der Berge, bestimmte in den Wäldern und Talwinkeln vergessene Stellen rufen in mir dasselbe Gefühl hervor. Ich stoße auf Häuserruinen, verlassene Dörfer, verwilderte, überwucherte Terrassenfelder und möchte brennend gern wissen, wann und weshalb die Menschen von dort weggezogen sind und was für ein Konflikt, was für eine Krankheit sie dazu bewog. Überall begegnen mir Geschichten.

Die Landkarte entwickelt ihr Eigenleben. Ich habe zu klein angefangen, es paßt nicht alles hinein, und ich muß an den Rändern Kringel mit Miniaturkarten und Symbolen anfügen, die ich durch Wellenlinien mit der Hauptkarte verbinde. Eine Wellenlinie wird jedoch zu einer bhutanischen Wolke, eine andere zu einem Berg, und dann gebe ich auf und male einen imaginären See hinein und einen aus dem Eingang des Tashigang Dzong plätschernden Fluß und Sterne, überall da, wo Platz ist. Ich schaue von meiner Karte auf und lasse den Blick über das Tal schweifen, zu den scharfkantigen Gipfeln im Norden, den blau schattierten Kämmen im Süden und zu dem dunkler werdenden Himmel mit dem Wassermelonenstück von Mond und einer Handvoll Sternen. Meine Karte ist eine Verschmelzung von tatsächlich Vorhandenem, von Erinnerungen und Sehnsüchten geworden, die exakt jenen Raum erfaßt, in dem sich der reale Ort und die mit ihm verbundenen Erfahrungen vereinen.

Jam Session

Dini und ich sind von den Studenten des dritten Studienjahrs zu einer Tanzparty, einer sogenannten »Jam Session«, eingeladen worden, die an einem Samstag abend im Speisesaal stattfinden soll. »Sollen wir etwa die Anstandswauwaus spielen?« fragt Dini, worauf die Studenten lachen. »Nein, Ma'am«, sagen sie. »Kommen Sie einfach nur zum Tanzen.« Wir sagen zu.

Ich suche mir zum Anziehen meinen gerade geschnittenen Jeansrock und ein weißes T-Shirt heraus, weil ich darin am wenigsten wie eine Lehrerin wirke, und gehe zu Dini hinüber. Sie bietet mir einen Schluck Dragon-Rum an – »zur Vorbeugung gegen einen Abend mit Milli Vanilli«, sagt sie. »Wir werden uns trotz allem wie Anstandswauwaus vorkommen.«

»Dini, ist es bei dir schon vorgekommen, daß dir einer der Studenten gefallen hat?«

»Nur etwa zwanzig- oder dreißigmal«, meint sie, und ich lache.

Tische und Stühle des Speisesaals sind an die Wände gerückt worden, und an der Decke und den Säulen hängen Kreppapierschlangen und Luftballons. In Jeans, Miniröcken und Lederjacken tanzen die Studenten paarweise oder in großen Kreisen zu einer undefinierbaren, aus einer Reihe schlecht aufeinander abgestimmter Lautsprecher hämmernden Musik. Am Eingang verkaufen zwei der Organisatoren Becher mit Mangosaft und Teller mit Chips. Tshewang, ganz in Schwarz gekleidet, rutscht von seinem Sitz neben dem Diskjockey herunter. »Miss«, sagt er mit einer förmlichen Verbeugung, »möchten Sie tanzen?«

Wir schlängeln uns durch die Menge an den äußeren Rand der Tanzfläche. Dort bleiben wir auch, denn er tanzt genauso, wie er spricht – ohne Pause, mit häufigen Sprüngen und Hüpfern. Dabei verringert er dauernd den Abstand, den ich zwischen uns zu lassen versuche. »Tut mir leid, Miss«, sagte er lachend, als wir uns in eine Ecke hineingetanzt haben. »Möchten Sie sich setzen? Soll ich Ihnen was zu trinken bringen?« Ich lasse mich auf einen Stuhl an der Wand sinken, dankbar über die kühle Brise, die durch das Fenster hinter mir hereinströmt. Tshewang kehrt mit einem Becher lauwarmem Mangosaft zurück und zieht seinen Stuhl dichter an meinen heran. Ich kann die von ihm abstrahlende Wärme an meiner gesamten linken Körperhälfte spüren und denke, ich sollte meinen Stuhl anstandshalber ein paar Zentimeter zur Seite rücken. Aber ich schaffe es nicht einmal, mich überhaupt zu bewegen. Als ein langsames Stück gespielt wird, leert sich die Tanzfläche; nur drei oder vier Paare wagen es weiterzutanzen. Tshewang erklärt mir, daß sie offiziell »miteinander gehen«, eine Tatsache, die sie vor dem Rektor geheimhalten müssen. »Wenn er davon Wind bekommt, wird er sie in sein Büro zitieren und ihnen das Versprechen abnehmen, daß sie miteinander Schluß machen.« Er läßt seine Hand über meinen Unterarm gleiten, zieht meine Hand aus meinem Schoß und hält dann in dem dunklen schmalen Spalt zwischen uns meine Finger fest. Das einzige, was ich denken kann, ist: ja. Ich wünsche mir nur diesen einen Augenblick, alles andere ist egal. Mein Körper ist eine kalte, dunkle Hülle, bis auf meine Hand. Das Leben beginnt an meinem Handgelenk; meine Hand pulsiert sacht, meine Fingerspitzen glühen wie Kohlen.

Eine orangefarbene Papierschlange sinkt vor uns zu Boden und reißt mich aus meiner Trance. Ich frage mich, was Tshewang wohl denkt, ob dies für ihn nur ein kleiner unterhaltsamer Flirt ist, oder ob er mehr begehrt. Wenn er wüßte, wie heftig ich mich nach ihm verzehre, wäre er bestimmt schockiert. Ich bin zu alt, um hier rumzusitzen – mit Luftschlangen, die um mich her von der Decke trudeln, einem schnulzigen Stück von Air Supply und der brennenden Begierde, mit jemandem Liebe zu machen, der nicht mal eine Freundin haben darf und der mich beharrlich Miss nennt. Ich ziehe meine Hand weg und lege sie wieder in meinen Schoß. »Wie alt bist du, Tshewang?« platzt es aus mir hervor. Ich hatte nicht die Absicht, das laut zu fragen, hoffe aber, er sagt siebzehn. Das wird eine kalte Dusche für mich sein.

»Ich bin zwanzig, Miss.«

»Ach ja. Ich – ich kann mich noch an die Zeit entsinnen, als ich zwanzig war«, entgegne ich und bemühe mich, so zu klingen, als liege das in nebelhafter Ferne. »Jetzt sollte ich aber mal nachsehen, wo Dini steckt. Danke für den Tanz, Tshewang.«

Er sieht mich prüfend an, neigt sich dann dicht zu mir herüber und legt den Mund an mein Ohr. »Es hängt ganz von Ihnen ab, Miss«, flüstert er, und als er mir dabei die Haare vom Ohr streicht, brennt meine Haut wie Feuer.

Ich bin es, die schockiert ist, nicht er. Entgeistert starre ich ihn an. »Das geht nicht«, sage ich, von Panik ergriffen.

»Ich weiß«, sagt er mechanisch.

Er ist noch immer nah genug, um mich küssen zu können, und eine Sekunde lang denke ich, er wird es tun. Aus dem Augenwinkel bemerke ich, daß ein Paar neugierig zu uns herüberschaut. »Tshewang, wir werden beobachtet.«

»Das ist mir egal.«

»Dann hast du nicht mehr Verstand als eine – eine Gans«, sage ich hilflos.

Er lacht. Ich weiß nicht, ob mich seine Dreistigkeit entzückt oder erschreckt.

»Gehen wir Dini suchen«, sage ich und stehe auf. Er begleitet mich über die Tanzfläche zu Dini, die auf einer Kiste hockt und den Diskjockey zu überreden versucht, andere Musik aufzulegen. »Danke, Tshewang«, sage ich noch mal. Ich wage nicht, ihm ins Gesicht zu sehen.

»Nein, *ich* danke, Miss.«

Tags darauf gehe ich zu Fuß die neunzehn Kilometer nach Tashigang, inständig hoffend, daß Lorna oder Leon übers Wochenende zu Hause sind. Ich muß mit ihnen darüber reden. Mir ist zwar klar, daß er zu weit gegangen ist, aber dennoch bedaure ich zutiefst, daß ich es nicht weiter habe kommen lassen. Es ist schwül in Tashigang, und am Himmel ballen sich dicke graue Wolken; im Gästehaus riecht es muffig und nach Insektiziden, und aus den Hähnen kommt kein Wasser. Um baden zu können, schleppe ich eimerweise Wasser von der Wasserstelle auf der anderen Straßenseite herüber, und gehe dann auf ein Bier ins Phunsum. Karma, der Inhaber, steht in der Tür und sieht dem Regen zu, wie er auf den menschenleeren Platz tropft. »Deine Freunde heute nicht gekommen«, sagt er. »Zu viel Regen vielleicht.«

Als ich am nächsten Morgen von einem Geräusch geweckt werde, das ich gleich darauf als Geschrei identifiziere, springe ich mit einem Satz aus dem Bett. Ich renne zum Fenster und sehe, wie eine Masse aus Wasser und Schlamm den Berg herabstürzt, die Brücke wegreißt, Bäume entwurzelt und am Flußufer stehende Latrinen fortspült. Ladenbesitzer, hölzerne Geldkassetten unterm Arm, fliehen mit ihren Kindern die Anhöhe hinauf. Als ich hinauseile, geht die Flut schon wieder zurück und verwandelt sich in einen dickflüssigen, braunen Sturzbach. Auf der Eingangstreppe eines Ladens oberhalb des Flusses sitzt tränenüberströmt eine Mutter, die ihre durchnäßten Kinder abwechselnd ausschilt und küßt. Es regnet noch immer, und ich stapfe durch Matsch und Schutt zum Flußufer, wo das schäumende Wasser Schlamm, Wurzeln und Blätter umherwirbelt. Vier Schüler aus der Mittelschule gesellen sich zu mir und zeigen auf eine morastige Stelle, an der einmal der Friseurladen stand. »Zum Glück war der Friseur gerade Tee trinken«, sagt einer von ihnen. Sie erzählen mir, daß dies die zweite von drei Sturzfluten sei, die ihnen ein Lama vorhergesagt habe. Bei dem ersten Hochwasser – vor ihrer Geburt, in den fünfziger Jahren – wurde der untere Basar zerstört. Danach kam ein anderer Lama und zelebrierte zum Schutz der Stadt eine Puja. »Siehst du, Miss, das Bild da?« Sie weisen zu einem Laden hinüber, unter dessen Dachvorsprung ein zum Fluß blickendes Gemälde von Guru Rinpoche hängt. »Der Lama hat das Bild angebringt, und es gab keine Flut. Aber letztes Jahr der Lama starb, und schau, jetzt die Flut ist wieder da.«

»Diesmal niemand ist versunken«, fügt ein anderer hinzu. »Aber nächstes Mal wird sehr schlimm sein, der Lama sagt.«

Mit dem festen Entschluß, die Sache mit Tshewang zu beenden, kehre ich nach Kanglung zurück. Je mehr ich darüber nachdenke, um so ratloser bin ich. Mir wird bewußt, daß ich richtiggehend wütend bin, und während des langen schweißtreibenden Aufstiegs zum College versuche ich herauszufinden, warum. Zum einen hat er mich überrumpelt, indem er meine geheimsten Gedanken aussprach, als ich gerade zu dem Schluß gekommen war, daß er davon nicht die leiseste Ahnung hätte. Ich bin wütend auf mich selber, weil ich ihn falsch eingeschätzt, ihn für naiv gehalten habe. Außerdem habe ich Angst. Er hat die Sache zwischen uns zur Sprache gebracht, hat sie aus dem Bereich der hoffnungsvollen Phantasie in die reale Welt der Entscheidungen und Konsequenzen gebracht. Die ganze Zeit habe ich mir brennend gewünscht, seine Gefühle zu kennen, und nun, da er sie offenbart hat, will ich ihn durchschütteln und ihm sagen: »Es hängt nicht von mir ab!« Ich will nicht, daß es von mir abhängt. Ja, da ist eine starke Anziehungskraft und Übereinstimmung zwischen uns. Aber er ist ein Student, und ich bin eine Dozentin. Richtige Dozenten tun so was nicht, und so weiter. Ich habe bereits einen Fehler gemacht, wenn er im Vergleich zu dieser Sache auch unbedeutend erscheint. Mit der anonymen Affäre zu Anfang des Jahres setzte ich meinen Ruf aufs Spiel, während mein Herz daran völlig unbeteiligt war.

Bei dieser Beziehung weiß ich nicht, wohin mein Herz mich führen würde.

Glaube

Als ich einmal bei Pala frühstücke, beobachte ich, wie Amala die Meute knurrender Hunde, die sich vor ihrer Küche häuslich niedergelassen hat, eimerweise mit Wasser vollschüttet. »Was tun mit ihnen?« fragt sie. »Immer kämpfen und die ganze Nacht bellen.«

Hunde sind in ganz Bhutan ein Problem, vor allem in der Nähe städtischer Einrichtungen mit angeschlossener Kantine – Schulen, Krankenhäuser und Kasernen. Da nach der buddhistischen Lehre alle Lebewesen heilig sind – auch diese widerwärtigen, kranken, verkrüppelten Hunde –, wäre es eine Sünde, sie einzufangen und zu töten.

»Jetzt werde ich was dagegen tun«, sagt Amala grimmig.

Drei Tage später, beim Mittagessen, schaue ich auf und sehe sie eifrig auf einen LKW-Fahrer einreden. Er nickt und macht sich daran, die Hunde mit Jutesäcken einzufangen und die kläffenden und jaulenden Bündel hinten in seinen Laster zu schmeißen. Als sämtliche Hunde drin sind, reicht ihm Amala zweihundert Ngultrum, und er rattert davon.

»Wohin bringt er sie?« frage ich.

»Nach Wamrong«, sagt sie.

»Warum nach Wamrong?«

»Zu weit für sie, um zurückzulaufen.« Sie lächelt in ihre Teetasse hinein.

Aber am nächsten Tag taucht der Laster wieder auf. Der Fahrer springt heraus und entriegelt die hintere Klappe. Kläffend und jaulend schießen die Hunde heraus und lassen sich vor Amalas Küche nieder. Der Fahrer strahlt übers ganze Gesicht; er kann sein Glück kaum fassen. Die netten Händler in Wamrong haben ihm noch mal zweihundert Rupien gegeben, damit er die Hunde wieder zurückbringt.

Ich verbringe jetzt mehr Zeit mit Amala, die unzählige Geschichten und lokale Histörchen auf Lager hat. Sie berichtet mir von *Pows*, Leuten, die imstande sind, deine verstorbenen Verwandten zu besuchen, und von Orakeln, die durch eine erwählte Person sprechen. Amala erzählt mir von ihrer Schwester Sonam, die viele Jahre im Westen lebte und bei ihrer Rückkehr eine Anthropologin mitbrachte, die ein Orakel in Aktion sehen wollte. Sie suchten den Familientempel in Sakteng auf, wo sie den Mann herbestellten, der imstande war, das Orakel herbeizuzitieren. Er sank in Trance auf den Fußboden, und als das Orakel Besitz von ihm ergriff, erhob er sich und redete mit ernster, umheimlicher Stimme. Das Orakel erklärte, es würde die

Fragen der Anthropologin nicht beantworten, da sie einem anderen Glauben angehöre, richtete aber einige Sätze an Sonam, in denen es ihr vorwarf, zu lange von zu Hause weggeblieben zu sein und ihres Vaters Tempel zu vernachlässigen. Zu Sonams Entsetzen ergriff das Orakel ein Schwert und schwenkte es wild herum. Schließlich forderte es sie auf, einen weißen Zeremonienschal um die zentrale Statue des Altars zu werfen. Die Art, wie der Schal auftreffen würde, würde ihr Schicksal bestimmen. Sonam warf den Schal, und er landete richtig, worauf das Orakel besänftigt war.

Amala ist überrascht, daß ich an das Orakel glaube. »Ausländische Leute nur glauben, wenn mit eigenen Augen sehen«, sagt sie. »Wenn nicht sehen, dann nicht glauben.«

»Aber Amala, viele Leute im Westen glauben an Dinge, die sie nicht sehen können«, sage ich. »Die Leute glauben an Gott, an Geister und an Theorien, die niemand beweisen kann.«

»Aber nicht an bhutanische Sachen«, sagt sie. »Sie nur glauben an ihre eigenen Sachen, die sie nicht sehen können.«

Ich muß an die Europäerin denken, die ich vor einiger Zeit kennenlernte, als sie hier zu Mittag aß. Sie war seit drei Monaten im Auftrag einer internationalen Entwicklungshilfeorganisation in Bhutan. »Die Bhutaner sind sehr abergläubisch, finden Sie nicht?« hatte sie mich gefragt. »Alles, was geschieht, wird von Geistern oder Dämonen verursacht.«

»Aber im christlichen Glauben gibt es den Heiligen Geist«, entgegnete ich. »Und den Teufel.«

»Das ist was anderes«, erwiderte sie. Sie erklärte mir nicht, was daran anders war. »Sie tun mir wirklich leid. Ihr Glaube basiert zu einem Großteil auf Angst.«

»Im Buddhismus ist der Aufenthalt in der Hölle wenigstens zeitlich begrenzt«, konterte ich. »Ich finde, es gibt nichts Schrecklicheres als die Vorstellung von einer ewigen Hölle nach nur einem einzigen Leben.« Die Frau beendete das Gespräch, indem sie ihr Essen bezahlte und ging. Es war nicht meine Absicht gewesen, ihren Glauben zu beleidigen. Ich wollte nur auf das hinweisen, was Amala gerade so treffend ausgedrückt hat. Seit ich in Bhutan bin, ist mir bewußt geworden, daß wir die starke Tendenz haben, das, was wir glauben, für wahr und gültig zu halten, während wir das, was alle anderen glauben, als furchtbaren Blödsinn und Aberglauben abtun.

Die meisten Bücher zum Buddhismus, die in der Bibliothek stehen, habe ich rauf und runter gelesen, von Grundlagentexten bis zu esoterischen Schriften wie dem »Tibetanischen Buch der großen Befreiung«. Die erste Predigt des Buddha begeistert mich noch immer in ihrer Klarheit; wenn ich sie lese, spüre ich, wie die Welt um mich her still und ruhig wird. Ich lese Anleitungen zur Meditation und zum Erlangen von Weisheit, denn ich habe Nimas Resümee nicht vergessen, demzufolge Glaube ohne Praxis nutzlos sei. Die buddhistische Praxis bietet jedem Menschen systematische Werkzeuge, mit denen er an seiner Erlösung arbeiten kann. Hier, sagte der Buddha, hast du deinen Geist, die Ursache all deiner Probleme, aber auch die Quelle deiner Befreiung. Mach von ihm Gebrauch. Schau dir dein Leben an. Überdenke es.

Besonders wichtig für die tägliche Praxis sind die Lehrsätze über das Mitgefühl. Mitgefühl erwächst aus der Erkenntnis, daß alle Lebewesen – Freunde, Feinde, völlig Fremde – dasselbe erstreben. Wir alle wollen glücklich sein und tun doch immer wieder Dinge, mit denen wir uns und anderen Leid zufügen und durch die es durch andere auf uns zurückfällt. Wenn wir durch die oberflächlichen Unterschiede hindurch zum Kern dessen vordringen, was uns alle gleichmacht, reißt uns dieses Gleichsein die Maske der einzigartigen persönlichen Identität herunter und enthüllt jeden einzelnen von uns als ein simples, begehrendes, ängstliches, hoffnungsvolles, verwirrtes Wesen. Es ist jeden Tag eine große geistige Herausforderung, Mr. Matthew nicht als meinen Feind anzusehen, sondern einfach als meinen Nachbarn, der sich das gleiche wünscht wie ich und sich genauso wie ich darin irrt, wie man es erreicht.

Wenn jemand uns beleidigt oder verletzt, sollte man dieses Verhalten der buddhistischen Lehre zufolge als Gelegenheit betrachten, etwas über seinen Stolz und seine emotionale Gebundenheit zu erfahren. Der Buddhismus fordert nicht nur, daß man seinen Feind lieben, sondern daß man ihn als seinen wichtigsten Lehrer betrachten soll. Statt Mr. Matthew zu verachten, könnte ich jede Begegnung mit ihm dazu nutzen, mein Ego zu untersuchen und meine Arroganz abzubauen.

Der Buddhismus verlangt, daß ich selbst die Verantwortung für mich übernehme; ich bin die Verursacherin meines eigenen Leidens und meiner eigenen Erlösung. Aber dazu ist gar nicht viel nötig – ich muß nur die Augen öffnen, hier, wo ich gerade stehe, ich muß einfach nur achtsam sein.

Ich frage Amala, wie man zum buddhistischen Glauben übertritt, ob es da eine Zeremonie gibt, welche Voraussetzungen nötig sind. Sie rät mir, einen Lama aufzusuchen. Ich fühle mich fast dazu bereit.

Tshewang läßt mir »Hundert Jahre Einsamkeit« durch einen Freund zurückbringen, mit einem Zettel darin, auf den er »Danke« gekritzelt hat. Seit dem Tanzabend haben wir nicht mehr miteinander gesprochen. Ich denke, auf diese Weise gibt er mir zu verstehen, daß ihm klargeworden ist, daß wir der Sache ein Ende machen müssen. Die nüchterne Notiz bestärkt mich in dem Beschluß, den Bann zwischen uns zu brechen. Ich überlege, ob ich mit ihm darüber reden soll, schreibe ihm in Gedanken Briefe. Lieber Tshewang, ich schreibe, damit wir schließen können, was wir versehentlich zwischen uns geöffnet haben, und ich möchte, daß du weißt, wie leid es mir tut, daß ... daß was? Daß ich dich an dem Tanzabend nicht geküßt habe? Daß ich sagte, das geht nicht, als ich eigentlich meinte, das geht? Das ist es, was mir wirklich leid tut. Nein, es ist besser, die Sache ganz auf sich beruhen zu lassen. Wir müssen vollkommen auf Distanz gehen.

Aber ich vermisse unsere chaotischen Diskussionen und wilden Debatten, ich vermisse dieses Knistern zwischen uns, ich vermisse die Art, wie sich seine Augen verziehen, wenn er lacht. Seit ich nicht mehr auf diese Begegnungen hoffen kann, sind meine Tage ruhiger und produktiver – und vollkommen freudlos.

Macduff tritt auf

Im Zoo haben wir »Macbeth« zu Ende gelesen, und die Schüler wollen das Stück aufführen. Sie haben sich in Gruppen aufgeteilt und sich bestimmte Szenen zugeordnet, und abends schaue ich ihnen bei den Proben auf der Bühne zu. Anfangs sind sie ganz ernst, stehen in steifer Haltung da und deklamieren, aber gegen Ende biegen sie sich vor Lachen. Sie gehen ungezwungen miteinander um, rufen sich Ermunterungen, Beleidigungen und Ratschläge zu, und wenn es Zeiten gibt, wo sie vergessen, wer aus dem Norden und wer aus dem Süden ist, dann ist dies eine davon. Nach der Probe setzen wir uns manchmal vor das Auditorium und unterhalten uns gemütlich, bis die Acht-Uhr-Glocke sie in ihre Wohnheime ruft. Die Nacht senkt sich auf das Gebäude, und es ist leichter, im Dunkeln zu reden. Sie erinnern sich an Lieblingslehrer und an ihre übelsten Lehrer zurück, an bestimmte Sommer- und Winterferien; sie erzählen, wie das war, als sie zum erstenmal ein Fahrzeug, zum erstenmal einen Videofilm sahen, erinnern sich daran zurück, wie sie sich an den Internaten in Samtse, Khaling oder Thimphu kennenlernten; sie erinnern sich, wer selbst den strengsten Lehrer zum Lachen bringen konnte, erinnern sich daran, wie sie beim Maisstehlen im Garten des Lopen erwischt wurden, und ich kann in solchen Momenten nicht glauben, daß sie einander mißtrauen oder sich eigentlich nicht leiden können. Sie sind zusammen aufgewachsen, sprechen ihrer beider Sprachen und singen ihrer beider Lieder. Sie haben eine gemeinsame persönliche Geschichte, und vielleicht wird dies am Ende mehr zählen, als die geschichtlich bedingten Schranken, Tatsachen und Darstellungsweisen.

An der politischen Front gibt es seit mehreren Wochen nichts Neues. Nichts im »Kuensel«, was aber nichts zu sagen hat, und genausowenig aus dem Lager der Studenten. Ich glaube allmählich, daß die Krise vorüber ist. Vielleicht findet jetzt ein Dialog statt, vielleicht wird es auf beiden Seiten Entgegenkommen und Einsicht geben.

Die Studenten sind schließlich soweit, daß sie das Stück aufführen können. Sie haben sich mit den Kostümen, Masken und Spezialeffekten viel Mühe gemacht, und was sie aufführen, ist eine Travestie. Ist das ein Dolch, was ich vor mir erblicke, fragt Macbeth die vom Bühnenvorhang herabbaumelnde Holzplanke, und der Alarm einer Digitaluhr geht los, um den Eindruck von Eile zu verstärken, doch der anhaltende Piepton macht Macbeth nervös, und als er dem Spezialeffekteteam die Uhr zu entreißen versucht, kommt es zu Handgreiflichkeiten mit Lady Macbeth, der die Uhr gehört; der große Birnamswald verpaßt seinen Einsatz, und überall flattern Blätter und Zweige umher; Macduff tritt auf, mit Macbeths Kopf, einer Perücke aus schwarzem Yakhaar, und ich lache, bis mir die Tränen kommen.

Am nächsten Morgen drängelt sich in der Bibliothek eine Schar Studenten vor dem Tisch in der ersten Reihe. Alle versuchen gleichzeitig, das einzige Exemplar des »Kuensel« zu lesen. Als ich mich erkundige, was da los sei, reichen sie mir schweigend die Zeitung herüber. Am 2. Juni, dem Jahrestag der Thronbesteigung des Königs, wurde in der Industriestadt Gomtu in Südbhutan an einer Zapfsäule ein Jutesack mit den abgetrennten Köpfen zweier bhutanischer Männer gefunden. In einem Brief, der in dem Sack steckte, wurden die Männer bezichtigt, mit der Königlichen Regierung zusammenzuarbeiten und ihr eigenes Volk zu verraten.

Ranjana, eine Schülerin der zwölften Klasse, wird weinend aus der Bibliothek geführt. »Einer der beiden war ihr Onkel«, sagt jemand.

Ich reiche die Zeitung zurück und verlasse die Bibliothek. Mir ist schlecht. Ich stelle mich auf den Balkon vor dem Personalzimmer. Auf den Feldern unterhalb des College sind ein paar Frauen dabei, die Reisfelder von Unkraut zu befreien. Ich versuche mir diese mühselige, die Ernährungsgrundlage dieser Familie darstellende Arbeit konkret vorzustellen, diese arbeitenden Hände, das Gefühl von Schlamm zwischen den Zehen, von Wasser bis zu den Knöcheln, die Sonne im Nacken – es ist zwecklos, es gelingt mir nicht, mich darauf zu konzentrieren; statt dessen drängt sich mir das Bild von den zwei Köpfen in einem Jutesack wieder auf. Das kann doch nicht möglich sein, das muß ich irgendwo anders gelesen haben (»Macduff tritt auf, mit Macbeths Kopf«), das kann doch hier nicht passieren.

Ich zwinge mich, den Artikel im »Kuensel« zu Ende zu lesen. Zum erstenmal werden die Verhaftungen vom letzten Jahr erwähnt. Zwischen Oktober und Dezember 1989 wurden zweiundvierzig Menschen wegen antinationaler Aktivitäten verhaftet. Neununddreißig von ihnen wurden später wieder freigelassen, und es wurde eine Generalamnestie von zwei Monaten erlassen, um jenen, die aus dem Land geflohen waren, die Rückkehr zu ermöglichen. Eine Gruppe, die sich »Volksforum für Menschenrechte« nennt, verkündete, daß sie Südbhutan als autonome politische Einheit abtrennen will.

Ein Student aus dem Norden teilt mir mit, er wolle das College verlassen, um sich der Miliz anzuschließen. »Um die *Aunties* zu bekämpfen«, sagt er.

»Die *Aunties*?« wiederhole ich verständnislos, doch dann wird mir klar, daß er damit die Antinationalen meint. »Diese Südprovinzler«, erklärt er.

»Nicht alle Südprovinzler sind Antinationale«, entgegne ich ruhig.

»Sie haben keine Ahnung, Miss. Sie haben keine Ahnung, was sie sind.«

Zwei südbhutanische Schulen werden gestürmt und in Brand gesetzt. Eine Gruppe bewaffneter Männer überfällt einen Lastwagen und zwingt den Fahrer, seinen Kho auszuziehen. Vormals wurden Südbhutaner, die ohne die Nationaltracht erwischt wurden, von den Dzongkha-Behörden bestraft. Nun werden Südbhutaner, die die Nationaltracht tragen, von »Antinationalen« ihrer Kleider beraubt.

Man kann sich ausmalen, wie es jetzt weitergehen wird. Es ist zu spät, um noch miteinander zu reden und einander zuzuhören; die Chance dazu ist immer geringer geworden, bis sie endgültig vertan war. Jetzt wird es nur noch Rhetorik geben, Drohgebärden, Lügen und Gewalt. Ich möchte gerne durch den Hinterausgang verschwinden. Ich will nicht zur Zeugin des Unvermeidlichen werden.

Eines Abends fange ich an, mein Bücherregal abzustauben, um mich vor einem Stoß Arbeiten zum Korrigieren zu drücken. Als ich »Hundert Jahre Einsamkeit« aufschlage, flattert Tshewangs Danknotiz heraus. Auf der Rückseite steht *Die Liebe in den Zeiten der Cholera.* Ich sehe das Wort Liebe und denke: Vielleicht war das die Botschaft, auf die ich eigentlich hätte reagieren sollen. Vielleicht ist dieser Bruch ganz allein mir zuzuschreiben. Die Hand, die mein Herz zusammenpreßte, lockert ihren Griff, und ich kann wieder tief einatmen, ohne daß es schmerzt. Dann knülle ich den Zettel zusammen. Das ist ein Buchtitel, keine Botschaft. Was kommt als nächstes, frage ich mich. Botschaften, die ich durch einen in meinem Hirn implantierten Frequenzmesser empfange? Ich werde dieses Verlangen in einen Stein verwandeln. Ich werde es versiegeln. Ich werde mich redlich bemühen.

Ich bemühe mich redlich und fühle mich elend dabei. Es regnet jede Nacht und jeden Morgen, die Sonne bricht heiß und gnadenlos durch den sich auflösenden Dunst. »Gut für die Bauern«, meint Mr. Fantome, als ich ihn in seinem Garten besuche, »gut für das ganze Grünzeug.« Alles wächst wie wild, und die Wälder glühen unheimlich mit riesigen Farnen und leuchtendem Unterholz. Mitten in der Regenzeit, schreibe ich in mein Tagebuch, habe ich mich selbst in diese ausgedörrte, versengte Ebene getrieben. Meine Gier hat mich an diesen Ort geführt, wo es nichts zu essen oder zu trinken gibt. Ich weiß nicht, wie ich da herauskommen soll. Ich bin noch nie so unglücklich gewesen.

Yurung

Leon lädt mich nach Yurung ein, das Dorf im Pemagatsel-Tal, in dem er seine neue Stelle hat. Unterwegs mache ich bei der Mittelschule von Pemagatsel halt, doch die Kinder sind über die Sommerferien alle zu ihren Familien heimgekehrt. Ich lasse für meine ehemaligen Schüler ein Päckchen mit Briefen und Buntstiften zurück und stapfe dann nach Gipshausen hinunter. Nach zwei-, dreimaliger Überquerung des Flusses beginnt der Aufstieg nach Yurung, doch irgendwie habe ich unter der sengenden Sonne im Talgrund etwas falsch gemacht und steige in Wirklichkeit wieder den Berg nach Pemagatsel hinauf. Ein Bauer klärt mich über meinen Irrtum auf. Als ich endlich in Yurung ankomme, stelle ich fest, daß es das hübscheste Dorf ist, das ich je gesehen habe. Die Häuser stehen dicht beieinander, durch niedrige Steinmäuerchen, Dornenzäune oder Küchengärten voneinander getrennt, und der mitten durch das Dorf sprudelnde Bach ist von Weiden und Zypressen gesäumt. Ich bin erleichtert, wieder in einem Dorf zu sein, weg von meinen redegewandten und unvernünftigen Studenten. Ich bin erleichtert, weil ich Tshewang hier nicht über den Weg laufen kann, ihm nicht aus dem Weg gehen oder mühsam gegen die Sehnsüchte meines Herzens ankämpfen muß. Aber ich bringe es nicht über mich, mit Leon darüber zu sprechen. Vielleicht will ich nicht, daß jemand mir die Sache endgültig auszureden versucht. In irgendeinem Winkel meines Herzens flimmert noch immer ein Funken Hoffnung. »Ich will nicht über die ›Situation‹ nachdenken«, sage ich zu Leon. »Ich möchte einfach nur hier auf deiner Treppe sitzen und die Kühe, die Hühner und die Kinder beobachten. Stell mir keine Fragen. Ich will nicht darüber reden.«

Am nächsten Morgen finden sich die Nachbarsfrauen mit Arra-Buddeln ein, um mich willkommen zu heißen. Der Arra ist mit Butter und Eiern aufgekocht, was ihn nicht gerade schmackhafter macht. Wir sitzen bechernd auf dem Küchenboden, aber ich habe zu viel Sharchhop vergessen, um mich an der Unterhaltung beteiligen zu können. Daß ich nach mehreren Vormittagen und Abenden in ihrer Gesellschaft langsam wieder in die Sprache reinkomme, führen die Frauen auf die Wirkung ihres Gebräus zurück.

Einen Großteil des Tages verbringe ich mit Wanderungen durch das Dorf und zum Tempel hinauf, zur Schule hinab und über die Brücke hinüber, wo ich mich unter den Gebetsfahnen niederlasse und mich an dem Grün des Tales zu meinen Füßen weide, an den fließenden Freiräumen um mich her, und ich danke der Macht, dem Gott oder dem karmischen Einfluß, was immer auch mich hierhergeführt hat. Namé samé kadin chhé, hab Dank über Himmel und Erde hinaus. Dies ist das Bhutan, das ich liebe. Daß Köpfe abgetrennt und in Jutesäcke gesteckt irgendwo abgestellt werden können, ist hier unvorstellbar. Doch zugleich ist mir bewußt, daß es falsch, unaufrichtig ist, diese beiden Dinge voneinander zu trennen, das wundervolle ländliche Bhutan und die politische Situation. Bhutan ist ein realer Ort mit einer realen Geschichte, an dem reale Konflikte zu realen Aufständen führen, zu realen Leiden realer Menschen. Es ist kein verborgenes Tal, so sehr ich mir das auch wünschen mag.

Ich lerne die Lehrer von Leons Schule kennen, ein buntes Gemisch von Bhutanern aus dem Süden, dem Osten und dem Norden, und Leon lädt sie eines Abends zu »kanadischen Drinks« zu sich ein. In dem wild flackernden Licht eines einzigen Kerzenstummels mixen wir Gläser mit Zitronensaft und Rum und verteilen sie an unsere Gäste. Die Lehrer nippen zögernd daran und weigern sich strikt, daß wir ihnen nachschenken. Ich vermute, sie wollen nur höflich sein, bis Leon noch ein paar Kerzen anzündet und wir merken, daß wir unseren Gästen Senföl statt Rum vorgesetzt haben.

Wir machen eine Wanderung nach Tsebar, steigen im warmen Sonnenlicht auf den Bergkamm hinauf, laufen auf dem Bergrücken entlang und einen bewaldeten Hang hinunter. Dichte Nebelschwaden ziehen durch die Bäume, und der Wald wird unheimlich, überall lautloser Nebel und Schatten und verheddertes, herabhängendes, triefendes Grün. Wir sind im Blutegelwald. Anfangs bleiben wir stehen, um sie abzurupfen, doch sie lassen sich von den Bäumen herabfallen und purzeln von Felsen, und für jeden, den wir entfernen, kommen drei neue hinzu. Schließlich fangen wir an zu rennen, uns an Zweige und Schlingpflanzen klammernd, bis wir keuchend auf eine sonnige Lichtung kommen, wo wir uns hinsetzen, um die Blutegel abzureißen und das Blut mit Taschentüchern abzuwischen.

»Clevere Kerlchen sind das«, meint Leon. »Beim Festsaugen scheiden sie ein Narkotikum und ein Antigerinnungsmittel aus, so daß man sie gar nicht spürt.«

In Tsebar laden uns Jangchuk und Pema zu Arra und Bangchang ein, und ich stelle mir vor, wie Jane jetzt irgendwo in England aufwacht, in dem Bewußtsein, daß Bhutan fast unerreichbar ist. Dann stelle ich mir vor, wie ich selbst in Kanada aufwache, in dem Bewußtsein, daß Bhutan vorbei, abgeschlossen und vorüber ist, die dunkle Bergsilhouette vor dem Morgenhimmel, die Millionen und Abermillionen Sterne in der Himmelskuppel, die Gesichter meiner Schüler, nunmehr eine wehmütige Erinnerung. Der Abschied von hier wird sein wie das Erwachen aus einem Traum, denke ich, einem äußerst intensiven und wundervollen Traum, in dem Bewußtsein, daß man ihn nie wieder träumen wird. Das einzige Mittel, um das Erwachen zu verhindern, besteht darin, nicht fortzugehen. Ich werde nicht eher fortgehen, bevor ich hier nicht intensiv gelebt habe, bevor nicht alles in mich, in mein Blut, meine Knochen und Zellen eingesickert ist, bis ich ganz davon durchdrungen und davon verändert bin, und vielleicht nicht einmal dann.

Ich sage Leon, was ich gerade gedacht habe. Er hat soeben »Der Kuß der Spinnenfrau« ausgelesen und liest mir daraus die letzte Zeile vor. »Dieser Traum ist kurz, aber glücklich.«

Ich wünsche mir jedoch, daß er mehr ist als das.

Furunkel

Als ich an einem Vormittag im Personalzimmer sitze und Hausarbeiten korrigiere, nimmt Mr. Bose neben mir Platz, räuspert sich und und teilt mir mit, daß eine meiner Probeprüfungsfragen »falsch« sei.

»Was meinen Sie mit falsch?«

»Die Sache mit dem ›Schreibt den Brief, den Lady Macbeth in der Schlafwandelszene schreibt‹.«

»Was ist daran falsch?«

»Was daran falsch ist?« Er sieht aus, als bekäme er jeden Augenblick einen Herzanfall. »Ich werde Ihnen sagen, was daran falsch ist! Das ist nicht die Art Fragen, die den Schülern in der Abschlußprüfung gestellt werden! Sie bereiten die Schüler nicht auf die Abschlußprüfung vor!«

»Die Fragen, die ihnen in der Abschlußprüfung gestellt werden, sind schlichtweg lächerlich. ›Machen Sie eine Inhaltsangabe vom ersten Akt des Dramas.‹ Ich lege keinen Wert darauf, daß sie den ersten Akt auswendig herunterplappern können, ich möchte, daß sie sich über das Drama ihre eigenen Gedanken machen.«

»Wen interessieren ihre eigenen Gedanken über das Stück! Sind sie in der Lage, die Prüfungsfragen zu beantworten? Das ist es, was Ihnen am Herzen liegen sollte«, sagt Mr. Bose und erhebt drohend den Finger. »Ich werde Ihre Arbeit überwachen lassen.«

»Mr. Bose«, sage ich erbost, »versuchen Sie nie wieder, mir vorzuschreiben, was ich meiner Klasse beizubringen habe.« Die gesamte innere Ruhe, die ich in der letzten Woche durch regelmäßige Meditation aufgebaut habe, ist durch meine Wut im Nu dahin. Sie bricht über mich herein, und ich lasse ihr freien Lauf, eine unglaubliche Frechheit, was bildet der sich eigentlich ein, und so weiter, bis ich mich durch und durch vergiftet fühle.

Der Himmel weint und wischt sein Gesicht an den Bergen ab. An meinen Beinen bilden sich Blasen und Furunkel. Die Studenten klären mich auf, daß Furunkel durch »unreines Blut« verursacht werden, und wenn man eins bekommt, dann werden es insgesamt neun. Ich habe bislang drei bekommen. Kumar, einer meiner Studenten, bekommt einen seltsamen Ausschlag auf der Haut und wird ins Krankenhaus von Tashigang eingewiesen. Sein Bett steht in einer offenen Station, und zwei seiner Studienkollegen bleiben bei ihm, schlafen nachts auf dem Fußboden neben seinem Bett, bringen ihm die Mahlzeiten und streiten sich mit dem Doktor über dessen Behandlungsmethode. »Diese Studenten«, beklagt sich der Doktor bei mir. »Sie denken, sie wüßten über alles Bescheid.«

Kumars Gesicht ist spitz und eingefallen. Mit dem Ausschlag sieht seine Haut wie Sandpapier aus. Er sagt, das Krankenhaus sei nicht so schlecht, »nur nachts, Miss, kann man nicht schlafen. Alles stöhnt und betet.«

Auf dem Weg nach draußen komme ich an einem auf der Treppe kauernden Mann vorbei. Von seinem Bein fehlt ein großes Stück, und ich kann unten an der Wunde den Knochen durchschimmern sehen. Er sitzt ruhig da und wartet, daß jemand kommt und sich um ihn kümmert. Ich hatte eigentlich vorgehabt, wegen meiner Furunkel einen Doktor zu befragen, doch jetzt kommen sie mir lächerlich vor.

Alle haben Furunkel. Tashi, ein anderer Student, hält während des Unterrichts ein sauberes Taschentuch an den großen, bösen Furunkel auf seiner Wange. Als ich ihm tags darauf im Korridor begegne, erkenne ich ihn nicht. »Ich bin's, Miss«, sagt er. »Tashi.« Sein Gesicht ist bis zur Unkenntlichkeit angeschwollen, und er kann nur mit Mühe reden.

Am nächsten Morgen klopft in aller Frühe der College-Peon an meine Tür, um mir eine Nachricht zu überbringen. Einer der Studenten sei in der Nacht gestorben, und der gesamte Unterricht falle aus. Als ich eine Gruppe von Tashis Studienkollegen die Böschung zu meinem Haus heraufsteigen sehe, weiß ich, daß er es war. Sie berichten mir, die Infektion habe auf das Gehirn übergegriffen; sie hätten ihn nach Tashigang ins Krankenhaus gebracht, aber es sei schon zu spät gewesen. Sie warten, bis ich mir eine Kira angezogen habe, und dann folge ich ihnen zum Tempel, wo Tashis Leichnam, in weiße Tücher gehüllt, unter einem weißen Segeltuchbaldachin aufgebahrt ist. Die Dzongkha-Lopen rezitieren die Gebete – Passagen aus dem »Totenbuch der Tibeter« – während zwei Studenten an Tashis Seite sitzen. Neben dem Toten steht ein mit Speisen gefüllter Teller. Seine Klassenkameraden werden abwechselnd so lange neben ihm wachen, bis seine Familie eintrifft und die Verbrennung stattfinden wird. Ich setze mich zu den Studenten und versuche, während die Gebete um mich her an- und abschwellen, mitzubeten, fange statt dessen aber zu weinen an. »Sie sollten versuchen, nicht zu weinen, Ma'am«, sagt Chhoden zu mir und drückt meine Hand. »Man sagt, wenn Leute weinen, fällt dem Geist das Fortgehen schwerer.«

Tashis Familie braucht drei Tage für die Reise von ihrem Dorf bis hierher. Drei Tage lang übernehmen seine Klassenkameraden wechselweise die Wache, lassen den Leichnam nie allein. Zwei von Tashis Freunden müssen den Leichnam für die Verbrennung vorbereiten. Dazu müssen sie den Körper waschen und die Knochen brechen, um ihn in die Fötuslage bringen zu können. Der Leichnam wird auf den Scheiterhaufen gelegt und mit Tüchern und Tashis bestem Kho zugedeckt. Nach einem langen Gebet und nachdem dem Leichnam viele Opfergaben überbracht worden sind, wird das Holz angezündet. Aber der Leichnam will nicht richtig brennen, und der Lama, der die Zeremonie leitet, sagt, das liege daran, weil sich der Geist an die Erde klammere. Tashis Kameraden holen seine Flöte und seine Malfarben aus seinem Zimmer und werfen sie unter Ermahnungen an den Geist ins Feuer. »Du bist jetzt tot. Schau, alle deine Sachen sind verbrannt. Wir wollen dich hier nicht haben. Geh jetzt.«

»Das ist ja entsetzlich«, sage ich zu Chhoden.

Sie schüttelt den Kopf. »Nein, Madam. Wir müssen so was sagen. Wenn wir zeigen, wie sehr wir ihn liebten, wird sein Geist nicht fortgehen wollen und statt dessen hier herumirren. Er muß wissen, daß er tot ist.« Manche Leute wüßten sofort, daß sie tot seien, erklärt sie mir, während andere einfach umherwandern, sich bei ihrer Familie zum Essen niederlassen und sich wundern, daß niemand mit ihnen redet. »Darum stellen wir dem Leichnam einen gefüllten Teller hin, damit sich die Person nicht so unwohl fühlt.«

Es wird Holz nachgelegt, und das Tuch, das den Leichnam bedeckt, schnurrt zusammen. Tashis Bruder läuft mit einer Flasche um den Scheiterhaufen herum und sprenkelt Wasser in den Staub. »Das Wasser wird dem Toten geopfert, weil ihn das Feuer schrecklich durstig macht«, erklärt Chhoden. Alle stehen da und schauen in die Flammen, und das, wovon ich dachte, es würde furchtbar grausig sein, ist einfach bloß ein trauriger Vorgang: Das Fleisch zerschmilzt, und die Knochen werden grau, zerbröseln und fallen in die Asche am Grund des Scheiterhaufens. Eines Tages werde ich an seiner Stelle sein, denke ich.

Da ist nichts von dem sterilen Schmerz, den ich mit einem Begräbnis in meiner eigenen Kultur verbinde. Tränen werden nicht der Form halber zurückgehalten – in den Augen der Gemeinde ist es nicht nötig, die Tränen zu unterdrücken –, sondern wegen der Toten, damit sie dieses Leben verlassen können. Der Schmerz ist überall sichtbar, in den starren Mienen von Tashis Freunden, in dem eingefallenen Gesicht seiner Mutter, aber zugleich ist da auch ein stoisches Akzeptieren.

»Jeder muß sterben«, sagt Nima nach der Verbrennung zu mir. »Das hat der Buddha gelehrt.« Worauf er die Geschichte von dem Senfsamen erzählt: Eine Frau, die vor Schmerz über den Tod ihres kleinen Kindes ganz wahnsinnig ist, sucht den Buddha auf und bittet ihn, ihr Kind wieder zum Leben zu erwecken. Er erwidert, daß er das tun werde, wenn sie ihm aus dem Haus in ihrem Dorf eine Handvoll Senfsamen bringen könne, in dem noch nie ein Mensch gestorben sei. Die Frau geht von Tür zu Tür, und obwohl jeder bereit ist, ihr eine Handvoll Senfsamen zu geben, kann sie keinen Haushalt finden, in dem es noch keinen Todesfall gegeben hat. Als ihr aufgeht, daß der Tod allgegenwärtig ist, bringt sie ihren Sohn zur Verbrennungsstätte und kehrt zurück mit dem Vorsatz, eine Anhängerin des Buddha zu werden.

»Aber die Tatsache, daß jeder Mensch sterben muß, macht sie darum nicht weniger traurig«, sage ich zu Nima. »Weil nämlich jeder Mensch einzigartig ist – seine Persönlichkeit, seine Beziehungen und sein Leben.«

»Nicht so einzigartig, Miss«, widerspricht Nima. »Jeder wird geboren, jeder wird erwachsen, jeder wünscht sich dasselbe – glücklich zu sein –, und jeder geht denselben Dingen aus dem Weg – Schmerz und Unglück –, und am Ende stirbt jeder, nicht wahr?«

»Ja, aber innerhalb dieser Rahmenbedingungen ist das Leben jedes Individuums einzigartig und wertvoll. Jedes denkt anders und reagiert anders.«

»Aber schauen Sie, Miss. Wenn ich bedenke, wie viele unzählige Male ich schon wiedergeboren wurde in diese Welt – bei uns heißt es, daß das millionenmal der Fall ist –, wievielmal bin ich dann schon glücklich gewesen? Wie viele Male war ich schon verheiratet, habe Kinder bekommen und alle meine Ziele verwirklicht, und wie oft habe ich schon Leid erlebt, wie oft bin ich schon gestorben? Dann denke ich, ich müßte mittlerweile alles durchgemacht haben, was man durchmachen kann. Aber ich bin noch immer hier, und folglich habe ich nichts gelernt. Dann fühle ich mich auf einmal ganz müde, Miss. Ich bin dieses Lebens leid und denke, ich sollte Mönch werden, mich in eine Höhle zurückziehen und nach einem Weg aus diesem Kreislauf des Kommens und Gehens suchen.«

Später, beim Meditieren, fallen mir diese Worte wieder ein. Es ist, als gehe in meinem Kopf etwas auf, zu schnell, um es in Worte fassen zu können. *Ich müßte mittlerweile alles durchgemacht haben, aber ich bin noch immer hier, und folglich habe ich nichts gelernt.* Auf einmal begreife ich es. Nicht die buddhistische Theorie vom Selbst, derzufolge es keine wesenhafte Jamie Zeppa gibt und sie sich wie alle Lebewesen nur aus einer Kombination flüchtiger Zustände, Eigenschaften und Triebkräfte zusammensetzt, sondern die Erfahrung dieser Tatsache. Alles fällt von mir ab. Es ist die Erfahrung absoluter Freiheit, ein flüchtiger Einblick, wie es sein würde – in der Welt zu sein, ohne an ihr zu haften, sich auf ihr zu bewegen, sie zu erfahren und sie loszulassen. Es ist unmöglich, dieses Gefühl, diese Gewißheit in Worte zu fassen, aber später werde ich denken, daß dies der Moment war, in dem ich Buddhistin wurde.

Als ich aus der Meditation erwache, löst sich dieses Gefühl langsam auf, zerfließt in die Alltagsgegenstände um mich her, Strohmatte, Wachskerze, Blechtasse. Es bleibt nur die äußere Schale der Erfahrung, die Worte. Es war so oder so, es war, als fiele etwas von mir ab. Ich fühle mich verlassen, untröstlich – ich will dieses Gefühl zurückhaben, und dann geht mir auf, daß ich nur das Ziel erkannt habe. Es zu erreichen, wird eine lebenslange Aufgabe sein. Nicht alle meine Fragen über den Buddhismus sind beantwortet worden, aber ich bin jetzt bereit, diesem Pfad ernsthaft zu folgen.

Eine Woche später, während einer Puja-Zeremonie im alten Lhakhang oberhalb des College, stehe ich hinter einer Reihe von Müttern, die einen Lama, der zu Gast hier ist, um Segen und Namen für ihre Babys bitten wollen. Der Lama ist ein junger Mann mit Bürstenhaarschnitt und John-Lennon-Brille, aber die Frauen in der Reihe versichern mir, daß er ein äußerst bedeutender Rinpoche sei. Und er könne Englisch, sagen sie mir, also habe ich großes Glück. Ich beobachte, wie er jeweils die Stirn des Kindes berührt und in dieser Haltung verharrt, um sich einen Namen zu überlegen. Als ich an der Reihe bin, werfe ich mich vor ihm nieder und erkläre ihm, was ich möchte. Um Buddhistin zu werden, sagt der Lama, müsse ich das Zufluchtsbekenntnis ablegen. »Sie nehmen Zuflucht zu den drei Edelsteinen«, sagt er, »Buddha, Dharma und Sangha – dem Buddha, seiner Lehre und der Ordensgemeinschaft.« Er erklärt, daß die Anrufung dieser drei Führer der erste Schritt in die buddhistische Praxis sei; man bekenne damit, daß in weltlichen Dingen keine Zuflucht zu finden sei, da sie allesamt vergänglich sind und nicht zu wahrer Befreiung führen können, und daß der Buddhismus die wahre spirituelle Heimat sei. Das heiße nicht, daß man dem weltlichen Leben entsagen und in ein Kloster eintreten müsse, erklärt der Lama. Dieser Pfad werde zwar von einigen Menschen eingeschlagen, doch jedes Individuum wähle seinen eigenen Weg. Wenn man dieses Gelübde ablege, verpflichte man sich, in seinem täglichen Leben dem buddhistischen Pfad zu folgen. Man bemühe sich, niemandem mit dem Körper, dem Geist oder durch Worte ein Leid zuzufügen, man bemühe sich, dem Edlen Achtfachen Pfad zu folgen.

Er zieht ein kleines Büchlein aus seiner Aktentasche, in dem das Bekenntnis und die Gebetsformel erklärt werden, und schreibt in Großbuchstaben einen buddhistischen Namen auf das Deckblatt: KUNZANG DROLMA. Kunzang bedeutet »alles Gute«, und Drolma ist der bhutanische Name für Tara, die Göttin des Mitgefühls.

Am gleichen Nachmittag hilft mir Nima, auf dem Kaminsims in meinem Wohnzimmer einen Altar zu errichten. Er stellt sieben kleine Silberschalen vor den Abbildern des Buddha und des

Guru Rinpoche auf und füllt sie mit Wasser. »Wir nehmen Wasser als Opfergabe, weil selbst der ärmste Bauern es sich leisten kann, Wasser zu opfern«, erklärt er. »Im Geist jedoch stellen wir uns vor, daß wir Speisen opfern, Wasser zum Trinken und Wasser zum Waschen, Blumen, Weihrauch, Licht und Duftöle.« Ich müsse die Wasserschalen jeden Morgen füllen und sie vor Einbruch der Dunkelheit leeren, sagt er. Dies sei eine Opfergabe an die Gottheiten und alle empfindenden Wesen. Dann zeigt er mir, wie man Baumwollschnüre zu Dochten für die Butterlampen dreht. Nachdem er gegangen ist, setze ich mich mit gekreuzten Beinen vor den Altar und blicke so lange auf die ruhig und kräftig über der kleinen Lampe brennende Flamme, bis ich mich innerlich ganz ruhig fühle. Ich bin dankbar, daß ich das Zufluchtsbekenntnis vor einem so alten und heiligen Tempel ablegen konnte, bei einem bhutanischen Lama, der des Englischen mächtig war. Die kleine Zeremonie mag angemessen, wunderschön und zweifellos verheißungsvoll sein, aber sie war nur eine Bekräftigung der intensiven Erfahrung, die ich während meiner Meditation gemacht habe. So wie Ehegelübde nicht die Ehe selbst sind, ist das Zufluchtsbekenntnis nicht die Praxis. Die Praxis ist die Praxis, denke ich. Bis ans Ende meines Lebens. Auf dem Altar steht ein Kärtchen, auf das ich einen Vers des buddhistischen Kanons geschrieben habe: »Achtsamkeit ist die Wohnstätte des ewigen Lebens, Achtlosigkeit die Wohnstätte des Todes. Jene, die achtsam sind, sterben nicht. Die Achtlosen sind bereits wie tot.«

Ein Lichtstrom

Vielleicht ist inzwischen genug Zeit verstrichen. Vielleicht kann man jetzt gelassen miteinander reden. Als hätten wir uns stillschweigend abgesprochen, gehen wir wieder aufeinander zu, vorsichtig zunächst, scheu, wechseln neutrale Grußworte, aber binnen weniger Wochen sind unsere Gespräche wieder so lebhaft wie einst, und mit den Gesprächen erwachen die gleichen alten Sehnsüchte. Den Abend mit der Jam Session erwähnen wir zwar nie, aber zwischen uns hat sich nichts verändert. Ich sehe ihn vor dem Büro auf die Post warten oder mit seinem großen blauen Becher und einem Buch auf dem Weg in die Mensa zum Nachmittagstee. »Miss, haben Sie Marquez' Erzählung vom Meer der verlorenen Zeit gelesen?« ruft er mir zu, oder »Miss, welches ist die älteste Sprache der Welt?« Und ich sage ja, oder ich weiß es nicht, und während wir da stehen, auf dem Gang oder auf dem Rasen, schrumpfen die Collegegebäude um uns her zusammen, dringen Stimmen und das Läuten der Glocke wie aus weiter Ferne an mein Ohr. Ich erzähle ihm stets mehr, als ich eigentlich möchte, ganze Passagen meines Lebens sprudeln hervor. Er hört zu und zieht dann aus seinem Kho kleine Geschenke heraus: eine Feder, ein Bildnis der weißen Tara, eine Mangofrucht, fein säuberlich auf Zettel kopierte Definitionen: *aleatorisch – vom Zufall abhängig; ein Lumen ist die Einheit des Lichtstroms; infrangible – unzerbrechlich*.

Es gibt keinen Ort und keine Zeit, wo wir ungestört miteinander reden könnten. Ich lade ihn nicht zu mir nach Hause ein, und er kommt nicht von allein. Wir begnügen uns mit diesen Begegnungen auf öffentlichen Korridoren, versuchen, vor dem nächsten Läuten einen letzten Gedanken zu Ende zu führen. Es sind nicht immer fröhliche oder befriedigende Gespräche. Wenn wir beispielsweise über die ›Situation‹ reden, drehen wir uns am Ende immer im Kreis, was Tshewangs Erachtens seine These beweist, daß es keinen Sinn habe, darüber zu reden.

»Wie auch immer«, sagt er, »es ist mir zuwider, mit dir über Politik zu reden. Ich habe nicht die gleichen Sachen gelesen wie du. Ich bin nicht an den gleichen Orten gewesen wie du. Du redest mich immer an eine Wand, und ich kann nie recht haben.«

»Das ist nicht wahr«, sage ich verletzt. Aber ich fürchte, es stimmt. Wir bringen in diese Gespräche zu viel von uns ein; eine Aussage zu machen, die frei ist von unseren politischen Kulturen, von unserer unterschiedlichen Vergangenheit und Kinderstube, scheint unmöglich zu sein. Meine Argumente entstammen einer Kultur, die ihre eigenen Werte als die höchsten Ziele der Menschheit bezeichnet hat. Die Tatsache, daß Regierungen, Korporationen und Individuen Lippenbekenntnisse zu diesen Werten ablegen, die Tatsache, daß es in der westlichen Gesellschaft gravierende Ungleichheiten, Ungerechtigkeiten und Mißbräuche jeglicher Art gibt, hält uns – mich – nicht davon ab, mich anderswo dogmatisch auszulassen.

Nein, die Gespräche sind nicht immer einfach, aber jedes einzelne trägt dazu bei, daß unsere gemeinsame Basis breiter wird. Wenn ich abends in schwarze Abgründe der Verzweiflung falle, frage ich mich, wo das alles hinführen soll. Es kann nirgendwo hinführen, sage ich mir. *Skalar – eine Größe, die keine Richtung hat.* Dann frage ich mich, ob ich nicht einfach nachgeben und es geschehen lassen soll. Vielleicht wäre dieses schreckliche Verlangen nach einer Nacht gestillt, und dann wären wir davon befreit ... nein, nein, nein. Eine Nacht würde nicht genügen, und es ist auch nicht eine Nacht, was ich mir ersehne. Wirf diese kleinen Papierschnipsel weg, befehle ich mir. Was du willst, ist unmöglich.

Nima hat beschlossen, nach der zwölften Klasse von der weltlichen Schule abzugehen und ein buddhistisches College in Südindien zu besuchen, um Mönch zu werden. Seine Mutter sei enttäuscht, sagt er, doch sein Vater habe seinen Segen dazu gegeben. »Wissen Sie, Miss, im Buddhismus sagen wir, daß das Leben so sei, wie wenn man im Traum Hausarbeiten macht. Wir schaffen vielleicht eine Menge, doch am Ende wachen wir auf, und was haben die ganzen Mühen eingebracht? Ich möchte studieren, was wirklich wichtig ist.«

»Bist du dir da ganz sicher, Nima?« frage ich, als ich an die strenge Klosterdisziplin denken muß und an die langen Zeiträume, in denen er von seiner Familie und seinen Freunden getrennt sein wird.

Er zieht ein Buch aus seinem Kho hervor, »Leitgedanken der Bodhisattvas«, und liest mir ein Zitat daraus vor:

Angenommen, jemand erwachte aus einem Traum,
In dem er hundert Jahre lang Glück erlebte,
Und angenommen, ein anderer erwachte aus einem Traum,
In dem er nur einen einzigen Augenblick des Glücks erlebte ...

»Das kommt aufs gleiche raus, nicht wahr, Miss? Hundert Jahre oder ein einziger Augenblick. Es ist trotzdem nur ein Traum.«

Da kann ich nichts anderes tun, als zu nicken. An Weisheit und Reife ist er mir etliche Leben voraus, und im Geist verneige ich mich vor ihm als meinem Lehrer.

Eines Nachmittags begeben wir uns mit Opfergaben – Weihrauch und Pflanzenöl für die Butterlampen – zum Tempel. Ein langhaariger Gomchen öffnet uns die Tür, und wir lassen die Schuhe draußen stehen und betreten den Hauptraum. Wir werfen uns auf dem kalten Boden vor dem Altar nieder, auf dem vor einer Statue des Guru Rinpoche eine einzige Butterlampe brennt. Dann betrachten wir die Wandmalereien, und Nima weist auf die sechs Welten des Lebensrads. Sie stellen den Kreislauf des Werdens und Vergehens dar, und ob man in die Welt der Götter, der Halbgötter, der Menschen, der Tiere, der hungrigen Geisterwesen oder in die Hölle hineingeboren wird, richtet sich nach dem jeweiligen Karma. Die Darstellung der Hölle ähnelt mit ihren heißen und kalten Qualen auffallend der christlichen Vorstellung, nur daß sie nicht immerwährend ist. Wesen, die in der Unterwelt wiedergeboren werden, bleiben dort so lange, bis ihr negatives Karma aufgebraucht ist. Die hungrigen Geisterwesen haben spindeldürre Arme und Beine, Bäuche, die vor Hunger grotesk angeschwollen sind, und verdrehte, verknotete Hälse, mit denen sie nichts hinunterschlucken können. Sie erinnern mich an Leute im Westen, die auf Diät sind.

Ich sage Nima, daß ich nicht an separate Höllenreiche glaube. Daß es hier auf der Erde genügend Grausamkeiten gebe. »Aber was hat es mit diesen Göttern und Halbgöttern auf sich?« frage ich. »Die sehen sehr glücklich aus.«

Nima nickt. »Sie sind vorübergehend glücklich, Miss. Ihre Welt ist sehr schön und angenehm, aber sie sind dem Kreislauf der Wiedergeburten noch nicht entronnen, und früher oder später werden sie ihr gutes Karma aufbrauchen und in einem der tiefer liegenden Reiche wiedergeboren werden.«

Ich bemerke seitlich an der Wand eine schwarze, mit weißen Schädeln bemalte Tür und frage Nima, ob wir da hineingehen können. Er sagt, er dürfe hineingehen, ich aber nicht. Der Raum beherbergt die Schutzgottheit des Tempels, und Frauen dürfen ihn nicht betreten. Der Gomchen fragt uns, ob wir uns wahrsagen lassen wollen. Nima nimmt ein Paar Würfel von einem Messingtablett, berührt damit seine Stirn und läßt sie dann fallen. Der Lama sucht in einem Buch die Antwort heraus und liest sie laut vor. Nima scheint mit der Antwort zufrieden zu sein. Jetzt bin ich an der Reihe. Ich nehme die Würfel in die Hand und sehe Nima fragend an. »Sie müssen sich etwas wünschen oder sich eine Frage stellen«, sagt er. Ich führe die Würfel an meine Stirn und lasse sie auf das Tablett fallen. Der Lama verliest die Antwort.

»Sie wünschen sich etwas sehr Schwieriges«, übersetzt Nima. »Es wird in Erfüllung gehen, aber anders, als Sie es erwarten.«

Als wir den Hügel wieder hinuntersteigen, verrät mir Nima, daß er eine Frage gestellt hat, die sich auf seine spirituelle Ausbildung in Indien bezog. »Die Antwort war sehr positiv. Ich weiß übrigens, was Sie sich gewünscht haben, Miss. Sie haben sich gewünscht, in Bhutan bleiben zu können, stimmt's?«

»So was ähnliches«, antworte ich. Von dem Gewirr an Wünschen und Fragen, die in meinem Kopf umherschwirrten, als ich die Würfel ergriff, ist allein Tshewangs Gesicht deutlich übriggeblieben.

Die Studenten haben Nachrichten über geplante Demonstrationen in Südbhutan. Arun fragt mich, ob ich meine, daß er ... gehen sollte ... in den Süden ..., um sich den anderen anzuschließen, den Demonstranten.

Ich verneine. Ich will nicht, daß er verletzt, niedergetrampelt, überfahren, verhaftet, entführt, zusammengeschlagen oder erschossen wird, daß man seinen Kopf abtrennt und in einen Sack steckt. Ich will nicht, daß er verschwindet. Ich will keinen einzigen von ihnen verlieren. Ich will, daß sie hierbleiben. Alle, die aus dem Norden und die aus dem Süden, die Kombination und den Widerspruch. Ich will, daß sie alle hierbleiben und einen letzten Versuch unternehmen, miteinander zu reden und den wirklichen Feind – gegenseitiges Mißtrauen und Rhetorik – zu bekämpfen, daß sie versuchen herauszufinden, was unter der Oberfläche der leeren Phrasen noch an Gemeinsamkeiten vorhanden ist.

Ein Vers aus dem buddhistischen Kanon kommt mir in den Sinn: Feindschaften lassen sich niemals durch Feindschaften beilegen, sondern nur durch Nicht-Feindschaft. Dies ist das ewige Gesetz.

Im »Kuensel« steht zu lesen, daß bewaffnete Antinationale in die Dörfer im Süden einfielen, Leute zusammentrieben und Frauen und Kinder zwangen, vor ihnen herzulaufen. Die Demonstranten seien gewalttätig geworden, berichtet die Zeitung, aber die bhutanischen Sicherheitskräfte hätten Anweisung gehabt, nicht zu schießen. Die Massen seien von überall her zu den Verwaltungszentren des Distrikts geströmt, hätten den Angestellten ihre Nationaltracht heruntergerissen und Akten verbrannt. Die Militanten hätten verlangt, daß der Zentralregierung Briefe mit ihren Forderungen überbracht wurden. Der Inhalt dieser Briefe wird nicht abgedruckt.

Arun hat sich den Demonstranten nicht angeschlossen. »Das hätte auf andere Weise gelöst werden können«, sagt er. »Wenn die Regierung sich doch nur anhören würde, was wir zu sagen haben. Warum sieht sie es als ein Verbrechen an, wenn wir erklären, daß wir etwas anderes wollen? Ich persönlich, Ma'am, will kein separates Land für die Südbhutaner, und meine Freunde wollen das auch nicht. Wir sind gebildet, wir wollen nur unser Recht. Wir möchten sagen dürfen, was wir wirklich wollen. Sein dürfen, wer wir sind. Wir gehören auch zu Bhutan, nicht wahr? Aber anscheinend können wir nur dann Bhutaner sein, wenn wir uns in sie verwandeln, und nicht einmal dann sind wir richtige Bhutaner. Vorher war es okay, als wir die

Nationaltracht nur in der Schule und bei offiziellen Anlässen tragen mußten. Einige meiner Freunde meinen, wir sollten überhaupt nicht zum Tragen der Nationaltracht verpflichtet sein, aber mir hat das nichts ausgemacht. Dann wurde sie gesetzlich vorgeschrieben, und seither ist sie mir zuwider. Und schauen Sie, wie sich die Dinge jetzt entwickelt haben. Ab jetzt werden sie sich vollkommen im Recht fühlen, und wir werden alle als Kriminelle abgestempelt werden.«

»Ich glaube noch immer, daß sich eine Lösung finden läßt, Arun.«

»Nein, Madam.« Seine Stimme klingt hart, bestimmt und sehr bitter. »Dieses Problem wird nie gelöst werden.«

Als er fort ist, schlüpfe ich in meine Schuhe und renne aus dem Haus, die Auffahrt hinter den Personalwohnungen hinauf zur Hauptstraße. Am Himmel ballen sich riesige schwarze Wolken zusammen. Ein Blitz reißt eine davon entzwei, und ich bin durchtränkt von Regen und Kummer. Ich habe Angst, Aruns Prophezeiung könnte sich als wahr erweisen. Ich stelle mich unter den Dachvorsprung eines Ladens und wische mir das Regenwasser und die Tränen aus dem Gesicht.

Bei einer Jam Session zum Schuljahrsende tanzen Tshewang und ich miteinander und setzen uns dann draußen hinter der Mensa auf eine Bank. Jedesmal, wenn drinnen die Musik verstummt, hören wir unten im Tal den stürmischen Winterwind heulen.

»Was wirst du in Kanada tun?« fragt er.

»Meine Familie und meine Freunde besuchen. In Buchläden gehen, ins Kino gehen, essen.«

»Vielleicht willst du dann gar nicht mehr zurückkommen.«

»Doch, werde ich.«

»Ich werde dich vermissen«, sagt er, ohne mich anzusehen. In dem fahlen gelben Licht der Glühbirne über uns mustere ich sein Profil und denke dabei, wie sehr ich ihn mag, seine Spontaneität, seinen Esprit und die Nachdenklichkeit, die sich dahinter verbirgt. Wenn ich ihn jetzt auffordern würde, mit in meine Wohnung zu kommen, würde er es mit Sicherheit tun. Die Last des Schweigens bringt mich fast um. Doch nur so kann ich sichergehen, daß ich die Kontrolle über mich bewahre. Ich beuge mich zu ihm hin und küsse ihn auf die Wange. »Auf Wiedersehen, Tshewang.« Er wendet mir sein Gesicht zu, und wir küssen uns nochmals, ein kurzer, scheuer, zutiefst beglückender Kuß. »Auf Wiedersehen, Miss.«

Als ich heimgehe, ist der Himmel sternenübersät und die Nacht von den winzigsten Geräuschen durchdrungen. Mein ganzes Ich ist von Sehnsucht erfüllt und von einem reinen, klaren Schmerz durchlaufen, ein dunkler, stiller Fluß, der über zerklüftete Steine fließt.

Rückkehr

Ein Hilux ist nach Tashigang geschickt worden, um die kanadischen Lehrer zu Beginn der Winterpause nach Thimphu zu bringen. Nachdem wir unser Gepäck in den Fond geladen haben, gehen wir ins Phunsum hinüber, um mit Karma eine letzte Tasse Tee zu trinken. »Heute nicht gut für Reisen«, sagt er zu uns. »Heute ist Begegnung von Neun Bösen Mächten. Besser, ihr fahrt erst morgen.«

»Genau dasselbe haben mir meine Studenten auch gesagt«, sage ich. Kevins Schüler und die Schüler aller anderen auch. Vor vielen Jahren, so erzählt man sich, begegneten sich an einer Kreuzung ein Mann und eine Frau. Ohne zu wissen, daß sie Bruder und Schwester waren, die in der Kindheit voneinander getrennt wurden, verliebten sie sich ineinander, und als sie ihr Liebesverhältnis vollzogen, wurden sie von den neun bösen Mächten befallen. Niemand konnte mir genau sagen, was unter diesen Mächten zu verstehen sei, aber alle hatten mir eindringlich geraten, zu Hause zu bleiben, um ihnen nicht zu begegnen. Wir sehen einander fragend an, aber Kevin meint, das käme nicht in Frage, wir müßten heute fahren und sollten uns nicht verrückt machen lassen. »Vielleicht lassen die neun bösen

Mächte *Phillingpa* in Ruhe«, sagt Kevin zu Karma, als wir in den Wagen steigen. Karma blickt zweifelnd drein.

Der Kleinbus verläßt ratternd die Stadt und gibt kurz hinter Tashigang den Geist auf. Der Fahrer springt hinaus, reißt die Motorhaube auf, haut auf irgendwas drauf, worauf der Motor stotternd wieder zum Leben erwacht. Dies passiert häufiger, als ich mitzählen mag, und so bringen wir einen Großteil des ersten Tages am Straßenrand sitzend zu, während der Fahrer fluchend unter der Motorhaube herumhämmert. Irgendwo zwischen Mongar und Bumthang, Stunden sowohl von der einen als auch der anderen Stadt entfernt, bleibt der Wagen mit einem Ruck stehen, und der Fahrer öffnet die Motorhaube, lugt hinein und haut sie wieder zu. »Nix zu machen«, sagt er. »Motor kaputt.« Wir sitzen fest. Ein vorbeifahrender Tieflader hält an, wir werfen unser Gepäck hinauf und klettern hinterher. Auch mit dem Motor des Tiefladers scheint etwas nicht zu stimmen, denn wir können nicht schneller als fünfzehn Stundenkilometer fahren. Wir geben ihm den Spitznamen Low-Lux. Keuchend und schnaufend kriecht er die endlosen Windungen zum Trumsing La hinauf. Der nebelverhangene, mit Schnee und schwarzem Eis bedeckte Paß bietet ein trostloses Bild. Hungrig und müde, in Schlafsäcke gewickelt, die uns in der beißenden Kälte wie Zellophanhüllen vorkommen, kauern wir uns aneinander. Ein Streit über den Gebrauch des Wortes »Scheiße« bricht aus: ob dieses Geschnatter auf der Ladefläche eines Scheißtiefladers in viertausend Meter über dem Scheißmeeresspiegel mit mindestens sechs weiteren Stunden in der Gesellschaft eines Haufens zimperlicher Scheißpauker eine Berechtigung dafür sei, dieses Wort in jedem Scheißsatz zu gebrauchen, und dann platzt ein Kerosinkanister auf und ergießt sich über das Gepäck. »Meine Seidenwebereien«, kreischt eine von uns. »Mein Daunenschlafsack!« brüllt ein anderer. Ein Dritter meint, das seien die Neun Mächte, worauf alle anderen erwidern, er solle sich nicht lächerlich machen, obwohl es genau das ist, was alle denken. Man hat uns gewarnt, warum haben wir nicht darauf gehört.

Ich schließe die Augen und denke an die bevorstehende Reise von Paro über Delhi über London nach Toronto. Bei dem

Gedanken, Bhutan zu verlassen, ist mir mulmig zumute. Ich habe Angst, die magischen Türen könnten hinter mir zuschnappen und ich stände auf der falschen Seite. Ich habe Angst, ich könnte den Rückweg nicht mehr finden. Das ist unsinnig, ich weiß: Ich habe meinen Vertrag um ein weiteres Jahr verlängert, ich habe ein Rückflugticket, ich habe ein Visum für Bhutan in meinem Paß, aber trotzdem.

Lorna hat ihren Vertrag ebenfalls verlängert. Ich frage sie, ob sie sich manchmal Gedanken macht, es könnte etwas geschehen, das eine Rückkehr unmöglich macht. Du spinnst, erwidert sie.

»Ich kann mir nicht vorstellen, wieder nach Hause zu gehen«, sage ich. »Hier Schluß zu machen und für immer fortzugehen, meine ich.«

»Aber du wirst irgendwann heimkehren müssen«, entgegnet Lorna. »Du kannst hier nicht ewig leben.«

Ich sehe nicht ein, warum das nicht gehen soll.

Als wir in Thimphu ankommen, erfahren wir, daß tatsächlich etwas vorgefallen ist: Der WUSC hat Bankrott angemeldet, und das Programm in Bhutan wird langsam auslaufen. Wir können zwar alle wieder zurückkommen und so lange hier arbeiten, bis unsere Verträge abgelaufen sind, aber neue Gastlehrer werden nicht mehr eingestellt.

Zu Hause ist alles glitzernd, poliert und unwirklich: Geschäfte mit Glasfronten, mit Lametta geschmückte Auslagen, die Gesichter der Menschen lauter glänzende Fassaden. In den Häusern der Leute werde ich von den vielen *Dingen* erschlagen. Einen Großteil der Unterhaltung bekomme ich nicht mit, weil mein staunender Blick dauernd zu dem Nippeskram schweift, der sich in den Regalen drängt, zu den mit Hunderten von Bildern, Postern, Kalendern, Uhren und Wandtellern bedeckten Wänden. Wohin ich auch schaue, überall ist irgendein *Ding* zu sehen. Meine Augen werden ständig abgelenkt. »Wie bitte?« frage ich dauernd. »Was sagtest du?«

Der Fernseher ist vollkommen verwirrend. Die Bilder kommen zu schnell aus dem Bildschirm herausgeschossen, Gesichter, Sätze, ganze Lebensläufe huschen vorbei, und ich lasse es geschehen; nach zehn Minuten Fernsehen brauche ich Stunden, bis ich wieder erholt bin. Im Haus meiner Tante ist das Gerät ständig an, und das ist unerträglich. Komm doch zum Abendessen, sagen sie. Also komme ich, und dann sitzen wir gemeinsam vor dem Kasten, unsere Teller auf den Knien, während mein Onkel von einem Kanal zum anderen zappt. Da kommt ja gar nichts, meint er, schaltet aber trotzdem nicht ab.

Draußen bringt mich der Verkehr aus der Fassung, das Gedränge, das Gehetze der Leute, Entschuldigung, Verzeihung, wollen Sie mit der Rolltreppe rauffahren, oder wollen Sie da nur rumstehen und mir den Weg versperren? Ein endloser Strom von Autos auf der Hauptstraße, alle fahren in dieselbe Richtung, in jedem nur eine einzige Person. Ich denke an all das verbrauchte Benzin, das ausgestoßene Kohlenmonoxid, das ausgegebene Geld, die sinnlose Verschwendung, ein Auto für eine Person. Als ich meiner Cousine vorschlage, mit dem Bus in die Innenstadt zu fahren, sieht sie mich entrüstet an. »Ich fahre doch nicht mit dem *Bus*«, sagt sie.

Die Unmenge von Geschäften ist überwältigend, die Vielzahl der Dinge, die gekauft und verkauft werden, Dinge, die die Leute gar nicht brauchen und nicht einmal heiß ersehnen, aber aus irgendeinem Grund haben müssen. Obwohl ich noch nie ein Volkswirtschaftsseminar besucht habe, besteht für mich nach meinen Erfahrungen in Bhutan kein Zweifel, daß diese Wirtschaft nicht gesund ist und es so nicht weitergehen kann. Sie ist völlig außer Kontrolle, und das Geschwafel der Politiker, das die Familie, die Demokratie und die kleindstädtischen Werte mit den anonymen Kräften des Allmächtigen Freien Marktes in Verbindung bringt, ist vollkommen absurd.

Ich tue nichts von dem, was ich zu tun gedachte – eine Kunstausstellung besuchen, ins Theater, in ein Dutzend Kinofilme gehen. Ich treffe mich mit Robert auf ein Bier; wie nicht anders zu erwarten, haben wir einander nicht viel zu sagen und sind froh, als unser Gläser leer sind und wir uns mit höflichen Wünschen für ein fröhliches Weihnachtsfest und ein glückliches Leben verabschieden können. Ich klappere pflichtgemäß meine Familie ab: den Vater in Toronto, die Mutter und den Großvater in Sault Sainte Marie und verschiedene andere Verwandte. Ich wache am Morgen erschlagen auf und wandere ums Haus herum, unfähig, richtig durchzuatmen. Draußen bläst mir die heiße, verbrauchte Luft aus den Lüftungsschlitzen ins Gesicht, und drinnen sind alle Fenster abgedichtet, damit der Winter nicht eindringen kann. Es fällt mir schwer, die Fragen, die mir meine Familie zu Bhutan stellt, zu beantworten. Ich wette, du bist froh, wieder hier zu sein, oder? Haben die Leute in der Dritten Welt Klopapier? Was zum Teufel benutzen sie dann? Hast du unser neues Auto / Wasserbett / Porzellan / Regal mit dalmatinischem Wein / unseren neuen elektrischen Dosenöffner schon gesehen? Gibt es da drüben so was zu kaufen? Was machst du in deiner Freizeit? Danke für die Fotos, die du uns geschickt hast, mein Gott, was sind die Leute dort arm, oder nicht? Da bist du sicher froh, daß du hier geboren bist, oder? Da weißt du doch zu schätzen, was du hast, nicht wahr?

Ich komme mir von Grund auf verändert vor, so wie sich Odysseus' Schiff Stück für Stück veränderte, bis schließlich sämtliche Teile neu waren. Es verblüfft mich, daß die Leute hier nach zwei Jahren immer noch über dieselben Dinge reden, diese Tante noch immer nicht mit jener Nichte spricht, jene Nichte noch immer auf ein Segelschiff spart, Cousin Bill und seine Frau an diesen neuen, in Florida eröffneten Strand zu reisen gedenken, mal woandershin; wir haben dieses neueröffnete Einkaufszentrum in Edmonton besucht, das größte Einkaufszentrum der Welt, die haben da alles, was man sich nur vorstellen kann, Hotels, Schwimmbäder, Eislaufbahnen, es gibt nichts, was sie nicht haben; Mary hat geheiratet, und du hättest ihr Kleid sehen sollen, das hat sie um die viertausend Dollar gekostet, und die ganze Hochzeitsfeier dürfte die beiden fünfzehn-, zwanzigtausend Dollar ärmer gemacht haben, aber was soll's, sein Alter hat ja Zaster.

Die Leute reagieren unterschiedlich, wenn ich ihnen sage, daß ich Buddhistin geworden bin. Ein paar Freunde drücken Besorgnis aus, fragen mich, ob ich diesen Bhutan-Kram nicht ein wenig übertreibe; mein Bruder zeigt sich interessiert und leiht sich meine Dharma-Bücher aus, meine Eltern akzeptieren es, wenn meine Mutter auch ein wenig betrübt dreinschaut. Mein Großvater jedoch lehnt es rundweg ab. »Du solltest lieber keine Buddhistin werden«, sagt er jedesmal, wenn das Thema Religion zur Sprache kommt.

»Es ist mehr eine Philosophie als eine Religion«, erwidere ich. »Der Buddhismus hat die gleichen ethischen Grundsätze wie das Christentum. Er ist nicht so fremdartig, wie du denkst.«

Er sagt, er wolle nichts davon hören.

Die Leute sind ständig am Jammern. Die Regierung hat dies, die Regierung hat das, die hohen Kosten von allem, Inflation, Arbeitslosigkeit, Steuern. Vor fünf Minuten erzählten sie mir noch, wie glücklich wir uns schätzen könnten, hier geboren worden zu sein, wir hätten so viel, wir sollten dankbar sein, aber sie sind es nicht. Womit könnte man euch glücklich machen, möchte ich fragen, aber ich glaube, sie wüßten es nicht. Eine kleine Prise Buddhismus könnte hier einiges bewirken.

Ein Freund erzählt mir, wie schrecklich seine Mutter sei, sie verstehe ihn einfach nicht, sie versuche gar nicht, sich mit ihm auszutauschen. Ständig verlange sie etwas von ihm, das er nicht geben könne. Sie nehme ihn nie in den Arm. »Aber deine Mutter ist siebzig«, entgegne ich. »Sie gehört einer ganz anderen Generation an. Damals war es nicht üblich, sich zu umarmen.«

Nein, das meine er nicht, sagt er. Nicht, daß sie ihn nicht liebe, nicht, daß sie ihn beschimpfe oder schlecht behandle, nicht, daß sie Alkoholikerin oder so was sei. Was ist es denn, frage ich. Ich sehe es aus bhutanischer Sicht: Deine Mutter zieht dich auf, sie tut ihr Bestes, sie ist nicht vollkommen, aber ein Kind aufzuziehen, ist nicht leicht, und ihre Fehler sind ebenso auf mangelndes Wissen zurückzuführen wie deine eigenen. Doch als ich das ausspreche, klingt es hoffnungslos antiquiert und falsch, und mein Freund sieht mich eigenartig an und wechselt das Thema.

Ich bin entsetzt über die maßlosen Ansprüche, lächerlichen Einwände und das ewige »warum sollte ich«. Warum sollte ich einen ganzen Samstag nachmittag opfern, um ihr beim Umzug zu helfen, wenn sie Möbelpacker anheuern kann. Warum sollte ich seine Katze versorgen. Warum sollte ich ihr die Hälfte der

Möbel geben. In Bhutan hat es mich oft frustriert, daß man keine Fragen stellte, fühlte ich mich durch den strengen Sittenkodex oft eingeengt. In Bhutan sollte man das und das tun, weil alle anderen es auch tun. Man sollte es tun, weil man es schon immer so getan hat. Man sollte es tun, denn wenn man es nicht tut, wird man kritisiert, vielleicht sogar geächtet, und Ächtung ist in einem Dorf gefährlich. Hier fühle ich mich gleichermaßen frustriert wegen des Gejammers und der Selbstbezogenheit. Ich sehe die Vorteile der bhutanischen Denkart, den Zusammenhalt, den sie erzeugt, und das soziale Netz, aber ich sehe auch die Nachteile, die Angst vor kritischen Fragen, die Unbeweglichkeit, die jede Kreativität erstickt.

Genauso ergeht es mir in puncto Privatsphäre. In mancherlei Hinsicht ist es eine Erleichterung, die Yonge Street entlanggehen zu können, ohne daß eine Menschenseele hier weiß, wer du bist, und dich einer fragt, wohin du gehst und weshalb, und wann du zurückkommen wirst. Aber es ist auch erschreckend. Wenn irgend etwas passierte, wenn ich überfallen würde oder plötzlich vor diesem Schuhgeschäft hier ohnmächtig würde, würden die Leute dann einfach weitergehen, mit starr in die Ferne gerichtetem Blick? In Bhutan hat mich die fehlende Privatsphäre oft rasend gemacht, aber ich fühlte mich immer geborgen. In Bhutan können keine Massenmörder ihr Unwesen treiben: Die Menschen leben zu eng beieinander, ihr Leben ist zu dicht mit dem der anderen verwoben, als daß sich solche Greuel unbemerkt und ungehindert entwickeln könnten.

Ich habe den Eindruck, daß die beiden Welten in vielerlei Hinsicht Extreme verkörpern. Extremen Individualismus und extreme soziale Anpassung. Extreme Zurückgezogenheit und extrem enges Zusammenleben. Auf der einen Seite eine Gesellschaft mit zu vielen Freiheiten, auf der anderen zu viele Zwänge. Mein kanadischer Freund, der sich vage beklagt, daß seine Mutter ihn nicht verstehe, und eine meiner Schülerinnen, die schluchzend das College und ihren ruhigen, künstlerisch begabten Freund verläßt, um einen grobschlächtigen, herrischen, zwanzig Jahre älteren Mann zu heiraten, weil ihre Eltern es befahlen und sie ihnen nicht zu widersprechen wagt. Ich frage mich, wo auf der Erde das Ideal verwirklicht werden könnte, ein Mittelweg, ein ausgewogenes Verhältnis zwischen Individualität und Verantwortung der größeren Gemeinschaft gegenüber. Theoretisch sehr wohl vorstellbar, aber ich habe nicht die leiseste Ahnung, wo das möglich wäre.

Was mir von Bhutan am meisten gefällt, ist, daß das tägliche Leben noch immer einen Sinn ergibt. Es läuft noch immer in einem kleinen, nachvollziehbaren Rahmen ab. Ein kleiner Hof mit ein paar Kühen, ein paar Hühnern, einem Gemüsegarten, ein paar zum Verkauf bestimmten landwirtschaftlichen Erzeugnissen, und die Familie hat eine Bleibe und zu essen. Die Bergwälder sind noch intakt, was bedeutet, daß es wenige Überschwemmungen, wenig Bodenerosion gibt und für die geringe Einwohnerzahl genügend Bau- und Brennholz. Kleine Veränderungen haben noch eine große Wirkung: eine Wasserleitung, die sauberes Wasser ins Dorf hinableitet, eine Gesundheitsstation, die Impfungen und Schwangerschaftsfürsorge anbietet.

Wenn ich manchmal ein typisch bhutanisches Dorf beschreibe, seufzen die Leute und sagen: oh, wie idyllisch. Sie wollen an das Bhutan glauben, an das ich einst glaubte, an eine im Nebel der Vergangenheit verlorene Welt, das Märchenland, das auch ich mir beim Betrachten der Schwarzweißfotos in der Bibliothek vor zwei Jahren vorstellte. Aber im Märchen gibt es keine Dörfer ohne sauberes Trinkwasser oder vierjährige Kinder, die an Ruhr oder Tuberkulose sterben. So was wollen die Leute nicht hören. Genausowenig wollen sie meine Kritik am kanadischen Lebensstil hören. Jeder von ihnen wünscht sich eine saubere, einfachere, sicherere, gesündere Welt, aber keiner will etwas aufgeben. Keiner will mit dem Bus fahren.

Mein Großvater ist bestürzt, weil ich wieder zurückgehen will. »Du kannst mir nicht weismachen, daß das Leben da drüben besser ist«, sagt er. »Ich habe schließlich die Bilder gesehen, die du geschickt hast.«

»Aber in *mancherlei* Hinsicht ist es besser«, sage ich. Es ist sicherer, es ist kleiner, es ist realer.

»Die haben doch nichts«, sagt er.

»Sie haben alles, was sie brauchen.«

Er schüttelt den Kopf. »Ich verstehe einfach nicht, warum du zurückgehen willst«, sagt er. »Schließlich bringt dir das doch gar nichts ein.«

Selbst meinen Freunden kann ich mich schwer verständlich machen. Sie reden über ihre Arbeit, ihre Pläne, Universitätskonferenzen, die Kontroverse im Seminar. Ich höre der Unterhaltung höflich zu, und wenn ich an die Reihe komme, von Bhutan zu erzählen, von meiner Arbeit und meinen Studenten, sage ich entweder zuviel oder nicht genug, und ich kann meine Liebe für das Land und wie sehr es mich verändert hat, nicht erklären. Alle wirken schroff, ungeduldig, aggressiv, zynisch, überall sehe ich hochgezogene Augenbrauen und ein süffisantes Lächeln.

Ich komme mir so langsam vor. Ich denke langsam, ich rede langsam, ich reagiere langsam. In dem Wirrwarr und Gehetze um mich her bin ich besonnener als früher. Die Besonnenheit hat sich unmerklich, aber beständig entwickelt, was vielleicht mehr auf meine gemächliche, karge Umgebung in Kanglung als auf eigenes Bemühen zurückzuführen ist. Ich spüre, daß sie hier ohne regelmäßige tägliche Praxis schnell wieder verfliegen würde.

Von jedem Fenster suchen meine Augen den Horizont ab: graue Stadt, frostiger Himmel, Schornsteine, aus denen gelber Rauch quillt. Ich schließe die Augen und sehe die Berge, die ich von meinem Fenster in Kanglung aus betrachten kann, das erste blasse, ins Tal fallende Licht, einen um einen Tschörten kreisenden Raben. Als ich die Tage zähle, bis ich wieder heimfahren kann, sind es mir zu viele. Also rufe ich die Fluggesellschaft an und verlege mein Rückflugdatum vor.

Auf der Rückreise, durch Transithallen und Sicherheitskontrollen von Toronto nach Indien und dann in die tiefen, bewaldeten Täler Bhutans hinein, scheint die Welt kleiner geworden zu sein. Hier sind die Berge in ihrem bleichen Wintergewand, die sich noch immer gen Himmel recken, die ruhigen Straßen von Thimphu, die stillen Felder und Wälder, die Gebetsfahnen, die in einer Luft flattern, die nach Kiefern im Sonnenlicht riecht, und die getrockneten roten Chilischoten, die an Schnüren von den Dachtraufen der Lehm- und Holzhäuser hängen, hier sind die mit Holzschindeln gedeckten, mit weißen Flußsteinen beschwerten Dächer, hier sind die Heuhaufen, die Kuhherden und die Rufe der Krähen, hier bin ich, wieder daheim, daheim.

Im Gästehaus in Thimphu packe ich aus, gehe Vorräte einkaufen, die ich nach Kanglung mitnehmen will, trinke in der Schweizer Bäckerei starken, bitteren Kaffee und schreibe mein Tagebuch. Eines Morgens verfärbt sich der Himmel milchig weiß, und dann kommen dicke, klumpige Schneeflocken heruntergerieselt. Am frühen Abend ist die Stadt geisterhaft weiß, und eine harte, schmale Mondsichel hängt in dem blassen Winterhimmel. Als ich ins Gästehaus zurückkehre, treffe ich in der Küche zu meiner Überraschung eine Amerikanerin an, die sich gerade Teewasser kocht. Ihr Name ist Julie, und sie ist hier, um ihren Cousin zu besuchen, einen in Thimphu arbeitenden Ingenieur. Wir setzen uns vor den Elektroofen, beobachten den sich über unseren Tassen kräuselnden Dampf, und ich erzähle ihr von meiner Reise nach Kanada.

»Ich kann verstehen, daß du dich dort fehl am Platz gefühlt hast«, sagt sie. »Hier ist alles so schön still. Nach zwei Jahren muß das ein richtiger Schock gewesen sein.«

Es dauert lange, bis ich die richtigen Worte finde, sie ordnen und die ganze Geschichte erzählen kann. Es ist nicht nur dies oder das, die Berge, die Menschen, es ist die Art, wie ich hier sein und leben kann, die Freiheit, ohne Angst in die unendliche dunkle Nacht hineinlaufen zu können. Es sind hunderttausend verschiedene Dinge, und es wird mir nie gelingen, sämtliche Zusammenhänge und Einflüsse zu erkennen, die Schatten, das Echo und die geheimen Beziehungen zwischen ihnen.

Tags darauf schmilzt der Schnee, und überall in dem grellen Licht tröpfelt Wasser. Julie fragt mich, ob ich sie zu einem Kloster am Nordende des Thimphu-Tales begleiten will. Wir fahren in einem Taxi hinaus, am Dzong und dem ummauerten Dechencholing-Palast vorbei, um den Fuß eines Berges herum bis zum Ende der Autostraße, wo wir uns am Flußufer unterhalb der Klippe, auf der das Cheri-Kloster thront, auf einem Felsen niederlassen. Die Sonne taut unsere steifgefrorenen Finger auf, und auf einem Eichenbaum ruft ein Rabe seinem Weibchen etwas zu. Diese Stelle habe etwas Magisches, meint Julie, sie erinnere sie an einen Platz aus ihrer Kindheit, wo sie immer hinging, um sich etwas zu wünschen. Wir versuchen herauszufinden, woran das liegt: daran, daß die Straße hier aufhört; an dem türkisfarbenen Fluß; an dem schmalen, durch bewaldete Täler zu den verschneiten Gipfeln im Norden führenden Pfad; an dem in die Bergwand gebauten Tempel; an der tiefen, vollkommenen Stille der Felsen, der Erde und der Bäume. Ich hebe einen kleinen blauen Stein auf und mustere ihn lächelnd. »Ich möchte in Bhutan bleiben«, sage ich, und sehe dabei ganz deutlich Tshewangs Gesicht vor mir.

»Wirklich?« fragt Julie. »Hältst du das für möglich? Ich meine ...« Sie holt tief Luft. »Hör mal, Jamie, ich hoffe, du nimmst es mir nicht übel, wenn ich das sage, aber ich glaube nicht, daß das ein weiser Wunsch ist. Zum einen wirst du niemals richtig hierhergehören. Selbst wenn du einen Bhutaner heiraten würdest, selbst wenn du jahrzehntelang hierbleiben würdest. Es wird niemals deine Heimat sein, wenn du verstehst, was ich meine.«

Tue ich nicht. »Es ist für mich jetzt schon eine Heimat«, sage ich.

»Na ja, es kommt dir vielleicht so vor, und ich weiß, ich bin erst seit ein paar Wochen hier, du hingegen seit zwei Jahren, aber ich könnte mir vorstellen, daß es schwer ist, zu diesem Land zu gehören, ich meine, richtig dazuzugehören. Ich glaube, um hier leben zu können, müßtest du dich von Grund auf verändern.«

»Es wandern ständig Menschen in andere Länder aus«, sage ich. »Sie lassen ihre Heimatländer, ihre Identität zurück, sie packen alles zusammen und fangen in fernen Ländern ein neues Leben an. Das geschieht jeden Tag. Sie ziehen hinaus aus ihrem Haus in die Heimatlosigkeit, wie alle Kinder des Buddha es tun«, zitiere ich aus einem buddhistischen Gebet.

»Nein«, sagt sie. »Hierher wandern keine Leute aus. Zumindest habe ich das noch nicht gehört. Was du jetzt empfindest –

na ja, ich kann verstehen, was du jetzt empfindest, weil es hier so schön ist und so anders als dort, wo du herkommst, aber dieses Gefühl wird nicht anhalten, und dann ...«

»Warum sollte es nicht anhalten?«

»Wie sollte es das?« sagt sie. »Eines Tages wirst du aufwachen und dich fragen, was du hier tust. Wünsch dir nicht, ewig hierzubleiben. Wenn das, was du mir über die buddhistische Lehre erzählt hast, richtig ist, solltest du dich nicht daran klammern wollen, stimmt's? Du solltest es genießen und es dann loslassen. Ich weiß, du hast mich nicht um Rat gefragt, aber es liegt mir so auf dem Herzen, daß ich es dir einfach sagen muß.«

Sie mag ja recht haben, das kann ich mit einem anderen Teil meiner selbst sehen; von einem fernen Ort in der Zukunft aus kann ich zurückblickend vielleicht hören, daß sie mir einen sehr vernünftigen Rat gibt. Unglücklicherweise oder glücklicherweise, das weiß ich in diesem Moment nicht zu entscheiden, kann ich ihrem Rat jedoch nicht folgen. Ich schließe die Augen, werfe meinen Stein und wünsche mir, was ich mir wünschen wollte.

Liebe

Jede Landschaft reflektiert einen Seelenzustand.

H.F. Amiel, Tagebücher

Liebe ist ein triftiger Grund

Durch den Milchglashimmel schimmert ein verschwommener Sonnenball. Ein hauchzarter bläulicher Dunst, an Holzrauch erinnernd, liegt über Kanglung. Die kahlen Äste der Bäume zittern in der Kälte; die Erde ist rostbraun, verbrannt vom Frost. Meine Gepäckstücke liegen halb ausgepackt auf dem Fußboden meines Wohnzimmers. Auf dem Altar sind Geschenke für verschiedene Leute aufgestapelt, Zeitschriften und Bücher für meine Schüler, Schokolade und Zeitungen für die Kanadier, die nicht heimgefahren sind. Vor einer Woche bin ich in Kanglung angekommen, voller Freude, wieder zu Hause zu sein. Und jetzt heule ich in eine Tasse schwarzen Tees hinein. Ich weiß nicht, warum ich zurückgekehrt bin. Ich weiß nicht, wohin ich gehöre. Ich weiß nicht, was ich machen soll.

Ich bin zurückgekehrt, weil ich von diesen Bergen noch nicht genug habe. Weil ich mit Bhutan noch nicht abgeschlossen habe. Weil Bhutan mit mir noch nicht abgeschlossen hat. Weil ich unter einem Zauberbann stehe. Weil ich verliebt bin.

Heute habe ich meinen Stundenplan abgeholt. Dieses Jahr werde ich Tshewang unterrichten. Eigentlich hätte mich das nicht überraschen sollen, doch als ich seinen Namen auf der Liste erblickte, bin ich trotzdem erschrocken. Ich will ihn nicht in meiner Klasse haben. Bis jetzt war da dieser kleine, unbestimmte, unsichere Freiraum. Ein Verhältnis miteinander zu haben, wäre schwierig, aber nicht unmöglich gewesen. Jetzt ist das undenkbar. Trotzdem denke ich immer noch daran.

Ich trinke den kalten, bitteren Tee aus und ziehe mir einen Pullover über. Vor den Collegetoren beginne ich langsam bergan zu laufen, stampfe mühsam auf dem Asphalt die Steigung hinauf. Ich renne, bis ich in den Lungen ein Stechen verspüre, dann laufe ich schwankend zurück.

Zu Hause schrubbe ich die verdreckten Fußböden mit einem scharfen Gemisch aus heißem Wasser und Kerosin. Ich schleppe Matratzen und Steppdecken nach draußen, wo ich sie zum Lüften über Stühle lege. Mrs. Chatterji, die lesend auf dem Balkon in einem Rohrsessel sitzt, winkt mir zu. Ich gehe mir im Collegeladen drei Dosen Farbe und einen Pinsel kaufen und streiche in Wohn- und Schlafzimmer die Wände. Ich verrücke die Diwane, den Schreibtisch, räume die Bücher im Regal um.

Ich miste Stapel von Heften, Papieren und Fotos aus. Ich verbrenne Schachteln mit alten Briefen. Ich mache mir einen Unterrichtsplan für meinen ersten Kurs über William Blake. Ich gehe zu einer Kollegenparty und strenge mich mächtig an, mit Mr. Matthew ein Gespräch zu führen. Hier gehöre ich hin, in das Personalzimmer, wo ich mich mit Kollegen unterhalten kann. Ich bin zur Vernunft gekommen.

Bis spät in die Nacht hinein lese ich in einem Sachbuch über die Geschichte der englischen Sprache. Ich mache das Licht aus, doch meine Sinne spielen mir einen Streich. Ich ziehe mir die Decken über den Kopf, wälze mich unruhig hin und her. Ich will ihn sehen, will mit ihm reden. Ich will ihn lachen hören. Ich will, ich will, ich will. Ich meditiere über den Kreislauf von Begierde, endlosen Wünschen und irdischer Verhaftung, der uns zu unrechter Anschauung, unrechter Rede und unrechtem Handeln führt, und das schlechte Karma, das dadurch erzeugt wird. Ich meditiere über den Körper, zerlege ihn in Knochen, Haare und Fett, *alle Daseinsformen sind vergänglich.* Ich meditiere über die Gewißheit des Todes. Schließlich schlafe ich ein, leer, wunschlos, frei.

Als ich am nächsten Morgen erwache, habe ich seinen Namen im Kopf. Tshewang. Das bedeutet Lebensenergie. Unter lautem Geflatter läßt sich eine Krähe in der Kiefer vor meinem Fenster nieder, betrachtet mit ihren schwarzen Knopfaugen neugierig die Welt, schwingt sich dann mühelos in die Lüfte, und ich sehe ihr nach, wie sie auf die Berge am anderen Ende des Tals zufliegt, scharfe Silhouetten im kalten Nordlicht. Ich bin wie angewurzelt, gefangen. Ich vermag diesen Hunger, diese Hoffnung nicht auszulöschen. *Wenn jemand begehrt, was er nicht besitzen kann, ist die Verzweiflung sein ewiges Schicksal.*

Er erscheint nicht zur ersten Unterrichtsstunde. Als ich vorne im Klassenzimmer stehe und langsam und bedächtig ein x neben seinen Namen male, weiß ich nicht, ob das, was ich empfinde, Erleichterung oder grenzenlose Enttäuschung ist.

Statt dessen kommt er zu meiner Wohnung, kurz vor Einbruch der Dunkelheit. »Komm rein, Tshewang«, stammle ich. »Schön, dich zu sehen, nimm doch da drüben Platz, rück das Zeug beiseite, ja genau, schieb's einfach rüber – möchtest du einen, einen Kaffee? Tee? Zitronenlimonade? Hab ich dir schon gesagt, daß ich dir ein paar Bücher mitgebracht habe? Wo stecken die bloß in diesem Durcheinander ...«

»Miss«, sagt er mit schwacher, erstickter Stimme. »Ich kann so nicht weitermachen.«

Ich auch nicht. Ich werde nach Kanada zurückgehen müssen. Es gibt keine andere Wahl. »Tshewang, das ist alles meine Schuld. Ich hätte ...«

»Miss«, sagt er so laut, daß ich zusammenzucke. »Hör zu. Hör nur zu.« Sein Blick ist starr auf den Ärmelaufschlag seines Khos gerichtet. »Ich liebe dich.«

Ich möchte am liebsten losheulen.

»Und?« fragt er mit kaum hörbarer Stimme. »Habe ich jetzt alles kaputtgemacht?«

»Nein. Nein.« Ich setze mich neben ihn und ergreife seine Hand. Beide zittern wir. Ich sage ihm, daß ich seit ich weiß nicht wann in ihn verliebt bin, daß ich alles versucht habe, es nicht zu sein, es aber trotzdem bin. Er nickt und drückt meine Hand.

»Aber wir können nirgendwohin. Wir können einander nicht sehen, wir können nicht zusammensein. Wir – wir sitzen hier einfach fest. Wir können kein Verhältnis miteinander haben.«

»Wir haben bereits ein Verhältnis miteinander.«

»Aber weiter darf es nicht gehen. Ich meine, wir können nicht miteinander schlafen«

»Oh«, sagt er. »Nein. Das war mir klar.« Er geht ans Fenster und zieht den Vorhang über den Spalt, durch den die Nacht hereinscheint. »Aber, Miss?«

»Ja?«

»Es hängt von dir ab. Das habe ich schon einmal gesagt. Ich werde alles akzeptieren, was du sagst. Aber offen gestanden sehe ich nicht ein, warum es nicht gehen sollte.« Er lächelt verschmitzt. »Von all den ersichtlichen Gründen mal abgesehen.«

»Diese ersichtlichen Gründe sind ziemlich schwerwiegend, Tshewang.«

»Schön möglich«, sagt er gedehnt. »Aber Liebe ist auch ein triftiger Grund.«

»Ist es dir egal, daß ich deine Englischdozentin bin? Und eine Ausländerin? Ist es dir egal, was geschehen könnte? Sag bloß nicht, das sei dir egal – das macht mich verrückt. Das ist einfach nicht wahr.«

»Natürlich nicht«, entgegnet er heftig. »Natürlich ist es mir nicht egal. Ich wünschte, du wärst die Tochter des Ladenbesitzers unten an der Straße, aber das bist du nicht. Was soll man also machen.«

Ich könnte sagen, wir sollten gar nichts machten. Es sei zu riskant, zu kompliziert. Ich könnte sagen, das sei ein großer Fehler, das würde niemals gutgehen, und wir würden es irgendwann bereuen, also laß uns jetzt umkehren. Doch ich bin es leid, mir etwas vorzumachen und mit mir zu kämpfen. Hinter all meinen Bemühungen, mich loszulösen, war diese seltsame, brennende, beharrliche Zuneigung. Es hat mich immer weitaus mehr zu Tshewang hingezogen, als daß ich ihn je loslassen wollte.

Ich redete mir ein, aus moralischen Gründen zu widerstehen, doch in Wirklichkeit widerstehe ich aus Angst. Meine Zeit in Bhutan – genauer gesagt meine ganze Reise, von dem Tag an, da ich den Namen zum erstenmal in der Zeitung las, bis zu diesem Augenblick – ist ein Zugehen auf diese Ränder, diese Grate und Höhen gewesen, wo ich vom Wind durchgerüttelt werde und von der Aussicht benommen bin, von den Risiken und den Möglichkeiten, die dort gegeben sind und die ich in meinem Leben für undenkbar gehalten hätte. Wo ich erstaunt darüber bin, so hoch hinaufgekommen zu sein – wie in aller Welt bin ich so hoch hinaufgekommen? –, wo eine Stimme mir zuflüstert: *spring*, während eine andere schreit: *tu's nicht*. Wo ich kehrtmachen und hinabsteigen könnte auf festeren Boden oder mich über den Rand stürzen könnte – *wohin?* Was ist dort draußen, was *ist* es, hinter dieser letzten sicheren Stufe, an der ich nun stehe, vor dem ich solche Angst habe? Da wird mir bewußt, daß es nur mein eigenes Leben ist, vor dem ich Angst habe, und an jedem hohen Punkt habe ich die Möglichkeit, mich hineinzustürzen oder wieder zurückzugehen.

Bei dieser Erkenntnis fange ich an zu schluchzen, und Tshewang erschrickt, versucht mich zu beruhigen – sch, sch, es tue ihm leid, er werde jetzt gehen, doch ich sage ihm, bleib, das ist es ja gar nicht. Er nimmt mich in die Arme, und ich weine in seinen Kho, bis von den Tränen eine dunkle Pfütze in der Wolle ist, bis ich ermattet und leichter bin als Luft. Und dann ergreife ich seine Hand und führe ihn aus dem Wohnzimmer in den Flur, wo wir stehenbleiben und uns küssen, und mir ist, als flögen auf meiner Haut Millionen winziger Fenster auf. Wir blicken ins Schlafzimmer. »Nicht hier«, flüstert Tshewang und zieht die Matratze und die Decke vom Bett und ins Eßzimmer hinein, dessen einziges Fenster leicht mit einem Tuch abzudecken ist. Er zündet einen Kerzenstummel an und stellt ihn auf den Fußboden unter dem Tisch. Die Schatten wachsen und schrumpfen in wildem Wechsel, und dann brennt die Flamme ruhig, und das Zimmer wird still. Einen peinlichen Moment lang stehen wir nebeneinander und starren hinunter auf das Lager. Der einzige Ausweg ist, uns so schnell wie möglich alle Kleider auszuziehen. Als wir erst einmal nackt sind, ist jede weitere Scheu unmöglich, und wir kuscheln uns auf der Matratze neben der Kerze aneinander, eingemummelt in die Decke, flüsternd. Draußen hat die Nacht sich herabgesenkt, und wir sind von einer tiefen, dunklen Stille umfangen. Er ist ein glühender, leidenschaftlicher Liebhaber, völlig ungehemmt. Es ist, als seien wir schon seit Jahren zusammen. Ich fühle mich völlig ausgezogen, und das nicht nur bis auf die Haut.

»Tshewang, da ist etwas, das ich dir sagen muß.«

»Hmmm?«

»Du mußt endlich aufhören, mich mit ›Miss‹ anzureden.«

Er schüttelt sich vor Lachen. »Ist dir Ma'am lieber? Soll ich dich damit anreden?«

Ich drücke mein Gesicht in die Decke und lache. Ich bin hier in Sicherheit, mit ihm; mitten im größten Risiko, das ich je eingegangen bin, bin ich in Sicherheit. »Jamie«, sagt er. »Wie wär's damit?« Es gefällt mir, wie der Name auf seiner Zunge in zwei klare, gleichmäßig betonte Silben zerfällt. »Paß auf, daß ich nicht einschlafe«, sagt er. »Bevor es hell wird, muß ich gehen.« Aber wir dösen beide ein, und als wir erwachen, dringen Tagesgeräusche von draußen herein: ein Besen, der über Betontreppen fegt, Fenster, die im Stockwerk über uns geöffnet werden, Miss Dorling, die im Vorbeigehen ihren zwei kläffenden, japsenden Hunden etwas zumurmelt. Es ist mir ein Rätsel, wie er jetzt unbemerkt hinauskommen soll. Er hängt ein Handtuch vor das Küchenfenster und macht uns süßen Tee, den wir aus einem Becher trinken. Als ich ihn frage, ob er Toast möchte, schaut er mich so entgeistert an, als hätte ich ihm gerade etwas Abnormales angeboten, Schnürsenkel oder Tischtennisbälle zum Frühstück. Er sagt, er werde bei Pala Reis essen, danke. Ich sehe ihm beim Anziehen zu, wie er seinen Kho anlegt, eine Seite über die andere schlägt, die Nähte ausrichtet, den Saum kontrolliert. Dann zieht er den Kho an beiden Seiten bis zu den Knien hoch und faltet die Seitenteile säuberlich nach hinten. Mit der einen Hand hält er die Falten fest, damit sie nicht verrutschen, mit der anderen bindet er sich den Gürtel um.

»Wie sehe ich aus?« fragt er, sich die Haare glattstreichend. »Schuldbewußt?«

»Nein«, entgegne ich lachend. »Fühlst du dich so?«

»Nein, ich fühle mich glücklich.«

Ich gehe zur Hintertür, um ihn hinauszulassen, aber er steuert auf das Wohnzimmer zu. »Tshewang, du willst doch nicht etwa vorne raus!«

»Keiner kann wissen, ob ich nicht eben vorbeigekommen bin, um mir ein Buch auszuleihen«, sagt er und schnappt sich eins vom Regal. Ein letzter Kuß hinter der Tür, dann reiße ich sie auf. Schlagartig sind wir voneinander getrennt, er steht draußen auf der Treppe, ich drinnen, im Schatten des Türrahmens. Ich bin schockiert von dem Sonnenlicht, den schimmernden Bäumen, Blumen, Stimmen, der ganzen wachen Alltagswelt unter uns. Sie ist noch genauso wie gestern, doch es kommt mir vor, als sähe ich sie aus einem gefährlichen Winkel. Mit wild klopfendem Herzen frage ich mich, ob ich alles bereuen werde. »Danke, Miss«, sagt er laut, förmlich, und hat sich schon wieder in Tshewang, den korrekten Studenten, verwandelt. Er hebt das Buch in die Höhe. »Damit komme ich bei meinem Aufsatz bestimmt weiter.«

»O ja, bestimmt«, sage ich und beiße mir auf die Lippe. Dann schaut er zum erstenmal auf den Buchdeckel, wirft den Kopf in den Nacken und lacht. Ich liebe ihn. Ich bereue nichts. Er schlendert davon und steckt sich »Rezepte für einen kleinen Planeten« in den Kho. Ich schließe die Tür und lehne mich dagegen, spüre das Holz an meinem Rücken, das durch meine Adern pulsierende Blut, die Wärme in meinen Händen und den Hauch seines letzten Kusses.

Energie ist ewiges Entzücken.

Geheimnis in Ostbhutan

Nach elf Uhr nachts schleicht er sich von seinem Zimmer im Wohnheim auf Umwegen über den Campus. Er muß Studenten aus dem Weg gehen, die spätabends von Pala zurückkommen, dem Wohnheimaufseher, dem Nachtwächter, Häusern, in denen noch Licht brennt, sowie den Hunden. Die Hunde seien das schlimmste, sagt er, und wir sind froh, wenn es regnet, weil die Hunde sich dann unter die Wohnheimdächer verziehen und er im Schutz der schwarzen Regenwände die Straße hinunter zu meiner Wohnung sprinten kann. Wir gehen ins Eßzimmer, das jetzt unser Zimmer ist, und legen uns dort auf die Matratze auf dem Boden, neben der brennenden Kerze unter dem Tisch. Manchmal schleicht er sich vor dem Morgengrauen in sein Zimmer zurück, schlüpft aus der Hintertür in die weite Nacht hinaus, aber oft bleibt er bis zum Morgen und spaziert dann, ein Buch oder einen Stapel Papiere in der Hand, zur Haustür hinaus. Ich bin entsetzt über seine Dreistigkeit, doch keiner scheint etwas zu merken. »Es kommen doch ständig Leute zu dir«, sagt er. »Nur wenn ich mich aus deiner Hintertür stehle, werden die Leute mißtrauisch werden. Indem ich wie alle anderen vorne rausgehe, kann ich sie überlisten.«

Oft liegen wir bis zum Morgengrauen wach. Ich falle in einen unruhigen Halbschlaf und wache alle zwanzig Minuten auf, um zu schauen, wie das Licht sich verändert hat. Mein Unterricht fängt um neun Uhr an. Ich schüttele ihn wach, doch er vergräbt sich schlaftrunken tiefer in die Decke. Oftmals gehe ich in den Unterricht, während er sein Betriebswirtschaftsseminar verschläft.

Eines Nachts schreckt er aus dem Schlaf hoch und schreit etwas in nepalesisch. »Tshewang! Scht!« zische ich, ihn schüttelnd, und zeige nach oben.

»Was? Was«, fragt er verstört.

»Du hast geschrien! Und dann auch noch in nepalesisch!«

Wir starren entsetzt zur Decke, und dann sinken wir auf die Matratze zurück, von Lachkrämpfen geschüttelt bei dem Gedanken, das Mr. Chatterji zu erklären, es ihm auch nur ansatzweise zu erklären.

Wir haben beide schreckliche Angst, daß jemand es spitzkriegen könnte. Zwar wissen wir nicht genau, welche Folgen das hätte, doch wenn der Rektor es nicht duldet, daß ein Student mit einer Studentin eine Beziehung hat, wird er hierüber sicherlich nicht amüsiert sein, und die anderen Dozenten – nun ja, deren Reaktionen kann ich mir lebhaft vorstellen. Tshewang graut jedesmal vor der montäglichen Morgenversammlung, wenn der Rektor zu den Schülern und Studenten spricht. »Es ist mir zu Ohren gekommen«, beginnt jede seiner Ansprachen, und Tshewang ist überzeugt, daß er eines Morgens sagen wird, es sei ihm zu Ohren gekommen, daß sich zwischen einer Dozentin und einem Studenten eine ungehörige Beziehung entwickelt habe. Dann sagen wir uns, wir sollten damit aufhören, beschließen, daß es so nicht weitergehen kann, daß zuviel auf dem Spiel steht. Wir liegen auf unserer Matratze auf dem Fußboden, ineinander verschlungen, in die Dunkelheit starrend, nach einem Ausweg suchend, ohne einen zu finden. Okay, ein letztes Mal, nehmen wir uns vor. Dies ist die letzte Nacht. Nach dieser Nacht ist es vorbei.

Aber er kommt immer wieder, und meine Tür ist immer offen.

Es ist eine auf einen winzigen Raum beschränkte Affäre, hinter verschlossenen Fenstern, zugezogenen Gardinen, einer verrammelten Tür, eine im Flüsterton und mittels Gesten unterhaltene Beziehung, bei Kerzenschein, in den ungezählten Stunden der Nacht. Gelächter wird in Kissen erstickt, Schreie werden unterdrückt oder im Fleisch vergraben. Ich sehne mich danach, mit ihm ins Freie zu gehen, ans normale Tageslicht, mit ihm die Straße hinabzuschlendern, laut zu lachen. Wir erwägen, in den Winterferien nach Indien zu fahren, nach Kalkutta, wo wir zwei Menschen unter zehn Millionen sein werden. Wir werden die Sudder Street entlanglaufen, händchenhaltend in Buchläden stehen, wir werden uns in einem Restaurant an einen Tisch setzen, und niemand wird uns kennen, niemand wird sich um uns scheren.

Aber in diesem Raum verfügen wir über eine andere Art Freiheit. Wir leben außerhalb der üblichen Zeiten, so wie es uns gerade paßt. Wir stehen mitten in der Nacht auf, um uns ein Nudelgericht zu kochen. Wir machen uns pikante Salate aus Tomaten, Chilischoten, Gurken und zerkrümeltem Käse, die wir mit Suppenlöffeln aus einem Kochtopf essen. Wir lieben uns und schlafen, wachen auf und lesen, reden und verstummen. Ich schreibe einen Liebesbrief auf seinen Oberschenkel, er schreibt mir in seiner winzigen eckigen Schrift eine lange, melodiöse und freche Botschaft an die Wand über der Matratze. Wir bereden, wie viele Kinder wir gern hätten und ob wir ihnen bhutanische oder englische Namen geben würden, überlegen, welche Art Haus uns am liebsten wäre, und erzählen einander Familiengeschichten und Geheimnisse. Wir haben Zeit, über nichts zu reden, ineinander verknäult dazuliegen, jeder in ein anderes Buch vertieft. In diesem Raum, in unserem Überall, haben wir Zeit übrig, vertrödelbare Zeit und Zeit zu spielen. Wenn wir zusammen hier sind, haben wir unsere Nationalität und unsere persönliche Lebensgeschichte abgelegt, kümmern uns keine

Enttäuschungen und Zukunftsängste. Wir sind beide auf ein einfacheres, unkomplizierteres Selbst reduziert. In diesem Raum sind wir zwei Menschen, die einander lieben. Noch nie zuvor durchströmten mich so unbeschwerte und reine Gefühle.

Doch sobald wir aufstehen, uns anziehen und uns auf die Trennung vorbereiten, zieht die Zeit sich schmerzhaft zusammen, schrumpft sie um uns her, wird eng und unelastisch. Wenn er fort ist, fallen mir all die Dinge ein, über die wir nicht reden, beispielsweise ob es zutrifft, daß ein Bhutaner, der eine Ausländerin heiratet, nur bis zu einer bestimmten Stufe aufsteigen kann, ob er außerhalb Bhutans glücklich werden könnte und ob diese Beziehung außerhalb dieses Raumes, in der realen Zeit funktionieren würde. In diesem Raum gibt es kaum Anlaß zu Streit, kein Gezerre und Gedränge, keinen Streß, keine Ablenkungen. Es gibt nur wenige Mißverständnisse, aber das heißt nur, daß wir einander an diesem einen Ort, auf diese eine Weise kennen. Wer wir außerhalb dieses Raumes zusammen sind und zusammen sein würden, wissen wir nicht.

Außerhalb dieses Raumes sind wir Schauspieler, kühl und reserviert, und nicken uns höflich zu, wenn wir uns in den Gängen des Collegegebäudes begegnen. Im Unterricht ist er einfach nur Tshewang, der mitschreibt, Fragen stellt und Nebenbemerkungen in dzongkha macht, die seine Freunde zum Lachen bringen. Wir bekommen dieses Doppelleben, diese Täuschung immer besser hin. Wir beobachten einander, ohne uns dabei anzusehen. Ich weiß, daß er im Auditorium dort drüben in der Ecke sitzt, ich höre seine Stimme durch die Betonwand hindurch, spüre, wie er draußen im Gang an dem Klassenzimmer vorbeigeht, in dem ich gerade unterrichte.

Wir passen auf, daß wir nichts tun, was Verdacht erregen könnte. Er ist ein exzellenter Student, aber beim Korrigieren seiner Hausarbeiten bin ich sehr genau. Obwohl es nicht drauf ankommt – seine Abschlußprüfungen werden in Delhi korrigiert. Mit den Noten in seinem Abschußzeugnis werde ich nichts zu tun haben.

Allerdings versäumt er so viele erste Stunden, daß er in Betriebswirtschaft durchfällt.

Von uns beiden fast unbemerkt, geht der Frühling in den Sommer über.

Wenn wir nicht zusammensein können, schreiben wir uns Briefe, eine gefährliches Unterfangen angesichts Tshewangs Schludrigkeit. Er läßt ständig Zettel herumliegen, Bücher fallen, verschlampt seine Notizen. In den Sommerferien fährt er heim, und die Zeit ohne ihn ist so furchtbar öde und unproduktiv, daß ich nicht weiß, wie ich sie totschlagen soll. Es stellt sich heraus, daß das gar nicht nötig ist – er kommt früher zurück, und wir verbringen die folgenden neun Tage in unserem Raum. Wir gestehen einander sämtliche Ängste, die uns in den Sinn kommen. »Ich habe Angst, du könntest dies hier leid werden«, sage ich. »Ich habe Angst, du wirst irgendwann eine richtige Beziehung haben wollen.«

»Ist das hier keine richtige Beziehung?«

»Ich meine eine Beziehung zu einer Frau, mit der du dich im Freien sehen lassen kannst. Mit der du zu Pala gehen kannst. Du weißt, was ich meine.«

»Ich habe Angst, du könntest nach Kanada zurückgehen und mich im Stich lassen.«

»Ich habe Angst, du erzählst es deinen Eltern und sie bitten dich, damit Schluß zu machen.«

»Ich habe Angst, *du* erzählst es *deinen* Eltern und sie bitten *dich*, damit Schluß zu machen.«

»Was würden deine Eltern denn sagen, Tshewang?«

Er denkt darüber nach. »Das kann ich wirklich nicht abschätzen. Ich weiß nur, daß sie es nicht verstehen würden, wenn ich einen anderen Glauben annähme, aber ansonsten sind sie sehr tolerant. Wovor ich aber richtig Angst habe, ist, daß ich sterbe, wenn es nicht bald Gemüse zu essen gibt.«

Wir haben uns seit einer Woche nur von Nudeln, Eiern und Schokolade ernährt.

»Ich fürchte, da kann ich nicht weiterhelfen.«

»Du könntest im Garten der Matthews etwas Spinat holen.«

»Oder du.«

»Oder ich, und sie könnten aus dem Fenster lugen und mich aus deiner Wohnung schleichen sehen.«

»Na gut. Ich gehe ja schon.« Verstohlen schleiche ich mich hinaus und ernte einen Armvoll Gemüse, wobei ich nervöse Blicke zu den Fenstern in den oberen Stockwerken werfe. Tshewang kocht uns ein herrliches Gericht aus rotem Reis, Spinat in Butter und Knoblauch und einem Salat aus grünen Chilischoten, Frühlingszwiebeln und Tomaten. Nach dem Essen stehen wir an der Hintertür, atmen frische Luft ein und knabbern zum Nachtisch Rosinen, bis oben eine Tür aufgeht und wir wieder hineinhuschen.

Der Monsun entfesselt sich mit Wolken und Sturm, die Studenten kehren ans College zurück, und es hat immer noch niemand etwas herausgefunden. In Ostbhutan gibt es keine Geheimnisse, bis auf dieses eine.

Möbel

Ich bin gerade dabei, Wasser für den Filter zu kochen und die Küche sauberzumachen, als ich höre, wie Lorna zur Haustür hereinkommt. »Why, why, why, Delila«, trällert sie. Wir treffen im hinteren Hausgang aufeinander. »Hi«, sagt sie. »Ich bin schwanger. Und wie sieht's bei dir aus?«

»Tshewang und ich sind ineinander verliebt.«

Wir lassen uns auf den Boden fallen und kugeln uns vor Lachen. Sie erzählt mir von Darren in Kanada. »Als ich abflog, hatte ich keine Ahnung, daß ich schwanger war«, sagt sie. »Der arme Darren. Ich habe ihm geschrieben. Bis er das Kind zum erstenmal zu Gesicht kriegt, dürfte es schon auf dem Gymnasium sein.«

»Willst du das Kind hier bekommen?«

»Nein, ich werde früher aufhören und nach Hause fahren. Nach Hause! Du weißt, was das bedeutet, oder?«

»Nein, was denn?«

»Möbel!« Möbel bedeuten bei Lorna soviel wie seßhaft werden. Ihre Stimme klingt zwar gereizt, aber man merkt ihr ihre

Freude an. Ich muß ihr versprechen, niemandem etwas zu erzählen, vor allem nicht dem Außenbüroleiter. »Der verfrachtet mich sonst gleich nach Hause, aber ich will so lange wie möglich hierbleiben.«

»Wenn du nichts erzählst, erzähle ich auch nichts«, erwidere ich.

»Ich wußte, daß das passieren würde«, sagt sie. »Ich meine, zwischen dir und Tshewang. Ich wußte es seit dem Tag, als wir ihn bei Pala sahen. Und, bist du jetzt glücklich?«

»Ich weiß es nicht, Lorna. Na ja, klar bin ich glücklich. Ich bin regelrecht euphorisch, außer, wenn ich an die Zukunft denke. Wir wollen heiraten, wissen aber nicht mal, ob das überhaupt erlaubt ist. Tshewang hat seinen Eltern schon von uns erzählt und sagt, sie hätten nichts dagegen, aber da sind natürlich tausend andere Dinge zu bedenken.« Ich gehe meine »Liste ungelöster Probleme und nicht zu beantwortender Fragen« durch, und sie fügt noch ein paar Punkte hinzu. Kulturelle Unterschiede, unterschiedliche Erwartungen an eine Ehe (ihr ist aufgefallen, daß in Bhutan eheliche Treue nicht gerade als große Tugend zu gelten scheint), durch Geld, Ausbildung, Erfahrungen bedingte Ungleichgewichte. »Ich glaube nicht, daß in Bhutan eine doppelte Staatsbürgerschaft möglich ist«, sagt sie. »Wenn er nach Kanada auswandert, wird er seinen bhutanischen Paß abgeben müssen. Und kannst du dir wirklich vorstellen, den Rest deines Lebens in Bhutan zu verbringen?«

Das mit dem Rest meines Lebens kann ich für *kein* Land der Erde mit Sicherheit vorhersagen. Schließlich kenne ich nur zwei Länder, Kanada und Bhutan. »Ich liebe Bhutan«, erwidere ich.

»Ja, ich weiß. Ich liebe Bhutan auch, aber ich weiß, daß ich hier nicht ewig leben könnte.«

»Man kann überall leben«, sage ich.

»Eine Zeitlang bestimmt. Daß wir Bhutan so sehr lieben, liegt meines Erachtens zum Teil daran, daß es nichts Dauerhaftes ist. Wir wissen, daß unsere Zeit hier begrenzt ist, und das macht sie so kostbar. Und weil es nicht einfach ist, in dieses Land hineinzukommen. Erinnere dich, wie dir letzten Winter vor deinem Heimflug zumute war, wie du dir Gedanken machtest, du könntest womöglich nicht wiederkommen. Dies ist einer dieser ganz besonderen Flecken, von denen jeder träumt. Das verbotene Königreich.«

»Das ist ja alles schön und gut, Lorna, aber es hat eigentlich nichts mit Tshewang zu tun.«

»Ich stelle deine Gefühle für Tshewang nicht in Frage, aber diese Dinge bilden nun mal den Hintergrund eurer Beziehung, und du solltest darüber nachdenken.«

Ich denke ja über all diese Dinge nach. Sie gehen mir unaufhörlich im Kopf herum, und ich schwanke ständig zwischen Hoffnung und Angst. Ich schreibe im Geiste Listen mit Argumenten für und gegen die Zukunft und diese Beziehung, in meinem Kopf finden imaginäre Diskussionen statt: Ann Landers debattiert mit P.B. Shelley, mein Großvater legt sich mit Florentino Ariza an. Ich dachte, Bhutan wäre alles, was ich mir wünschte, sage ich zu Lorna. Einfach nur mehr Zeit in Bhutan, genügend Zeit, bis ich ganz davon durchdrungen wäre, gesättigt, mein Hunger zur Genüge gestillt. Ich dachte, das wäre mein Ziel, aber man scheint nie ans Ziel zu gelangen, sondern immer mehr zu wünschen. Mittlerweile ist es etwas ganz anderes, das ich begehre. Jetzt ist es Tshewang.

»Na ja, du hast ihn ja«, sagt Lorna.

»Ich habe in jetzt, das ist wahr, aber ich möchte ihn auch morgen und nächstes und übernächstes Jahr noch haben. Wir möchten eine gemeinsame Zukunft haben. Wir möchten Möbel haben.«

»Warum kannst du nicht einfach genießen, was du jetzt hast, und dich, wenn es Zeit ist zu gehen, davon verabschieden?«

Weil ich diesen Gedanken nicht ertragen kann. Weil ich bei dem Gedanken, ihn niemals wiederzusehen, wie gelähmt bin vor Schmerz. Es ist nicht diese Art Liebe, und ich bin nicht diese Art Mensch, und außerdem ist es dafür ohnehin schon zu spät. »Ich möchte, was ich möchte«, sage ich. »Und wenn meine Zeit hier vorüber ist, möchte ich zu Tshewang nicht sagen: ›Also, Süßer, es war sehr nett. Tja, dann wünsch ich dir viel Glück.‹«

»Na ja, wenn das so ist«, sagt Lorna, »also, ich will dich wirklich nicht entmutigen, aber wenn das so ist, solltest du trotzdem wenigstens darüber nachdenken.«

Ich verspreche es ihr, aber ich weiß, ich werde es nicht tun. Ich habe ihr nicht gesagt, was ich außerdem noch will: ein Kind.

Wenn ich mir all die Beziehungen und Umstände vorstelle, unter denen Kinder gezeugt werden, und wenn ich dann an Tshewang und mich denke, an unseren kleinen Raum, die reine Flamme unserer Liebe und unserer gemeinsamen Zeit, dann möchte ich, daß daraus ein Kind hervorgeht. Eine Zeit wie diese wird es nie wieder geben.

F-7

Außerhalb unseres Raumes geschehen Veränderungen. Im Rahmen eines neuen Gemeinschaftsprojekts einer kanadischen Universität und des Sherubtse Colleges treffen zwei neue kanadische Dozenten ein. Der eine ist ein warmherziger Mann mit einem sonnigen Gemüt, in dessen Wohnung es im Nu von Studenten und Dozenten wimmelt, mit denen er sich mühelos anfreundet; der andere ist ein komischer, älterer Kauz, der es schafft, trotz der schweren Last, die er als weißer Mann zu tragen hat, hoch aufgerichtet zu stehen. Er zieht in die Wohnung neben mir ein, und wir hegen von Anfang an eine Abneigung gegeneinander. Er sei hergekommen, verkündet er Dini und mir allen Ernstes, um hier am College Entwicklungsarbeit zu leisten. Er habe das richtige Rüstzeug dazu, denn er habe viele Jahre in unterentwickelten Ländern zugebracht. Ich zucke bei dem Wort zusammen, aber er nimmt das gar nicht wahr. Dini lacht lauthals heraus, doch er hat es tatsächlich ernst gemeint. Auch als sie ihn in bissige Diskussionen über Entwicklung und Imperialismus verwickelt, merkt er nichts.

Immer mehr Studenten aus den südlichen Distrikten verlassen das College. Einige von ihnen behaupten, ihre Familien würden von der Armee und den lokalen Behörden zur Ausreise gedrängt. Sie konnten nicht nachweisen, daß sie bereits vor 1958 Bhutaner waren, und werden somit als Staatsbürger nicht anerkannt.

Andere sagen, sie gingen, weil alle anderen gingen. Wieder andere sagen, der Süden sei zu gefährlich, sie würden sowohl von den Sicherheitskräften als auch von den bewaffneten Banden, die ihre Häuser überfielen, bedroht. »Wenn wir diese Tracht tragen«, erklärt Arun, an seinem Kho herumnestelnd, »kriegen wir es mit den Antinationalen zu tun. Wenn wir sie nicht tragen, glaubt die Regierung, wir stehen auf der Seite der Antinationalen.« Er sei gekommen, um sich zu verabschieden; seine Eltern hätten ihm eine Nachricht geschickt, daß er nach Hause kommen soll. »Aber wo wollt ihr denn hingehen?« frage ich. In ein Flüchtlingslager in Nepal, sagt er, wo bereits viele andere von ihnen seien. Er wisse nicht, ob er jemals zurückkommen werde.

Wieder einmal sind es lauter Nachrichten aus zweiter Hand. Ich höre, daß die Bevölkerung im Süden scharenweise ihre Häuser verläßt. Ich höre, daß sie ihr Land an die Regierung zurückverkaufen und in provisorische Lager nach Nepal ziehen. Ich höre, daß sie gezwungen werden, das Land zu verlassen, die Behörden ihren Wegzug jedoch auf Video festhalten, um diese »freiwillige Abwanderung« zu dokumentieren. Ich höre, daß die Emigration Teil eines von den Antinationalen sorgfältig durchdachten Planes sei, eine Propagandamasche, um internationale Sympathien zu gewinnen. Sie beabsichtigten, so viele Menschen wie möglich zur Ausreise zu bewegen, um der bhutanischen Regierung dann Unterdrückung und Menschenrechtsverletzungen vorwerfen zu können. Sie planten, die bhutanische Regierung zu Fall zu bringen, um dann wieder einzumarschieren in einen neuen, von ihnen regierten nepalesischen Staat. Ich höre, daß die Armee Häuser niederreißt, ich höre, daß Familienoberhäupter nachts in Felder verschleppt werden, wo sie durchgeprügelt und anschließend gefragt werden: »Wirst du nun endlich gehen?« Ich höre, daß Bewohner des Südens, die nicht nachweisen können, daß sie bhutanische Staatsbürger sind, als F-7er etikettiert werden. F-1 bedeutet, daß beide Elternteile Bhutaner sind. Mit F-7 wird bezeichnet, wer kein Staatsangehöriger ist. Und was kommt dazwischen, frage ich. F-2 bis F-6? Niemand kann es mir sagen. Ich höre, dies sei eine Maßnahme, um Tausende illegaler Einwanderer loszuwerden.

Ich höre, auch regierungstreue Bhutaner aus dem Süden blieben davon nicht verschont. Ich höre, die Lage entspanne sich, ich höre, es gehe gerade erst richtig los.

Als Arun fortgeht, bin ich so schockiert, daß ich nicht einmal mehr weinen kann, und danach befällt mich eine lähmende Benommenheit. Beide Seiten widern mich an. Schlimmstenfalls sind sie voll blindwütigem Eifer, bestenfalls fehlt ihnen jegliche Überzeugung.

In einer Konferenz kommt der Rektor auf die »Fünfundsiebziger Prozession« zu sprechen, und es dauert eine Weile, bis mir aufgeht, daß er damit den Zwischenfall während der Durga-Puja vor zwei Jahren meint, als die Studenten aus dem Süden sich an den Collegetoren weigerten, die Nationaltracht zu tragen. Er erwähnt zwei Kollegen aus dem Süden, die sich heimlich davongemacht haben. Dies ist das neueste Schlagwort. Dorfbewohner wandern freiwillig aus; Regierungsbeamte »machen sich heimlich davon«. Er kommt auf ausländische Mitarbeiter zu sprechen, die sich in die Sache hätten verwickeln lassen, ohne die Lage richtig zu verstehen. Ich bin mir nicht sicher, ob dies eine Anspielung auf mich sein soll, weil ich bei der »Fünfundsiebziger Prozession« dabei war, weil ich mit den Studenten aus dem Süden über die Situation geredet habe, oder ob er etwas ganz anderes meint. Ich tue so, als ob mich das alles gar nichts angehe. Ich habe damit nichts zu tun. Ich bin eine Außenstehende, ich bin daran nicht interessiert, mir ist das alles völlig egal.

Tashigang Tsechu

Mitten in der Nacht weckt Tshewang mich auf. »Laß uns zum Tashigang Tsechu gehen«, sagt er. Die *Tsechu* sind Feste mit Maskentänzen, die jährlich in den Dzongs und Tempeln des Landes aufgeführt werden, um die buddhistische Lehre und Geschichte zu versinnbildlichen. Jeder Dzong und jeder bedeutende Tempel hält sein eigenes Tsechu ab, und die Menschen strömen in ihren besten, farbenprächtigsten Gewändern aus allen Teilen des Distrikts herbei, um zuzusehen.

»Was, jetzt?« Ich grabe mich wieder in meine Decke ein.

»Der *Thongdrel* wird heute entrollt. Wir müssen früh dort sein.«

Ein Thongdrel ist ein gigantisches, mit bunten Seidenapplikationen versehenes religiöses Banner, auf dem meistens Guru Rinpoche dargestellt ist. Es wird in den frühen Morgenstunden des letzten oder vorletzten Tages eines Tsechu herabgelassen und wieder aufgerollt, bevor die ersten Sonnenstrahlen darauf fallen können. Thongdrel bedeutet »Befreiung durch Betrachten«; allein durch die Betrachtung geraten die Gläubigen in einen Zustand der Erleuchtung.

»Na komm schon«, sagt Tshewang, während er den Gürtel um seinen Kho bindet.

»Wie kommen wir denn da hin?« frage ich gähnend, aber ich weiß die Antwort bereits. »Vergiß die Taschenlampe und die Batterien nicht«, ermahne ich ihn, während ich eine Kira aus dem Schrank ziehe.

Er vergißt die Batterien, und die Taschenlampe erlischt genau in dem Moment, da wir von der Hauptstraße in einen Pfad einbiegen, der ein langes, steiles Stück durch dichtes Gestrüpp hangabwärts führt. »Eine Abkürzung«, sagt Tshewang, »mit der wir in einer Stunde in Tashigang sind.« Ohne Licht dauert es jedoch eine Ewigkeit, bis wir uns den Hügel hinabgetastet haben. Tshewang muß meine Hand halten, während wir uns Zentimeter um Zentimeter durch die Dunkelheit bewegen. Unter einem Baum legen wir eine Pause ein und betrachten, auf dem Rücken liegend, die durch die Blätter hindurchblinkenden Sterne. Es ist das erste Mal, daß wir im Freien zusammen sind, nur wir beide. »Ich komme mir vor, wie am äußersten Ende der Erde«, sagt Tshewang. »Horch.« Wir spitzen die Ohren, um in der unermeßlichen Nacht ein Geräusch zu hören, aber da ist nichts, kein einziges. Bis wir wieder auf die Straße herauskommen, sind die Sterne verblaßt, und es beginnt zu dämmern. Tshewang zieht mich neben der Straße ins Gras, wo wir uns lieben, während um uns her die Welt golden und hell wird. Gleich darauf hören wir das unverwechselbare Geräusch eines herannahenden Fahrzeugs. Wir reißen uns hastig voneinander los, und während wir, Kleider und Unterwäsche links und rechts in die Dornenbüsche werfend, über die Böschung springen, donnert der Lastwagen auch schon vorbei. Hysterisch lachend suchen wir unsere Sachen zusammen, und das einzige, was wir nicht finden, ist Tshewangs Unterwäsche.

Im Dzong ist der Thongdrel bereits ausgerollt; er bedeckt die gesamte Front des Tempels; Dutzende Butterlampen flackern auf dem darunter errichteten Altar. Als die dunkel vibrierenden Klänge der *Gyalings* ertönen, sträuben sich mir die Nackenhaare. Während eine Trommel im Rhythmus des Herzens schlägt, werfen sich Hunderte von Menschen auf dem gepflasterten Hof nieder. Wir sehen den Tänzern mit ihren Holzmasken und Röcken aus leuchtendgelben Seidenbahnen zu, wie sie sich langsam zur Begleitung von Trommeln und Zimbeln wiegen, beugen und kreiseln. Der Tanz endet, und ein anderer beginnt, in dem die Tänzer Hirschmasken tragen. Ein Jäger mit einer Blätterkrone und Pfeil und Bogen erscheint, gefolgt von einem Tänzer in einem langen weißen Gewand und einem großen weißen Hut. Der weiße Tänzer ermahnt den Jäger, zeigt ihm die Hölle, die ihn erwartet, und der Jäger wird schließlich bekehrt und wirft seinen Bogen weg.

Zwischen den Tänzen tritt ein Spaßmacher auf, eine seltsame Gestalt in zerlumpten Kleidern und mit einer häßlichen roten Holzmaske, die einen riesigen Phallus schwingt. Er jagt junge Mädchen, alte Männer, Kinder und ein Huhn, indem er in anzüglicher Weise damit herumfuchtelt. Mit tapsigen, torkelnden Schritten stürzt er sich vor und wirbelt wild umher, doch als der nächste Tanz beginnt, setzt er sich nüchtern auf die Tempeltreppe.

Tshewang sitzt die ganze Zeit hindurch neben mir und erklärt mir die Tänze, wobei er mich geflissentlich mit Miss anredet. Trotzdem lege ich einmal versehentlich meine Hand auf seinen Arm. Er stupst sie weg und sieht mich vorwurfsvoll an. Obwohl ich weiß, daß er recht hat, ärgert mich das. Ich bin diese Heimlichtuerei leid. Ich möchte irgendwo sein, wo wir in aller

Öffentlichkeit zusammensitzen können, wo wir heimkommen und die Vorhänge und Fenster offenstehen lassen können, wo ich zur Tür gehen kann, wenn jemand klopft, wo ich Freunde zum Essen einladen kann. Der magische Raum, den wir uns in unserem dunklen kleinen Zimmer erschaffen, ist kostbar und heilig, aber er reicht nicht aus. Ich wünsche mir eine Liebe, die im hellen Tageslicht lebt.

Auf getrennten Bänken sitzend, fahren wir mit dem Expreß nach Kanglung zurück. Hundert Meter vor der Stelle, an der wir uns am Morgen geliebt haben, hält der Bus an, um jemanden mitzunehmen. Tshewang spurtet nach vorn und flüstert dem Fahrer etwas zu. Der Fahrer öffnet die Tür, und Tshewang verschwindet. Kurz darauf taucht er wieder auf, und als er wieder in den Bus steigt, stopft er ein Knäuel kastanienbrauner Baumwolle in seinen Kho: Er hat seine Unterwäsche gefunden.

Jhomolhari

Ein frühmorgendliches Gewitter. Wir kauern vor dem Fenster und beobachten durch den Spalt des Vorhangs, wie die Wolken über den Brangzung-La ziehen. Das Gewitter verzieht sich, Wolken und Regen bleiben. Jedes Wort, daß man im Zusammenhang mit Stoff verwenden kann, kann man auch im Zusammenhang mit dem Monsun verwenden: weich, schwer, Bahn, Seide, Baumwolle, Wolle, verblaßt, fleckig, gewebt, gewaschen, ausgespült, Hülle, Decke, Umhang, Quilt, Stoff, Krause, Windel, einhüllen, bedecken, Lage, Schicht, Laken, Schleier. Ich werde den Monsun vermissen, wenn ich von hier fortgehe. Ich versuche den Gedanken an die Abreise wegzuschieben, die Vorstellung zu verdrängen, wie sich das Flugzeug über dem Paro-Tal in die Lüfte erhebt. Ich habe noch sechs Wochen.

Ich bin nun seit über drei Jahren in Bhutan, und mein Vertrag läuft im Juni aus. Ich habe beschlossen, ihn nicht zu verlängern. Tshewang und ich können nicht ewig so in unserem kleinen

Raum weitermachen. Die Leute fangen an, Fragen zu stellen. In einer Konferenz, in der es um die Auswahl von Redakteuren für die Collegezeitung ging, schickte der Rektor den Peon zum Wohnheim, um Tshewang zu holen. Erstarrt saß ich auf meinem Stuhl. Tshewang war nicht im Wohnheim. Als ich die Wohnung verließ, hatte ich ihn nackt und schlummernd dort zurückgelassen. Der Peon kam zurück und schüttelte den Kopf. »Tshewang ist sehr schwer zu finden«, sagte der Student neben mir. »Er ist immer spurlos verschwunden!« Ich bin überzeugt, daß mein kanadischer Nachbar von unserer Beziehung weiß und die Sache mißbilligt, und es ist nur eine Frage der Zeit, bis er beiläufig jemandem davon erzählt.

Außerdem bin ich schwanger. Das weiß ich, weil ich mich jeden Morgen um zehn Uhr während des Unterrichts entschuldigen muß, um zur Personaltoilette zu rennen, wo ich mich kurz, aber heftig übergebe. (Als ich einmal nicht zum Unterricht gehe, höre ich, wie Mrs. Chatterji sich im Stockwerk über mir zur selben Zeit übergeben muß wie ich. Später, als ich wieder in Kanada bin, schicken mir mehrere Studenten die frohe Botschaft, daß Mrs. Chatterji nach all diesen Jahren endlich schwanger sei.) Mein Körper hat das Kommando übernommen, er ist von dieser geheimen Aktivität in Anspruch genommen und duldet keinerlei Einmischung meinerseits. Er verweigert Kaffee, Tee, Alkohol und aus irgendeinem Grund Kidneybohnen. Er verlangt nach Schlaf, frischem Obst und Fleisch. Als ich es Tshewang erzähle, macht er sich zu seinem zwei Wegstunden nördlich von Tashigang gelegenen Heimatdorf auf und kehrt mit getrockneten Speckstreifen vom Schwein zurück, mit denen er mir ein deftiges Chili-Curry kocht. Der Anblick stößt mich ab, doch mein Körper sagt: iß. Tshewang sieht mir zu, wie ich zwei Teller davon mit Reis verschlinge. In Bhutan glaube man, daß das Baby gesundes dichtes schwarzes Haar bekomme, wenn die Mutter viel Schweinefleisch esse, sagt er. Er bringt mir Tamarindenfrüchte, die ich roh essen soll. »Schwangere sollen darauf Heißhunger haben«, klärt er mich auf.

»Nein, sie sollen Heißhunger auf Eis haben«, widerspreche ich, als sich mein Gesicht beim Kauen einer der klebrigen Schoten vor Schmerz verzieht. »Ich bin sicher, das Baby würde lieber Eiskrem bekommen.«

»*Sie*«, meint Tshewang, über meinen dicker werdenden Bauch streichend. »Nein, das würde sie nicht.«

»*Er.*« Ich habe schon von dem Baby geträumt, ein Junge mit einem braunen Lockenkopf – trotz des Schweinefleischs. »Das würde er wohl.«

Zur Entbindung des Babys, das im Dezember kommen soll, werde ich nach Kanada fliegen. Tshewang wird in den Winterferien zu Besuch kommen und anschließend nach Bhutan zurückkehren, um sein letztes Semester zu beenden. Dann werden wir entscheiden, was wir tun werden. Das wird ein Test sein, sagen wir uns, der uns Gelegenheit gibt, alles mit einem gewissen Abstand zu sehen. Wir werden die Zeit nutzen, um nachzudenken. Wir werden alles auf uns zukommen lassen. Wenn wir zusammen sind, gefällt mir der Klang dieser Worte, so kühl und unangreifbar rational. Sind wir es aber nicht, werde ich von den schrecklichsten Ängsten befallen. Ich möchte es nicht auf mich zukommen lassen, ich möchte jetzt Gewißheit haben, ob wir in Zukunft zusammen sein werden, in Kanada, in Bhutan oder wo auch immer, ob wir eine Familie sein und eine gemeinsame Zukunft haben werden. Ich möchte die klare Antwort auf die Frage »Wie wird alles ausgehen«. Ich fülle die Wasserschalen auf meinem Altar und lasse mich zum Meditieren nieder. Es gelingt mir nicht, meine Sorgen gänzlich zu vertreiben, aber mit einiger Mühe erreiche ich ein gewisses Maß innerer Ruhe.

In einer meiner letzten Wochen in Bhutan beschließe ich, mit ein paar anderen Gastlehrern eine Bergwanderung zum Jhomolhari in Nordwestbhutan zu machen. Wir fahren durch das Paro-Tal bis zu den Ruinen des Drugyel Dzong, wo die asphaltierte Straße endet, setzen dort unsere Rucksäcke auf und folgen dem Pfad, den ich in meiner ersten Woche in Bhutan gesehen hatte – dem jahrhundertealten Handelspfad. Wir wandern über Sommerwiesen, auf denen weiße Schmetterlinge flattern, an großen, stattlichen, von Gebetsfahnen umstandenen Bauernhäusern vorbei und folgen dem Flußlauf, einem gleichmäßigen

Brausen, Wogen und Schäumen von weißblauem Wasser über Steine. Ein Wald umfängt uns, dornige Eichen, lichte Lärchen, ein Dutzend verschiedener Rhododendronarten, rot, rosa, cremefarben, flammenförmig, glockenförmig, winzige weiße Sterne. Über Holzbrücken hinweg und einen Pfad hinauf, der einmal ein Flußbett war. Ein Tschörten markiert den Weg zu dem alten Paß, der ins tibetische Chumbi-Tal hinunterführt, aber wir wenden uns nach rechts, wandern weiter am Flußufer entlang und lassen Felder und Bauernhäuser hinter uns. Langsam, fast unmerklich geht es bergan. Nach einer Biegung schließen sich die sanft gerundeten Hügel und Eichenwälder des Paro-Tals hinter uns. Vor uns ragen steilwandige Berge auf, schwarz und kahl, die Gipfel zerklüftet und wie von eisigen, schneeweißen Fingern in Falten gelegt. Der Himmel über uns hat die Farbe von Wind und Kälte, zu Schaum geschlagen. Wir wandern tiefer in die kahlste, leerste Landschaft hinein, die ich je gesehen habe. Schneetauben kreisen in schwungvollen Bögen, schießen hinauf, stoßen herab und geraten in einen Aufwind, der sie hinauf und über einen Gebirgskamm trägt. Wir sind schon jenseits der Baumgrenze und drei Tagesmärsche vom nächsten Laden entfernt. Fünf Häuser aus grauem Stein stehen über das Tal verstreut, den Jahresvorrat an Brennholz aufgeschichtet an den Zäunen. Yaks beäugen uns desinteressiert, als wir an ihnen vorübergehen und uns den Weg zwischen riesigen, von Gletschern abgegriffenen und über den Talboden verstreuten Felsbrocken hindurch bahnen. Selbst hier markieren Tschörten und verblaßte, zwischen die Felsen gesteckte Gebetsfahnen den Weg. Als die Sonne untergeht und das Tal in kaltblaue Schatten taucht, erreichen wir unser Ziel. Erschöpft und atemlos lassen wir uns auf flechtenbewachsenen Felsen nieder, am Fuß eines verfallenen Dzongs, durch dessen bröckelige Steinmauern Zweige dünn wie Bleistiftstriche herauswachsen. Eine Wolkenwand verbirgt den Berg vor uns.

Als wir um fünf Uhr morgens erwachen, sehen wir ihn, eine unglaubliche, riesige weiße Masse, als wäre der Mond auf die Erde gestürzt. Über Felsen kletternd und einen eisigen Fluß durchwatend, gehen wir auf ihn zu. Über eine Moräne hinüber in weichen, nassen Sand, durch den sich ein seichter, trübgrüner Fluß windet. Wir erklimmen eine weitere Moräne, und dann können wir das Fundament des Berges sehen, Felsstürze, Schnee und Eis, zu Geröll zerschmetterte Felsbrocken, zu grauem Sand zerschmettertes Geröll. Wir können den Überrest eines flaschengrünen Gletschersees sehen. Selbst so nah an dem Berg sind noch Grasbüschel rupfende Yaks anzutreffen. Wir klettern einen Hang hinauf, bis wir eine weitere verkrustete Bergspitze erblicken, den Jichu Draké. In dem strahlenden Licht vermag ich den Berg nicht von einer Wolke zu unterscheiden.

Eine schreckliche, schreckliche Gegend, denke ich zuerst. Eine eisige, windige Wüste. Doch dann erkenne ich, daß es kein Ödland, kein verbrauchtes, nutzloses Land ist. Es ist nicht das Ende des Lebens, sondern der Anfang davon. Hier sind die großen Mutterberge und die Wasserscheiden, der Ursprung des Flusses, der die Wälder gedeihen läßt und in den fruchtbaren Tälern stromabwärts den Reis. Dies ist Urlandschaft, die sich selbst gehört. Es ist eine Natur ohne große Auswahl. Sie ist ungefleckt, karg, spärlich, in ihre Urelemente zergliedert. Die Grammatik der Berge. Stein, Eis, Zeit. Der Wind klingt wie der Ozean. Das, was ich dabeihabe, würde mir hier nicht sehr lange helfen. Es gibt hier nicht viel, und nicht viel, was man sich wünschen könnte. Hier ist Freiheit, sind Raum und Zeit, um nachzudenken.

Tshewang und ich haben unabhängig voneinander diskrete Erkundigungen eingezogen; es *ist* möglich, daß wir in Bhutan heiraten und gemeinsam dort bleiben. Es *ist* möglich, daß wir heiraten und Bhutan gemeinsam verlassen. Dies sind die einzigen Möglichkeiten, die wir durchgesprochen haben. Die dritte, nicht zu heiraten und getrennte Wege zu gehen, habe ich nicht angesprochen. Ich weiß nicht, ob jeder von uns bereit ist, die Opfer zu bringen, die die Zukunft erfordern wird. Ich weiß nicht, ob ich Tshewang weiter in dies hineingezogen habe, als er es je wollte. Ich habe Angst, ich verlange von ihm einen Einsatz, den zu bringen er vielleicht noch nicht bereit ist. Er sagt, er sei dazu bereit, hat von Anfang an erklärt, er habe diese Beziehung immer nur auf eine Weise gesehen, auf einen Abschluß hinsteuernd, Heirat, eine Familie, aber ich bin nicht vollkommen überzeugt, daß er mit zweiundzwanzig bereit ist, eine derartige Entscheidung zu treffen.

Ich sitze auf einem Stein, schaue zum Jhomolhari hinauf und lasse meine Gedanken kreisen. Ich bin nach Bhutan gekommen, um herauszufinden, ob das umsichtige Leben, daß ich geplant hatte, ein Leben, das aus Abwarten, Beobachten, Zählen, Planen und Ordnen bestand, wirklich das Leben war, das ich leben wollte. Ich kann noch immer in dieses Leben zurückkehren, sogar jetzt, nach allem, was geschehen ist. Hier bin ich, an einem anderen hohen Ort, an dem höchsten Scheitelpunkt, an dem ich je gewesen bin. Ich kann Tshewang noch immer adieu sagen, kann heimkehren, mir ein Apartment suchen, das Kind bekommen, wieder an die Uni gehen. In mancherlei Hinsicht ist dies die vernünftigste Alternative mit dem geringsten Risiko. Ich kann diese letzten dreieinhalb Jahre in eine fein säuberlich verpackte Erinnerung verwandeln, zurechtgestutzt durch Vorsicht, mit Vernunft versiegelt. Ich kann noch immer umkehren. Doch ich werde es nicht tun. Ich werde den Grat überschreiten und das betreten, was dahinter liegt.

Lotos Donnerkeil

»Herrgott noch mal, Jamie Lynne!« ruft mein Großvater aus, als ich es ihm erzähle. Wenn er nicht so sichtlich aufgebracht und bestürzt wäre, würde ich vielleicht lachen. Ich hatte ihm von Tshewang geschrieben, und er hatte zurückgeschrieben, ich solle keine Dummheit begehen, solle an meine Zukunft denken. »Das wird sich alles legen«, schrieb er. »Ihr werdet einander vergessen, kaum daß du wieder hier bist. Wo du hingehörst.« Er hatte angenommen, ich sei zurückgekehrt, um meinen Doktorabschluß zu machen. Als ich ihm erzähle, ich sei zurückgekommen, um ein Kind zu bekommen, glaubt er mir nicht.

»Großpapa«, sage ich sanft, »ich habe mir ein Kind gewünscht. Ich möchte dieses Kind haben. Ich habe Tshewang sehr lieb.«

Ein paar Wochen lang sagt er nichts. Er grübelt darüber nach, dreht und wendet es in seinem Kopf, sucht nach etwas, mit dem die Sache zu retten ist, ein Stück, auf dem er eine Zukunft für mich aufbauen kann.

»Na gut«, beginnt er eines Morgens, während er Zucker in seinen Kaffee rührt. »Dann bekommst du eben das Kind. Schön. Viele Frauen kriegen Kinder, während sie auf dieser Stufe studieren. Du kannst dich jetzt bewerben und mit dem Studium weitermachen, sobald das Baby geboren ist.«

»Ich möchte jetzt nicht zurück an die Uni, Großpapa. Ich werde warten, bis Tshewang seinen Abschluß gemacht hat, und dann werden wir entscheiden, wie's weitergeht.«

»Vergiß ihn ...«

»Ich *kann* ihn nicht vergessen, Großpapa.«

»Warum willst du dein Leben noch komplizierter machen, als du es schon gemacht hast? Du mußt es jetzt vereinfachen.«

»Genau. Darum will ich ja jetzt keine Entscheidungen treffen.«

»Du wirst niemals richtig zu Bhutan gehören, und er wird sich hier niemals zu Hause fühlen.«

»Also, da wäre ich mir nicht sicher, Großpapa. Er ist ein ziemlich anpassungsfähiger Mensch, und ich liebe Bhutan.«

»Ihr gehört nicht mal der gleichen Religion an«, sagt er. »Wie zum Teufel soll das funktionieren?«

Ich murmle unglücklich etwas vor mich hin und stehe auf, um den Tisch abzuräumen. Ich weiß nicht, wie ich es ihm sagen soll, wo er jetzt schon so aufgebracht ist. »Sag mir bloß nicht, du bist eine – eine ...«

»Buddhistin geworden.«

Jetzt ist er zornig. »Du bist im katholischen Glauben erzogen worden!«

»Ja, aber ich habe beschlossen, einen anderen Glauben anzunehmen, Großpapa. Außerdem hast du immer gesagt, alle Religionen seien im Grunde genommen gleich.«

»Warum kannst du dann nicht Katholikin bleiben? Buddhismus! Das ist doch nichts weiter als ein Kult!«

Ich schalte meinen Bruder, meinen Vater und meine Mutter ein. Bitte redet mit ihm, beschwöre ich sie. Sagt ihm, daß ihr keine Bedenken habt, daß ihr überzeugt seid, alles werde gutgehen. Das Telefon klingelt und klingelt, und ich versuche die Ohren zu verschließen, wenn mir mein Großvater beharrlich zu erklären versucht, warum ich eigentlich gar nicht erst nach Bhutan hätte gehen sollen. »Sobald das Baby geboren ist, wird alles anders«, meint meine Mutter. »Dein Großvater wird sich wieder beruhigen. Das ist immer so.«

Ich versuche es mit ihm durchzusprechen, ich versuche überhaupt nicht darüber zu reden, ich versuche seine Kommentare zu ignorieren, ich versuche ihm barsch zu widersprechen. Als ich einmal von einem Spaziergang zurückkehre, ist der kleine Altar, den ich in meinem Zimmer errichtet habe, abgebaut und weggeräumt. »Ich will diesen Quatsch nicht in meinem Haus haben!« brüllt er. Ich ziehe zu meinem Vater nach Toronto.

Ich verbringe meine Zeit mit Lesen, gehe zum Schwimmen, gehe ins Kino, lese Tshewangs Briefe wieder und wieder durch und schreibe zurück. Ich habe schreckliche Sehnsucht nach ihm, und manchmal sorge ich mich um die Zukunft, doch meistens bin ich gelassen. Ich suche in der buddhistischen Gemeinde in Toronto Zuflucht, besuche regelmäßig einen tibetisch-buddhistischen Tempel, nehme an einer Vortragsreihe eines Rinpoche aus Tibet teil, der gerade hier zu Gast ist. Der Tempel befindet sich in einem Gebäude in der Innenstadt; die Eingangshalle besteht ganz aus Spiegeln und glänzendem Messing, aber ein paar Stockwerke höher, in einem hellen, luftigen Raum, steht ein Altar mit einer Buddha-Statue und Butterlampen und Wasserschalen davor, und jedesmal, wenn ich dort eintrete, ist mir, als käme ich nach Hause.

Ich halte Kontakt zu meinen kanadischen Freunden aus Bhutan: Tony und Margaret sind zurückgekehrt, haben (einander!) geheiratet und leben nun in Vancouver; Leon studiert Internationale Politik in Ottawa, und Lorna lebt mit ihrer neuen Familie in Saskatchewan. Sie hat tatsächlich Möbel und scheint damit sehr glücklich zu sein.

Freunde, die in Thimphu arbeiten, schreiben mir, daß die politische Lage oder das »Südproblem«, wie es jetzt genannt wird, unverändert sei, zwei Seiten, zwei Versionen einer Geschichte, parallel verlaufende Linien. Eine Lösung sei nicht in Sicht.

Am 3. Dezember 1992, dem neunten Tag des zehnten Monats im Jahr des Wasseraffen, kommt das Baby zur Welt, ein Junge mit braunen Löckchen, braunen Augen, goldbrauner Haut und einem bläulichen Fleck am Steißbein, den der Doktor als Mongolenfleck bezeichnet. Ich muß warten, bis Tshewang von einem Lama einen Namen für das Baby erhalten hat. Er wird von Thimphu aus anrufen, um mir den Namen zu übermitteln, und dann wird er für sechs Wochen nach Kanada kommen. Bis dahin nenne ich das Baby Dorji, und das Baby beschwert sich nicht. Schließlich ruft Tshewang an – er sei im Taktsang-Tempel gewesen, verkündet er aufgeregt, das Baby habe einen Namen, und zwar Sangha Chhophel.

»Sangha?«

»Sangha«, berichtigt er mich.

»Sangha.«

»Nein, nicht Sang-ha«, sagt er. »Sang-ngha. Hörst du den Unterschied?«

»Ja«, lüge ich. »Aber vielleicht sollten wir ihm einen Namen geben, den Kanadier leichter aussprechen können. Ist das erlaubt?« Ich verrate ihm nicht, daß keiner in meiner Familie »Tshewang« aussprechen kann. Wenn mein Bruder von ihm spricht, sagt er »Say-Wrong«, und meine Großmutter mütterlicherseits nennt ihn Sam. Wer weiß, was sie aus »Sangha« machen werden.

»Ich denke schon, daß es erlaubt ist. Wie wär's mit Pema? Pema Khandu?«

Pema gefällt mir, aber Khandu würde in Kanada unweigerlich zu »Kaendu« verhunzt. Ich erläutere ihm die sprachlichen Zusammenhänge und schlage Dorji vor. Pema bedeutet Lotos, ein Symbol der Erleuchtung, weil die weißen Blüten aus dem Sumpf herauswachsen, so wie der Geist aus dem Samsara, dem Daseinskreislauf, zur Erleuchtung erblüht. Dorji bedeutet Donnerkeil, ein Symbol bleibender Wahrheit.

Mein Großvater ruft an und erkundigt sich, ob ich Geld brauche. Ob ich mir auch ganz sicher sei, daß ich keins brauche, na ja, also gut, er habe nur sichergehen wollen ... und wie geht es dem Baby? Und wann wird *er* kommen, der Vater des Babys? »Bald, Großpapa«, sage ich. »Nach Weihnachten kommen wir dich besuchen.«

»Na gut«, sagt mein Großvater. »Hast du dich schon um Winterkleider für ihn gekümmert?«

»Nein.« Ich habe noch nicht einmal daran gedacht, daß Tshewang Winterkleider brauchen wird.

»Also, wahrscheinlich hast du es nicht mitbekommen – bei K-Mart hatten sie ein Sonderangebot an Stiefeln«, sagt mein Großvater. »Ich habe ein Paar für ihn mitgenommen, in Größe acht.«

Steuermarken

Tshewang und ich wurden im September 1993 im Bezirksgericht in Thimphu getraut. Wir trugen einen Kho und eine Kira, die aus demselben, von seiner Mutter gewebten, rot und gold gemusterten Stoff geschnitten waren. Pema Dorji, neun Monate alt, steckte in Babykleidern von Blue Jays. Als wir schon fast den ganzen Vormittag in dem Gerichtsgebäude gewartet hatten, informierte uns ein Amtsdiener, daß Bhutaner, die eine Ausländerin heiraten wollen, eine Genehmigung vom Innenministerium brauchen. Also machten wir uns quer durch die Stadt zum Innenministerium auf, wo wir wieder ein paar Stunden auf das Genehmigungsschreiben warteten. Mit dem Schreiben zurück zum Bezirksgericht. Erneutes Warten. Der Amtsdiener trat wieder aus dem Amtszimmer des Richters und sagte: »Haben

Sie Ihre Steuermarken dabei? Für den Trauschein?« Wir fragten gar nicht erst, was eine Steuermarke sei oder weshalb man sie brauche, um heiraten zu können; wir trotteten einfach zum Steuermarkenamt, um welche zu kaufen. Bis wir wieder zurück waren, war es fast fünf Uhr nachmittags, und der Amtsdiener informierte uns, daß der Richter jetzt heimgehen werde. Einer unserer Trauzeugen flüsterte dem Amtsdiener etwas zu, worauf dieser uns beide von oben bis unten musterte, mitleidig nickte und zurück in das Amtszimmer ging. »Was hast du ihm gesagt?« fragten wir unseren Freund.

»Ich habe ihm gesagt, daß eure Kleider geliehen sind und ihr sie heute abend zurückgeben müßt«, sagte er. Erwartungsvoll strich ich meine Kira glatt. Wie wird die bhutanische Zeremonie wohl vor sich gehen? Was genau wird der Richter sagen? Ich überprüfte meinen Photoapparat: Film, Blitzlicht, Batterien. Der Amtsdiener kam heraus und teilte uns mit, daß der Richter gewillt sei, uns zu trauen. Besser gesagt, daß er uns bereits getraut habe. »Was soll das heißen?«

»Sie sind jetzt verheiratet«, sagte der Amtsdiener. »Sie müssen nur noch diesen Trauschein unterschreiben.«

»Aber wir waren ja nicht mal in seinem Zimmer drin!« jammerte ich. Der Amtsdiener zuckte die Achseln. »Haben Sie die Marken?«

Kichernd unterschrieben wir den Trauschein und klebten die Marken darauf. Nicht gerade sehr viel für eine Hochzeitszeremonie, aber mit den Bergen, die sich draußen zum violetten Himmel reckten, und dem sich im letzten Sonnenlicht gold färbenden Fluß genügte es vollauf.

Nachwort

Tshewang und ich lebten mehrere Jahre in Thimphu, und Pema Dorjis erste Worte waren eine Mischung aus Englisch und Sharchhop. Während unserer Zeit in Thimphu stellten Tshewang und ich fest, daß einige kulturelle Unterschiede zwischen uns sogar größer waren, als wir es uns hatten vorstellen können, so daß wir einige schwierige Entscheidungen bezüglich unserer Zukunft treffen mußten. Schließlich beschloß ich, nach Kanada zurückzukehren, zumindest für »einige Zeit«, wie wir in Bhutan sagen, und die Zukunft – nun, wir werden sehen, was sie bringt.

Eine der häufigsten Fragen, die man mir über mein Leben in Bhutan stellt, ist: »Kommt es dir wirklich wie ein Zuhause vor?« In vielerlei Hinsicht tat es das. Wenn ich auf einem Bergkamm stand, hätte ich diese Berge, Wälder und Wolken ewig betrachten können und fühlte mich dabei vollkommen entspannt, vollkommen zu Hause. Aber ich gebrauchte das Wort »zu Hause« auch, wenn ich von Kanada sprach. Ich fuhr über Weihnachten »nach Hause«, fuhr »nach Hause« in die Ferien. Mein Großvater rief häufig in Thimphu an, um sich zu erkundigen, wie es mir gehe, und jedesmal fragte er, wann ich »nach Hause« käme. Er meinte für immer, nicht, um dort Ferien zu machen. Es fiel ihm schwer zu verstehen, daß ich mich in zwei extrem unterschiedlichen Ländern und Kulturen zu Hause fühlen konnte, und dies blieb zwischen uns immer ein wunder Punkt. Er war zu alt, um selbst nach Bhutan zu reisen, was sehr bedauerlich war, denn wenn er mich dort hätte sehen können, hätte er gewußt, daß ich dort wirklich zu Hause war. An einem Nachmittag im November 1996, als ich gerade bei meiner Freundin Dechen zum Essen war, kam es mir auf einmal so vor, als könnte mein Großvater mich sehen, wie ich da zwischen Freunden mit überkreuzten Beinen auf dem Boden saß, warmen, salzigen Buttertee trank und lachte, als unsere Kinder draußen unter einem strahlenden Herbsthimmel auf dem Hof herumtobten. Es war ein ganz eigenartiges Gefühl. Und als mein Bruder Jason später anrief, um mir zu sagen, daß Großpapa am gleichen Tag im Schlaf gestorben war, wußte ich es bereits.

Namé samé kadin chhé, Großpapa.

Hab Dank über Himmel und Erde hinaus.

Was seitdem geschah

Liebe Leserin, lieber Leser,

eigentlich hatte ich nicht vorgehabt, mein Buch mit diesem Nachwort enden zu lassen. Ein solches Ende hatte ich mir für meine Ehe und mein Leben in Bhutan nicht vorgestellt. Lassen Sie mich also da beginnen, wo ich geendet habe, und versuchen, es zu erklären.

Nach unserer Trauung kehrten Tshewang und ich in unsere Wohnung in Thimphu zurück. Im September 1993 gab es in Thimphu schon etwas mehr Läden und Fahrzeuge, als ich es von meinem ersten Besuch vor vier Jahren in Erinnerung hatte (aber noch immer keine Ampeln, keine Satellitenschüsseln, keinen McDonald's). Unsere Wohnung, die nur ein paar Schritte vom Basar entfernt lag, in einer am Sportzentrum vorbeiführenden Straße, die man deshalb »Schwimmbadstraße« nannte, war meinem ersten Zuhause in Pemagatsel sehr ähnlich: vier Zimmer mit feuchten Betonwänden, mit Dielenbrettern, unter denen Flöhe hausten, und fließendem Wasser, das immer schon versiegte, bevor ich sämtliche Eimer gefüllt hatte. Es tropfte durch die Decke, wenn die Bewohner über uns fortgingen, ohne die Hähne zuzudrehen, so daß ihre und unsere Wohnung unter Wasser standen; aus den Abflußrohren quoll das Wasser heraus, und in der Küche spielten nachts die Ratten. Unsere gesamte Habe bestand aus einer auf dem Fußboden liegenden Matratze, einem Altar, einem Kerosinkocher und einem Dampfkochtopf, diversen Haushaltsgegenständen und vielen Plastikeimern.

Doch obwohl mir diese Lebensweise in Pemagatsel lieb geworden war, fiel mir, nachdem ich ein Jahr in Kanada gewesen war, die Wiedereingewöhnung schwerer, als ich es mir vorgestellt hatte. Trotz meiner großen Erleichterung, wieder in das geheimnisvolle Königreich gekommen zu sein, trotz meiner großen Freude, daß alle meine Gebete erhört worden waren – Tshewang und ich waren verheiratet, hatten einen süßen kleinen Sohn, konnten gemeinsam durch die Straßen gehen, so wie ich es mir in all den Monaten in Kanglung gewünscht hatte – kämpfte ich mit einem tiefen Unbehagen.

Was ich als großes Abenteuer empfunden hatte, als ich vierundzwanzig und ledig gewesen war, empfand ich nun, da ich ein neun Monate altes Baby hatte, als stumpfsinnig und strapaziös. Ich vermißte die Waschmaschine, wenn ich jeden Morgen um sechs Uhr aufstand, um mit eiskaltem Wasser Windeln zu waschen. Ich vermißte die Gläschen mit fertiger Babynahrung und all die anderen praktischen, wohlriechenden Annehmlichkeiten, die mir in Kanada zur Verfügung gestanden hatten.

Aber es waren nicht nur die materiellen Umstände. Ich hatte geglaubt, daß ich mich bei Tshewang sofort wieder zu Hause fühlen würde. Wir hatten, so dachte ich, das Schwerste überstanden – die einjährige Trennung, die großen Zweifel und Zukunftsängste, die bürokratischen Hürden. Ich hatte nicht damit gerechnet, daß wir uns einander in so vielen Dingen anpassen mußten, nicht nur in den ersten Wochen, sondern an jedem einzelnen Tag unseres Zusammenlebens. Ich hatte nicht damit gerechnet, daß wir in so vielem unterschiedlicher Ansicht waren und unsere beiden Kulturen, die in uns Ausdruck fanden, uns immer wieder in eine Sackgasse brachten.

Tshewang bereitete sich gerade auf die Prüfung für den öffentlichen Dienst vor, die alle Studenten machten, die sich eine Stelle als Staatsbeamter erhofften, und ich selbst hoffte, wieder als Lehrerin oder bei einer der Hilfsorganisationen in Thimphu arbeiten zu können. Zuallererst wollte ich jedoch für uns drei ein Zuhause schaffen und nach dem Jahr in Kanada wieder lernen, in Bhutan zu leben. Was ich als erstes haben wollte, waren Möbel. Nancy, die Frau, die ich an meinen ersten Tag in Tashigang kennengelernt hatte, war nach Bhutan zurückgekehrt, um nach der Schließung der WUSC-Vertretung in Thimphu ein neues kanadisches Hilfsbüro einzurichten, und sie wurde mir bald eine liebe Freundin. Sie beschaffte mir Möbel, die Ausländer, die Bhutan wieder verließen, um anderswo eine neue Stelle anzutreten, gestiftet hatten: Korbsessel, einen Gasherd, ein schönes Rattanbett.

Tagsüber, wenn Tshewang mit Freunden wegging, mit ihnen lernte und sich am Prüfungstratsch beteiligte (wessen *Dashos* Sohn oder Tochter nach einem Gaststudium in den USA das Auswahlverfahren gewinnen würde, welcher Studienabgänger eine der wenigen, äußerst begehrten Positionen beim Außenministerium bekäme), wusch ich Windeln, stellte Möbel um und spielte mit Pema. Wenn Tshewang abends mit Freunden ausging, blieb ich zu Hause bei Pema, und wenn der Kleine eingeschlafen war, legte ich Wäsche zusammen, räumte Spielsachen auf und versuchte, den Schmutz von der Arbeitsplatte in der Küche zu schrubben.

»Warum muß immer ich morgens um sechs die Windeln waschen?« fragte ich Tshewang eines Abends, als wir in unserem Rattanbett lagen und Pema zwischen uns schlief.

»Was willst du damit sagen?« fragte er.

Was ich damit sagen wollte, war Folgendes: Es gefällt mir nicht, daß immer ich die Windeln waschen, den Fußboden fegen und die Kleider, Bücher und Zettel aufheben muß, die du überall in der Wohnung verteilst, wenn du nach Hause kommst. Ich hatte gedacht, wir würden uns die Hausarbeit und die Betreuung unseres Kindes teilen, damit wir beide freie Zeit für Unternehmungen hätten. Mir macht dieses Ungleichgewicht zu schaffen, und ich finde, wir sollten uns einmal über unsere gegenseitigen Erwartungen unterhalten.

Was ich hingegen sagte, war Folgendes: »Könntest du vielleicht morgen früh mal die Windeln waschen?«

»Klar«, sagte er.

Und am nächsten Morgen tat er es auch. Aber am Tag darauf, am übernächsten Tag und an allen weiteren Tagen wusch ich sie wieder. Keiner von uns beiden merkte, daß sich bei uns ein Verhaltensmuster von nur undeutlich geäußerten Gefühlen und spannungsgeladenem Schweigen herausbildete, das einmal unsere gesamte Ehe ruinieren sollte.

Eines Abends legte ich Tshewang, als er heimkam, Pema in die Arme, küßte sie beide und floh aus dem Haus. Im Basar setzte ich mich mit meinem Tagebuch ins Restaurant des heruntergekommenen Norling-Hotels. »Es wird sich schon alles einrenken«, sagte ich mir. »Ihr steht immer noch am Anfang. Tshewang und du, ihr werdet lernen, zusammenzuleben. Ihr werdet ein Gleichgewicht, einen Mittelweg zwischen beiden Kulturen finden. Und du wirst neue Freundschaften schließen, andere Mütter kennenlernen, eine Arbeit finden, die dir Spaß macht. Irgendwann wirst du dich heimisch fühlen.« Ich beobachtete die Leute in dem Restaurant, indische Touristen, junge Bhutaner mit Jeans unter ihren Khos, ein paar Staatsbeamte, die gemeinsam an der Bar einen tranken, ehe sie nach Hause gingen, und ich schrieb in mein Tagebuch und hatte das Gefühl, wieder zu mir selbst zu kommen.

Als ich lange nach Einbruch der Dunkelheit in die Wohnung zurückkam, schlief Pema, und Tshewang ging im Zimmer auf und ab. Als ich ihm erzählte, wo ich gewesen war, war er baff. »Du bist ins Norling-Hotel gegangen, um dort zu schreiben? Warum konntest du das nicht hier tun?«

Ich versuchte, es zu erklären: »Ich brauche zum Schreiben einen gewissen Freiraum, brauche ein wenig Ruhe, das Gefühl, ungestört zu sein.«

»Ich kann mir nicht vorstellen, daß meine Mutter oder meine Schwestern zum Basar gehen würden, wenn sie *ungestört* sein wollen«, sagte Tshewang. Hätten wir dieses Gespräch fortgesetzt, hätten wir nicht lockergelassen und alles abgeschält, was an der Oberfläche war, wären unter dieser einen Unstimmigkeit zwei ganze Berge voll unterschiedlicher Erwartungen zum Vorschein gekommen, und vielleicht hätten wir dann erkannt, daß wir nicht nur ein Ehemann und eine Ehefrau waren, die über einen vom Partner allein im Restaurant verbrachten Abend verschiedener Ansicht waren, sondern ein Bhutaner und eine Kanadierin mit all ihren kulturellen Unterschieden. Aber wir setzten das Gespräch nicht fort. Als wir den Konflikt heraufziehen sahen, taten wir das, was uns am leichtesten fiel: Wir zogen uns gegenseitig aus und liebten uns, gebrauchten eine Sprache, in der uns die Worte nicht ausgingen, entdeckten und erfüllten Erwartungen, die viel einfacher und unmittelbarer waren.

Aus Furcht vor diesen unbestimmbaren und scheinbar unaussprechlichen Unterschieden zwischen uns konzentrierte ich mich auf das Sichtbare und Konkrete: unsere äußere Umgebung. Als in der Nachbarschaft ein kleines Mietshaus mit zwei Schlafzimmern bezugsfertig wurde, schlug ich vor, es zu nehmen. Es war größer und komfortabler als unsere damalige Wohnung und hatte auf der Rückseite einen Garten mit Apfelbäumen, in dem Pema spielen könnte. Tshewang wollte nicht so recht, gab aber schließlich nach, und so zogen wir in das Häuschen ein.

Ein paar Wochen später legte Tshewang in der Prüfung für den öffentlichen Dienst den besten Abschluß hin, beschloß aber zum Erstaunen aller, Rundfunkjournalist statt Staatsbeamter zu werden. Ich fand eine Stelle als Pressereferentin beim World Wildlife Fund. Tshewangs Cousine aus seinem Heimatdorf in Ostbhutan kam als Babysitterin zu uns. Alles war in Ordnung oder würde es, so hoffte ich, zumindest bald sein.

Doch auch in dem neuen Haus gab es Spannungen zwischen Tshewang und mir. Waren sie auf kulturelle Unterschiede oder persönliche Fehler zurückzuführen? Wir vermochten beides nicht mehr auseinanderzuhalten. Vor langer Zeit, in unserem Refugium, dem kerzenbeschienenen Eßzimmer in Kanglung, hatte ich uns beide auf unser eigentliches Selbst reduziert, frei von unseren unterschiedlichen Lebensgeschichten und Nationalitäten geglaubt, und vielleicht waren wir es auch gewesen. Hier jedoch, in unserem hell erleuchteten Häuschen in Thimphu, mit Arbeitsplätzen, Rechnungen, Hausarbeit und familiären Verpflichtungen, trugen wir die gesamte Last unserer vielschichtigen Persönlichkeiten und Bedürfnisse.

Eine Ursache des Konflikts war mein Bedürfnis nach einem persönlichen Bereich in einer auf Familie ausgerichteten Kultur. Für mich war unser Haus mit den zwei Schlafzimmern bereits voll: Tshewang, Pema und ich teilten uns das eine Schlafzimmer, unsere Babysitterin und Tshewangs jüngster Bruder, der nach Thimphu gekommen war, um dort zur Schule zu gehen, teilten sich das andere. Wo also sollten wir die ständigen Besucher unterbringen? »Wir haben genug Platz. Nur hereinspaziert«, sagte Tshewang, wenn seine Tanten, Großonkel, Cousins dritten Grades, Freunde der Familie und deren Verwandte, die Frau des Bruders des Cousins der Schwägerin und deren Schwiegermutter aus dem Dorf nach Thimphu kamen, um sich eine Arbeitsstelle zu suchen, einen Arzt zu konsultieren, amtliche Dokumente abzuholen oder eine Rechtssache zu klären. Obwohl ich – theoretisch – wußte, daß dies zum Familienleben in Bhutan dazugehörte, war ich nicht darauf eingestellt, von der Arbeit heimzukommen und das Haus voller Leute vorzufinden. Ich begann von einem Zimmer in einem sehr teuren, aber äußerst behaglichen Hotel zu träumen: Ich würde in einer strahlend weißen Badewanne ein Bad nehmen, in ein Bett mit flauschigen Steppdecken und weichen Kopfkissen steigen, in Zeitschriften blättern, einschlummern und erwachen ... in meinem winzigen, lauten, überfüllten Häuschen in Thimphu.

Meine Unzufriedenheit war nicht etwa auf Mehrarbeit zurückzuführen – unsere Babysitterin kochte, und alle unsere Besucher legten morgens ihr Bettzeug zusammen und räumten ihre Sachen fein säuberlich auf. Auch nicht auf die zusätzlichen Ausgaben – wir hatten mehr als genug Geld, um unsere Gäste zu verköstigen. Ich hatte einfach das Gefühl, keinen persönlichen Bereich zu haben, kein Eckchen, in das ich mich zurückziehen konnte, um zu lesen, zu schreiben und allein zu sein. Tshewang konnte das ebensowenig verstehen, wie ich es ihm erklären konnte.

Ich gab mir die größte Mühe, mich anzupassen, meine Erwartungen zurückzuschrauben und zu lernen, mit vielen Menschen auf engstem Raum zusammenzuleben, wurde dabei jedoch zutiefst unglücklich, und weil ich meine Niedergeschlagenheit nicht unterdrücken konnte, machte ich auch Tshewang unglücklich.

Hätten wir doch ein größeres Haus, dachte ich. Dann könnten seine Verwandten zu Besuch kommen, und ich könnte ein eigenes Zimmer haben, nicht nur ein Schlafzimmer mit Ehemann und Sohn oder einen Altarraum, den ich mit Gästen zu teilen hatte, sondern ein ganzes Zimmer für mich allein. »Ein eigenes Zimmer«, sagte Tshewang betrübt, als ich ihm davon erzählte, »ein Zimmer ganz für dich allein.« Ich kam mir wie die Fischersfrau aus dem Märchen vor, die von ihrer Hütte in ein Haus, von dem Haus in eine Villa und von dort in ein Schloß zieht und immer neue Wünsche hat, bis sie schließlich alles verliert.

Trotzdem zogen wir in einen Bungalow in einer von Ausländern bewohnten Häuserzeile. Ich liebte dieses Haus mit den großen Fenstern, den geräumigen, holzgetäfelten Zimmern und dem weitläufigen Garten mit Weiden und Forsythien. Ich stellte einen Schreibtisch in eins der Zimmer und nannte es mein Büro. Obwohl wir jetzt Platz hatten, um eine noch viel größere Zahl von Verwandten unterzubringen, kam fast niemand zu Besuch. Das Haus war ihnen zu vornehm, zu fremdartig, sie fühlten sich darin nicht wohl. Diesmal hatten wir uns zu weit in die andere Richtung bewegt – wir lebten wie die Bewohner der westlichen Länder: eine Kleinfamilie in einem abgeriegelten Haus, umgeben von einer Mauer der Zurückgezogenheit. Nun war es Tshewang, der sich anpassen mußte, und er war in unserem Bungalow so unglücklich wie ich zuvor in dem Häuschen.

Wir fingen wieder an, vom Umziehen zu reden, doch uns war beiden klar, daß kein Haus der Welt auf wundersame Weise unseren unterschiedlichen Vorstellungen von einem Zuhause entsprechen würde. Wir selber würden uns ändern müssen – vor allem ich, aber ich muß zu meinem Bedauern gestehen, daß ich das nicht konnte; es nicht konnte oder nicht wollte, ich weiß es nicht; ausschlaggebend ist, daß ich es nicht tat.

Ein weiterer kritischer Punkt war die Zensur. Ich vergaß ständig, daß es Dinge gab, die ich nicht sagen sollte, Themen, die nicht zur Sprache gebracht werden durften, Fragen, die eine Ausländerin nicht stellen sollte. Das »Südproblem«, wie es jetzt in Nordbhutan genannt wurde, dauerte an. Fast hunderttausend nepalstämmige Flüchtlinge lebten in provisorischen Lagern in Nepal; Bhutans königliche Regierung behauptete, sie seien Wirtschaftsflüchtlinge aus Nordindien oder illegale Einwanderer, die man schließlich legal vertrieben habe, oder es seien legale bhutanische Staatsbürger, die ihren ausgedehnten Landbesitz und ihre Staatsbürgerschaft freiwillig abgegeben hätten und als Staatenlose von Hilfsgütern der Vereinten Nationen lebten, oder es seien Kriminelle und Terroristen. Für die Südbhutaner in Bhutan brachte jedes Jahr neue Restriktionen und härtere Strafen. Sie waren behördlichen Schikanen und Diskriminierungen ausgesetzt; Stipendien und Ausbildungsmöglichkeiten wurden ihnen verwehrt; sie wurden abgewiesen, übergangen und ignoriert, bis im Sommer jeden Jahres die Nationalversammlung zusammenkam. Dann wurden sie der Illoyalität, des Landesverrats und der Undankbarkeit bezichtigt. Meine Frustration über das mir aufgezwungene Schweigen wurde immer größer.

Internationale Entwicklungshelfer redeten mit gedämpfter Stimme über »die Situation«, äußerten Bestürzung, Angst und Empörung, doch Jahr für Jahr erstellten ihre Landesvertretungen dicke, auf Hochglanzpapier gedruckte Jahresberichte, in denen man Bhutan für seine großartige Arbeit, für die enormen Entwicklungsfortschritte, die unberührte Schönheit, die uralte Kultur und uralten Traditionen lobte. Keiner wollte dem Drachen ins Auge sehen. Alles ging seinen gewohnten Gang in Shangri-La. Als die königliche Regierung sämtliche Angehörige von Dissidenten aus dem Staatsdienst entließ, wußte ich, daß ich nicht viel länger würde schweigen können.

Als ich diese Gedanken bhutanischen Freunden gegenüber zu äußern versuchte, sagte man mir freundlich, aber bestimmt, ich dürfe mir kein Urteil anmaßen, ich verstünde das nicht. Mir wurde klar, daß ich auch nach so vielen Jahren in Bhutan noch immer ein Gast war – ein willkommener Gast zwar, aber trotzdem ein Gast. Und als Gast erwartete man von mir, daß ich mich von meiner besten Seite zeigte, daß ich höflich und diskret war und mich still verhielt. Obwohl ich in der bhutanischen Gesellschaft einen Platz hatte, würde ich als Ausländerin niemals eine Stimme haben.

Als ich mich vor Jahren in Bhutan verliebte, hatte ich geglaubt, ich bräuchte nur meine westlichen Kleider abzulegen, um in eine bhutanische Identität zu schlüpfen. Nun lernte ich, daß ich unter meiner Kira eine sehr kanadische, eine sehr westliche Person war und daß ich diese Person mit sehr viel Mühe und im Lauf vieler Jahre vielleicht aufgeben könnte, aber nur unter großen persönlichen Opfern. Im Laufe der fünf Jahre, die ich in Thimphu wohnte, lernte ich ein paar Leute aus westlichen Ländern kennen, die seit zwanzig oder dreißig Jahren in Bhutan lebten; sie hatten gelernt, alle Erwartungen fahrenzulassen, die in der bhutanischen Gesellschaft einfach nicht verwirklichbar waren; sie hatten ihre Bedürfnisse und ihre Persönlichkeit umgestellt und waren völlig andere Menschen geworden. Sie hatten sich vollkommen angepaßt und waren mit sich im reinen. Ich hingegen widersetzte mich und war ständig uneins mit mir selbst.

Trotz unserer Meinungsverschiedenheiten und Alltagsprobleme empfanden Tshewang und ich weiterhin eine tiefe, innige Liebe füreinander. Ich war nirgendwo glücklicher als im Bett, wenn wir miteinander redeten und lachten, nachdem wir uns geliebt hatten, und dann bis spät in die Nacht hinein lasen. Wenn wir versuchten, darüber zu reden, was in unserer Ehe nicht in Ordnung war, empfanden wir eine überwältigende Liebe füreinander, fanden aber keine Worte für alles andere: die Meinungsverschiedenheiten, die Vertrauensbrüche, die täglichen Verletzungen und Kränkungen. Schließlich trennten wir uns voneinander.

Nachdem wir ein Jahr lang nicht mehr zusammengelebt hatten, beschloß ich, für einige Zeit nach Kanada zurückzugehen. Bhutan für immer zu verlassen war unvorstellbar für mich, und ich versicherte meinen Freunden in Thimphu, daß ich in ein, zwei Jahren zurückkehren würde, doch rückblickend muß ich sagen, es war mir schon damals klar, daß es ein Abschied für immer war. Dieselbe Stimme, die mir neun Jahre zuvor ganz bestimmt gesagt hatte, ich solle nach Bhutan gehen, sagte mir jetzt, ich solle das Land verlassen.

An meinem letzten Abend in Bhutan fuhren Tshewang und ich nach Paro und übernachteten in der schönen alten Dorji-Residenz, die heute ein Hotel ist. Als ich am Morgen erwachte und die in Dunst gehüllten blauen Berge sah, fragte ich mich, wie ich den bevorstehenden Verlust überstehen sollte. Den Verlust von Tshewang, den Verlust von Bhutan, den Verlust dieser Berge, die mir so ans Herz gewachsen waren. Als sich das Flugzeug aus dem Tal von Paro erhob, verstummte die innere Stimme, und schmutziggraue Wogen des Zweifels schlugen über mir zusammen. Ich war mir sicher, daß ich in diesen Wogen des Zweifels und dem Strudel aus Gram ertrinken würde.

Bei einer Zwischenlandung in Vancouver sah ich mit an, wie mein Sohn am Flughafen vor Begeisterung über Getränkeautomaten und Rolltreppen in die Hände klatschte. Immer wieder sagte er mir, wie sehr ihm Kanada gefalle. Ich antwortete, daß Kanada mehr zu bieten habe als fahrende Treppen und Cola-Automaten, und das war nicht als Kompliment gemeint. Der Beamte bei der Gepäckkontrolle sagte mir, mein Gepäck habe sieben Pfund Übergewicht. Ich nahm einen dicken Stoß Papiere aus dem Koffer und steckte ihn in meine Umhängetasche: mein Manuskript, in dem ich mein herrliches, märchenhaftes, wunderbares Leben in Bhutan beschrieben hatte. Das Leben, das ich gerade aufgegeben hatte.

Die Heimkehr war genau so, wie es damals die Ankunft in Bhutan gewesen war: Beim Erwachen am Morgen nahm ich die schreckliche Leere eines mir fremden Ortes wahr, und Nacht für Nacht träumte ich von meinem verlorenen, aufgegebenen Zuhause – jetzt war Bhutan das aufgegebene Zuhause, so schmerzhaft schön und verloren und in so weiter Ferne, daß ich mich beim Erwachen physisch krank fühlte. Ich dachte an den in Bhutan immer wieder geträumten Traum, in dem ich in Kanada erwachte und merkte, daß ich Bhutan versehentlich verlassen hatte. Der Traum war Wirklichkeit geworden. Die Tore des geheimnisvollen Königreichs waren verschlossen.

Wenn ich durch die Innenstadt Torontos ging und nach irgend etwas Ausschau hielt, das sich aus all der Künstlichkeit und Hektik heraushob, sagte ich mir, daß ich mich doch eigentlich glücklich schätzen könne. Millionen von Menschen in der Welt waren ebenso verstört wie ich, waren ebenso verbannt. Mit dem einen Unterschied, daß sie Flüchtlinge waren, deren Verbannung nicht selbst gewählt war. Ich hingegen hatte mich freiwillig für dieses Elend entschieden. Aber der Gedanke tröstete mich nicht. Ich redigierte mein Manuskript und versenkte mich in die Vergangenheit. Die Seiten meines Tagebuchs blieben leer, und bei Gesprächen mit Freunden verfiel ich immer wieder in langes Schweigen. Hier, in meiner eigenen Kultur, hatte ich zwar eine Stimme, fand jedoch plötzlich keine Worte mehr.

Ich las die Beschreibung eines Astronauten über seinen Wiedereintritt ins Gravitationsfeld der Erde: Er nannte es die körperlich schmerzhafteste Erfahrung seines Lebens. Ich stellte mir vor, wie es sich anfühlte, in einem schadhaften, mit schlechten Leitungen versehenen Apparat zu stecken, der letztendlich dein eigener Körper ist. Bhutan zu verlassen und Kanada wiederzubetreten war ähnlich gewesen. Nach Erleiden schwerster seelischer Pein war ich in einem schadhaften Apparat gefangen, der mein eigenes Leben war.

Pema und ich bezogen in Toronto eine Wohnung in einer baumbestandenen Straße, und beide vermißten wir Tshewang. Tshewang hatte sich um ein Stipendium beworben, um in Kalifornien Journalistik zu studieren, und wir hofften inständig, daß er es erhalten würde. Kalifornien lag zwar nicht gerade um die Ecke, war aber viel näher als Thimphu. Inzwischen flaute Pemas Begeisterung für Kanada – für Züge, Spielwarengeschäfte, Aufzüge, Fernseher und Apparate, aus denen Süßigkeiten herauskamen – allmählich ab. Bald schon fing er an zu fragen, wann wir nach Hause fahren würden. »Ich mag Kanada nicht«, sagte er. »Es ist mir draußen zu laut. Und die Luft riecht schlecht. Und das Wasser schmeckt komisch. Alles, was kanadisch ist, mag ich nicht. Warum müssen wir hierbleiben?« Ich ging in mein Zimmer und weinte. Toronto war *wirklich* zu laut, und die Luft hier war so voller Schmutz, daß sie wie ein alter, verdreckter Vorhang vom Himmel herabhing. Und das Seewasser von Toronto schmeckte wirklich schrecklich. Wann würden wir nach Hause fahren? Warum mußten wir hierbleiben?

Kurz nachdem Pema in die erste Klasse gekommen war, verkündete er eines Tages, als er von der Schule kam, daß er seinen Namen gegen einen kanadischen eintauschen wolle. Dabei hatten alle seine Mitschüler Namen, die anderswoher stammten: aus Korea, Italien, Chile, den Philippinen, Indien, China, Rußland. Doch Pema blieb stur: Pema Dorji sei kein kanadischer Name. Er wolle Ryan heißen.

»Ryan Dorji?« fragte ich.

Nein, sagte er. Er hatte sich auch einen neuen Nachnamen ausgesucht. Er wollte Ryan Turniak heißen.

»Turniak?« Ich war baß erstaunt. »Wie in aller Welt bist du auf Turniak gekommen? Dein Vater wird mit diesem Namen nie und nimmer einverstanden sein!«

Ryan Turniak wollte nicht nur einen kanadischen Namen haben, sondern auch eine kanadische Lebensgeschichte. Von Bhutan wollte er gar nicht mehr reden. Ich forderte ihn des öfteren auf, bhutanische Gegenstände mit in die Schule zu nehmen, um seinen Mitschülern etwas darüber zu erzählen. Er weigerte sich. Er behauptete, auch kein Sharchhop mehr sprechen zu können. Wenn ich ihm eine Frage zu Bhutan stellte, sagte er, das wisse er nicht mehr.

Irgendwann hatte Pema den Namen Ryan Turniak vergessen. Als ich einmal in die Schule kam, hatte sich die halbe Klasse um ihn geschart, und alle krümmten sich vor Lachen. Pema brachte ihnen gerade bhutanische Flüche bei. »Tu! Long! Kyi!« schrien sie und liefen, als ich näher kam, schnell auseinander. »Ich glaube, ich kann mich langsam wieder erinnern«, sagte Pema verlegen, als er mich sah.

Tshewang bekam das Stipendium und zog nach Kalifornien. Sooft er konnte, besuchte er Pema in Kanada. Ich versuchte weiterhin, mit dem umgekehrten Kulturschock fertigzuwerden: der Häßlichkeit von allem in der heimatlichen Kultur – der Stadt selber, der Hetze, dem Gedränge, dem Lärm und den Kaufhäusern voll nutzloser Dinge. Ich war außerstande, von etwas anderem zu reden als dem Land, das ich verlassen hatte. Alle Flüsse führen zum Meer, und für mich führten alle Themen nach Bhutan. Die am Eßtisch geäußerte Bitte, das Salz herüberzureichen, führte unweigerlich zu einem einstündigen Vortrag:

Salz, Handel mit; zwischen Bhutan und Tibet;
Salz, Jodmangel; Jodsalzprogramme; Kröpfe und Kretinismus;
Steinsalz, ekliger Geschmack von;
Gesalzener Tee (Suja);
Salzstreuer, häßlich, in Thimphus Läden zu kaufen.

Jeder Heimkehrer schlägt sich damit herum: Was soll man mit dem Wissen anfangen, das man sich in einem Jahr, in fünf oder zehn Jahren mühsam erworben hat? Niemand ist daran interessiert, es gibt hier keine Verwendungsmöglichkeit dafür. Man tut, was man sich geschworen hat, niemals zu tun: man fängt an zu vergessen.

Ein Jahr verging. Ich begegnete einer Freundin, die acht Jahre in Afrika gewesen und gerade nach New York zurückgekehrt war. Sie bewegte sich, als hätte sie ein schweres Trauma erlitten: ganz langsam und steif, als würde sie bei einer einzigen jähen Bewegung zerbrechen. »Wie hast du das bloß geschafft?« fragte sie mich. Mir war gar nicht aufgefallen, etwas geschafft zu haben, doch als ich mir meine Freundin so ansah, wurde mir bewußt, daß ich, ohne es zu merken, die Verzweiflung der ersten Monate zu Hause ein ganzes Stück hinter mir gelassen hatte.

Meine Freundin sagte, wenn sie aus dem Fenster sehe, ob zu Hause oder am Arbeitsplatz, blicke sie, im wörtlichen und übertragenen Sinne, immer nur auf Mauern. Irgendwann bemerke man das nicht mehr, sagte ich zu ihr. Irgendwann nehme man den Beton, die Verkehrsstaus und das ganze Elend nicht mehr wahr. »Aber genau davor habe ich Angst«, entgegnete sie.

Also sagte ich: »Du mußt nach den winzigsten Bruchstücken von Farbe und Schönheit Ausschau halten und dich daran erfreuen. Zum Beispiel an den Tulpen da drüben auf dem Gehsteig ...« Sie schaute weg. Auch ich versank in Schweigen. Als Ersatz für die Schönheit eines ganzen Kontinents bot ich ihr einen Plastikkübel mit Blumen an! Trotzdem waren die Tulpen schön, ihre satten kräftigen Farben, die aus sich selbst heraus leuchteten.

Tshewang und ich redeten weiterhin davon, es noch einmal miteinander zu versuchen. Wir redeten weiterhin davon, uns endgültig voneinander zu trennen. Wir redeten davon und taten keins von beidem. Wir befanden uns in einem Schwebezustand, waren nicht zusammen, nicht getrennt, hatten Angst vor dem Loslassen und Angst vor einem Neuanfang. Hinter uns lag Verlust, vor uns ebenfalls. Wir bewegten uns nicht vom Fleck, hofften, wenn wir lange genug an einer Stelle stehenblieben, würde der Verlust vergehen, ohne daß wir durch ihn hindurch müßten.

Irgendwann wurde uns bewußt, daß wir die Hälfte unserer gemeinsamen Zeit getrennt gewesen waren. Wir fingen an, konkrete Pläne zu machen, wie wir die elterliche Fürsorge für Pema und seine Erziehung untereinander aufteilen würden. Wenn Tshewang nach Bhutan zurückkehrt, wird Pema den Sommer über bei seinem Vater und dessen Großfamilie leben. In zwei Kulturen aufzuwachsen ist zwar nicht das beste für ein Kind, aber das beste, was wir in seinem Fall tun können. Tshewang und ich sind sehr froh darüber, daß wir gute Freunde geblieben sind, und wir hoffen, daß Pema sich in beiden Ländern heimisch fühlen wird. Außerdem hoffe ich, gelegentlich selbst nach Bhutan reisen zu können. Ich vermisse das Land sehr, selbst jetzt, und manchmal reise ich im Schlaf dorthin, fliege in Träumen über die dunklen Berge, erinnere mich an die tiefe Stille der dortigen Nächte, an das silbrige Dämmerlicht am Morgen und an all meine guten Freunde, die noch immer dort leben.

Nach Hause zu kommen ist eine lange, lange Reise. Man steigt aus dem Flugzeug, setzt sich in seinen Wagen und fährt los. Ist das Zuhause ein industrialisiertes Land, bietet sich einem ein trostloses Bild. Natürlich gibt es in der Kultur der eigenen Heimat viele gute und schöne Dinge, aber man sieht sie noch nicht. Man sieht nur, was man, während man fort war, vergessen hatte: Industriegelände, Fabrikschornsteine und Parkplätze. Grauen Himmel, graue Erde. Berge von rauchendem Müll und rostigem Blech. Haufen von Nichts. Es ist apokalyptisch. Dann, nachdem man monatelang durch dieses Ödland gefahren ist, gelangt man zu einer Mauer. Einer tristen, mehrere hundert Meter hohen Mauer mitten in der Einöde, und in Augenhöhe hängt ein Schild. Du steigst aus dem Auto, um es zu lesen. DU BIST ANGEKOMMEN, steht darauf. Wartend und hoffend stehst du an der Mauer. Vielleicht wird das Schild noch etwas anderes sagen. Vielleicht wird sich der Text nach unten verschieben und darüber das Wort AUSGANG erscheinen. Vielleicht wird sich das Schild in eine Tür verwandeln, und du wirst sie öffnen und hindurchgehen und am Fuße blauer Berge stehen, unter einem sich verdunkelnden Himmel. Doch es verschiebt sich nichts nach unten, und es öffnet sich nichts. Du wartest nicht länger und steigst wieder in den Wagen. Und was jetzt?

Du bist diese ganze Strecke gefahren, bloß um zu einer Mauer zu gelangen und ein Schild zu lesen, und nun mußt du diese trostlose Gegend noch einmal durchfahren. Weil du bei der ersten Durchquerung dachtest: Ich gehöre nicht hierher, dies ist nicht mein Zuhause. Jetzt mußt du die gleiche Strecke zurückfahren und dich dabei fragen: Wie soll ich dies bloß wieder zu meinem Zuhause machen? Du bist so müde, nachdem du bis hierher gekommen bist, nur um zu erkennen, daß du wieder aufbrechen mußt. Woher sollst du die Kraft dazu nehmen? Wie sollst du es schaffen, da hindurchzukommen?

Du kannst es schaffen. Du wirst es schaffen. Denn wie bei allen Reisen gibt es keinen Weg zurück, nur einen Weg nach vorn. Und den mußt du gehen.

Tashi Delek.

Jamie Zeppa
Toronto/Kanada, April 2001

Danksagung

Viele Leute haben mir beim Schreiben dieses Buches geholfen. Ich danke Nancy Strickland, die mir ein Zimmer zur Verfügung stellte und mir eine großzügige und treue Freundin war, und meinen anderen Freunden vom WUSC in Bhutan – Mark LaPrairie, Grant und Dorothy Bruce, Anne Currie, Barb Rutten, Cam Kilgour und Catherine McAdam – für ihre Freundschaft in Bhutan und darüber hinaus.

Vielen Dank an meine Agentin, Anne McDermid, für ihr unermüdliches Engagement an diesem Projekt über viele Monate und Meilen hinweg.

Ich bin meinen exzellenten Lektoren für all ihre Arbeit an diesem Buch sehr verbunden: Julie Grau bei Riverhead in New York, Mari Evans bei MacMillan, G.B., und vor allem Jill Lambert, die von Anfang an dagewesen ist.

Außerdem bin ich vielen anderen zu Dank verpflichtet, die frühere Fassungen lasen, wertvolle Vorschläge machten und mich zum Weiterschreiben ermutigten, vor allem Tshewang, Sheree Fitch, Karma S., Shirley-Dale Easley, Ruth Liddington und Lesley Grant bei Doubleday Canada. Meine Schreibgefährtinnen in Thimphu, die Frauen von WAGS, haben mir viel Kraft gegeben, auch Judy Luzzi, meine Mutter. Dank auch an meinen Vater, Jim Zeppa, und an Minor Miracles dafür, daß sie mir für die Überarbeitungsphase Raum und Zeit zum Arbeiten gewährten.

Ich möchte mich bei Sonam Wangmo bedanken für ihre Geschichte vom Orakel im Tempel ihres Vaters in Sakteng; bei Jigme Drukpa, der mir sämtliche Informationen über bhutanische Musik und Musikinstrumente für dieses Buch lieferte; und bei Chris Butters, dessen Kenntnisse über die bhutanische Architektur verarbeitet wurden.

Dank an Susan Terril, meine teuerste Freundin. Sie schickte das Essay ein, mit dem ich den Preis gewann, und das setzte dann den Prozeß in Gang, der letztlich zu diesem Buch führte.

Ich danke auch dem Canada Council for the Arts für seine großzügige finanzielle Unterstützung.

Abschließend danke ich allen meinen ehemaligen Schülern in Bhutan, wo immer ihr jetzt auch sein mögt, dafür, daß ihr meine allerbesten Lehrer wart.

Tashi Delek

Bildquellen

Susan Fallon: Bildteil S. 5
Sabine Steputat: S. 1 oben; S. 6; S. 7 oben; S. 8 oben
Jamie Zeppa: alle übrigen Aufnahmen

Inhalt

Pam Houston

Die Farbe des Abenteuers

Aus dem Amerikanischen von Ulrike Wasel und Klaus Timmermann. 264 Seiten. Geb.

Sie liebt das Abenteuer, das Gefühl des freien Falls im Himmel über den Rocky Mountains, den lebhaften Fluß, der ihr seine Geheimnisse mitzuteilen scheint. Doch die Natur hat sich gegen sie verschworen: Was als Segeltörn in der Karibiksonne gedacht war, wird zu einem lebensgefährlichen Wettstreit mit einem Hurrican, der mit dem Zweimaster spielt, als sei es ein Papierschiffchen. Und in ihr werden Träume wach von einem Zuhause, in das sie zurückkehren kann, einem Ruhepol in ihrem haltlosen Leben. Wieder und wieder verliebt sie sich in die falschen Männer, wie eine Vagabundin zieht sie auf der Suche nach Geborgenheit von einem Ort zum anderen. Da erbt sie unvermutet die kleine Ranch am Fluß, wo die Hündin Ellie auf sie wartet – und vielleicht auch ein Mann Teil ihres Zuhauses werden wird.

»Klug, ehrlich, lebendig und am Puls der Zeit.«
San Francisco Chronicle

Xigatse
Brahmaputra
TIBET
Gyangze
Jhomolhari
Jichu Draké
Ghasa
Cheri-Kloster
Punakha
Dechencholing
Transversale
Drugyel
Thimphu
Taksang
Paro
Dochhu La
Wangdi Phodrang
SIKKIM
Haa
Ghase
BHU
Gangtok
Torsa Chu
Chukha
Daga
Whong Chu
Darjeeling
Damphu
Samchi
Phuntsholing
Gomtu
Jalpaiguri
BANGLA-DESH